教育部人文社会科学重点研究基地重大项目成果

南京大学中华民国史研究中心
宋美龄与近代中国研究系列
主编 张宪文等

吕晶 著

我将再起
宋美龄的后半生

人民东方出版传媒
东方出版社

图书在版编目（CIP）数据

宋美龄的后半生 / 吕晶著；张宪文主编 . — 北京：东方出版社，2018.10
（"宋美龄与近代中国"研究系列丛书）
ISBN 978-7-5060-9502-0

Ⅰ . ①宋…　Ⅱ . ①吕…　②张…　Ⅲ . ①宋美龄（1899-2003）－生平事迹
Ⅳ . ① K827=7

中国版本图书馆 CIP 数据核字（2017）第 031251 号

宋美龄的后半生
（SONGMEILING DE HOUBANSHENG）

作　　　者：吕　晶
主　　　编：张宪文
责任编辑：杭　超
出　　　版：东方出版社
发　　　行：人民东方出版传媒有限公司
地　　　址：北京市东城区东四十条 113 号
邮　　　编：100007
印　　　刷：北京汇林印务有限公司
版　　　次：2018 年 10 月第 1 版
印　　　次：2018 年 10 月北京第 1 次印刷
开　　　本：640 毫米 ×950 毫米　1/16
印　　　张：24
字　　　数：390 千字
书　　　号：ISBN 978-7-5060-9502-0
定　　　价：62.00 元
发行电话：（010）85924663　85924644　85924641

版权所有，违者必究
如有印装质量问题，我社负责调换，请拨打电话：（010）84086980-823

"宋美龄与近代中国"研究系列丛书编委会

主　编：张宪文　邱进益

编　委：吴　恕　陈谦平　朱宝琴　姜良芹　杨　菁

　　　　武　菁　张　瑾　郭红娟　陈英杰　张立杰

　　　　潘　敏　吕　晶　李　宁

总　序

20世纪末至21世纪初，随着历史档案的不断开放，史学界对民国历史人物的研究，开始较多地关注蒋介石与宋耀如家族，对宋子文、宋庆龄发表和出版了较为丰富的研究成果。然而，学界对另一位宋氏家族的重要成员宋美龄却问津甚少。坊间虽然出版了关于她的一些著作、画册等，但是如何审视过去对她的一些误判并给予恰当的历史定位，无疑是历史学界应尽的责任。

2009年1月，我与南京大学三位教授飞赴台北，在邱进益博士的引荐下，与"妇联会"辜严倬云女士相会，商讨合作研究宋美龄事宜。双方相谈甚为融洽，确认了积极开展宋美龄研究的学术计划。时间已经过去多年，《宋美龄与近代中国》研究丛书九卷、《宋美龄文集》五卷，均已顺利完成撰著和编纂工作。其中《宋美龄、严倬云与中华妇女》于2012年由台北黎明文化事业股份有限公司出版，《宋美龄文集》（五卷、繁体版）于2015年由台北苍璧出版有限公司出版。这是海峡两岸学术合作和宋美龄学术研究的大事，值得祝贺。

宋美龄是近现代中国历史上杰出的女性、著名的女政治家、中国妇女运动的推动者和指导者。2003年10月24日（北京时间）逝世于美国纽约。时任全国政协主席的贾庆林于当日发去唁电，表示哀悼，并对这位成功跨越三个世纪的政治家给予了高度评价。

宋美龄祖籍海南文昌，出生于上海。幼时跟随家人赴美国读书，后转入韦斯理学院深造。受家族影响，笃信基督教，是一位虔诚的基督教信徒。

1917 年，宋美龄学成归国。作为一名深受西方文化熏陶的中国女青年，她进一步融合了中国的传统观念和伦理道德，成为中西文化交融的典范，彰显了中国现代女性的特质和风度。

1927 年，宋美龄与蒋介石成婚。之后走上政治舞台，与蒋介石东奔西走，逐步展现其政治才华。作为一名重要的民国政治人物，凭借第一夫人的特殊身份，宋美龄亲历了中国近现代各个时期的重大历史事件，并作出了她的历史贡献。

宋美龄较早地献身于中国的妇女运动，领导创办国民革命军遗族学校，安抚遗孤，培养教育为国捐躯壮士的后代。即使蒋介石在解放战争中兵败退台后，宋美龄仍对引导妇女服务军界、筹建军眷住宅、推动社会福利事业、扶助难童和残障人士等事业表现了特别的关切。

早在 19 世纪后期，中国开始了现代化的历程。辛亥革命的成功，标志着中国由传统社会走向现代国家的道路。然而革命后的社会改造却是更为复杂和长期的过程。20 世纪 30 年代，蒋介石掀起了新生活运动，尝试改良社会风气、移风易俗、改变不良习惯、规范国民生活，虽然这一运动并未取得明显效果，但宋美龄奔走呼号，成为此项运动的重要推动者。

1936 年发生的西安事变，是中国国共两党走上团结抗日的重要转折点。宋美龄亲赴西安，力劝蒋介石转变态度，为事变的和平解决发挥了特殊的作用。

宋美龄一生最光辉的政治亮点是在抗日战争时期。她不仅亲赴前线、引导妇女投入战地救护工作、着力建设中国空军、陪同蒋介石出访印度、拓展中国在南亚的影响，而且还远赴美国，争取美援。其在美国国会的演说，震动了美国政坛，展现了她的外交风范和智慧。抗日战争后期陪同蒋介石出席具有重要历史意义的开罗会议，更加显示了中国女政治家的才能。

晚年，宋美龄逐步脱离台湾政坛，赴美久居，放手让蒋经国治理台湾。终宋美龄一生，其政治生涯既辉煌，又曲折。她为推动中华民族的复兴事业，奉献了智慧和力量，是一位值得浓笔重写的杰出女性。

　　南京大学中华民国史研究中心组织多位历史学教授，依据大量原始史料，撰著的这套宋美龄研究丛书，有《我将再起：宋美龄的后半生》《家国春秋：宋美龄与宋孔家族》《历史关口：宋美龄与西安事变》《东方魅力：宋美龄与战时中国外交》《新民新风：宋美龄与近代中国社会改造》《陪都岁月：重庆时期的宋美龄研究》《美丽哀愁：宋美龄年谱》《吾心吾力：政治视阈中宋美龄的思想历程》。这些著作的撰写，作者虽然努力做到尊重历史事实，给宋美龄以客观的、实事求是的评述，但毕竟受学术水平和掌握史料所限，因此，著作中疏漏及不当之处，尚请各方人士给予指正。

南京大学荣誉资深教授　张宪文

目　录

绪　论

第一节　研究缘起

宋美龄，蒋介石夫人，宋氏家族重要成员，还有众多标签贴在她的身上。然而，有两项是最本质的，一是她出生在中国近代史上一个不平凡的家庭，二是她通过婚姻成为日后民国政府最高领导者的配偶，其他头衔基本由此派生而来。由于宋美龄本人身份和经历的特殊性，再加上意识形态的影响，使得政治、社会和学术等多个领域的人士对她的评价不一而足。1948年12月，宋美龄位列国共内战43名"战犯"之一。如今，有的学者称她是中国近代历史上杰出的女性、著名的政治家、中国妇女运动的推动者和指导者。[①] "宋美龄的去世标志着一个时代的结束"，"宋的一生值得肯定。"[②] 而台湾学者指出，历史学者对宋美龄的研究还不够，过去可能受到政治的干扰，以及她本人还健在的忌讳，但现在她已过世，又有研究档案开放的条件，应该是重新评价宋美龄的时候了。[③] 历史学家李新在为《民国著名人物传》作序时谈道："我们研究民国时期的历史人物，不仅要研究孙中山、黄兴、宋教仁，

---

① 参见张宪文、姜良芹等编著：《宋美龄、严倬云与中华妇女》，台北黎明文化事业股份有限公司2012年版，序言第3页（张宪文作序）。

② 宋美龄逝世后，陈谦平教授接受记者采访时的回答。

③ 吕芳上："研究蒋夫人打开禁忌大门。她健在时，想研究的不便研究；她不在了，让历史的回归历史。"参见《联合报》2003年10月26日。

也要研究袁世凯、蒋介石、汪精卫，对他们都应该实事求是，置于具体的历史环境下分析研究，而不能简单地扣上好或坏的帽子。""只有这样，历史人物的真实事迹才能得以如实地表述，历史的发展才能得到全面地展示，历史才能写得具体、详实、生动、丰富，才能给后人留下一幅真实的历史图画。"①

笔者认为，研究宋美龄的意义在于：（1）近代政治人物的代表性与特殊性；（2）国民党史的重要组成部分；（3）近代妇女参与政治、外交等事务的典型；（4）中西文化交汇的写照。研究宋美龄不仅要研究宋美龄的生平，还要深入研究与之相关联的各种关系；不仅要分析她的著述资料，还要分析她的思想演变，从而总结宋美龄在历史中的作用和影响。

宋美龄于北京时间 2003 年 10 月 24 日去世，享年 106 岁②，走过三个世纪，见证了百年历史。其跌宕起伏的一生，大致以宋美龄 1948 年再度赴美寻求援助为分水岭。国民党败退台湾之后，宋美龄进入了她的后半生。事实上，这里的后半生是一个广泛意义上的后半生，不仅指年龄已过半百，更指宋美龄在政治生命、妇女儿童事业、社会教育活动上均与其在大陆时期不可同日而语，已近日暮。从时间上看，宋美龄后来在台湾和美国生活的时间在其生命中的比重超过大陆时期。依照中国人特别重视晚年的习俗，强调"盖棺定论"的传统，这实在是一段不能忽视的历史。从目前所能见到的各类著述看，研究和论述宋美龄在大陆时期活动的占比要超过她的"后半生"。其缘由一是宋美龄的后半生虽有作为，但较先前在大陆时期已明显衰落，难以激发学者们的研究兴趣，所作的研究题材有限；二是资料匮乏，特别是宋美龄没有如蒋介石那样留下日记或手稿，宋美龄的主要活动地点"妇联会"核心档案也并未开放，使人们只能看到一个由国民党塑造出的宋

---

① 朱信泉主编：《民国著名人物传》（一），中国青年出版社 1997 年版，序言第 2 页（李新作序）。

② 人们通常认为宋美龄的在世时间是 1897—2003 年。实际上，关于宋美龄的生年，一般有 1897、1898、1901 三种说法，并各有力证。本书采用的是最通常的说法。

美龄形象，而无法探究真实的宋美龄；三是宋美龄在历史中的身影总是隐藏在蒋氏父子背后，在一些关键历史时刻的作用往往被蒋氏父子的光环所笼罩，使学者们有意无意地忽视了宋美龄在其后半生的历史作用。对于此种情形，不管是大陆学者还是台湾与海外学者都觉得有所缺憾。

从大陆到台湾，再到美国，宋美龄在几个时期有何不同？她个人有何改变？内外环境与时代对她起了什么作用？区域、空间，有限的时间，能够折射一生。她的所作所为，无法离开台湾的政局，国际大环境，以及对美国的依赖和某些坚持。这些都可以与大陆时期的宋美龄相互参照，从而使人们真正认识一个完整的宋美龄。

同时，通过对宋美龄的研究，还能够从某个维度了解中美关系问题，"台美"关系问题，国共两党关系问题，台湾的政治、经济发展问题等。因为当时的宋美龄虽然不担任政治要职，但是她追随蒋介石，依旧在台湾和国际上做了大量的台前与幕后工作。她成立了"中华妇女反共抗俄联合会"，配合蒋介石"反攻大陆"的政策，动员妇女建设台湾；她数次访美，顶着"第一夫人"头衔发声，为蒋氏政权争取尽可能多的经济和军事上援助，努力打破台湾的困局；她著书立说帮助丈夫进行"反共抗俄"宣传，但强烈的民族主义信念也使她一直坚决反对分裂中国的企图。①

本书旨在全球背景下，以宋美龄个人的思想、行为与生活为主线，探讨她在"外交"、社会事业、妇女工作等方面的作为，梳理其与家族其他成员的关系，揭示她上下浮沉的心路历程，勾勒她与中国现代史的一些风云人物复杂而微妙的关系，以图全方位、多角度地反映其人、其事与其作用。也许这样可以找到那个真实的宋美龄。宋美龄是一个特殊的政治人物。对她的研究，不能局限于把她作为意识形态的批判对象，而应视为历史长河中客观存在的研究对象。我们希望随着更多资料的出现和开放，宋美龄研究能继续深入，让她从"政治符号"回归为"社会人"的史学研

---

① 参见佟静：《宋美龄的晚年岁月》，团结出版社2014年版，第297页。

究对象。① 即研究趋势应是：由过去的放大检验逐渐变为回归本体、透析个人。事实上，这也是本书努力研究的方向之一，即探求宋美龄本身美丽优雅的气质，以及不畏艰险奔波的勇气背后那些真正的思想动力、妇女意识、宗教信仰和历史事实。

笔者认为，讨论一个人的功过，既需要时间的沉淀，更需要把她放进一个相对较长的时间里与同一时代的人物加以比较、考察。如此，我们会发现她和中国的命运是那么的密不可分，她在各种权力的争战中角力浮沉，或多或少地影响那里的政治生态和社会发展，即便那个舞台已经变小。对于一个长寿的人而言，时间似乎失去了意义，原本的对立终将变化。

第二节　研究综述

由于本书以宋美龄的后半生为研究对象，因此对涉及宋美龄的研究成果，有必要加以回顾、梳理与讨论并特设若干原则以兹参照：第一，从研究学者所处地区分类，分为大陆和台湾、美国和其他地区。这是由于不同国家和地区的学者研究宋美龄的着眼点有所不同，立论也有差异。第二，从研究成果的体例分类，包括著作和论文（一般论文和学位论文）。现有的宋美龄著作，笔者将其分成三种：一种是全传，从宋美龄出生写到宋美龄2003年在美国逝世；一种是记录宋美龄在某一时间所作所为的"断代史"，如《宋美龄最后的日子》；还有一种专题式的传记，专门讨论宋美龄某一方面的才能和事迹。值得一提的是，《宋美龄文集》② 是继较早时期出版的宋美龄言论③以来最新的关于宋美龄人物研究的工具书。以宋美龄为主题的学术会议，作为学术成果的交流互动活

---

① 此处受陈红民教授关于蒋介石研究的启发。参见陈红民、何扬鸣：《蒋介石研究：六十年学术史的梳理与前瞻》，《学术月刊》2011年第5期。

② 张宪文主编：《宋美龄文集》，台北苍璧出版社2015年版。

③ 20世纪30年代国民政府即结集出版了相关言论集，随后的几十年都先后再次出版宋美龄的思想言论集。

动，是学术成果的延伸。因此，在讨论过各地区不同类型的学术成果之后，专门就大陆和港台地区学术会议的召开来完善整个学术回顾。

20 世纪 90 年代，宋美龄尚未逝世以前，有关她的研究并不多。据《中华民国史研究综述》第三章第二节"论著、资料和工具书索引"提供的中国大陆（1985—1988）、港台（1950—1988），日本（1913—1949；1978—1988），美国（1978—1988），苏联（1978—1988），英国（1978—1988），法国（1978—1988），德国（1978—1988），澳大利亚，加拿大，韩国等多个国家和地区的书目，不难发现当时以宋美龄为主题的著作仅有几部，即大陆作家陈启文著，中国文联出版社 1988 年出版的《宋美龄》；徐甦编著，辽宁人民出版社 1988 年出版的《蒋宋大家族》；美国作家尤恩森所著的《宋氏三姐妹——宋霭龄、宋庆龄、宋美龄》；项美丽（Emily Hanh）的《宋氏家族——父女·婚姻·家庭》和斯特林·西格雷夫（Steling Seaglave）的《宋家王朝》。①

20 世纪 90 年代以后，随着时间的推移，禁忌逐渐减少，宋美龄研究也渐渐发展起来。下面就大陆地区出版和发表的著述以时间为序加以介绍和评析。

林家有、李吉奎著的《宋美龄传》是大陆最早的关于宋美龄的学术专著。② 全书共十章，最后两章以叙述性的语言谈到了宋美龄在台湾地区和美国几个重要的时间段的行为和与之相关的专题内容，即 20 世纪 50 年代、朝鲜战争爆发、1952 年、1954 年、1958 年、1965—1966 年、两蒋逝世，台湾妇女工作、宋氏家族、坚持一个中国、"我将再起"等。在当时史料相对匮乏的情况下，作者运用了《顾维钧回忆录》《蒋夫人言论集》等资料，对后续跟

---

① 参见伍野春等编：《中华民国史研究综述》，天津教育出版社 1991 年版，第 261—263、270、330 页。

② 林家有、李吉奎：《宋美龄传》，河南人民出版社 1995 年版。台湾学者吕实强教授在其论文《大陆近期刊出的一篇〈被国民党称为第一夫人的宋美龄〉——简介与检讨》中认为，"据个人所读过的此类专书而言，这一著作，可视为对蒋夫人宋美龄女士开始作为学术研究的一项标志"。

进的研究者，有相当的启发。

杨树标、杨菁的《宋美龄传》①，也是与林、李二位著作同一时期出版的宋美龄传记。作者在该书的"引言"中即称该书"着重写了宋美龄与蒋介石的活动，是编年体与纪事本末互相结合的一本历史书籍"。对宋美龄返回台湾后的活动仅着墨于宋美龄致廖承志、邓颖超公开信的评析。该书第九章，是以宋美龄1950年以后的言论为线索将她晚年的生活串起来的，内容十分新颖，不过也亦如作者在序中所说："感到材料还相当缺乏，有不少事只知道她干过或参与过，但无法把始末写清楚。"总体上看，该书对人物的评价较客观、公允。

佟静长期从事宋美龄研究，写过不少书籍。如《晚年宋美龄》和《宋美龄的晚年岁月》②。两部著作虽然名字有所不同，但后一本实际上是前一本的修订版。作者除了增加"迎接美国贵宾"（艾森豪威尔1960年访问台湾）、"附加注解的回忆"（《与鲍罗廷谈话的回忆》）两章内容之外，还修改、增补了各章节的部分内容，尤其是增加了自己的观点和看法，如在"两封公开信"中，较之旧版，作者对宋美龄晚年的"反共"言行进行了分析，言之有物，适当评价。从中不难看出，经过十多年时间，作者在观点上有了新的发展，措辞上也更趋于严谨，有的章节标题也做了变动，如《晚年宋美龄》第八章题目"公主与上校"改为"重要辅佐"，而内容基本一样；类似的情况还有《晚年宋美龄》第十一章"夫唱妇随"调整为"总结教训"，第二十二章"多事之秋"改为第二十三章"多难的年代"。小节标题也略有调整，如"'第一夫人'的生活内幕"这章中，以前所用的"小气的第一夫人"被"'精明'的'第一夫人'"所代替。

何虎生的《蒋介石宋美龄在台湾的日子》，由华文出版社2007年出版。顾名思义，该书叙述的是两人在台湾的岁月。主要篇幅

---

① 杨树标、杨菁：《宋美龄传》，江西人民出版社1995年版。

② 佟静：《晚年宋美龄》，安徽人民出版社1998年版；佟静：《宋美龄的晚年岁月》，团结出版社2014年版。

以蒋介石为主，其中第七章"宋美龄的夫人'外交'续集"、第八章"第一夫人也爱钱"、第九章"一对夫妻两样习性"、第十章"台湾第一家庭"、第十二章"先生先死"、第十三章"蒋经国时代的宋美龄"、第十四章"今日之宋美龄"都是围绕宋美龄展开的。

华文出版社还于 2003 年出版了窦应泰所著的《宋美龄最后的日子》。"最后的日子"是从蒋介石病逝之后开始写起，记录了宋美龄离台赴美的生活以及期间因蒋介石百年冥诞、孔令伟病重返回台湾等事件。较其他传记，该书还对宋美龄及蒋宋家族成员的安葬和移陵问题、蒋家新生代有所涉及。

专题式的传记较为重要的有两部，一部是 2007 年由阳雨与张小舟著，团结出版社出版的《宋美龄的"外交"生涯》。该书围绕宋美龄的"外交"生涯展开，记述了她出访印度、第二次世界大战时期访问美国，以及重返母校等事件。作者还认为，国民党迁台后，宋美龄访美的"外交"工作及发表的演说和文章是要传达蒋介石和台湾的要求，以从中了解美国对台的政策。然而，美国政策的转变，使得宋美龄没有施展才干的空间，最终退出国际舞台。①

另一部是由团结出版社于 2008 年出版的《宋美龄在美国》，作者是洪亮、姚岚。该书分上、中、下三编，中编第四部分至下编谈到宋美龄在第二次世界大战后再度访美是赴美"乞援"，杜鲁门却不理睬，离美前发表的演说是"流水落花春去也"。蒋介石在世时，宋美龄多次访美谋求支持，并发表大量的演说，主要包括攻击中共、极力拉拢美国与台湾的关系，鼓动美国对中共采取强硬政策。而蒋介石去世后，宋美龄因与蒋经国不和，且为避开台湾政坛纷争，远走美国。1986 年再度回台，发表文章《我将再起》及接见国民党元老政要，引起各方臆测，后在圆山饭店发表《结果由你们承担》的演说，反映出她对台湾当局的孤立处境及对美

---

①　参见阳雨、张小舟:《抗战时期的第一夫人:宋美龄的"外交"生涯》，团结出版社 2007 年版，第 141、155、162—188 页。

国的怨尤。① 故事性的写法，基本情节均由作者演绎，少有史料支撑。

实际上，这些传记作家如何虎生、佟静、窦应泰等都经常写民国人物，尤其是关于宋美龄的著作不止一部。② 另外比较早的，且知名度较高的有王朝柱的《宋美龄与蒋介石》③、刘毅政的《宋美龄评传》④、陈廷一编著的《宋美龄全传》⑤。他们的作品被读者津津乐道，有可读性。寿韶峰的《宋美龄全纪录：1897—2003》⑥，白海军的《宋美龄：用玫瑰平衡战争》⑦，辛慕轩等著的《宋美龄写真》⑧，陈启文的《宋美龄》⑨，岳渭仁等编的《外国人眼中的蒋介石和宋美龄》⑩，达利编的《中国第一夫人》⑪，章文灿、王英编著的《宋美龄档案照片》⑫，师永刚、林博文编著的《宋美龄画传》⑬，情况大体同前，多为文学作品。值得一提的是宋美龄的历史照片还很多，各个时期都不缺乏，很多著作中都加以征引，使得我们今天认识她时多了一份熟悉。

从以上探讨宋美龄的各类传记中，可知宋美龄在 20 世纪 50 年代后，在美国的"外交"活动的主要目的是争取美国援助以支持蒋介石"反攻大陆"及反共。因各作者视角不同，解读宋美龄的角度亦不尽相同，其所用文字有褒有贬。但透过传记作家的文笔，已呈现出宋美龄政治外交领域的精彩表现。妇女、社会、儿童工

① 洪亮、姚岚：《宋美龄在美国》，团结出版社 2008 年版，第 258—316、349—355 页。

② 何虎生：《宋美龄传》，中国工人出版社 2012 年版；佟静：《宋美龄大传》，团结出版社 2011 年版；窦应泰：《宋美龄身后重大事件揭秘》，团结出版社 2008 年版。

③ 王朝柱：《宋美龄与蒋介石》，河南文艺出版社 2007 年版。

④ 刘毅政：《宋美龄评传》，华文出版社 2000 年版。

⑤ 陈廷一编著：《宋美龄全传》，青岛出版社 2001 年版。

⑥ 寿韶峰：《宋美龄全纪录：1897—2003》，华文出版社 2009 年版。

⑦ 白海军：《宋美龄：用玫瑰平衡战争》，团结出版社 2008 年版。

⑧ 辛慕轩等：《宋美龄写真》，档案出版社 1988 年版。

⑨ 陈启文：《宋美龄》，中国文联出版公司 1988 年版。

⑩ 岳渭仁等编：《外国人眼中的蒋介石和宋美龄》，三秦出版社 1994 年版。

⑪ 达利编：《中国第一夫人》，山西高校联合出版社 1994 年版。

⑫ 章文灿、王英编著：《宋美龄档案照片》，团结出版社 2008 年版。

⑬ 师永刚、林博文编著：《宋美龄画传》，作家出版社 2008 年版。

作，是宋美龄在台湾主要从事的事业，多数作者认为这些工作是宋美龄在大陆时期开展相应方面工作的延伸和扩展。宋美龄在台湾期间的人际关系网络，尤其是对蒋经国和孔家子女，研究人员都关注到了并各持己见。有的作者认为，宋美龄与"小蒋"不和，是因为宋美龄个人或其外甥想上位；也有作者感到二人"母子情深"，宋美龄力挺并维护之。

　　学术论文作为研究的另一方面成果，可以通过几个数据来加以说明。在中国学术期刊网络出版总库（中国期刊全文数据库）里检索，"主题"里含有"宋美龄"一词，时间从 1979 年到 2016 年，检索出来的有 3057 条。[①] 在中国博士学位论文全文数据库里，以"主题"里含有"宋美龄"一词，时间从 1979 年到 2016 年，检索出来的有 5 条。[②] 在中国优秀硕士学位论文全文数据库里，以"主题"里含有"宋美龄"一词、时间从 1979 年到 2016 年，检索出来的有 43 条。[③] 硕博论文以研究抗战时期的宋美龄外交和妇女工作为主。[④] 1980 年在公开出版物上开始发表有关宋美龄的文章，1980—1989 年有 28 篇，1990—1999 年有 320 篇，2002—2003 年仅一年发表 168 篇，2003—2004 年一年内达 217 篇，2003—2014 年共有 834 篇。由此反映出大陆学者开展宋美龄研究的时间大概始于

---

　　① 　该库以"篇名"里含有"宋美龄"一词、时间从 1979 年到 2016 年，检索出来的有 335 条；以"关键词"里含有"宋美龄"一词、时间从 1979 年到 2016 年，检索出来的有 3050 条。

　　② 　该库以"题名"里含有"宋美龄"一词、时间从 1979 年到 2016 年，检索出来的有 1 条；以"关键词"里含有"宋美龄"一词、时间从 1979 年到 2016 年，检索出来的有 2 条。

　　③ 　该库以"题名"里含有"宋美龄"一词、时间从 1979 年到 2016 年，检索出来的有 8 条；以"关键词"里含有"宋美龄"一词、时间从 1979 年到 2016 年，检索出来的有 37 条。

　　④ 　如论文的题目为《战争、国家与女性：抗战时期宋美龄的妇女动员》（浙江大学 2011 年博士学位论文）、《1942—1943 年宋美龄出访美国争取对华援助的过程及意义述评》（上海师范大学 2008 年硕士学位论文）、《宋美龄 1942—1943 年访美述评》（外交学院 2007 年硕士学位论文）、《宋美龄战时妇女工作研究》（华中师范大学 2008 年硕士学位论文）、《论宋美龄的中西文化观》（东北师范大学 2005 年硕士学位论文）、《民族主义视野中的宋美龄》（山东师范大学 2005 年硕士学位论文）等。

20 世纪 80 年代后期，宋美龄去世之后出现一个研究小高潮。①

总体而言，近十余年来大陆学者对宋美龄的研究逐渐摆脱意识形态的局限和政治的影响，趋向客观化与学术化。在研究内容上，对大陆时期宋美龄的论述以正面文字居多，虽偶有负面的指摘，但措辞并不激烈尖刻。而对宋美龄后半生的论述，由于宋美龄表现出极明显的反共政治立场，客观上造成了大多著作出现大量的批驳性文字。但值得一提的是，大多数学者也多在论述中肯定了宋美龄坚持一个中国和赞许其在妇女儿童、社会事业上的贡献。② 而且，大陆学者与时俱进，一些很早从事宋美龄研究的学者后来都重新修订了自己的著作。如杨树标、杨菁在 2010 年《宋美龄传》再版时，对全书的结构做了调整，章节的名称也做了改动，使之既保留原来的内容又增添了新鲜的东西。

宋美龄在台湾度过了 30 年的岁月，台湾留下了她的足迹，留下了有关她的档案资料，留下了人们对她的回忆。在这样的背景下，台湾学者的著述也是极其丰富的。

首先，台湾地区出版过多个版本的宋美龄个人思想言论集，还有她访美的演说和照片集，以及宋美龄书画作品集等。这些都为宋美龄研究提供了最基本的文献资料。绪论第三节将做详细介绍，此处不再赘述。

其次，研究专书和学术论文方面体现出台湾地区研究学者的特点，即史料较为扎实，理论方法见长。具体表现在：

台湾学者石之瑜的《宋美龄与中国》③，是宋美龄研究著作中非常重要的一部，也是作者多年研究成果的集结。其先期发表在《近代中国》《近代妇女史研究》《中华战略学刊》等期刊上的多

---

① 从传记出版时间而言，主要是出现在 20 世纪 80 年代以后，尤其是 2003 年以后，即宋美龄逝世后，台湾及中国大陆出版有关宋美龄的传记最为热络。

② 吕实强：《大陆近期刊出的一篇〈被国民党称为第一夫人的宋美龄〉——简介与检讨》，载秦孝仪主编：《蒋夫人宋美龄女士与近代中国学术讨论集》，台北财团法人中正文教基金会 2003 年版。

③ 石之瑜：《宋美龄与中国》，台北商智文化事业股份有限公司 1998 年版。

篇学术论文①，就产生了一定的影响。作者的政治学背景使得他在宋美龄研究上采取了新的视角切入，以政治心理学、女性主义等研究方法和角度，运用20世纪40年代美国媒体报道资料，"阴性主权"的概念转化到宋美龄20世纪40年代的访美外交，在中美关系的维度中分析宋美龄与中国的政治关系，并运用后殖民主义理论来分析宋美龄的国际形象，更深一步诠释中国人面临的文明冲撞。

2000年，时报出版社出版专栏作家林博文所写的《跨世纪第一夫人——宋美龄》。台湾学者林荫庭认为，该书当时"是台湾出版的宋美龄相关书籍中，史料搜集最为完整、附注最详尽、关照面最宽广的一本。有研究兴趣的人可以从书中的注释上获得丰富的阅读导引"②。该书所引用的资料丰富，包含专著、期刊论文、人物口述等，且各章开头配有历史照片。该书将宋美龄置于宋氏家族、国民党从大陆来台与"台美"关系的脉络中书写。对于宋美龄1948年赴美求援之后的作为，林博文认为随着蒋介石政权的大逆转，宋美龄的政治舞台变小了，国际风光褪色了，权力亦紧缩了。她只能继续发挥在美国的剩余影响力，主导国民党政权对美"外交"，掌控20世纪50年代至20世纪60年代对美的游说。③

王丰的《美丽与哀愁：一个真实的宋美龄》由团结出版社于2008年出版。王丰是近年来为大家所熟悉的台湾传记作家。该书在大陆出版后，十分畅销。作者依据宋美龄的亲随、左右、故交所口述之亲历亲闻所写。作者认为，宋美龄的家庭，从一开始就和中国这个贫穷落后的国家发生着尖锐的矛盾，美式教育对宋美

① 石之瑜：《从蒋夫人宋美龄女士对美外交论中国的地位》，《近代中国》1996年第113期，第155—181页；石之瑜：《美国媒体如何报导蒋夫人访美行——一九四三年二月二十日》，《近代中国》1996年第116期，第125—154页；石之瑜：《蒋夫人与中国的国家性质——后殖民父权文化的建构》，《近代中国妇女史研究》1996年第4期，第167—200页；石之瑜：《蒋宋美龄女士的战略思路——西方对1943年蒋夫人赴美演说的回响》，《中华战略学刊》1997年春季刊，第73—120页。

② 林荫庭：《宋美龄书目举隅》，《妇研纵横》2004年第69期。

③ 参见林博文：《跨世纪第一夫人——宋美龄》，台北时报文化出版企业股份有限公司2000年版，第468、478页。

龄的人生历程，起了最重要的作用，塑造了她独特的性格，而基督教的意识形态，影响了她的整个人生态度，造就出她深刻的人生阅历并为其编织了一个人际关系网络。该书谈到宋美龄在台湾和美国的日子时，以白描式的手法演绎出宋美龄的生活状态。王丰的近作《宋美龄台湾生活私密录：1949—1975》①，透过作家的文字与影像带领读者进入了宋美龄与蒋介石在台湾的 26 年夫唱妇随的燕居岁月。

另外，在台湾学者的著述中，传记题材具有举足轻重的地位，如《蒋夫人与中国》前后就有三个版本，由丁蕙原、江敦彬、黄伯平分别编著。② 陈晓林等编著的《蒋夫人写真》③、刘巨才的《政治女强人：一代风流宋美龄》④、林荫庭的《寻找世纪宋美龄：一个纪录片工作者的旅程》⑤、秦风、宛萱编著的《宋美龄》⑥、风云论坛编辑委员会编著的《蒋夫人与元老派》⑦、李恒编译的《宋美龄传》⑧、许汉的《宋美龄：中国第一夫人传》⑨ 也都是大家熟悉的著作，研究宋美龄的学者都会加以阅读。不过，后两本书对宋美龄多有拔高之意，对其在抗战期间尤其是访美活动的功绩以及迁台之后所领导的妇女的作用溢美之词甚多。

台湾学者在撰写相关著作的同时，也在学术研究过程中不断对已有研究成果加以总结和归纳。例如，陈友民于 2003 年 11 月发

---

① 王丰：《宋美龄台湾生活私密录：1949—1975》，作家出版社 2013 年版。

② 丁蕙原编著：《蒋夫人与中国》，台北历史文化 1981 年版；江敦彬编著：《蒋夫人与中国》，台北中华史记编译出版社 1978 年版；黄伯平编著：《蒋夫人与中国》，台北东南出版社 1962 年版。

③ 陈晓林等编著：《蒋夫人写真》，台北联丰书报社 1985 年版。

④ 刘巨才：《政治女强人：一代风流宋美龄》，台北风云时代出版股份有限公司 1994 年版。

⑤ 林荫庭：《寻找世纪宋美龄：一个纪录片工作者的旅程》，台北天下远见出版股份有限公司 2004 年版。

⑥ 秦风、宛萱编著：《宋美龄》，台北大地出版社 2003 年版。

⑦ 罗浩等编：《蒋夫人与元老派》，台北风云出版社。

⑧ 李恒编译：《宋美龄传》，台北天元图书有限公司 1989 年版。

⑨ 许汉：《宋美龄：中国第一夫人传》，台北开今文化 1994 年版。

表的《走过三个世纪，见证百年历史：蒋宋美龄著述及研究目录》①，以及台湾大学妇女研究室研究助理张斐怡在《妇研纵横》第 69 期（2004 年 1 月）发表的《宋美龄相关出版目录》②，都为接下来的研究工作提供了基础。可惜，由于这些工作是作者当年所做，随着时间的推移，当时列举的书目和论文篇章已经不完备了。

　　在学术论文及学位论文方面，大致而言，《近代中国》《中外杂志》《传记文学》等学术期刊都有与宋美龄相关的研究成果发表，其中在《近代中国》中，与宋美龄相关的研究成果较其他学术性期刊丰富，在 8 期杂志发表了 26 篇学术文章。而学位论文方面，台湾学生比大陆学生要更关注宋美龄，主要论文有：常新的《宋美龄与华兴中学》、黄婉茹的《1950 年代以后宋美龄的反共论述——以对美言论为中心》、陈惠敏的《战争动员体制下的台湾妇女（1950—1958）》、刘珊如的《蒋宋美龄与五〇年代〈中华妇女〉的妇女论述》、李靖波的《蒋夫人（宋美龄女士）与中华基督教妇女祈祷会之研究》、赖富苹的《宋美龄访美与战时中美关系》、郑雪英的《宋美龄对中国政治的影响（1927—1945）》、黄馨慧的《抗战前后蒋宋美龄在中美关系中的角色研究（1936—1950）》、李佳立的《蒋宋美龄绘画作品之研究》，这些论文都是以宋美龄为讨论中心。还有一些学位论文涉及宋美龄，探讨其在妇女工作、儿童保育、宗教信仰、舆论宣传、社会福利等方面的工作。如罗汀兰的《"中华妇女反共联合会"组织功能之研究》、洪国智的《"中华妇女反共抗俄联合会"在台慰劳工作之研究（1950—1958）》、洪宜嫃的《中国国民党妇女工作之研究（1924—1949）》、吴雅琪的《台湾妇女团体的长青树——台湾省妇女会（1946—2001）》、杨晶晶的《"反共抗俄"声中的女性身影——以

① 陈友民：《走过三个世纪，见证百年历史：蒋宋美龄著述及研究目录》，《全国新书信息月刊》2003 年第 59 期，第 39—46 页。
② 张斐怡在文中列举了 152 种专书、影片及画册，53 篇一般论文，5 篇硕博士论文和 1 种参考书目。

〈中华妇女〉为考察对象》、施硕佳的《从无声到有声——论〈妇友〉杂志中参政女性的主体性》、林倩如的《威权体制下台湾女性参政之研究——以女性省议员为例（1950—1987）》、许芳庭的《战后台湾妇女运动与性论述之研究》、郭及天的《我国第一夫人报纸形象研究》、游千慧的《一九五零年代台湾的保护养女运动》、张静伦的《颠簸踬仆来时路——论战后台湾的女人、妇运与国家》、郭文华的《一九五〇至七〇年代台湾家庭计划——医疗政策与女性史的探讨》、欧世华的《吴国桢与台湾政局（1949—1954）》、李智翔的《剧场灯光与投影的整合设计：以音乐剧〈世纪回眸——宋美龄〉一剧为例》、杨翠的《乡土与记忆——七〇年代以来台湾女性小说的时间意识与空间语境》。

而台湾资深的学者如吕芳上、朱重圣、刘维开、陈立文、陈进金等都发表过有关宋美龄在政治外交方面的研究成果以及蒋宋夫妇的感情和人际关系网络等方面的论文。[1]

除了中国大陆和台湾地区的研究，海外学者也对宋美龄进行了较为全面的研究。其中，美国学者研究成果呈现出的特点是：史料丰富，既兼顾逻辑性，又有很好的故事性，使得人物丰满，富有思想。早期研究成果不仅限于宋美龄个人，还包括对宋氏家族的整体研究。研究内容主要包括宋耀如和宋氏兄妹，探寻宋耀如及其子女的成长之路，重点集中在对宋氏三姐妹和宋子文的研究上。当时在海内外影响较大，以宋氏家族为主要研究对象的著作有以下几部。

美国作家埃米莉·哈恩（Emily Hahn，中文名字项美丽）于1940年出版了《宋氏姐妹》（*The Soong Sisters*）是国外首部研究宋氏家族的著作。[2] 项美丽也因为这本书而名声大噪。她与宋霭龄、

---

[1] 考虑到本书的研究时限，因此重点考虑的是对宋美龄1948年以后活动研究的论文。如吕芳上的《蒋介石的亲情、爱情与友情》、朱重圣的《亲情、国情、天下情：蒋夫人宋美龄女士与经国先生》、陈立文的《为台湾发声——从蒋夫人几次访美谈起》、刘维开的《从"蒋中正'总统'档案"看蒋夫人1948年访美之行》等。

[2] 新华出版社于1985年出版中译本，出版时易名为《宋氏家族——父女·婚姻·家庭》。

宋庆龄、宋美龄处于同一时代，是写宋氏三姐妹的第一位传记作者，也是唯一一位对这三姐妹都做过近距离采访的作家。① 由于彼此相识，材料大半来自她们的交往接触。此书描述了三姐妹的童年生活和婚姻状况，尤其对宋美龄的婚事提供了一些细节。项美丽与宋家姐妹的交往，使之获得了不少第一手资料，具有一定的史料价值。不过也是这一点，项美丽被反对者指责为"带有偏见"。②

1984 年，世界知识出版社出版了罗比·尤恩森（R. Eunson）撰写的《宋氏三姐妹——宋霭龄、宋庆龄、宋美龄》（*The Soong Sisters*），本书记述了宋家三个姐妹的成长历程以及她们对中国社会所起的影响和作用。该书对三姐妹的父亲宋耀如做了肯定，认为他的教育理念最终培养她们达到了各自的历史地位；对宋庆龄的描述较多，凸显其革命生涯，为研究宋庆龄提供了不少资料。作者夫妇与宋美龄相识，对她的英语水平深感惊叹，并理解宋美龄"反攻大陆"的心境。③

斯特林·西格雷夫（Steling Seaglave）耗时 15 年，挖掘了大量珍贵的档案资料，采访了较多相关人士，于 1985 年完成《宋家王朝》（*The Soong Dynasty*）一书。④ 作者把宋氏家族放入民国史的大背景下展开研究，以整个家族成员的变迁为主线，通过他们在重大历史事件中的所作所为，折射出这一时代的历史变革，为我们更好地了解中国近现代史和中美关系提供了材料。该书出版时，宋美龄尚在人世，特专文反驳，台湾学者也在"授意"下联名在美国各大报纸刊登专文反击。笔者认为，石之瑜教授受到这本书的启发，找到了一个很好的视角，即从新闻媒体对宋美龄的宣传

---

① 据称，宋美龄晚年曾有人建议她写传记时，她提出的唯一人选就是项美丽。
② "只有那些自称为他们密友的人如项美丽和亨利·卢斯的带有偏见的观点，才能得到信任并在世界范围内广为流传。""此书对三姐妹的童年生活和宋美龄的婚事提供一些家庭内部的细节，但因过分偏袒，以致在其他方面没有什么用处。"载 ［美］斯特林·西格雷夫：《宋家王朝》，丁中青等译，中国文联出版公司 1986 年版，第 15、17 页。
③ 1964 年，尤恩森丈夫为宋美龄写特写报道，夫妇二人受宋美龄邀请一起喝茶。
④ 中国文联出版公司于 1986 年出版中译本。

渲染，来反映整个美国社会对当时中国的认识。

近年来，比较重要的出版专著有：2006 年，新闻记者出身的李台珊（Laura Tyson Li）在美国出版的 *Madame Chiang Kai-shek：China's Eternal First Lady*①，2010 年台湾出版了该书的中文翻译本《宋美龄：走在蒋介石前头的女人》②，2012 年又在大陆出版，更名为《宋美龄：一个世纪女人的梦想、辉煌和悲剧》③。全书使用了相当丰富的英文档案文献，包括宋美龄和美国党政要人如阿尔伯特·科蒂·魏德迈将军（Albert Coady Wedemeyer）④、马歇尔将军（George Catlett Marshall. Jr）等的书信往来，《新闻周刊》（*Newsweek*）等美国媒体的报道，美国有关人物如亨利·卢斯（Henry Robinson Luce）的传记、资料、档案等文献，这对于宋美龄研究的新史料发掘具有重要意义。李台珊认为，宋美龄在台湾政界没有像大陆时那么活跃，但在外事领域，特别是"外交部""外交使团"的人事任命上，她仍很有影响力。李台珊评述她的相关活动说："1954 年，金、马两岛爆发危机，宋美龄正在美国养病，但还是在美国退伍军人协会年度餐会上发表演说，成为第一位在该场合发言的女性。1955 年，宋美龄再度抵美，似乎旨在游说艾森豪威尔政府履行对台湾的防卫承诺。1958 年 5 月下旬，宋美龄来到纽约，接受国务卿杜勒斯（John Foster Dulles）的建议，一有机会就大谈共产党的邪恶。当时，中国共产党的军队对金门发动炮击，她批评美国政府袖手旁观。1965 年 8 月，她又一次赴

---

① Laura Tyson Li, *Madame Chiang Kai-shek：China's Eternal First Lady*, Atlantic Monthly Press, 2006.

② ［美］李台珊：《宋美龄：走在蒋介石前头的女人》，黄宗宪译，台北五南出版社 2010 年版。

③ ［美］李台珊：《宋美龄：一个世纪女人的梦想、辉煌和悲剧》，齐仲里、郭骅译，华文出版社 2012 年版。

④ 阿尔伯特·科蒂·魏德迈（Albert Coady Wedemeyer）（1897—1989），美国退役陆军上将。1944 年任盟军中国战区第二任参谋长，1946 年回到美国任第二集团军司令、陆军副参谋长等职，1947 年 7 月奉国务卿乔治·卡特利特·马歇尔命为特使到中国调查。1947 年 10 月—1948 年 11 月晋升为美军计划及行动处总长。1948 年发生柏林危机，魏德迈是柏林空运的主要支持者。1951 年 7 月在旧金山指挥第六集团军，1954 年在退役名单上被晋升至上将。1958 年出版回忆录。

美，在美国展开巡回演说，坚持不能有'两个中国'与美国应立即摧毁中国的核子设施的观点。"李台珊通过分析认为，当时美国对宋美龄的新闻报道，语气普遍不太友好。该书在最后对宋美龄做出了如下的评论：美国人见到她时，既未见到真正的中国，也未见到真正的蒋介石夫人，因此他们的认知必然充斥了谬见。她的一生最终成了中美之间长达一世纪之严重误解的现象，成为仍存在于今日中美关系不安定暧昧状态的表征。①

汉娜·帕库拉（Hannah Pakula）的《最后的皇后：蒋夫人与近代中国的诞生》（*The Last Empress Madame Chiang Kai-shek and the Birth of Modern China*）于 2010 年出版②，随即引起巨大轰动。基辛格认为，这是一部"盖棺定论的宋美龄传记"。史景迁评价它"取材范围之广，令人印象深刻"。《华尔街日报》称，"对于想要了解民国史的读者，此书是绝佳的指引"。③ 汉娜·帕库拉也是韦尔斯利学院（Wellesley College）的毕业生，他引用该校所保存的宋美龄与同班同学埃玛·德隆·米尔斯（Emma Delong Mills）的往来书信，并多处引用《纽约时报》（*The New York Times*）、《华盛顿邮报》（*The Washington Post*）等媒体的报道，描绘出宋美龄在美国媒体中的形象，具有较高的参考价值。该书第七部分写了第二次世界大战结束后，国共内战爆发，国民党大势将去，此时宋美龄赴美，争取美国对国民党的援助，然而美国对华白皮书有效地反制了宋美龄索取更多帮助之请；第八部分更详细地写了宋美龄在 1950 年以后，三度访美的细节如 1960 年趁越战之时，宋美龄促使美国支持国民党"反攻大陆"的计划；第九部分主要讲述宋美

---

① ［美］李台珊：《宋美龄：一个世纪女人的梦想、辉煌和悲剧》，齐仲里、郭骅译，华文出版社 2012 年版，第 301、306、313、314、322—323、386 页。

② Hannah Pakula, *The Last Empress Madame Chiang Kai-shek and the Birth of Modern China*, Simon & Schuster, 2010.

③ ［美］汉娜·帕库拉：《宋美龄新传——风华绝代一夫人》，林添贵译，台北远流出版事业股份有限公司 2011 年版。

龄后期在美国的生活状态。① 该书先后被台湾和大陆翻译出版。②

李台珊和汉娜所著的这两部书，最大的优点就是运用了大量的新史料，主要是宋美龄个人亲笔英文信函和与她交往的美国各界人士的档案。如此丰富的英文档案文献在大陆乃至台湾都是没有的。但是，除了对史料的挖掘以外，还需要的是对史料的分析解读，以及与同一时期的其他相关材料进行比对，由此两位作者暴露了她们研究中的软肋，即缺少中文的基本文献以及第三方材料。也许当这些材料都被同时使用之后，我们得到的结论会更客观、更理性。

此外，美国学者凯伦·J. 隆（Karen J. Leong）所著的《中国神秘：赛珍珠、黄柳霜、宋美龄与美国东方主义的转型》（*The China Mystique：Pearl S. Buck，Anna May Wong，Mayling Soong，and the Transformation of American Orientalism*）③，从后殖民主义的视角研究了宋美龄等三位不同类型的女性在中美交往中的作用，提示了文化、种族、阶层以及政治权力等是如何影响女性对中国与美国的表述。

作家桑迪·多诺万（Sandy Donovan）于 2006 年写了一部《宋美龄：现代中国的代表》（*Madame Chiang Kai-shek：Face of Modern China*）④，全书共十一章，从宋美龄赴美求学写到她晚年生活，终其一生的主要事件均有交代。

传记作家托马斯·德隆（Thomas A. DeLong）所著的《埃玛与宋美龄：中国第一夫人和她的美国朋友》（*Madame Chiang Kai-shek and Miss Emma Mills：China's First Lady and Her American*

---

① 参见［美］汉娜·帕库拉：《宋美龄新传——风华绝代一夫人》，林添贵译，台北远流出版事业股份有限公司 2011 年版，第 544—586、588—654、656—678 页。

② ［美］汉娜·帕库拉：《宋美龄新传》，林添贵译，台北远流出版事业股份有限公司 2011 年版；汉娜·帕库拉：《宋美龄传》，林添贵译，东方出版社 2012 年版。

③ Karen J. Leong, *The China Mystique：Pearl S. Buck，Anna May Wong，Mayling Soong，and the Transformation of American Orientalism*，University of Illinois at Chicago Circle，2007.

④ Sandy Donovan, *Madame Chiang Kai-shek：Face of Modern China*，Capstone，2006.

Friend）一书，除去前言、注释和索引，还有二十二章。① 该书以宋美龄与埃玛的书信往来为基础，深入分析了宋美龄的美国教育背景和美国的人际圈对其展开对美外交所起的作用，认为好友埃玛给予宋美龄很大的帮助。

其他著作还有 Samuel C. Chu 和托马斯·肯尼迪（Thomas L. Kennedy）二人合著的《蒋夫人与中国》（*Madame Chiang Kai-shek and Her China*）② 及作者哈里·托马斯（Harry J. Thomas）所著的《中国第一夫人：一九四三年宋美龄战时访问美国》 （*The First Lady of China：the Historic Wartime Visit of Mme，Chiang Kai-shek to the United States in* 1943）③。

除了上述地区的学者以外，日本、韩国、俄罗斯亦有学者对宋美龄做了一些研究，但研究状况不尽如人意。

多年来，日本的中华民国史研究颇有进展，出现了不少研究成果。但宋美龄人物研究并未充分开展。④ 据日本学者久保田博子介绍，以"宋美龄"或"蒋夫人"为关键词搜索有关记事杂志，多半为大众性和一般读物。最早有关宋美龄的记述见于 1933 年由《人物传闻》发表的、菜花野人执笔的《蒋介石与夫人宋美龄》。⑤ 笔者试着在日本国立国会图书馆检索，发现包括内容有：①世界范围内出版的宋美龄研究著作，如西格雷夫的《宋家王朝》、石之瑜的《宋美龄与中国》、张宪文等著的《宋美龄、严倬云与中华妇女》；②宋美龄本人著作、蒋夫人言论集和与蒋经国往来函电，如由长沼弘毅翻译的、时事通信社于 1970 年出版的《わが愛する中

① Thomas A. DeLong, *Madame Chiang Kai-shek and Miss Emma Mills：China's First Lady and Her American Friend*, McFarland, 2007.

② Samuel C. Chu& Thomas L. Kennedy, *Madame Chiang Kai-shek and her China*, East Bridge, 2005.

③ Harry J. Thomas, *The First Lady of China：the Historic Wartime Visit of Mme，Chiang Kai-shek to the United States in 1943*, International Business Machines Corp. , 1943.

④ 参见 ［日］久保田博子：《日本杂志上的宋美龄像》，载秦孝仪主编：《蒋夫人宋美龄女士与近代中国学术讨论集》，台北财团法人中正文教基金会 2003 年版，第 262 页。

⑤ 参见 ［日］久保田博子：《日本杂志上的宋美龄像》，载秦孝仪主编：《蒋夫人宋美龄女士与近代中国学术讨论集》，台北财团法人中正文教基金会 2003 年版，第 263 页。

華民国》；③大型资料集中的相关论述，如《现代支那史》（第1—5，别卷）①；④日本学者的著述。详情见下表：

编号	作者	题目名	出版/发表信息	著述类型
1-1	村田孜郎	宋美龄	ヘラルド雑誌社 1939	著作
1-2	山田文吾	活跃在战场上的中国女人：宋美龄的惊人活动	東京朝野新聞出版部 1937	著作
1-3	武村与志夫	中国掌控者——宋美龄的真面目：活跃在香港外交界的精灵	近代小说社 1938	著作
1-4	中野好夫	永遠の女性	河出書房 1955（河出新書）	著作
2-1	譚〔口〕美	宋美龄作为女性的一生	新潮 45/新潮社［編］23（1）（通号 261）2004-01，pp. 200—206	论文
2-2	中牟田明子	宋美龄的影响及其活动	蒼翠：筑紫女学園大学アジア文化学科紀要：Bulletin of Chikushi Jogakuen University Department of Asian Studies / 筑紫女学園大学アジア文化学科編（通号 10）2009-03，p. 102—117	论文
2-3	富永孝子	张学良和宋美龄不为人知的纯真感情	新潮 45/新潮社［編］32（12）（通号 380）2013-12，p. 210—220	论文
2-4		世界新闻鼻祖——Dragon Lady 宋美龄（蒋介石夫人）的一个世纪	週刊東洋経済（5861）2003-11-22，p. 133	论文
2-5	上村幸治	民意颠覆王朝——台北十五日（动摇李登辉政权的宋美龄事件）（台湾的新道路〈特集〉）	エコノミスト/毎日新聞社［編］66（10）1988-03-01，pp. 61—66	论文

---

① 《现代支那史》（第1—5，别卷），高山洋吉译，育生社1940年版。

（续表）

编号	作者	题目名	出版/发表信息	著述类型
2-6	石川照子	美中关系与宋美龄——以日中战争时期其援华申请活动为中心	大妻比較文化：大妻女子大学比較文化学部紀要/大妻女子大学比較文化学部 编（通号 2）2001，pp. 24—41	论文
2-7	川上和久	战后六十年——影响就在的宋美龄外交日本步中国后尘的国际宣传能力	中央公論 120（10）（通号 1457）2005‒10，pp. 158—165	论文
2-8	小松原伴子	宋氏三姐妹——宋霭龄、宋庆龄、宋美龄与中国革命（特集 中国历史上的女性——从西施到宋氏三姐妹）	月刊しにか/『月刊しにか』編集室 编 10（12）（通号 117）1999‒11，pp. 73—75	论文

现以两篇学术论文为例，来了解日本学者的研究视角。

日本学者久保田博子提到，日本在报道宋庆龄和宋美龄时的最大区别在于，宋庆龄是以"孙中山夫人"形象出现，对她和孙中山先生的婚姻关系加以探讨和评价；而宋美龄则不完全是以"蒋介石夫人"的身份来报道，比较关注宋美龄个体的政治能力和对中国造成的影响。[①]

日本大妻女子大学的石川照子在《日本人眼中的蒋夫人宋美龄——以抗日战争时期的新闻报导为中心》一文中，分析了《东京朝日新闻》和《大陆新报》中有关宋美龄的报道，发现在抗战之前多集中在与蒋介石结婚和西安事变，而抗战时期是以在国内及香港的抗日运动、对美请求支持等对外活动，以及私生活为主。由于中日双方当时为战争关系，因此报道用词多为讽刺、挖苦之语，对宋美龄在抗战中的表现始终采取批判态度。到战后，中日

---

① 参见［日］久保田博子：《日本杂志上的宋美龄像》，载秦孝仪主编：《蒋夫人宋美龄女士与近代中国学术讨论集》，台北财团法人中正文教基金会 2003 年版，第 262—280 页。

敌对关系消除，日本报道较之战前变得客观、冷静了。①

事实上，近年来日本学者已经认识到宋美龄研究在国民党史、中美关系史、中日关系史和中国女性史等各种分野中是一项重要体裁。② 但因为，日本有关宋美龄的史料较少，学者常常依托本国报刊杂志的新闻报道，进行人物比较、资料对比，进而得出比较"朴素"的结论。

韩国独立运动受到中国国民政府的支持，中韩外交活动与蒋介石、宋美龄有着千丝万缕的联系。故读到韩国学者关于宋美龄研究的论文时，很多是围绕此一方面展开的。如朴明熙的《开罗会议上的韩国独立问题和蒋介石、宋美龄的作用》及李奎泰的《蒋介石时期"中华民国"的对韩政策——兼论宋美龄女士与韩中关系》。③

韩国学者张公子在其论文《宋美龄和她的领导才能》中，提出了韩国对宋美龄的研究现状，即几乎是全无状态，仅仅只有新闻报道。④ 由于宋美龄除正式的语录外，她没有给后代留下任何回忆录、日记、往来书信等资料，所以韩国学者对她的研究也非常不足，与她的姐姐宋庆龄相比评价过低。这一点和日本研究呈现出的特点是一样的，研究资料缺乏，史料运用以当时的报纸新闻为主，研究方法多采取和宋庆龄相互对照的比较研究。同时，韩国学者看到宋美龄被《时代》杂志以"龙的女人"来称赞她的能力及贡献，说明她不只是中国女性领导力量的楷模，也是亚细亚女性领导力的标杆，且为做好的"总统"夫人的形象提供了一个

① 参见［日］石川照子：《日本人眼中的蒋夫人宋美龄——以抗日战争时期的新闻报导为中心》，载秦孝仪主编：《蒋夫人宋美龄女士与近代中国学术讨论集》，台北财团法人中正文教基金会 2003 年版，第 346—359 页。

② 参见［日］石川照子：《日本人眼中的蒋夫人宋美龄——以抗日战争时期的新闻报导为中心》，载秦孝仪主编：《蒋夫人宋美龄女士与近代中国学术讨论集》，台北财团法人中正文教基金会 2003 年版，第 359 页。

③ 两篇论文分别载于胡春惠、陈红民主编：《宋美龄及其时代国际学术研讨会论文集》，香港珠海书院亚洲研究中心 2009 年版，第 93—109、111—123 页。

④ 参见［韩］张公子：《宋美龄和她的领导才能》，载胡春惠、陈红民主编：《宋美龄及其时代国际学术研讨会论文集》，香港珠海书院亚洲研究中心 2009 年版，第 368 页。

典型。研究宋美龄的领导力，对提出符合 21 世纪要求的女性领导者典范要求具有价值。① 同样，有的学者也认为，对宋美龄的评价应置于中韩关系、韩国对外政策和韩国历史的背景下，抱着客观和尊重历史事实的态度，而不能仅仅依照个人的观点或意识形态的不同。②

俄罗斯莫斯科大学亚非学院潘佐夫、高念甫关于《俄罗斯档案馆中的宋美龄女士文件》的介绍，俄罗斯对宋美龄的研究是匮乏和缺失的。其档案馆馆藏材料仅为与宋美龄在大陆时期有关的材料。③

日、韩、俄学者对宋美龄的研究较少，其研究成果乏善可陈。因此，通过不定期召开以"宋美龄"为主题的国际学术讨论会，让不同国家和地区的学者在一起相互交流，了解彼此间的研究状况，才能推动宋美龄研究进一步发展。

20 世纪 90 年代末期，在台湾与香港开始召开以宋美龄为主题的学术研讨会议，至今已有五次。一是 1999 年 3 月 20 日，由财团法人中正文教基金会与"中华民国妇女联合会"共同在台北举办"蒋夫人宋美龄女士行谊演讲会"。会上所发表的论文及发言记录由高淑纯整理后，收录于《近代中国》杂志第 130 期。二是 1999 年 11 月，由财团法人中正文教基金会、"中华民国妇女联合会""国史馆"、台北故宫博物院、"中央研究院"近代史研究所、中国国民党中央党史委员会六个单位举办"蒋夫人宋美龄女士与近代中国的国际学术讨论会"。会后，由秦孝仪主编、财团法人中正文教基金会出版《蒋夫人宋美龄女士与近代中国学术讨论集》，将讨论会上所发表的论文及发言纪录结集出版。三是 2004 年 10 月，财

---

① 参见 [韩] 张公子：《宋美龄和她的领导才能》，载胡春惠、陈红民主编：《宋美龄及其时代国际学术研讨会论文集》，香港珠海书院亚洲研究中心 2009 年版，第 374 页。

② 参见 [韩] 李奎泰：《蒋介石时期"中华民国"的对韩政策——兼论宋美龄女士与韩中关系》，载胡春惠、陈红民主编：《宋美龄及其时代国际学术研讨会论文集》，香港珠海书院亚洲研究中心 2009 年版，第 122—123 页。

③ 参见潘佐夫、高念甫：《俄罗斯档案馆中的宋美龄女士文件》，载秦孝仪主编：《蒋夫人宋美龄女士与近代中国学术讨论集》，台北财团法人中正文教基金会 2003 年版，第 372—379 页。

团法人中正文教基金会与"妇联会"在台北举办"蒋夫人宋美龄
女士言为士则行为世范学术座谈会"，会中发表的论文及发言记录
由吕琳、任育德整理后，收录于《近代中国》杂志第 159 期。四
是 2008 年 10 月，由香港珠海书院亚洲研究中心、南京大学中华民
国史研究中心、浙江大学中国近现代史研究所、加拿大多伦多大
学东亚研究系等单位共同主办"宋美龄及其时代国际学术研讨
会"。这是学术界首次共同举办民国时期重要上层政治人物的研讨
会。① 会后，由胡春惠、陈红民主编，由香港珠海书院亚洲研究中
心出版《宋美龄及其时代国际学术研讨会论文集》，该论文集收录
了各国与会学者所发表的论文 59 篇，分为八大类：（1）宋美龄的
宗教信仰；（2）宋美龄的外交才华；（3）抗战时期的宋美龄；
（4）宋美龄与西安事变；（5）宋美龄的领导艺术；（6）宋美龄的
形象魅力；（7）宋美龄的家庭生活；（8）宋美龄的评价及历史地
位。这本论文集收录的论文，由于受新史学研究方法的影响，都
是从政治、外交、重大历史事件以及家庭生活等不同方面展开研
究的，且一些观点也摆脱了意识形态的限制。这次研讨会既是对
以前研究成果的总结，也为以后宋美龄研究指明了新的方向。五
是 2011 年 11 月 4 日，台湾"中央大学"历史研究所和台湾基督
教史学会在台北举行"蒋中正'总统'与蒋宋美龄夫人基督教信
仰"座谈会。座谈会分两场进行，第一场为论文发表，第二场为
教会界及与当事人亲近人士或部属的回忆。座谈会"寄望能发掘
新资料，提供研究经验或保存口述史料，甚至藉此澄清研究盲点
与误解，并且吸引研究者注意其信仰问题"。参加座谈会的有学术
界、教会界人士八十余人，提问和讨论均甚为活跃。

　　国内真正意义上的以宋美龄为主题的学术讨论会还没有。但
是，以宋氏家族成员为主题内容召开的学术会议，影响比较大的
有两家单位主办，分别是复旦大学近代中国人物与档案文献研究
中心以及海南"两宋"研究会。

---

① 参见胡春惠、陈红民主编：《宋美龄及其时代国际学术研讨会论文集》，香港珠
海书院亚洲研究中心 2009 年版，序言（张宪文作）。

2005 年，复旦大学与美国斯坦福大学胡佛研究所合作举办了第一次关于近代史的档案研讨会，通过此次研讨会希望能够搭建一个有关近代中国历史的研究平台。2009 年 4 月 6 日，"宋耀如及其时代"国际学术研讨会由海南省文昌市人民政府、海南省宋耀如宋庆龄研究会和上海宋庆龄研究会联合举办，旨在关注和挖掘海南及文昌的历史文化，为扩展和深入研究宋氏家族搭建平台。2009 年 9 月，"宋子文生平与资料文献"研讨会在复旦大学举行，并公布了宋子文历史研究中的最新一批档案文献。2011 年 9 月 10 日至 11 日，由复旦大学历史系、复旦大学近代中国人物与档案文献研究中心与美国斯坦福大学胡佛研究所共同主办的"民国人物的再研究与再评价"学术研讨会召开。本次研讨会在民国人物研究的内容、方法与史料的发掘、整理与运用上均有所突破，对进一步推动今后民国人物的研究具有重要意义。2012 年 11 月 30 日，复旦大学与美国胡佛研究所联合举办"现状与未来：档案典藏机构与近代人物研讨会"。在六场学术报告中，近三十名学者重点介绍了海内外知名档案机构，图书馆及私人收藏的中国近代知名人物档案资料的分布、整理及其研究成果。2013 年 11 月，"宋氏家族与近代中国的变迁"学术研讨会由复旦大学近代中国人物与档案文献研究中心、美国斯坦福大学胡佛研究所、上海市宋庆龄研究会主办，共有六十多位海内外专家学者以正式代表的身份参加，另有数十位学者列席，其规模超过了历次复旦—胡佛合作举办的研讨会。2014 年 4 月 7 日至 9 日，由海南省社会科学界联合会、海南省宋耀如研究会和海南省宋庆龄研究会联合主办的"宋氏家族精神遗产及其价值"学术研讨会在海口举行，来自北京、上海、广东、海南、香港、台湾、马来西亚等地的八十余位国内外学者参加了会议，探讨了宋氏家族在中国近现代历史上的地位和作用。

2014 年 10 月 18 日，复旦大学近代中国人物与档案文献研究中心和上海宋庆龄研究会共同举办"宋氏家族与近代教育研讨会"。

2015 年 11 月 23—24 日，由美国圣若望大学亚洲研究所（Institute Asian Studies，St. John's University）主办的"世界历史中的孙中山、蒋中正与宋美龄国际学术讨论会"（In World History：Sun Yat-sen Chiang kai-shek & Soong Mei-ling）在纽约举行。来自美国、中国海峡两岸的学术机构与美国汉学家，交流了对这三位影响中国近代进程的人物研究。

通过组织召开这些会议，或多或少地涉及宋美龄的研究，促进了新生研究力量的产生，推动了档案史料的深入挖掘和历史人物的再认识。

综上所述，我们可以看出整个史学界对宋美龄的研究已有多年，成果较为丰富，研究面向多元化，研究队伍不断壮大，而近年来随着新的研究资料、文物、档案的开放和整理，为进一步深化宋美龄研究打下了基础。但是，目前的研究还存在明显不足，大致表现在以下几个方面。

第一，不同国家和地区的研究状况不平衡。美国学者研究进程较快，不断有力作涌现，如汉娜的《最后的皇后：蒋夫人与近代中国的诞生》，史料新颖且多样，打通叙事的空间，使得宋美龄形象生动而立体。大陆和台湾学者也是宋美龄研究的主力军，他们多以东方人的思维习惯和世界观、方法论考量宋美龄，但史料以宋美龄在国内的材料居多，对海外资料挖掘不足。蒋介石日记和一些当事人的口述资料对研究国内问题尚有分量，但涉及国际尤其是中美关系时，就难免偏颇。日、韩、俄等其他国家对宋美龄研究尚处于起步阶段，需要努力和突破的地方还很多。

第二，研究著作多以传记文学为主，且大多是无新意的重复。严格意义上的学术性著作寥寥无几。研究重点集中在 1949 年以前的外交和妇女工作，对宋美龄其他时段和其他研究领域拓展不足，如其思想、宗教信仰等研究有待进一步深入探讨。

第三，研究著述中引用的资料单一，有的甚至毫无出处。在写作中，因为作者占有的史料较少，对某些场景只能靠想象和演绎，毫无历史真实性。对资料的解读和分析不够，对背景材料挖掘不深，使得研究流于表面，不够深刻。

第四，研究方法落后，许多专题还缺乏理论框架支撑，仅有少数研究进行了这方面的探索。例如，石之瑜曾运用政治心理学来解构宋美龄 20 世纪 40 年代的访美外交，诠释中外文明的冲突。陈蕴茜用女性视角讨论"性别视野下的宋美龄"。张瑾将重庆地方史、三四十年代的陪都史和宋美龄人物研究紧密联系在一起，考察人物在一张经纬网上的作为。这些都是很有意义的尝试，而非空洞地就事论事、就人看人。

第五，研究难以摆脱意识形态的影响，对研究人物预设定论。早期，宋美龄作为"第一夫人"，诸如 1943 年访美功绩被学者过度抬高。后来，"去蒋化"影响到学术研究，反过来把宋美龄当成攻击对象，即使在其逝世后仍不依不饶地对其恶毒丑化。而在大陆，过去的研究不重视她的作用，把她视为蒋介石的"帮凶"，在论述中一笔带过。慢慢地随着思想解放，学者们对宋美龄的研究趋于平和，开始关注她所做的贡献，但对有分歧的地方仍是先简单下结论，分析表述过程中想跳出既有的框框，但最终导致表述和结论前后不一致。美国的学者则以本国利益为衡量标准，对宋美龄所作所为的评价，是建立在是否有利于自我的基础上的，结论的公正性值得商榷。

第六，宋美龄后半生的研究课题，尚属薄弱环节。何虎生的《蒋介石宋美龄在台湾的日子》、窦应泰的《宋美龄最后的日子》、佟静的《晚年宋美龄》和《宋美龄的晚年岁月》，这些著作基本与本书的研究范围和研究时间吻合，但皆属于文学性的传记，并且前两者并无出处和注释，后者则在许多关键的史料上无从考证，可信度不够，无法做到论从史出。台湾及海外学者的著作，一般涵盖其一生或是只写到 1949 年，目前暂未有专门撰写此一时段的著作，并且台湾学者撰写宋美龄 1949 年以后的历史时，往往只关注她某一方面的工作，如妇女工作、建立华兴育幼院或妇女祈祷会，并未把宋美龄各个方面完整地呈现出来。而美国学者虽然写的是宋美龄的一生，但是 1950 年以后的内容远远少于 1950 年以前的描述，与其年限时间也不成比例。

第三节　研究方法与史料运用

李新强调研究历史人物的基本方法是实事求是。什么是历史人物研究中的实事求是？那就是一切从实际出发，从当时的历史环境和条件出发，对人物作出恰如其分的分析和客观公允的评价。他提出，判断一个人的功过是非时，应当从当时的历史条件出发，看他对社会生产力的发展，对国家的繁荣、民族的兴旺、社会的进步，对提高人民的生活水平，起到了促进还是阻碍作用。如是前者，我们应该肯定；如是后者，我们应该给予恰当的批判。如果带着感情色彩评判历史人物，往往会出现偏颇；用今天的立场要求前人，也不公正。①

李新的观点为开展宋美龄研究提供了方法论上的指导，我们对宋美龄的研究也正是立足于"实事求是"，即实证研究方法。傅斯年对实证研究也有很明白的阐述："我们只要把材料整理好，则事实自然明了。一分材料一分货，十分材料十分货，没有材料便不出货。"②

第一，充分占有史料。对宋美龄的研究根植于充分挖掘与占有史料，这是因为从表面上看，有关宋美龄的史料很多，但是多以官方性的文稿、论述和讲话为主，像蒋介石日记那样能够真正反映宋美龄内心思想活动的史料极少。不仅如此，大量有关宋美龄的史料还散落于海内外各个档案馆，甚至散落于与宋美龄有关的相关部门和个人的档案中，更有一些史料尚未解禁。因此，发掘史料是开展宋美龄研究的第一要务。宋美龄研究的史料由于国共内战的缘故，截然形成大陆时期与海外时期两部分。宋美龄在20世纪50年代以后的演讲、发表的论著、往来书信等，大多留存

---

① 参见朱信泉主编：《民国著名人物传》（一），中国青年出版社1997年版，李新所作序言。

② 刘梦溪主编：《中国现代学术经典·傅斯年卷》，河北教育出版社1996年版，第250页。

海外。我们依照宋美龄的生活轨迹和时段进行收集整理，力求挖掘更多更新的有关宋美龄的史料。新史料的发现，使得人们能够随着时间的推移而对过去的事件有更清楚的认识，从而修正一些解释。

第二，谨慎对待史料。我们将在充分占有史料的基础上，对史料进行去粗取精、去伪存真。宋美龄是一个政治人物，但凡政治人物都以政治利益为先，长于扭曲事实真相，善于掩饰真实情感。与她相关的各方，会基于政治立场、利益纠葛以及个人好恶的考量，向外界和后人传达互为矛盾的叙述、评判和观感。因此，如果我们对史料不加分辨地使用，或者根据一枝半叶、片言只语或者不可信的甚至被篡改过的史料，轻率地对重大史事下结论，是极为危险的。只有不带成见地取舍史料，相互映衬地使用史料，才能得出可靠的结论。对那些难以从史料中得出结论的事件，则可将各方史料综合呈现给读者，留待读者自行判断。

第三，明变与求因。胡适在《中国哲学史大纲》中曾说过，哲学史的理想方法是述学、明变与求因、评判。其中，述学是处理史料的功夫，明变是找到古今思想沿革变迁的线索，求因是寻出沿革变迁的原因，评判是知道各家学说的价值。我们认为，对历史人物的研究也应如此。研究宋美龄，必须依据史料绘出她的言行举止和人生轨迹，这就是"明变"。研究宋美龄，不能脱离整体历史脉络而被独立地理解，还必须把她放在当时的历史条件下具体考察分析。对于宋美龄在不同时期、不同条件下的言行，在不同阶段、不同事件中的不同表现，需要依据当时的内外环境作出具体分析，这就是"求因"。只有仔细"明变"，小心"求因"，从对中国社会发展的影响和作用，来分析她的活动和思想。①

第四，小心评判。李新曾指出，历史是错综复杂的，在历史的长河中搏击的各种人物，他们的经历往往是曲折多变的。尤其是民国时期的历史人物，受到近百年来剧烈的社会变动和政治斗

---

① 《写在前面的话》，载茅家琦：《蒋经国的一生和他的思想演变》，台北商务印书馆 2003 年版，第 6 页。

争的影响，许多人的经历功过杂陈，瑕瑜互见，用好人或坏人、革命派或反动派来概括，往往失之过简。宋美龄是一个舞台感极强的"演员"，她的人生就是一场跌宕起伏的戏剧，她或主角或配角、或台前或幕后、或好人或坏人、或慈母或妒妇，总是有着演不完的角色。因此，我们将在对宋美龄政治生活、"外交"事务、妇女工作、社会工作、家庭生活和宗教信仰等多方面进行具体分析的基础上，揭示她在特定时代、特定环境下所作出的角色选择、角色扮演和角色贡献之间的内在关系，以期给出实事求是的见解。

结合以上四点，笔者在写作中努力实践着，"有了充分的资料，要提高研究的品质，方法至为重要。史学研究的基本方法，当不外微观与宏观、考订、分析、综合、比较诸法"①，以实现宏观考察与微观实证相结合。

史料是史学研究的基础。宋美龄研究的深入和相关领域的拓宽，很大程度依赖于对海内外档案馆原始档案资料的挖掘、整理和对现有资料的爬梳，需要通过档案资料的相互比对来进行综合分析。

就史料存放地来看，宋美龄长期生活的地区是史料的主要来源，包括中国大陆、台湾地区和美国。研究者在搜集宋美龄档案资料的过程中，不难发现有关宋美龄史料的特点，即依照其生活轨迹和时段，无论是中国大陆还是美国，保存的均是她在这一时期，这一地点活动的资料。② 中国第二历史档案馆、重庆档案馆、上海档案馆等收藏了 1917 年宋美龄从美国毕业回国到 1948 年再度赴美期间的档案资料。具体来说，中国第二历史档案馆中有关宋美龄的档案涉及国民政府、财政部、教育部、国民党党务系统、社会部、新闻局、交通部第二区电信管理局、中华平民教育促进会、

---

① 陈红民：《函电里的人际关系与政治》，生活·读书·新知三联书店 2003 年版，序言第 II 页（蒋永敬作序）。
② 参见刘维开：《宋美龄女士档案资料介绍》，《中国近现代史史料学国际学术讨论会论文集》，2004 年，第 247 页。

国库署、中央银行、国防部、史政局和战史编纂委员会 11 宗、50 余卷。① 重庆档案馆所藏的是宋美龄在重庆国民政府时期的资料。档案涵盖时间为 1939 年至 1945 年。全宗涉及：外交部、财政部、国库署、中华民国红十字总会、重庆市政府、国民党重庆市执行委员会、重庆市赈济会、中国银行重庆分行、重庆市商会、北碚管理局、重庆市工务局、交通部重庆电信局、三才生煤矿公司、四川省立教育学院、重庆大学等部门。上海档案馆馆藏的宋美龄档案资料以 1927 年居多，亦有 1930、1931、1938、1939、1940、1943、1946、1948 年的资料，内容大体为宋美龄各类照片、相关报刊登载的宋美龄的文章和中国工业合作协会、上海储蓄银行资料中所含宋美龄的信息。

根据文献内容、性质和加工情况可将文献分为：一次文献、二次文献、三次文献。凡原始资料，即为一次文献，又称第一级来源或第一手资料，如个人日记、书信，涉及部门和机构的文件、会议记录等。对一次文献加工整理后形成的系统文献，如报纸、杂志及他人的传记等，皆是第二手资料。宋美龄与张学良的通信是研究两人交往的第一手资料。② 蒋介石日记是宋美龄研究的基本史料，也可以看作第一手资料。《钱用和回忆录》记述了近五十年

---

① 包括有：宋美龄活动剪报、宋美龄言论剪报、俞鸿钧与宋美龄关于东北救济赈款汇拨问题的来往函件、宋美龄所办保育院保育生享受公费待遇的规定和文件、陈立夫等与宋美龄等国内外人事的往来文件、宋美龄转送湖南宁乡要求补助小学经费的文书、董显光与宋美龄及其秘书往来英文函件、宋美龄之英文报告广播稿及书信、蒋介石宋美龄文件清册（英文）、宋美龄所写"三年抗战纪念"（英文）、宋美龄部分信件与稿件、宋美龄创办妇女高级干部训练班及各省市妇女干部训练办法与经过、宋美龄在南京组织东北救灾会、宋美龄广播词、驻德军事代表请寄宋美龄简历、宋美龄与董显光来往文件、美报论宋美龄对美援失望、宋美龄向英国表示中英应在思想上一致、加报论蒋介石和宋美龄、加报宋美龄赴美求援消息、宋美龄宋子文电报挂号、晏阳初函宋美龄请英援华费用、国库署转转拨宋美龄捐款、宋美龄向各地捐款、宋美龄在美国用费 34 万元在军战费用列支报告、"中央银行"关于宋美龄赴美公费、孔祥熙与宋美龄往来函件、"中国银行"关于华侨捐款准汇宋美龄事相关文件等。

② 两人通信的原件现藏于美国哥伦比亚大学（Columbia University）善本与手稿图书馆（Rare Book and Manuscript Library）馆藏"张学良、赵一荻文件与口述材料"（The Peter H. L. Chang and Edith Chao Chang Papers and Oral History Collection）中。

她在宋美龄身边工作的情况①，属于二次文献。三次文献也称三级文献，是选用大量有关的文献，经过综合、分析、研究而编写出来的文献。它通常是围绕某个专题，利用二次文献检索搜集大量相关文献，对其内容进行深度加工而成，是对现有成果加以评论、综述并预测其发展趋势的文献。属于这类文献的有综述、述评、进展、动态等，在文献调研中，可以充分利用这类文献，在短时间内了解所研究课题的研究历史、发展动态和水平等，以便更准确地掌握课题的背景。其实，自20世纪30年代新史学提出"总体史"的概念②，就是强调把整个社会历史作为大背景来研究问题。如果说宋美龄文稿和书信等是宋美龄研究的基本资料，那么宋美龄所处的时代，以及中国大陆、台湾和美国、日本、苏联、英国这些国家的关系史，都可以作为宋美龄研究的背景资料。

本书的史料运用将依据资料与传主（宋美龄）的关系来加以分类：

一、个人档案文献

1. 个人文集（言论集、其他论著）

据宋美龄身边的侍从或护士等工作人员的叙述，似乎她生前没有写日记的习惯。诸多人士都在宋美龄晚年动员她做口述历史③，而宋美龄始终保持缄默，把"一切交给上帝"。宋美龄没有留下类似蒋介石那样丰富的日记，也没有像张学良那样在美国接受唐德刚的采访做口述史，也没有名人书写的回忆录。因此，反映她政治立场、认识观点以及对各种问题看法的个人文集显得十分重要，虽然说文集已经是常规性普通史料，但是它确是研究宋美龄的基础史料。此处讨论把"文集"分为两类：一是公开言论

---

① 钱用和：《钱用和回忆录》，东方出版社2011年版。

② 法国历史学家、年鉴派创始人布洛克指出："唯有总体的历史，才是真历史。"载布洛克：《历史学家的技艺》（又名《为史学而辩护》），上海社会科学出版社1992年版，第39页。

③ 秦孝仪、唐德刚、宋仲虎，以及其他外媒记者均对外表示，曾经劝说宋美龄能够接受采访，留下历史纪录。

集，指的是当时"政府"隔一段时间就对宋美龄这一时期的各方言论加以汇总，整理后结集出版而形成的文集，包括论著、演讲、函电、谈话等。前后有多个版本。由于编者不同、编纂时间不同，使得言论集内容有相同的也有不同的，读者能够了解宋美龄思想变化的历程，而相同的内容在前后言论集中也稍作了调整和改动，客观地呈现出编者的与时俱进。二是宋美龄的中英文著作。值得注意的是，20 世纪 50 年代以后宋美龄的著作不同于她年轻时候的著作①，基本都是政论性质和宗教思想的著作。按出版时间的先后介绍宋美龄相关言论集，具体如下：

1938 年，国民政府就结集出版了宋美龄的言论汇编，当年出版的《战争与和平通讯》收集了宋美龄撰写的有关上海战场的新闻稿。1939 年，国民政府又将宋美龄的言论选编成《蒋夫人言论集》，由国民出版社编译出版，这也是最早的一个版本。1944 年由青年文协社编译的《蒋夫人访美言论集》在中国文化服务社出版。国民党退据台湾后，又多次整理宋美龄言论集出版，即《蒋"总统"暨夫人耶稣受难节广播证道词》（台北"行政院新闻局"辑，"中央图书馆"，1955）、《蒋"总统"耶稣受难节证道词、蒋夫人耶稣受难节默念文》（台北"行政院新闻局"，1956）、《蒋夫人言论汇编》（四卷）（《蒋夫人言论汇编》编辑委员会编，台北正中书局，1956）、《蒋夫人抵美演讲集》（1959）、《蒋夫人言论汇编》（续编）（《蒋夫人言论汇编》编辑委员会编，台北"中央文物供应社"，1959）、《蒋"总统"手著〈苏俄在中国〉中外评价暨蒋夫人在美国重要演说汇编》（张葆正编，台北银河出版社，1959）、《蒋夫人演讲选集：民国四十七年至四十八年》（《蒋夫人演讲选集》编辑委员会编，1960）、《蒋夫人演讲选集》（*Madame Chiang Kai - shek Selected Speeches* 1958—1959）（台北"行政院新闻局"，1961）、《蒋夫人演讲选集》（*Madame Chiang Kai - shek Selected Speeches* 1958—1959）（台北"行政院新闻局"，1963）、《蒋夫人演讲选集》（《蒋夫人思想

---

① 宋美龄早年创作了《中国民间故事苏小妹》（*Little Sister Su*）英文小说，于1942 年在纽约出版。

言论集》编辑委员会编，台北"行政院新闻局"，1966）、《蒋夫人访美为国宣勤记实》（台北国光画刊社，1966）；《蒋夫人思想言论集》（六卷）（《蒋夫人思想言论集》编辑委员会编，台北"中央文物供应社"，1966）、《蒋夫人访美言行集》（战斗周刊社编，台北战斗周刊社，1967）、《蒋夫人旅美演讲集》（*Madame Chiang Kai-shek Selected Speeches 1965—1966*）（《蒋夫人旅美演讲集》编辑委员会编，台北"中国出版公司"，1968）、《蒋夫人言论集》（上下）（王亚权、李萼编纂，台北"中华妇女反共联合会"编，1977）、《指导长蒋夫人对妇女的训词》（台北中国国民党中央委员会妇女工作会编，1979）、《蒋夫人言论集》（中国国民党中央妇女工作会编，台北"中央文物供应社"，1980）、《蒋夫人言论集》（台北光华出版社，1982）、《蒋夫人言论集》（台北匡华，1986）、《国父"总统"蒋公暨夫人宗教言论辑要》（刘耀中辑，台北"中央文物供应社"，1986）、《蒋夫人言论集》（陈煜堃编，台北生生印书馆编辑部，1987）、《蒋夫人为辅仁大学七十五学年度毕业同学赠言》（辅仁大学编，台北"教育部"，1987）、《辅仁大学董事长蒋宋为历届毕业同学赠言》（辅仁大学编，台北天主教辅仁大学，1988）、《"中华民国"保母蒋夫人之伟业》（台北青川出版社，1988）、《蒋夫人与战时妇女（录像数据）》（台北公共电视节目制播组台视文化事业公司，1991）、《蒋夫人宋美龄女士言论选集》（楼文渊编，台北近代中国出版社，1998）、《蒋夫人宋美龄女士言论选集》（陈鹏仁编，台北近代中国出版社，1998），凡此共26种之多。[①]

现在常见的版本有：1956年由《蒋夫人言论汇编》编辑委员会编印出版的《蒋夫人言论汇编》。该书收录1931年至1956年，宋美龄历年重要论著、演讲、谈话、函电等。全书共四卷：卷一是论著，主要收录的是宋美龄历年重要的专著专论；卷二、卷三为演讲，收录了宋美龄国内外演讲广播内容；卷四是谈话、函电和附录，谈话部分记载了宋美龄接受中外记者访问报道，并以

---

① 参见张斐怡：《宋美龄相关出版目录》，《妇研纵横》2004年第69期。

1950 年以后的谈话为主，而抗战时期的谈话基本没有收录。

1959 年 10 月 31 日，该委员会又编辑出版了《蒋夫人言论汇编（续编）》，收录了宋美龄 1956 年至 1959 年间的言论，分为两卷。卷一是论著，卷二为演讲、谈话、函电。

1966 年 10 月 31 日，《蒋夫人思想言论集》编辑委员会编辑的《蒋夫人思想言论集》共六卷，收录较为全面。该书在《蒋夫人言论汇编》和续编的基础上，增补了宋美龄在 1959 年至 1966 年的言论资料，且依照之前的《蒋夫人言论汇编》体例，分为论著、演讲、谈话、函电四个部分。而《蒋夫人思想言论集》中"演讲"部分较《蒋夫人言论汇编》有所不同，后者中的"演讲"针对演讲对象加以区分，分为对国人和国际人士的演讲，而《蒋夫人思想言论集》中的"演讲"是按照时间顺序编辑的，不分演讲对象。

1977 年 12 月，"中华妇女反共联合会"秘书长王亚权编纂并出版了《蒋夫人言论集》上下集。该书在之前出版的言论集的基础上，继续增补了宋美龄在 1966 年至 1977 年间发表的言论，体例依旧沿用论著、演讲、谈话、函电的形式。演讲分为国内演讲、训词和国外演讲，且较多收录了宋美龄与"妇联会"相关活动的训词。

1987 年由陈煜堃主编、生生印书馆编辑部出版的《蒋夫人言论集》，收录了宋美龄 1936 年至 1987 年的有关内容，共 222 篇，包含论著、函电、国内外演讲、谈话。该言论集只收录十条宋美龄在 1987 年前的谈话内容。

1998 年 5 月，为庆祝宋美龄百岁华诞，中国国民党中央党史委员会前主任委员陈鹏仁担任主编编纂了《蒋夫人宋美龄女士言论选集》，由近代中国出版社出版。该言论选集收录了宋美龄 1977 年之后至 1988 年 5 月前发表的言论，分为论著、演讲与函电三部分。同时选取了宋美龄各个历史阶段比较有代表意义的文章，共计 102 篇。同时，该言论选集结尾附有《蒋夫人言论集汇编》《蒋夫人言论集汇编（续编）》《蒋夫人言论集》等目录，使读者能够前后参照宋美龄言论的整体情况。

此外，20 世纪 50 年代以后，宋美龄一些活动中的演讲单独成

集，如 1963 年出版的《蒋夫人演讲选集》①，是宋美龄 1958 年 7
月至 1959 年 6 月在美国各地演讲内容的收录；1968 年的《蒋夫人
旅美演讲集》②，收录了宋美龄 1965 年 9 月至 1966 年 10 月在美国
各地的英文演讲稿。这两部演讲集已翻译成中文，均收录在 1987
年陈煜堃主编的《蒋夫人言论集》中。另外，宋美龄作为台湾辅
仁大学的校董，自 1967 年学年度起为历届毕业生赠言，直至 1987
年学年度的第二十一届，共计 17 篇，收录在由辅仁大学印行的
《辅仁大学董事长蒋宋为历届毕业同学赠言》中，基本未被上述言
论集或选集收入。③ 而此资料对于了解宋美龄如何对学生讲述共产
主义及政权、美国社会与教育问题，具有较高的参考价值。

此外，宋美龄在 1950 年以后出版的中英文著作大致有：《确
定的胜利》（*The Sure Victory*）④、*We Do Beschrei It*（《我们不得不
说》）⑤、《与鲍罗廷谈话的回忆》⑥、《蒋夫人发表公开信：劝告
邓颖超信服三民主义统一中国》⑦、《我将再起》⑧、《我将再起：
蒋夫人专文集》⑨、《阅读魏德迈将军〈论战争与和平〉一书的感

---

① 《蒋夫人演讲选集》（*Madame Chiang Kai-shek Selected Speeches* 1958—1959），台
北 "行政院新闻局" 1963 年版。

② 《蒋夫人旅美演讲集》编辑委员会编：《蒋夫人旅美演讲集》（*Madame Chiang
Kai-shek Selected Speeches* 1965—1966），台北 "中国出版公司" 1968 年版。

③ 陈煜堃主编的《蒋夫人言论集》只收录了第 1 届、第 6 届、第 8 届、第 11 届、
第 19 届和第 20 届的毕业赠言。

④ Madame Chiang Kai-shek, *The Sure Victory*, New York：Fleming H. Revell Com-
pany，1955.

⑤ 该书英文版被翻译成多个中文版，由多家出版社出版，虽然书名不同，但内
容大体相同。《不要说它，但我们不得不说》，由台南莒光图书数据中心 1975 年出版；
《不要说它，但我们要说》，由台北黎明文化事业股份有限公司 1975 年出版；《我们
不得不说》，由台北星光出版社 1975 年出版；《我们不得不说：蒋夫人检讨世界局势
专文》，由台北时兆 1975 年出版。

⑥ 《与鲍罗廷谈话的回忆》，台北源成文化事业公司 1976 年版；《与鲍罗廷谈话
的回忆》，台北 "行政院新闻局" 1976 年版。

⑦ 《蒋夫人发表公开信：劝告邓颖超信服三民主义统一中国》，台北文中出版社
1984 年版。

⑧ 《我将再起》，台北黎明文化事业股份有限公司 1987 年版。

⑨ 《我将再起：蒋夫人专文集》，台北中国国民党黄复兴党部 1987 年版。

言》① 等等。例如，1955 年，美国弗莱明·雷维尔公司（Fleming H. Revell Company）出版宋美龄的 The Sure Victory 一书。宋美龄在书中充分阐述了自己的宗教思想和信仰。有意思的是，在这样一本英文原版书中，书的开头上方写有一个汉字"信"，正文结尾的下方写有汉字"天之道"，合在一起是"信天之道"。这似乎传达了一种含义，宋美龄视基督教为"天之道"，虔诚地笃信上帝。该书先后被两次缩写，第一次缩写是在 1955 年正式出版前，发表在美国《读者文摘》（中文版）第 7 卷第 4 期，后被翻译转载在《中华妇女》1955年第 6 卷第 1 期，题目为《祈祷的力量》②，亦被《蒋夫人言论集》收录；第二次缩写是 2003 年 10 月 25 日，即在宋美龄逝世的第二天，选译本文部分内容，以《我怎样成为一个基督徒》为标题刊登在《"中央"日报》上。1976 年，宋美龄在美国寓所撰写了四万字的《与鲍罗廷谈话的回忆》，10 月在纽约发表，并被台湾报刊转载。该文从介绍鲍罗廷开始，到回忆与之当年的谈话，最终回归她晚年"反共"的基调，引用了一些资料来提醒人们关注美、苏在世界地位的变化和世界格局下资本主义阵营和社会主义阵营的新动向。人们可以从中了解到宋美龄的世界观和政治倾向。

2. 个人档案

由于本书研究的时间范围在 20 世纪 50 年代以后，因此大陆的档案馆基本没有关于宋美龄的后续资料。台湾地区的"国史馆"和中国国民党中央文化传播委员会党史馆（以下简称党史馆）是最主要的典藏宋美龄档案资料的机构。两个单位都有一定数量的宋美龄相关资料，由于馆内编目分类的原因，并未设置个人专档，而是附在蒋介石或蒋经国档案之中。韦尔斯利学院是宋美龄在美国学习期间的第二个母校，保存着完整的宋美龄个人档案（Papers

① 宋美龄：《阅读魏德迈将军〈论战争与和平〉一书的感言》，台北光华出版社1988 年版。
② 宋美龄：《祈祷的力量》（The Power of Prayer），张心漪译，《中华妇女》1955 年第六卷第 1 期。

of May-ling Soong Chiang，1916—2003）。① 因此，严格意义上的宋美龄专档，实际是在美国。

查阅韦尔斯利学院档案馆之"蒋宋美龄档案"目录指南②，可知馆藏总况（Collection Overview）、传记或历史说明（Biographical/Historical Note）、范围和内容（Scope and Content）、分类（Arrangements）、管 理 信 息（Administrative Information）、相 关 资 料（Related Material）、馆藏目录（Collection Inventory）等七个方面的情况。韦尔斯利学院的"蒋宋美龄档案"来源于由校方提供的历史上保存的资料、收集的资料（20 世纪 70 年代从该校校长办公室、校友会办公室和宣传办移交到校档案馆以及图书馆曾有的馆藏资料）③、校友捐赠的资料和宋美龄本人捐赠的资料。这些资料包括三方面内容：一是从 1916 年至 2004 年宋美龄和韦尔斯利学院社团成员的文章、随笔、剪报和提供履历信息的照片；二是宋美龄学生时代及其以后与韦尔斯利学院相关的手稿、打印稿和文物，包括书信、演讲、讲话、访问、宣传、班级信件、照片、剪贴簿、致学院礼物；三是展现宋美龄政治生涯的资料，包括宋美龄的出版物（书、文章、讲话和演讲）、有关宋美龄和蒋介石的剪报和视频。这些馆藏档案可分为四部分。

（1）一般/生平。包括文章、生平简介、随笔、报刊剪报、讣告、宋美龄和蒋介石的照片，也包括中文报纸主要是台湾报纸的剪报和插图（1950 年 1 月—5 月），还包括个人肖像、家人照片、结婚照片以及出现在中国公共场合的有框无框照片，以及宋美龄1943 年访美的无框照片。这一部分分为一般类、文章类和剪报类、照片类。每一类都由"名称"（title）、"盒"（box）和"文件夹"

---

① 有关韦尔斯利学院的宋美龄档案介绍，可以参考宋时娟：《韦尔斯利学院档案馆藏宋美龄档案资料概况——兼谈宋美龄早年书信的史料价值》，载《现状与未来：档案典藏机构与近代人物研讨会会议论文集》，2012 年；［美］Wilma R. Slaight：《卫斯理学院档案馆宋美龄相关史料简介》，邓纯芳译，《妇研纵横》第 69 期，第 41—67 页。

② Papers of May-ling Soong Chiang，1916—2003；a guide. MSS. 1.

③ 根据韦尔斯利学院图书馆在 1939 年制作的一份清单，可知这些资料是其中的一部分。

（Folder）组成，共有 151 盒文件，其中超大盒的文件就有 81 盒。

（2）韦尔斯利学院。包括宋美龄在该校的演讲和讲话手稿、打印稿、复印稿、音像片等；1943 年宋美龄访问韦尔斯利学院的资料；报刊剪报、韦尔斯利学院宣传部的书信、新闻统发稿、文件、剪报和记录她 1943 年访问北美的文件；蒋夫人与韦尔斯利学院的各种往来函件，如班级信件、宋美龄基金会、宋美龄在"中国研究"和 T. Z. E 学生会的职位记录；同学制作的剪贴簿、送给韦尔斯利学院的"中国旗"。宋美龄 1943 年访美时无关韦尔斯利的照片，放在第一部分中，而宋美龄就读该校时的照片及其后来访问韦尔斯利学院的照片列入这一部分中。这一部分共分为一般类、访问类、剪贴簿、照片和教学用品（班级礼物）。

（3）书信。包括宋美龄致信给韦尔斯利学院师生，如玛丽·S. 凯斯、索菲哈特、伊丽莎白·曼沃琳和校长米尔德里德·麦卡菲（霍顿）[1] 等。这些书信从 1916 年开始到 1987 年为止，其中 1916—1917 年有两盒，1934—1939 年有三盒，1940—1947 年有两盒，1957—1987 年有两盒，1938 年出版的书信有三个超大盒。

（4）著作。包括宋美龄的出版物（1930—1979 年及未知日期的）；宋美龄 1943 年访美时的文章、讲话和演讲，包括演讲录音和胶片。其中，有 57 盒超大量的演讲类资料，时间段是 1938—1945 年和 1950—1972 年，其中以 1943 年在美国巡回演讲的材料居多。另有 30 盒文章类资料，时间为 1930—1979 年。

3. 宋美龄与相关人员直接交往的资料，如书信、函电、电报等

（1）与蒋介石和蒋经国往来资料

《蒋中正"总统"档案》即原来的"大溪档案"[2]，1995 年 2 月，"国史馆"接管该批档案，将其正式命名。2002 年，"国史馆"

---

① 疑为 Mildred McAfee Horton，即霍顿校长。

② 包括蒋介石在大陆和台湾时期的函电、文稿、照片等档。因其数量巨大，被整理分成"蒋中正筹笔""革命文献""特交文卷""特交文电""特交档案""领袖家书""文物图书""蒋氏宗谱""照片影辑"和"其他"十个类别。

对馆内档案资料开始数字化处理，数字化后的《蒋中正"总统"档案》包括档案、照片、图书、视听、器物等类型史料，改称《蒋中正"总统"文物》。

"国史馆"所藏蒋经国"总统"文物，分别在 1990 年、1995 年，由陈立夫先生和"总统府"所移转。这批档案经过整理分析后，分为文件、图书、照片、视听及器物等 5 个系列，其中档、照片已完成编目建文件作业，数量较大。

由此可见，"文物"较之"档案"增加了实物方面，比如《蒋中正"总统"文物》中有蒋宋美龄绣相、蒋宋美龄夫人肖像银盘、CYMA 女用手表等。而蒋介石和蒋经国的档案中都有与"宋美龄"相关档案文件[①]，时间跨度从 1919 年至 1979 年。主要包括：

一是《蒋中正"总统"文物》中《革命文献》之抗战时期部分，有"对美外交（7）蒋夫人访美"专门一册，内容包括宋美龄访美期间与蒋中正往来函电，以及在美加各地演讲讲词；《领袖家书》的"致夫人"部分，共 7 册，收录蒋介石致宋美龄函电计 577 件。其中第 6 册和第 7 册为 1947 年 4 月到 1967 年 9 月间的函件。

二是《蒋中正"总统"文物》中还有宋美龄参与的诸如"西安事变"、"同盟国联合作战（3）蒋委员长访印"及"同盟国联合作战（4）开罗会议"、"毛邦初案"、"西方企业公司卷"等事件的档案资料中亦可查找到相关内容。以及 Madame Chiang Kai Shek 蒋宋夫人剪报册，收录各地区关于她的报导资料。

三是影像数据，包括《蒋中正"总统"文物》中《蒋夫人照片资料辑集》（1938 年 5 月至 1976 年 8 月），"蒋宋美龄夫人照片"，《"总统"蒋公影辑》中之"领袖伉俪之部"（1936 年 10 月至 1958 年 3 月）、"夫人玉照之部"（1936 年至 1954 年 3 月）和"亲属合影之部"（1941 年 7 月至 1960 年 9 月）。

四是从《蒋中正"总统"文物》中附带移转的蒋经国史料，有《蒋经国先生文电资料》48 册，其中有《蒋夫人致经国先生》

---

① 参阅刘维开《宋美龄女士档案数据介绍》、朱重圣《亲情、国情、天下情——蒋夫人宋美龄女士与经国先生》两篇论文关于"国史馆"馆藏史料的介绍。

1 册，自 1940 年 3 月至 1965 年 10 月，共 42 件，内容多半为关切蒋中正的健康与安危，请蒋经国多留意陪侍。还有《经国先生上蒋夫人》1 册，自 1937 年 4 月至 1967 年 9 月，共 193 件，内容有报喜、报平安、恭祝节庆寿辰、问安、问疾，以及随侍蒋中正视察各地及金马前线、国内政情、外交情势等的报告。

五是《蒋经国"总统"文物》中《蒋夫人在美与经国先生来往电报录底影印》，共 13 册，自 1965 年 9 月至 1986 年 10 月，计 763 件，其中宋美龄致蒋经国者 247 件，蒋经国上宋美龄者 497 件，宋美龄致蒋孝武、蒋孝勇者 6 件，蒋孝武、蒋孝勇上宋美龄者 11 件。内容除延续之前的报喜、报平安、报行止、贺节庆寿辰与问安、问疾、互诉对蒋介石的思念与励志外，凡对国家有重要影响的事件，蒋经国都会禀报或请教，宋美龄也会提供意见供参考。这些往来电报后来均收入"国史馆"2009 年所编的《蒋经国书信集——与宋美龄往来函电》上下两册。①

国民党党史馆亦藏有宋美龄的档案，就目前开放的数量来看，比"国史馆"要少，主要集中在《一般档案》《吴稚晖档案》《特种档案》《会议纪录》中。内容大致为：

一是在《总裁史料》中有宋美龄访美期间的照片，宋美龄在《纽约时报》发表的英文文章和《蒋夫人游美纪念册》。另外，还有宋美龄参加开罗会议时的照片。

二是宋美龄参与外事接待的相关报导和与往来人员的合影，如《蒋夫人与劳勃森及雷德福晤谈》（"中央社"，1958 年 8 月）、《美众议员周以德与蒋夫人会谈摄影》（"行政院新闻局"，1946 年）、《蒋"总统"蒋夫人与李"副总统"李夫人之摄影》、《罗斯福总统与蒋夫人白宫合影》、《杜鲁门总统与蒋夫人谈话合影》、《蒋夫人在印度广播演讲与总裁尼赫鲁合影》、《蒋夫人与尼赫鲁之妹等合影》、《美国务卿杜勒斯夫人与蒋夫人晤谈摄影》等。这些资料大都比较常见。

---

① 周美华、萧李居编：《蒋经国书信集——与宋美龄往来函电》（上下），台北"国史馆"2009 年版。

此外，宋美龄在中国国民党内长期负责指导妇女工作，并于1945年担任第六届中央执行委员，1952年第七届"中央"委员会起至2003年逝世，一直担任"中央"评议委员，并为"中央"评议委员会议主席团主席，但是她在党内留存的资料，包括历次全国代表大会、历届"中央"委员会全体委员会议、历届"中央"评议委员会议的发言纪录及妇女工作指导会议等，十分有限。国民党党史馆所存会议记录中，目前仅见《妇女谈话会工作报告》（妇女谈话会编，1938年7月）、《妇运干部工作讨论会纪要》（"中央组织部"编印，1941年8月）以及《陈逸云等呈主席团文》《蒋宋美龄为"中央"妇女运动委员会主委案》《蒋宋美龄辞妇女运动委员会主任委员案》等档。

（2）与埃玛·德隆·米尔斯往来资料

埃玛·德隆·米尔斯是宋美龄在韦尔斯利学院的大学同学、好朋友，是一名服务于中国国民党事业的美国慈善家和活动家。[①]1922年，米尔斯来到中国，在华北语言学校（North China Language School）教授英文，并为《上海时报》（*Shanghai Gazette*）工作。她被推荐给溥仪哥哥的未婚妻上课。1925年她回到美国。在随后的几十年里，米尔斯频繁与家人、朋友通信，宋美龄是她通信的主要对象。1937年，米尔斯开始为美国援华医疗会（The American Bureau for Medical Aid to China，即后来的美国援华医疗促进会）[②]工作。1950年，她作为执行秘书代表该机构访问台湾。第二次世界大战后，米尔斯努力为真光基金会工作。她帮助成立唐人街计划委员会（Chinatown Planning Council，CPC，台湾翻译为华埠发展规划委员会），这是一个向纽约华人社区提供教育、社会、就业服务和帮助的非营利性组织，米尔斯在该组织的执行董

---

① 韦尔斯利学院馆藏埃玛·德隆·米尔斯档案（Papers of Emma Delong Mills）中介绍："Mills was an American philanthropist and activist for the Chinese Nationalist cause, and a close personal friend of Madame Chiang Kai-shek, both members Wellesley College, class of 1917."

② 全称是：The American Bureau for Medical Advancement in China，英文缩写AB-MAC。

事会服务近二十年，于 1968 年当选为会长，是唯一一个当过会长的西方人。鉴于米尔斯为中国和中国国民党事业的不懈工作，她被国民党当局授予荣誉勋章。米尔斯一生进行了大量的写作，常年记录日记（1922—1923 年，1931—1980 年）和书信，并出版一些文章和书信。1987 年，米尔斯去世，其全部财产（包括个人文件）由她的侄子托马斯·德隆继承。2010—2011 年，德隆先生将米尔斯文件捐赠给韦尔斯利学院档案馆。

米尔斯档案除去个人、家庭、受教育、职业生涯和活动的资料以外，与宋美龄相关的资料见于馆藏档案第五部分"蒋宋美龄（蒋介石夫人）（1917—1980）"。内有从 1917 至 1980 年两人之间的通信和宋美龄书信里的卡片、信封、小册子、文章、简报、手稿，以及两人的照片，还有几封宋家给米尔斯的信和宋美龄给米尔斯父母的信。信中谈论的话题广泛，从毕业后的生活到个人问题、国际关系和国际政治、政治军事以及中美和其他国家的慈善工作，共计 243 盒文件。另有一盒 1916—1960 年宋美龄的照片，一盒米尔斯于 1938 年写的关于宋美龄的文字。

（3）与张学良、赵一荻往来资料

宋美龄与张学良关系是很密切的。因此，在张学良的档案资料中可见宋美龄与之往来的文字和实物。美国哥伦比亚大学善本与手稿图书馆（Rare Book and Manuscript Library）馆藏的"张学良、赵一荻文件与口述材料"（The Peter H. L. Chang and Edith Chao Chang Papers and Oral History Collection）中，与张学良保持函件来往的有 155 人。① 图书馆将所有函件按来往者区分，以张学良与蒋介石家族（包括宋美龄、蒋经国）的通信最多。从时间上看，张学良与宋美龄往来信件均是 1937 年遭软禁后写成的。这些信件

---

① 包括：张大千、张群、张景惠、张学铭、张治中、赵一荻、郑介民、郑毓秀、王以哲、魏道明、吴鼎昌、邢士廉、吴铁城、徐永昌、阎宝航、杨虎城、于斌、于学忠、于右任、邵力子、沈鸿烈、宋子文、万福麟、李登辉、李杜、李石曾、马占山、毛人凤、刘绍唐、莫德惠、彭孟缉、何柱国、胡宗南、蒋经国、蒋宋美龄、蒋鼎文、孔令侃、孔祥熙、白崇禧、鲍文樾、陈布雷、陈诚、陈立夫、陈果夫、陈仪、戴笠、董显光、杜重远、端纳、唐纵、孙科等人。

较简短，内容多为相互寒暄、讨论生活琐事与个人情谊，还有宋美龄向张学良夫妇送礼金礼物，张学良夫妇会回赠礼物或在宋美龄生日、节日等一些特殊日子寄送贺卡。有些信件无法判断准确的时间。通信文字有中文亦有英文。如：

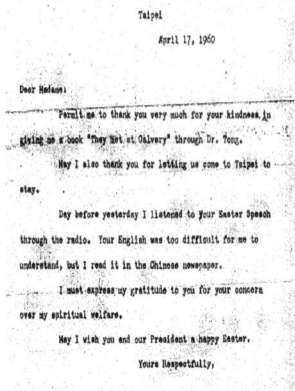

图绪-1　　　　　　　　　　　　图绪-2

图绪-1：张学良给宋美龄的英文信（1960 年 4 月 17 日）

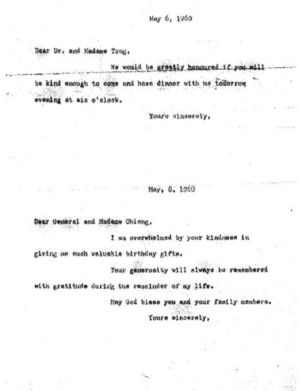

图绪-2：张学良给宋美龄的英文信（1960 年 3 月 6 日，5 月 8 日）

这些家常信件中，张学良的语气极其谦卑，对宋美龄的来信和赠送的礼物感谢备至。估计张学良是幽禁的日子闲来无事，或是对宋美龄太过重视，一封短信也打了几稿（右边这封信中间偏下的位置可看到较大潦草字"一稿"）。

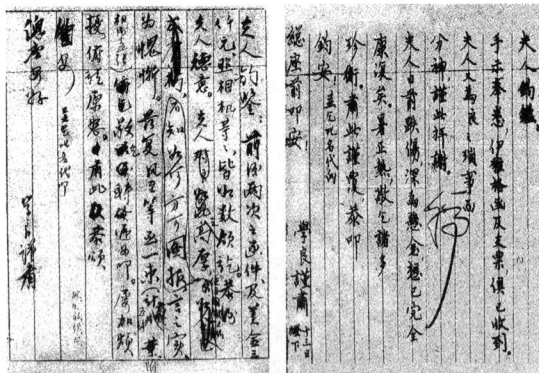

图绪-3：张学良给宋美龄的中文信（日期不详）

宋美龄致张学良的信函有时候会由秘书代笔，有时候自己回信。如：

> 汉卿伉俪惠鉴：
> 适逢诞，辰蒙惠寄贺卡祝寿，盛意殊感，特此函中谢悃，并祝健康。
>
> （日期不详）

> 汉卿伉俪惠鉴：
> 适逢贱辰，乃蒙惠寄贺卡祝寿，远承关注，殊感盛意，特此致谢，并颂俪祺。
>
> 蒋宋美龄
> （日期不详）

纵观宋美龄与张学良、赵一荻二人的通信，似乎对于研究大的历史问题没有什么史料价值。但对研究宋、张、蒋等彼此之间的关系、心理活动，完善宋美龄个人研究亦有裨益。

（4）与宋子文等家人往来资料

宋美龄与家族成员的通信应该不少。不过，目前个人仅见斯坦福大学胡佛研究所所藏宋子文档案中有关宋美龄的档案介绍。①1971年宋子文去世后，其档案资料由其后人捐赠，保存在美国斯坦福大学胡佛研究所，经整理后，于1978年部分开放。2003年宋美龄在美国去世之后，经2004年、2006年进一步开放和增加，目前除少数敏感文件尚未公开外，已开放了69盒文件，1100多个文件夹。宋子文档案中有其与国内外首脑的中英文信函、往来电报、主题文件、演讲稿等文字资料和大量照片，涵盖了宋子文家庭、家族、求学、从政、交往、个人财务和晚年生涯等多方面内容。其中第11盒第一个文件夹为1942年6月至10月宋子文在美国期间的电报，包括宋子文致宋庆龄、宋美龄的电报。第58盒名为

---

① 吴景平：《胡佛研究所所藏宋子文档案概况及其学术价值》，《复旦学报》（社科版）2008年第6期。

"限制资料"（Restricted Materials），含有以宋美龄为题目的文件夹。第 59 至 69 盒为"新捐赠资料"（Incremental Materials），中英文均有。

（5）与陈纳德、魏德迈、史迪威、陈香梅等往来资料

宋美龄成为第一夫人之后，俨然是蒋介石，乃至中国与美国交往的桥梁。这时，美国政界、军界、媒体界等人士与宋美龄都有交往。胡佛研究所所藏史迪威档案、魏德迈档案、尼姆·韦尔斯档案中都有涉及宋美龄的文件夹，其中包含了若干封宋美龄与之的通信函件。这些档案资料对于我们挖掘宋美龄与美国政军各界间的互动关系有一定的参考价值。

二、有关交往的部门、个人资料

1. 蒋介石日记

2006 年 3 月，《蒋介石日记》在美国斯坦福大学胡佛研究所对公众正式开放。胡佛研究所研究员郭岱君对《蒋介石日记》有一个较为客观的评价："其意义不仅在于了解蒋介石本人，更有助于人们研究从 1975 年上溯半个世纪中国历史的真相，所以我们通过看日记，也能看到中华民族在 20 世纪的变化和发展，包括政治的变化、经济的变化、领导人物之间的关系，还有领导人物与外国的关系，内容非常广泛。"确实，蒋日记大量记录了他与夫人宋美龄的关系。宋美龄在"外交"方面，是蒋非常得力的顾问和助手。夫妻在生活上、宗教信仰上，尤其在对待"娘家人"的问题上，在日记中均有体现。如 1972 年 5 月 17 日蒋介石日记云："晚见令侃，心神厌恶，国家生命几乎为他所送。妻既爱我，为何要加重我精神负担？"[①] 诸如此类纪录，对于研究宋美龄，极为重要。

2. 韦尔斯利学院其他资料

在韦尔斯利学院，除学院档案馆有专门的宋美龄个人档案外，

---

① 杨天石：《蒋介石晚年曾对宋美龄不满》，《南方都市报》2011 年 7 月 1 日。

该校的其他行政单位，如校长办公室档案、宋美龄基金会项目办公室档案、校宣传办档案，里面也有一些宋美龄的档案资料，主要是宋美龄访问韦尔斯利学院时的安排以及 1942 年颁发荣誉学位的资料；在韦尔斯利学生报和校友会讯里，有关于宋美龄在 1943、1953、1958 和 1965 年分别回校参访的报道；在 1917 届班级档案里，保存着宋美龄就读该校时的两张照片和写给同学的信中上海的通信地址，从中可以了解有关宋美龄就读学校、各系、各社团组织的有关信息和 1917 届毕业典礼的日程安排等。

3. "妇联会"、华兴、振兴等机构的资料

"妇联会"是宋美龄 1950 年抵达台湾后创办的一个妇女组织，由其亲自领导，担任该会的主任委员，直至 2003 年 10 月辞世。从宋美龄个人的政治角色为出发点来观察，"妇联会"是她在台湾重新崛起并发挥个人在妇女界影响力的重点机构。[①] 后来，"妇联会"因外在情势的变化，其活动转为注重社会福利事业和国际间组织交流。其在台北市长沙街会址的至德堂内设专室，陈列宋美龄行谊照片及历年获赠的海内外勋章等。"妇联会"也曾为南京大学中华民国史研究中心"宋美龄与近代中国"课题组提供研究的辅助性资料，如《中华妇女》、宋美龄照片及辜严倬云女士采访口述等。据台湾学者估计，"妇联会"有相当数量的宋美龄档案资料，包括文字类与非文字类，如影像、实物等，且在内容和性质上与"国史馆"及党史馆的会有差异。例如，依其工作性质，应该有宋美龄在妇幼社会福利等方面的资料。此外，宋美龄还在台湾创建了两所主要的社会福利机构：华兴育幼院（1955 年成立，后陆续增设小学、中学）及振兴复健医学中心（1965 年成立）。宋美龄作为两个机构的董事长，有大量的资料留存于这两个机构，惜未对外开放。华兴前校长林建业及多位校友都曾发表过有关"蒋夫人与华兴"的文章，就所述内容可以看出，校方应该保存相当数

---

① 参见王丰：《美丽与哀愁：一个真实的宋美龄》，团结出版社 2005 年版，第 310—311 页；林博文：《跨世纪第一夫人——宋美龄》，台北时报文化出版企业股份有限公司 2000 年版，第 477 页。

量的档案资料。振兴复健医学中心方面，从游鉴明的论文可知，其所典藏档案资料包括筹备会、董事会会议记录，各类报告书，"蒋夫人"的公文、信函，及相关人士的专文、回忆、口述资料等。① 此外，"妇联会"、华兴、振兴，均曾在第五届、第十届或其倍数的周年纪念时发行特刊，如《妇联五周年》《华兴四十》《振兴二十年》等，这些均可作为研究的参考资料。

4. 其他人的回忆录、传记

回忆录是当事人追记本人或他人过去生活经历和社会活动的一种文体。传记也是要记述人物的生平事迹，根据各种书面的、口述的回忆、调查等相关材料，加以选择性的编排、描写与说明而成。曾经在宋美龄身边工作、生活的人当中有不少写了回忆录和传记，其中比较重要人物的回忆录有以下几种：

（1）陆以正所撰的《微臣无力可回天：陆以正的"外交"生涯》②，其中对某些特定时间和经历的记录，为研究者提供了宋美龄在台湾时期与美国交往的一手资料。

（2）长期担任蒋介石机要秘书的周宏涛口述，汪士淳整理的《蒋公与我：见证"中华民国"关键变局》③，记载了1950年蒋政权来到台湾后，他对宋美龄、蒋介石与美国方面交往的观察和描述，以及他所看到的宋美龄与孔宋家族的关系。

（3）1931年即担任宋美龄私人秘书的钱用和长期跟随她，其后期撰写的《钱用和回忆录》④ 对研究宋美龄开展妇女和社会工作，尤其是20世纪50年代以后"妇联会"在台湾的慰劳工作有很大的帮助。

（4）顾维钧晚年接受哥伦比亚大学的口述采访，汇同他本人

---

① 曾在振兴接受过治疗和教育的"中研院"近史所游鉴明副研究员利用该院的档案资料写过相关学术论文。

② 陆以正：《微臣无力可回天：陆以正的"外交"生涯》，台北天下远见出版股份有限公司2002年版。

③ 周宏涛口述，汪士淳著：《蒋公与我：见证"中华民国"关键变局》，台北天下远见出版股份有限公司2003年版。

④ 钱用和：《钱用和回忆录》，东方出版社2011年版。

的日记、会议记录、信函文件、电报档案等，整理出版了六百余万字、计十三卷的个人回忆录，是研究中国近现代外交的重要资料。1997 年，顾维钧女儿顾菊珍与天津编译中心合作出版一部《顾维钧回忆录缩编》①，其中，对 1948 年以后宋美龄多次赴美情况皆有描述。

（5）2012 年由台湾"中研院"近代史所黄克武等做的口述访问《蒋中正"总统"侍从人员访问纪录》② 上下两册，记录了郝伯村、王正谊、楚崧秋、钱复、汪希苓、姜必宁、钱漱石、何占斌、钱义芳、应舜仁、郭斌伟、郑敦浦、朱长泰、竺联庭、张茂才、周赓标、张欣超、楼文渊、唐茂昊、倪国年、朱恒清、郭永业、戴位珩、蒋茂发、胡浩炳、董仁章、葛光越等 27 位侍从人员对蒋宋的直观观察，全方位地展现了蒋宋的真实生活。他们中有的是医生、摄影师，也有的是厨师、警卫员。有的侍从人员如钱义芳还跟随宋美龄离台赴美，照顾她晚年的起居生活。他们的口述对我们了解宋美龄的晚年生活状态有较大的价值。

从 2003 年 1 月始，"国史馆"与中正纪念堂管理处合作执行《蒋夫人宋美龄女士行谊口述访谈》计划，采访口述了包括宋美龄之亲朋故旧、侍从、部属以及照顾其晚年生活之医护人员等 20 余位，于 2014 年 12 月整理出版。该书是目前所见最新有关宋美龄的访谈录，对于宋美龄晚年生活作息之点滴，提供观察与见证，可兹参考。

除此之外，另有韦慕庭（C. Martin Wilbur）等采访整理的。《从上海市长到"台湾省主席"（1946—1953）——吴国桢口述回忆》③、唐德刚负责采访并出版的《张学良世纪传奇（口述实

---

① 天津编译中心编：《顾维钧回忆录缩编》（上下），中华书局 1997 年版。
② 黄克武等访问，周维朋等记录：《蒋中正"总统"侍从人员访问纪录》（上下），台北"中央研究院"近代史研究所 2012 年版。
③ ［美］裴斐、韦慕庭访问整理：《从上海市长到"台湾省主席"（1946—1953）——吴国桢口述回忆》，吴修垣译，上海人民出版社 1999 年版。

录）》①，以及《蒋经国自述》②《陈诚回忆录——建设台湾》③《熊丸先生访问纪录》④《董显光自传——一个中国农夫的自述》⑤《黄仁霖回忆录》⑥《蒋纬国口述自传》⑦《孔令晟先生访谈录——永不停止永不放弃·为革新而持续奋斗》⑧《天涯忆往——一位大使夫人的自传》⑨《温哈熊先生访问纪录》⑩《使美八年纪要——沈剑虹回忆录》⑪《在蒋介石身边八年——侍从室高级幕僚唐纵日记》⑫《杭立武先生访问纪录》⑬ 等书籍。

　　回忆录虽然是第一手史料，可以补充文献资料的不足。但受回忆者个人和记录时代的影响，也存在很大的局限性。因此在利用过程中，必须进行必要的考证和辨异工作。这包括把口述材料与文字材料相互印证。对于没有文字可查对的孤证，一般只能参考。作为曾经在第一夫人身边的侍从人员和属下，在写到她时常有溢美之词，过分地夸大宋美龄的成绩和作用，这都需审慎的衡量。

---

　　① ［美］唐德刚访问，王书君著述：《张学良世纪传奇（口述实录）》，山东友谊出版社 2002 年版。

　　② 曾景忠、梁之彦选编：《蒋经国自述》，团结出版社 2005 年版。

　　③ 陈诚：《陈诚回忆录——建设台湾》，东方出版社 2011 年版。

　　④ 陈三井访问，李郁青记录：《熊丸先生访问纪录》，台北"中央研究院"近代史研究所 1998 年版。

　　⑤ 董显光：《董显光自传——一个中国农夫的自述》，曾虚白译，台北新生报社 1981 年版。

　　⑥ 黄仁霖：《黄仁霖回忆录》，台北传记文学出版社 1984 年版。

　　⑦ 蒋纬国口述，刘凤翰整理：《蒋纬国口述自传》，中国大百科全书出版社 2008 年版。

　　⑧ 孔令晟口述，迟景德、林敏秋访问，林敏秋记录整理：《孔令晟先生访谈录——永不停止永不放弃·为革新而持续奋斗》，台北"国史馆" 2002 年版。

　　⑨ 厉谢纬鹏：《天涯忆往——一位大使夫人的自传》，台北商务印书馆股份有限公司 1981 年版。

　　⑩ 刘凤翰访问，李郁青整理：《温哈熊先生访问纪录》，台北"中央研究院"近代史研究所 1997 年版。

　　⑪ 沈剑虹：《使美八年纪要——沈剑虹回忆录》，台北联经出版事业股份有限公司 1982 年版。

　　⑫ 唐纵著，公安部档案馆编注：《在蒋介石身边八年——侍从室高级幕僚唐纵日记》，群众出版社 1991 年版。

　　⑬ 王萍访问，官曼莉记录：《杭立武先生访问纪录》，台北"中央研究院"近代史研究所 1990 年版。

三、报刊资料

这部分资料分两类：一是在报刊中发表的宋美龄的论著；二是新闻媒体对宋美龄活动的纪实追踪报道。这里主要依据的是1950 年以后的《联合报》《"中央"日报》《中华妇女》《妇友》等。另外，还参考了《传记文学》《大公报》《妇女生活》《近代中国》《近代中国妇女史研究》等。

《中华妇女》是"妇联会"创办的一个定期出版的对外公开出版物，但不同于一般的杂志，实际是一份对内公报。发行的对象主要是各界妇女、海外侨胞，并分赠军中阅读。1950 年 7 月 15日，《中华妇女》发行第 1 卷，以后按月出版，其内容包括：关于各项妇女问题及时事的论文、本会工作报道、国内外妇女伟人介绍、妇婴卫生、烹饪缝纫、文艺创作、诗歌、漫画连环图等。其中最主要的内容是当月宋美龄的训词言论及函电。自 1986 年至1989 年年底，历期刊出宋美龄训词言论 12 篇、其他论著 45 篇。其他栏目有："妇联动态"主要是报道分会通讯、缝征衣琐闻及慰劳、组训及宣传的各组活动，"妇女与家庭"关于妇女儿童各种常识，"医药卫生"，"海外之音"以及特别节日的专栏。①

《妇友》是一本为国民党妇女文宣服务的杂志。1954 年，国民党中央妇女工作指导委员会议为了配合蒋介石的"反共复国"大业，决定扩大宣传业务的范围，增办刊物。于是，钱剑秋率领当时少数能进入国民党党中央效力的精英妇女们共同策划了《妇友》杂志。《妇友》杂志以宋美龄为指导长，同时延揽了当时诸多优秀的记者、知名的女作家和写手。《妇友》杂志于 1954 年 10 月问世，最初为单月刊，1990 年改成双月刊，1997 年 1 月正式画上句号。在《妇友》杂志中，从第 1 期到第 371 期，杂志封面几乎都是宋美龄的相关照片，如与各国人士的互动、与台湾各地方的人或团体之互动、与蒋介石的合照，或是她的书画作品，仅有少部分期刊不是如此。

---

① 　参见许志致：《〈中华妇女〉四十年一日》，《妇联四十年》，台北"中华妇女反共联合会"1990 年版，第 64 页。

　　所以，这两份杂志中反映宋美龄的内容是比较多的，具有那个时代鲜明的政策导向性。在使用时要考虑时代背景，不能"人云亦云"。

　　另外，还有《"中央"日报》《联合报》等重要报刊亦可辅助研究，许多都已开发了资料库。学者可以更加便捷地利用其中的检索功能加以搜索、整理宋美龄在各个时期的活动。

　　可惜的是，对卷帙浩繁的史料，不可能穷尽。更为遗憾的是，由于条件的限制，有的史料尚待日后弥补。

第一章　大厦将倾：从纽约到台北

从 1947 年开始，国民党在军事上节节败退，政治、经济及外交等情势全面逆转。金冲及称 1947 年是近代中国历史上的转折年，蒋永敬则从国民党角度认为 1947 年是 "挫折年代"。[①] 进至 1948 年，金融崩溃、物价飞涨，三大战役皆输、精锐尽失，各方矛盾直指蒋介石，"几近崩溃"。[②] 到了 1949 年，留在大陆还是选择离开已成为众多人士必须回答的问题。天时、地利、人和皆失的国民党不得不为自己做最后的考量，为自己的出路做最后的打算——撤离大陆，偏隅台湾。

此时来到台湾的国民党内外交困。一方面，从大陆撤退赴台的军政人员及家属如潮水般涌入，大量军民抵台时仅以身免，一时间台湾经济混乱不堪，工业生产几乎瘫痪，人民赖以生存的粮食和日用品紧缺，通货膨胀严重。另一方面，美国似乎要放弃一直以来强力支持的 "国民政府"。1950 年 1 月 5 日，美国杜鲁门总统发表 "关于台湾的声明"，宣称 "美国此时不想在台湾获取特别权利或建立军事基地。美国也不利用其武力以干涉台湾现在的局势，美国并不采取足以涉及中国内战的途径。同样的，美国政府也不供给军援与军事顾问于台湾的 '中国军队'"。在杜鲁门总统发表这一声明的三天后，宋美龄结束滞美，启程返台。宋美龄返

[①] 蒋永敬、刘维开：《蒋介石与国共和战（1945—1949）》，台北商务印书馆 2011 年版，序言第 3 页（蒋永敬作序）。

[②] 蒋永敬教授先后在专著《蒋介石与国共和战（1945—1949）》和《蒋介石、毛泽东的谈打与决战》中对此阶段有详细的论述，1948 年可谓 "内外夹攻全面崩溃"。

台之初，面对的是一个"毫无斗志"和"遭遇遗弃，孤立无援"的"国民政府"，是一个人心惶惶的社会。甚至连宋美龄自美返台亦被媒体解读为"督促蒋介石'出国'"。①

第一节　蒋介石撤台时的内外困局

一、国民党政权迁台

内战爆发的第三年，国共双方力量已经发生变化。到1948年6月，双方军队的人数和枪炮数大致相等。② 两者力量角逐的倾斜不仅体现在前线的变化上，还在于国民政府政治上的腐化与恶化、通货膨胀所标明的经济崩溃，以及其统治基础遭受破坏。这一切如排山倒海般涌来，蒋介石失去了人心，也丢掉了人和，成为众矢之的，只能下野。他在1948年5月20日的日记中这样记载："党员跋扈嚣张，只顾争权夺利，而绝无革命历史与民族利益之观念存在，党纪扫地，党性荡然，如何能维持现局，战胜'共匪'。至不得已时，余只有辞职下野之一途，任其受'共匪'来奴役烹割而已。"③ 与此同时，"失败主义，倚赖心理，虚伪的作风，派系的倾轧，以及投机取巧的行为，骄奢淫逸的生活，使国家纪纲扫地，社会风气荡然，对于苏俄侵略主义和他的第五纵队，丧失了抵抗力，演变成瓦解土崩，不可收拾的结局"④。1948年年底淮海战役之际，国民政府内部开始讨论迁都问题，此时对是否应该迁都还有不同意见，迨局势日益恶化，是否迁都已不是问题，而是迁往何处。1949年2月7日，蒋介石发布命令："政府迁移台北。"

1949年，随着"国民政府"迁移，不同的人怀揣着不同的理想，或依据着不同的预期，选择了不同的道路。许多追随蒋介石多年的党国要人竞相逃往海外，"自我放逐"。例如，1949年1月24

---

① 后文作解析。

② ［美］费正清：《美国与中国》，张理京译，世界知识出版社1999年版，第329页。

③ 《蒋介石日记》，1948年5月20日，美国斯坦福大学胡佛研究所藏。

④ 蒋介石：《告全国军民同胞书》，《"中央"日报》1951年1月2日。

日，宋子文辞去广东省政府主席职务，与夫人张乐怡转道香港去巴黎。6月初，宋子文以"家庭事务"为由抵达美国，从此在美定居。孔祥熙早在1948年就与夫人宋霭龄去到纽约里弗代尔的乡间别墅"休息"。孙科也举家逃往香港，后辗转法国，最后到美国。熊式辉、沈剑虹、张发奎、龙云等人滞留香港。

而其他大部分政府官员，除了留在大陆、另觅他国以外，都前往台湾。据当时"立法院委员"张道藩的回忆："政治上核心问题很多，如果不能解决，不知一两个月一定会有大变故。我准备十多天到福州、台湾去一趟，除了随身衣物外所有的东西我都将带到台北，因为无论如何台湾总是最安全的地方"；"天天想来台湾，而迟迟不能成行，心里真是万分的懊恼"；"大局前途无望，我无时不想离开这儿到台湾"。① 这些字字句句足见其在风雨飘摇中的复杂迫切的心理。

大批的国民党军队陆续由大陆败退至台湾、澎湖、金门、马祖及外缘诸岛。吴国桢②在回忆录中曾指出："在大陆陷落之前，台湾约有3至4万军队，到我任省主席时，撤退到台湾的军队总数达到约60万……最后我们点数时约为50万。"③ 不过照刘安祺④的大略估计，陆、海、空、两栖，再包括军事学校，以及军事

---

①　张道藩：《酸甜苦辣的回味》，台北传记文学出版社1981年版，第88—89页。

②　吴国桢（1903年10月21日—1984年6月6日），字峙之、维周，湖北省建始县人。早年先后入南开中学、清华大学学习，毕业后赴美留学，获普林斯顿大学哲学博士学位。曾受蒋介石器重，历任国民政府"外交部"秘书、湖北省税务局局长、蒋介石侍从室秘书、重庆市市长、"外交部"政务次长、国民党"中央宣传部"部长、上海市市长等要职。1949年12月15日，美国建议将陈诚换成吴国桢，蒋中正遂任命吴国桢接替军人出身的陈诚担任台湾省主席兼保安司令、"行政院"政务委员。

③　[美]裴斐、韦慕庭访问整理：《从上海市长到"台湾省主席"（1946—1953）——吴国桢口述回忆》，吴修垣译，上海人民出版社1999年版，第103页。

④　刘安祺（1903—1995），字寿如，山东人。1926年毕业于黄埔军校三期步兵科、革命实践研究院第一期。陆军大学一期、国防大学二期毕业。早年投身军旅，历经东征、北伐、"围剿"等战役，由排长升至兵团司令官、青岛十一绥靖区司令官、军团司令。1936年晋升国民革命军陆军少将。1946年起任青岛绥靖区司令官兼行政长官。1948年9月22日晋升陆军中将。后跟随蒋介石到台湾。1961—1965年任"陆军总司令"。1969年起连续被聘为国民党第十至十四届"中央"评议委员。1970年晋升为"陆军一级上将"。1974年任"中央信托局"理事会主席。

后勤设施等，加起来人数约有 60 万人。[①] 依据退辅会的统计，1934 年以前出生在中国大陆、之后来台的资深退除役官兵（非在台入伍者），共计 606046 人，因此大概推断一下，1949 年前后移入台湾的军人至少有 60 万人以上。[②]

据军人作家尼洛（李明）所言："在民国三十八年整整一年里，国军的命运不是败，而是溃，幸而来台的，也不算是计划中的撤退，只能算是武装性逃亡……在溃败与逃亡中，无法形成有指挥与有节制官兵，就是俗称的'散兵游勇'。历史中所谓的'兵祸'，多半是由'散兵游勇'所形成的，由于无法容忍这种溃逃出来的官兵，于是在高雄港、基隆港，就采取'缴械下船'的方法，被'缴械'的徒手下船的军队，士兵拨入'缴械'部队的班、排，军官则编进了军官队。"[③]

这批军人严重缺少弹药、粮食、衣物与机动性。很多建制单位徒有虚名，或官多兵少或有官无兵。官兵成分复杂，有职业军人，也混杂着受裹胁的农民和学生。"野战师团"零零星星，临时由地方保安团队和流亡学生拼凑。国民党陆军力量薄弱、分散，战斗力极低，虚张声势有余，实战"难挡强敌"。其对外鼓噪的"海上长城"，实际上是一套空话。以桂永清为司令的国民党海军只有 35000 人左右，舰艇约 50 艘。但是，实际上能发挥攻击能力的战舰，不过半数而已，况且炮弹缺乏，维修不济，难以掌握海峡的制海权。周至柔指挥的空军共有官兵 85000 人，各种类型的飞机 400 架，缺乏维修零件，真正能战斗的只有半数，油料储存量仅够两个月之用。《新闻周刊》的军事评论指出：如果国共"双方胶着，长期消耗，连这最后的本钱，也将输光"[④]。

更令人担心的是，国民党当局财力困乏，几乎无力支付军饷。

---

① 参见张玉法、陈存恭访问，黄铭明记录：《刘安祺先生访问纪录》，台北"中央研究院"近代史研究所 1991 年版，第 197 页。

② 参见龚宜君：《"外来政权"与本土社会——改造后国民党政权社会基础的形成（1950—1969）》，台北稻乡出版社 1998 年版，第 81 页。

③ 尼洛：《王升——险夷原不滞胸中》，台北世界文物 1995 年版，第 166 页。

④ 江南：《蒋经国传》，美国论坛出版社 1984 年版，第 178 页。

1950 年 1 月 22 日，合众社曾报道："蒋夫人今天听说伤兵领不到薪饷，下令立刻调查军中薪饷发放状况。"报道指出，宋美龄视察两所军人医院，与四百多人谈过话后，发现伤兵竟然领不到薪饷。有个在作战中失明的士兵说，他已有两个月没领到薪饷了。蒋夫人记下他的部队番号，要求助理立刻调查。她向此人保证："我一定会帮你领到薪饷。"但是，尽管她相当认真，本省人充员兵还是不安静，甚至有绝食抗议情况。①

与此同时，按吴国桢在回忆录中所言，亦有平民难民约 150 万离开大陆逃难至台湾。② 依照 1956 年户口普查数据显示：不包含军人的人口统计，1945 年到 1948 年间，由大陆来台人数，总计有 167756 人；1949 年当年来台的人数就有 303707 人；1949 年至 1956 年间来台人数合计有 57 万人。③ 而林桶法在详细分析前人的九种数据的基础上，得出了以下结论：1945—1948 年年底来台的外省人大约为 17 万人，1949 年大约 30 余万人，合计 1945—1949年年底从大陆来台的人数大约 50 万人。加上 1950—1953 年有约10 余万人辗转来台，1950 年初期作推估，公务员及一般民众迁台的人数大约 60 余万人。④

对选择离开大陆的人而言，台湾只是一个较安全的存身之地，而非安身立命之所。曾任济南第三联中校长的王志信曾这样描述那时赴台人的心态："算来算去，以台湾较为安全，理由是中共只有陆军，而无海军，即使其能侵据全部大陆土地，亦无能力侵犯孤悬海外的台湾，待其建立海空军，亦必须相当长的时间，在此等待期间，我们就可以有喘息机会，重新振作，以图复兴，况世

①　[美] 汉娜·帕库拉：《宋美龄新传——风华绝代一夫人》，林添贵译，台北远流出版事业股份有限公司 2011 年版，第 595—596 页。

②　参见 [美] 裴斐、韦慕庭访问整理：《从上海市长到"台湾省主席"》（1946—1953）——吴国桢口述回忆》，吴修垣译，上海人民出版社 1999 年版，第 103 页。

③　台湾省政府户口普查处编印：《"中华民国"四十五年户口普查报告书》，第 2卷第 1 册，第 721—724 页。

④　参见林桶法：《1949 大撤退》，台北联经出版事业股份有限公司 2009 年版，第332 页。

局多变，在此期间，也许国际发生变化，能得到国际的援助。"①
但是，1950 年 2 月 6 日宋美龄飞赴金门劳军时②，《纽约时报》的
记者禁不住要说："金门、金门，中共入侵台湾的黄金大门。"此
外，1950 年 3 月和 4 月间海南岛战役的结果，让 145 公里宽的台
湾海峡变得似乎不那么可靠。

　　1950 年 1 月 8 日，宋美龄在美国国家广播公司发表告别演说
之后，取道夏威夷返回台北。然而，此时的台湾谣言漫天，宋美
龄宣布回台湾的消息亦被民众解读为"敦促蒋介石去国外当寓
公"。此项谣言并非空穴来风，早在 1949 年 1 月 21 日蒋介石下野
之际，宋美龄曾致电蒋经国，希望蒋经国回乡婉劝蒋介石至加拿
大会商。③ 2 月 6 日再致电蒋经国，再次表示担忧蒋介石的安全问
题，希望蒋能出国或赴台。④ 蒋介石的机要秘书周宏涛在回忆录
《蒋公与我》中也指出，在 1950 年 1 月，美国杜鲁门总统发表形
同放弃台湾的公告的同时，他听到一个消息，蒋夫人已遣孔祥熙
之女孔令仪的丈夫陈继恩自美国经香港抵台来见蒋介石，劝蒋赴
瑞士"休养"——这是何应钦的夫人在港晤见陈继恩时，陈自己
讲的。⑤ 半年以后，另一党政要员董显光告诉周宏涛，蒋夫人已做
了安排，如果台湾不守，就要把蒋介石接到美国去。⑥ 2 月 2 日，
路透社自东京发布了更为震撼的消息，称蒋介石透露一位中国高
层官员在日本东京近郊买了一栋有 22 间房间的豪宅。这一消息震
动全岛，军心民心动摇，"其私蓄较丰而意志较薄弱者，纷纷避地

　　① 王志信：《澎湖子弟学校克难缔造记》，转引自林桶法：《1949 大撤退》，台北
联经出版事业股份有限公司 2009 年版，第 315 页。

　　② 《蒋夫人昨偕菲侨领袖，飞临金门前线劳军》，《"中央"日报》1950 年 2 月 7 日。

　　③ 参见周美华、萧李居编：《蒋经国书信集——与宋美龄往来函电》（上），台北
"国史馆" 2009 年版，第 78 页。

　　④ 参见周美华、萧李居编：《蒋经国书信集——与宋美龄往来函电》（上），台北
"国史馆" 2009 年版，第 81 页。

　　⑤ 参见周宏涛口述，汪士淳著：《蒋公与我：见证"中华民国"关键变局》，台
北天下远见出版股份有限公司 2003 版，第 168—169 页。

　　⑥ 参见周宏涛口述，汪士淳著：《蒋公与我：见证"中华民国"关键变局》，台
北天下远见出版股份有限公司 2003 版，第 236 页。

海外，或预作最后打算"。①

甚至连蒋介石亦感惶恐。1949 年，对于蒋介石而言，是其生命历程中重大挫败的一年，查阅在此前后数年日记，频繁出现天父、上帝等字样。此时，对基督教的信仰是他冲破险阻的精神动力。② 内外交困，危难重重，也没有改变蒋介石的作息时间。他一如往常"六时起床祷告"，"朝课如常"。谒陵后，又特地到"基督凯哥堂默祷"。1949 年元旦，蒋介石记录当天的行程与感想：六时起床祷告后，朝课如常。"国防部"团拜谒陵后，特到基督凯哥堂默祷。毕，即入总统府团拜……③这一天，他在日记中继续述说："汤盘铭曰：'苟日新，日日新，又日新'。今日又是一个新年新日了，我的德行心灵果有新进否。去年一年的失败与耻辱之重大为从来未有，幸赖上帝的保佑，竟得平安过去了。自今年今日起，必须做一个新的人，新的基督人，来作新民，建立'新中国'的开始，完成上帝所赋予的使命，务以不愧为上帝的子民，不失为基督的信徒自誓。去年一年，虽经过一年的试验，遭遇无数的凶险，对于上帝与基督的心毫不动摇，实可引为自慰也。"蒋介石于 1 月 21 日正式宣布"下野"，他于次日在日记中补录了前一天的行止："昨正午赴基督凯歌堂，默祷告辞。下晚课后，九时十分就寝。"④ 不少学者认为，这是蒋介石在此期间排遣一再受挫，一再失败之情绪的方式之一，所以"向上帝求助、向上帝忏悔，挫折愈多，向上帝忏悔的时间愈多"。⑤ 蒋介石在 1949 年的总反省录中记道："本年忧患艰危，忍辱茹辛，在内奸外敌重重包围夹击之

① 据周宏涛说，路透社东京报道"购 22 间豪宅"的中国高层官员实际是一个驻日代表团的编外顾问王文成帮汤恩伯准备的，而蒋介石曾于 1949 年 4 月 17 日接见驻日代表团团长朱世明时，谈到自己出国，并在适当时候赴日小住。载周宏涛口述，汪士淳著：《蒋公与我：见证"中华民国"关键变局》，台北天下远见出版股份有限公司 2003 版，第 176—177 页。

② 参见陈红民、傅敏：《败退台湾前后蒋介石的父子情——〈蒋介石日记〉解读之六》，《世纪》2010 年第 4 期，第 64 页。

③ 《蒋介石日记》，1949 年 1 月 1 日，美国斯坦福大学胡佛研究所藏。

④ 《蒋介石日记》，1949 年 1 月 22 日，美国斯坦福大学胡佛研究所藏。

⑤ 张玉法、刘维开、陈红民等学者多持有这个看法。

下，几乎无幸存之理，而乃竟能出死入生，坚忍不撼者，实不知其理之所在，其惟朝课晚课读经颂赞，虔诚默祷，无间一日，仰邀天父眷顾之恩，乃得抵拒魔力之试探，脱离此无比之凶险，而荒漠甘泉一书，亦与有大助于余也。在此长期败亡试炼之中，所恃者惟此一点之信心，毫不为之摇撼，天父有灵，其必知此苦心，而决不我负也。"① 而按吴国桢在回忆录中所言："丢失大陆以后，形势发生了变化，大多数人都陷入绝望之中，害怕可能会丢失台湾，甚至蒋委员长本人和陈诚也对能否守住台湾缺乏信心。"②

穷途末路，从蒋经国的两篇日记中可以略知一二：

> "霪雨初晴，精神为之一振，但很快地又感觉到愁苦，连夜多梦，睡眠不安"（6月4日）。
> "昨晚夜色澄朗，在住宅前静坐观赏。海天无际，白云苍狗，变幻无常，遥念故乡，深感流亡之苦"（6月9日）。③

蒋介石的身边人亦觉前途茫然。蒋介石的机要秘书周宏涛在当时的日记中写道："拿到民国三十九年的新日记本后，我回顾过去一年的失落、苦闷以及惊心动魄，想着当下危机四伏、前途茫然，不禁就在扉页题上'流浪生活中，工作唯一良伴'，并且郑重地签了名。真的，生活的周遭放眼望去，或涉工作机密或是心中许多苦楚烦闷，包括妻子在内竟然没有一人是可以尽情倾诉的，也只有往这本日记里吐露了。"④

1. 民生困顿

日据时期，日本着力经营台湾，在国家发展定位上，日本将台湾作为支持本国工业的后盾，同时是日本向南方发展的基地。

---

① 《蒋介石日记》，1949 年 "之总反省录"。
② ［美］裴斐、韦慕庭访问整理：《从上海市长到 "台湾省主席"（1946—1953）——吴国桢口述回忆》，吴修垣译，上海人民出版社 1999 年版，第 95 页。
③ 江南：《蒋经国传》，美国论坛出版社 1984 年版，第 162 页。
④ 周宏涛口述，汪士淳著：《蒋公与我：见证 "中华民国" 关键变局》，台北天下远见出版股份有限公司 2003 版，第 166 页。

总的来说，台湾日据时期的经济是相当典型的殖民地经济模式，即以台湾自然资源与人力，来培植宗主统治国的整体发展。若以年份划分，1900—1920 年间，台湾的经济主轴在于台湾糖业；1920—1930 年，台湾以蓬莱米为主进行粮食外销。综括这两个阶段，总督府的策略是以"工业日本、农业台湾"为最高指导方针。到 1930 年之后，因战争需要，台湾的经济重心则转为工业化。[①]日本资本主义在台湾发展最显著的例子就是糖业。台湾糖业产量于 20 世纪 30 年代达到高峰。以 1931 年为例，全年糖产量共二十四亿三千八百三十四万四千八百九十台斤，轻松夺得日本全国各行政区域的首位。[②]

在第二次世界大战期间，台湾的工业基础遭到严重破坏。战后，日本统治时期留下的物资基础亦所剩无几。以台湾光复前后重要的工农业产品产量为例："日本统治时期一般机械最高产量为 8200 吨，钢材 1.8 万吨，水泥 30.3 万吨，肥料 3.4 万吨，纸 2.6 万吨，棉纱 539 吨，煤 285.4 万吨，电 1195 百万度，糖 137.4 万公吨，米 140.2 万公吨。1946 年降为一般机械 980 吨，钢材 3000 吨，水泥 9.7 万吨，肥料 5000 吨，纸 3000 吨，棉纱 410 吨，煤 104.9 万吨，电 472 百万度，糖 8.6 万公吨，米 89.4 万公吨。1949 年，一般机械只有 3666 吨，钢材 1.1 万吨，水泥 29.1 万吨，肥料 4.6 万吨，纸 1 万吨，棉纱 1805 吨，煤 161.4 万吨，电 854 百万度，糖 64.7 万公吨，米 121.5 万公吨。分别于 1935 年、1941 年兴建的日月潭第二发电所及万大发电所，在太平洋战争中遭到了盟军战机的轰炸，使得发电工程中断，到日本撤出台湾时电力仍未恢复。"[③]

1946 年 10 月"台湾省光复"一周年纪念，蒋介石带着宋美

① 参见涂照彦等：《日本帝国主义下的台湾》，台北人间出版社 1993 年版。
② 叶淑贞：《日治时代台湾经济的发展》，台湾银行季刊第六十卷第 4 期，第 258—259 页，见 http://www.bot.com.tw/SiteCollectionDocuments/resource_103/quarterly_103/60_4/quarterly60_4_09.pdf。
③ 李非：《光复初期台湾经济的重建与恢复》，海峡两岸台湾史学术研讨会论文。见 http://www.doc88.com/p-95827518496.html。

龄，第一次登岛看台湾。10 月 27 日，蒋介石观看了台湾接收后各方面恢复的情况并发表了简短的《巡视台湾发表观感》，认为"此次来台湾，看到台湾复员工作已完成百分之八十，衷心甚为欣慰，尤其交通与水电事业，皆可说已恢复到战前日本时代的标准。因此，一般经济事业都能迅速恢复，人民都能安居乐业。以台湾的交通经济以及人民生活情形，与内地尤其是东北华北比较，其优裕程度，实不可同日而语"①，"去年外人对台湾的观察以为台湾经过这样大的轰炸与损害的程度，我政府无能，绝不能恢复以前日本人时代的原状况，甚至公开批评政府接受台湾六个月后以后交通水电事业就要中断，无法维持。但是今日证明，我们在这一年当中恢复交通与水利等重要工作并无借助于外人"，"台湾的教育已经普及，社会组织亦颇健全，今后的工作，应提高人民的文化与生活水准，尤其要发扬我民族固有的德性，使全省同胞人人知道团结与合作的重要，并具有自尊自重的品德，来共同努力建设台湾为中国的模范省"②。然而，情况并不如蒋介石所看到的那么乐观。

随着国民党的溃败，大量人口拥向台湾，导致人口激增。1946 年，台湾人口为 610 万，1948 年增至 680 万，1950 年激增到 790 万，1952 年高达 810 万。六年间，台湾增加了 200 万人口，尚不包括败退台湾的 60 万军队和未报户口的人数。这对于生产遭到破坏、物资奇缺、人民生活十分贫苦的台湾来说，无疑是一个巨大的压力。虽然国民党退台时带去了一些资产，包括 80 万两黄金，加上白银、美钞共计五亿元上下，以及生产设备和少量物资，但远不足以负担由大陆退台的二百多万军民的生活需要。其直接后果必然导致物价飞涨。

许倬云先生是和自己的二姐一家逃到台湾的。刚到台湾时，"身无分文，等于是难民"。如何度日，维持生计是当务之急。因

---

① 《蒋中正主席巡视台湾之感想》，《台湾月刊》1946 年第 2 期，第 4 页。

② 陈鸣钟、陈兴唐：《台湾光复和光复后五年省情》（上卷），南京出版社 1989 年版，第 303 页。

此，他在接受口述访问时，讲起自家的解决办法："政府"带了若干黄金到台湾，那时候"政府"进行新台币改革，便是以这批黄金作发行储备金的，我们凭身份证每十天可以买十分之一"钱"，即一"分"黄金，这一分是官价，买了之后立刻拿去银楼卖掉，一转手就赚40%，所以我们便轮流拿身份证排队买黄金，每隔个三四天买一钱，然后再卖给银楼。当时"政府"就是利用这个办法帮助大陆逃难来台的难民。我们则利用这百分之四十的差价，先过两三天日子，再上街去买卖黄金。① 就是这样，整个家里状态是："两个姐姐在南部工作，她们各有家庭，两家子人口已经不少，再加上父母亲、我们几个孩子，一家人可说是食指浩繁，生活十分困窘，暂时栖身在二姐家，一间十八个榻榻米大的宿舍挤了十九口人，我父母睡床上，半张床在走廊上，半张床在房间里，我跟弟弟睡床底，下半身在床底下，上半身在床外面，可以伸出头透气。"②

台北市批发物价指数显示，物价在 1946 年上涨 2.5 倍，1947 年上涨 6.7 倍，到 1949 年年底，物价竟然上涨 105.6 倍。③ 更有研究者指出台湾自光复到 1949 年中，物价涨了七千多倍，正是所谓的"一日三市"。当时装着一麻袋的台币去买一碗面的情形，绝非小说杜撰的情节。我们可将其与 1948 年《民报》所披露的台北物价信息作一对比，即可知民生之困顿。发刊于 1945 年 10 月 10 日的《民报》是第二次世界大战后由台湾人创办的第一份民营中文报纸。创社社员大多来自《台湾新报》与其前身之一的《台湾民报》。《民报》于 1947 年"二二八"事件爆发后的 3 月 8 日被迫停刊，社长林茂生遭逮捕并失踪。《民报》发行期未满 17 个月，是研究台湾"二二八"事件前后历史之珍贵史料。《民报》报纸会不定期刊载物价信息，根据 1948 年 10 月 13 日所刊登的"台北之物

---

① 参见陈永发、沈怀玉、潘光哲访问，周维朋记录：《家事、国事、天下事——许倬云先生一生回顾》，南京大学出版社 2012 年版，第 62 页。

② 参见陈永发、沈怀玉、潘光哲访问，周维朋记录：《家事、国事、天下事——许倬云先生一生回顾》，南京大学出版社 2012 年版，第 62 页。

③ 段承璞：《战后台湾经济》，中国社会科学出版社 1989 年版。

价"，以最基本的民生物资而言，最初白米每斤 2.2 元、白糖每斤 1.2 元、鸭蛋每斤 2 元、生鸡每斤 23 元。再比较同年 10 月 26 日所刊载的物价表，白糖每斤 1.8 元。另外 10 月 28 日的物价表显示，白米每斤 3.2 元、鸭蛋每斤 2.3 元、生鸡每斤 28 元，短短一个月内，物价就有不小的涨幅。① 经济学家林钟雄指出，造成战后台湾恶性通货膨胀的两个主因都是外来的，一是台湾银行以省库的角色，借通货发行增加而垫付"中央政府"的各项垫支款项；二是台湾银行系以法币（后来改为金圆券）作为发行准备，且旧台币与法币之间采固定汇率，因而法币及金圆券在大陆上之恶性通货膨胀乃借固定汇率而输入台湾，转变成旧台币的恶性通货膨胀。②

由于物价上涨迅速，台币供不应求，台湾银行于 1948 年开始发行台湾人从未见过的"定额本票"，这种每张面额达五千、一万、十万的高额流通券，与旧台币并行在市场上流通。1948 年年底，台币发行额为 1420 亿元，而本票发行额已达其 54.9%，即 780 亿元之巨。再到半年后的 1949 年 6 月，本票发行额直线上升为 1.21 兆的天文数字，远超过台币的发行额。以旧台币发行额来说，如自 1945 年 8 月起算，到 1949 年 6 月 14 日新台币发行前的约 46 个月之间，增加了 367 倍。如以 1946 年 5 月 20 日台湾行政长官公署接收台湾银行起算，到 1949 年 6 月 14 日前的 37 个月之间，增加了 179 倍，平均每月增加率达 15%。诚如有人所说："在这种通货极端紊乱的局势下，台湾人只有眼看着自己的血汗结晶被这些等于空纸的高额本票掠夺殆尽，自己却急速陷入穷苦、饥饿、失业的深渊中。"③

因此在 1949 年 6 月 15 日，台湾政府被迫实行币制改革，公布"新台币发行办法"。其内容包括：（1）旧台币 4 万元折合新台币 1 元，限于同年底前兑换新台币；（2）发行总额以 2 亿元为度；

① 参见陈恕：《从〈民报〉观点看战后初期（1945—1947）台湾的政治与社会》，台湾 2001 年硕士论文。

② 参见林钟雄：《台湾经济发展四十年》，台北自立晚报社文化出版部 1991 年版。

③ 李筱峰：《解读二二八》，台北玉山社出版事业股份有限公司 1998 年版，见 http://lib.shute.kh.edu.tw/net-read/read98/217c.htm。

（3）新台币以黄金、白银、外汇及可换取外汇之物资十足准备；

（4）新台币对外汇率以美金为准，即五元新台币兑换一元美金。

然而，财政崩溃使得币制改革举步维艰。吴国桢在回忆录中说道：

> "我面临的是迫在眉睫的财政崩溃。前面已说过，台湾的通货膨胀几乎已达到大陆时的同样程度，它始于陈仪，继于魏道明和陈诚。1945 年 5 月，陈诚实施了财政改革，发行新币代替旧币。按他的改革公告，他将发行量限制在两亿元。为了回收旧台币，在 1949 年 5 月只发行了两千七百万元，但到 11 月底，新台币的发行量就达到一亿八千万元。"①

生产萎缩和物价上涨所造成的恶果，是台湾当局的财政预算赤字和外汇高额负债。1949 年以后，台湾当局为恢复经济和重整军备的支出十分浩繁，使财政预算连年有巨额赤字，加上恶性通货膨胀，遂使 1950 年至 1952 年的赤字高达 5.36 亿元新台币。由于退台初银行的债信未立，无法发行公债，除了抛售一点有限的黄金以外，只有向台湾银行透支，而台湾银行则以增发新台币来应付。1949 年 6 月新台币发行时，最高限额应为两亿元，但到 1952 年的发行额高达 7.55 亿元，远远超过其限额，助长了通货膨胀。财政赤字预算和通货膨胀形成了恶性循环。退台初期，台湾的国际收支皆由台湾银行处理。1950 年，台湾银行的外汇存底完全枯竭，被迫向"民航空运公司"借款 50 万美元应急。1951 年年初，台湾银行外汇负债达 1050 万美元，其银行信用卡已被外国银行拒收。生产状况不断恶化，得不到迅速恢复，而进口又受到外汇短缺的限制，致使人民生活贫困不堪，台湾经济实已达到山穷水尽的境地。

王作荣对台湾当时困窘的处境有以下的观察：

---

① ［美］裴斐、韦慕庭访问整理：《从上海市长到"台湾省主席"（1946—1953）——吴国桢口述回忆》，吴修垣译，上海人民出版社 1999 年版，第 115 页。

光复后的那几年，生产既不能恢复快速恢复，进口又受到外汇短缺及大陆战乱的限制，大部分人民已到了衣不蔽体、食不果腹的程度，可说是民穷财尽了。更不幸的是由于大陆局势逆转，大量人民都逃避到台湾来，以致人口激增。在一九四六年，即光复后一年的年底，台湾总人口为六百一十万人，但到了一九四八年便激增为六百八十万，一九五〇年增到七百九十万。一九五二年又增到八百一十万人，六年之间增加了二百万，即增加了三分之一，而六十万大军及未报户口的人民尚未计算在内。这对生产破坏，物资奇缺，人民生活原已艰苦万分的台湾经济来说，是一个何等重大的压力。①

2. 省籍矛盾与冲突

日本战败后，国民政府派驻官员到台湾进行接收，台湾人民抱持着很高的期待，希望可以与来自大陆的同胞们和平共处，且以"中国人"的身份自居。但是，国民党政府的种种措施，却让台湾人民觉得自己仍旧是二等公民，只是统治者从日本总督府变为国民政府所设立的行政长官公署而已。

首先，台湾人民对政府和派驻官员很失望。1946 年 10 月，光复之初来台的大陆记者，就很敏锐地感受到战后台湾人民普遍的失望情绪，记者这样报道：

> 台湾同胞目前也正面临着这战后的失望，但其程度却还没有国内同胞感受得那么深广。受了日本帝国主义者半世纪的高压统治，过着非人的奴佣生活，一旦重新获得了自由解放，当时的兴奋情绪，是难以描述的。每个人都有个美丽的理想，期望过着自由的、民主的、幸福的生活。但在事实上，战后的损毁却未能一时复原，人民生活也未能一时改善，由

---

① 王作荣：《我们如何创造经济奇迹》，台北时报文化出版企业股份有限公司1978 年版，第8—10 页。

于许多条件的未能具备，要想建立新的生活，还是需要艰难坚苦的努力，和付出相当的代价的，而并非一蹴即得的，加之转变过程中的苦闷以及暂时的经济不稳定，失业的威胁，这使台湾同胞也由希望转成了失望。同时，台湾现在是归回祖国了，台湾同胞原是非常热爱祖国的，而目前国内时局的动荡不安，也使台湾同胞感到失望。

由于这种战后的普遍失望情绪，在国内我常常听到有人在感叹着：胜利于我何有？同样的，有些台湾同胞也在感叹着：自由于我何有？[①]

《民报》是这样记载当时的百姓对国民党来台接收大员的观感的："不好的监理委员和接管委员都专心注意面子、金子、车子、女子、屋子；不好的公务员天天花天酒地……这事实暗指必有揩油。"[②] 而外省人亦对接收大员观感不佳，"一、老百姓甚感在日人统治下的治安与秩序，较为清楚，现在我国同胞来主政，反加多少烦恼……二、内地来台之军人同胞，望以国家民族为重，不要角斗……三、工作效率太迟滞，接收工作太慢，管理工作不彻底，老百姓说'政府每天的工作，抱女人吃东西'"[③]。

其次，是大陆人和台湾人之间的省籍矛盾。台湾人在大街、茶室等公共场合常听到来台的大陆记者彼此见面言称："中国人""中国官""中国兵"，不由愕然，以为置身异境。[④] 而大陆记者则感言："在无意的言谈中，台湾同胞却惯常说：'你们中国'怎么怎么，'我们台湾'怎么怎么，'你们中国'怎么怎么，'我们台湾'怎么怎么。"[⑤]

导致省籍矛盾的最直接原因是权力分配的不公，造成台湾人

---

① 姚隼：《人与人之间及其他》，《台湾月刊》1946 年 11 月第 2 期，第 62 页。
② 茶馆：《服务与揩油》，《民报》1946 年 1 月 7 日第 69 号。
③ 茶馆：《一个到台后简单的印象》，《民报》1946 年 1 月 14 日第 96 号。
④ 张望：《我们都是中国人》，《新生报》1946 年 6 月 26 日。
⑤ 姚隼：《人与人之间及其他》，《台湾月刊》1946 年 11 月第 2 期，第 64—65 页。

的愤慨。但是，通过当时来台的大陆人的观察与实际体验可知，语言与生活习惯的差异也是极为重要的因素。[①] 1945 年 8 月，接收台湾总督府矿工局工业课、职业课、企业整备课及国民动员课的严演存，曾有这样的观察：

> 外省人多数不会闽南语，与本省人言语不通。生活习惯也和本省人不尽同。例如台湾人中午吃便当，外省人一般非吃热饭不可；外省人公务员上下班要坐公共汽车，本省人公务员多半以自行车代步。这些事均属小事，但日常生活不同，便不易在一伙儿起居，因而不易发生融洽的感情，加深了前述台湾人民精神上的不满意。

吴国桢也在回忆录中提及大陆人与台湾本地人深深的隔阂。他是这样说的：

> 不管怎么说，当我接任省主席时，大陆人与本地人之间的裂缝仍未弥合。本地人叫大陆人为"阿山"，意思是山里人或从山上来的人，称他们自己为"阿海"，即海里人，在过去从未用过这些名称。前面说过，陈诚在他的内阁里安置了一些台湾人，但这些人以前去过大陆，而本地人对此并不十分满意，给他们取了个"半山"的绰号，即半山里人。[②]

最后，台湾人民在国民党当局统治下受到歧视。吴三连、陈正添、吴浊流等人，都指责接收大员的腐败，"与日本时代一样，政府机关的上层部分，由外省人取代了日本人，而台湾人依然是龙套角色"[③]。

---

① 参见黄俊杰：《台湾意识与台湾文化》，台大出版中心 2009 年版，第 133 页。
② ［美］裴斐、韦慕庭访问整理：《从上海市长到"台湾省主席"（1946—1953）——吴国桢口述回忆》，吴修垣译，上海人民出版社 1999 年版，第 110 页。
③ 吴浊流：《台湾连翘》，台北前卫出版社 1989 年版，第 185 页。

台湾人在政治备受歧视的环境下，心情极为复杂，有长年追随林献堂的叶荣钟的诗："忍辱包羞五十年，合朝光复转凄然"为证。[1] 且政府官员始终怀疑台湾人的忠诚，始终警惕着日本奴化教育的影响。台湾省行政长官公署代理教育处长范寿康提出："一、台胞有抱着独立思想。二、排击外省工作人员。三、有以台治台之观念。四、台湾完全奴化。五、台胞对于本省诸工作表示傍观态度。"[2]

吴国桢在回忆录中也说道：

> 问：怨恨来自本地人吗？
>
> 答：对，只是本省的。所以，一方面是严重的通货膨胀，另一方面则是难以忍受的税收负担。更糟糕的是，陈仪对本地人不信任，不寻求他们的帮助，只是发号施令，这就与台湾人民完全疏远了。终于在 1947 年 2 月 28 日，台湾人公开造反，暴乱蔓延到全省，省会台北的政府大楼被一个名叫蒋渭川的人率领暴民包围了。那时分布全岛的，只有陈仪将军手下约 1 万人的部队。[3]

此外，"台独"势力亦隐约抬头。1947 年 1 月 16 日，驻台北的美国领事布莱克（Ralph Blake）向南京的司徒雷登提交了一份关于台湾政治形势的报告。报告提到了几个涉及美国利益的"谣言"，并认为该谣言反映了大陆和台湾不稳定的政治和经济情形。报告提到，台湾的政治团体认为大陆的经济崩溃必定会涉及台湾，要求美国人做三件事情：（1）控制大陆向台湾派军队；（2）要求美国人派技术人员和政治顾问来台湾帮助克服危机，避免陷入大

---

① 为叶荣钟七言律诗"八月十五日"的前两句，参见《小屋大车集》，台中"中央书局"1977 年版，第 212 页。

② 《民报》1946 年 5 月 1 日第 203 号。

③ ［美］裴斐、韦慕庭访问整理：《从上海市长到"台湾省主席"（1946—1953）——吴国桢口述回忆》，吴修垣译，上海人民出版社 1999 年版，第 105 页。

陆的混乱；（3）要求美国人提供资金或物资支持以便振兴工业和商业。① "台独"分子廖文毅也在香港向魏德迈提交了一份《处理台湾问题意见书》，意见书提到："现在台湾人民唯一的出路，只有争取自决权，暂时脱离中国，不仅是不能避免的而且是目前最有效的办法，故希望美国援助台湾人，以到达如下要求：一、《大西洋宪章》亦应适用于台湾。二、准台湾人派代表出席对日本和约，而且台湾代表在会议上，应赋予发言权。三、台湾的归属问题，应在对日和会从新讨论，但必须尊重台湾人的意志，应举行公民投票来决定。四、在举行公民投票以前，应准台湾人先脱离中国，而暂时置于'联合国托治理事会'管理之下……六、托管结束的三个月以前，应举行公民投票，以决定仍属中国，或脱离中国，或完全独立，公民投票时，联合国应该组织代表团来监察。七、倘或公民投票的结果，要仍属中国的时候，必须与中国政府签约，宪法保证台湾为一自治领，台湾必须有独自建军的权利，中国军队不得驻扎台湾。八、倘若公民投票的结果，台湾人要求独立的时候，应立即退出台湾而使台湾成为永久中立国，避免将为战祸。"②

1947 年，大规模反抗国民党暴政的"二二八"事件之后，台北成立了"二二八"事件处理委员会作为与政府交涉的机关，该委员会实际控制了岛内舆论，要求美领事馆介入事件，向国民党中央和全世界宣布事情真相。3 月 3 日，美国领事馆接到了一封由147 人署名，代表 507 人的请愿书，请愿书提出："改革政府最短途径是整个依靠美国政府，斩断台湾和大陆的政治经济关系，直到台湾完全独立。"

就这样，台湾光复时台湾民众的那种期盼和兴奋由于国民政府的贪腐失政而丧失殆尽。经历了"二二八"事件后的台湾民众对国民党政权充满着敌意，台湾人和外省人之间的省籍冲突不断

---

① The consul at Taibei（Blake）to the Ambassador（Stuart），January 16，1947，FRUS，1947，Vol. 7，pp. 423–428.

② 王晓波：《走出台湾历史的阴影》，台北帕米尔书店 1986 年版，第 329 页。

爆发，社会上的恐怖肃杀气氛也在不断蔓延。

二、国民党面临的国际险境

对当时的台湾军民而言，更大的精神打击来自于国际社会。1949 年年底，很多美国人都认为台湾很快就会被共产党攻陷，可能是几周的时间甚至几天。埃拉诺·罗斯福在写给宋美龄的信中将这种心态表露无遗，她写道："中国人似乎有他们的决定，而且我怀疑台湾人是否可以坚持到最后。"① 蒋介石来到台湾时，只有韩国去台北设立使馆。原来与国民党当局有"外交"关系的国家均认为，国民党在台湾苟延残喘的时日已屈指可数。美国也认为，台湾很快就会陷落。1950 年 1 月 5 日，杜鲁门总统发表了放弃台湾的言论，尽管台湾报刊未刊载此类消息，但台湾岛内仍然妇孺皆知。接着，1 月 6 日，印度政府宣布承认中华人民共和国。1 月 8 日，英国政府也宣布承认中华人民共和国并建立代办级外交关系。1 月 28 日，美国国务院针对蒋介石所宣布的"上海、宁波、广州、天津、青岛等港口为禁止贸易区，凡驶往上述港口的外国船只均将受到拦截和攻击"一事，发表声明称，"美国不愿承认此项封锁"。如此种种，使得台湾军民被抛弃的感觉在岛内弥漫。

1. 美国"弃台""弃蒋"企图

到了 1948 年，没有人会怀疑蒋介石政府即将垮台，此时美国所关注的是台湾是否也会被共产党统治。1948 年 3 月，美国中央情报局对台湾形势进行了分析，得出的结论说："如果没有美国占领或控制，（台湾）很可能在 1950 年年底前落入中共手中。"与此同时，英国人也认为，共产党对台湾的控制是"不可避免"的，他们"设想不出有任何方法可以阻止之"②。

纵观美国当时可能的对台战略，无非四种。一是继续支持蒋

① ［美］李台珊：《宋美龄：一个世纪女人的梦想、辉煌和悲剧》，齐仲里、郭骅译，华文出版社 2012 年版，第 260 页。

② David M. Finkelstein, *Washington's Taiwan Dilemma*, 1945 - 1950: *From Abandonment to Salvation*, George Mason University Press, 1993, p. 70.

介石政权；二是支持一个非蒋介石的国民党政权；三是支持一个独立的非共产党政权，且与大陆无关；四是由美国托管。但是，大陆战局的演变及腐败的蒋介石政权，让美国对蒋介石失去了信心。

1948年9月7日，美国国务院提出了一份备忘录（PPS/39），认为对国民党政府继续承担全部义务的做法已使美国政府陷入困境。鉴于国民党政府濒临彻底失败的边缘，无力自救，除非在相当长的时期内提供近乎"几何级数"的全面援助，否则"美国的援助不足以阻止共产党的推进，远远不能改变内战的进程"。而全面公开干涉"虽能在军事上加强蒋的力量，但在政治上将对共产党有利"，况且"即使美国不惜一切代价助国民党打败共产党，统一中国，也难以确保它不会很快再次瓦解"。因而"对于国民政府的全面援助是一种巨大的、不确定的、充满危险的行为，美国政府不能拿美国的声誉和资源赌博"。另一方面，鉴于"此后至关重要的五年时间里，克里姆林宫不可能随心所欲地动用中国的资源和人力，达到足以对美国安全构成严重威胁的程度"，而中国共产主义除非成为苏联的附庸，才能对美国的安全构成潜在的严重威胁。备忘录最后得出的结论是：美国"决不能死守任何一个行动方针，或仅仅对中国的一个派别承担义务而不知变通"[1]。

与此同时，美国亦积极在国民党内部寻找蒋介石的替代者。1948年11月，克伦茨和台湾省政府主席魏道明进行了秘密接触，但克伦茨对魏道明并无好感。随后，克伦茨又运作陈诚，但"陈诚会是对委员长敬佩到底的少数将领之一，因此他不能够把中国交给一个把委员长排除在外的中国政府手里"。接着，克伦茨又运作孙立人，孙立人是留美学生，向来为一些美国人所器重，李宗仁与蒋介石不合，为了争取美国援助也希望如此。但是，李宗仁虽然贵为总统，却无用人实权，于是向美方表示，自己不便给蒋介石提用人的建议。陈诚可能听到风声，便向司徒雷登致函主动

---

① 陶文钊：《美国对华政策文件集》第一卷（上），世界知识出版社2003年版，第4214页。

表示可以让位孙立人，但是必须征得蒋介石的同意。蒋介石的回答是让陈诚继续擎捏军政大权。[①]　最终，在经历了三次失败后，美国选择了吴国桢。[②]

1948 年 11 月 17 日，郑介民在华盛顿与白吉尔进行了会谈。白吉尔在谈到防御台湾时率直地说，陈诚在台湾争取台湾民心方面的行政已告失败，吴国桢在主持重庆及上海市政方面的成就甚佳，所以美方认为，吴国桢是主政台湾的理想人选，原因是吴国桢在沪时对于粮食分配、工人就业等，采用纪律维持的方法而不是使用暴力，而且行政效率皆有良好表现。白吉尔并强调，如果吴国桢主持台政，就应赋予完全的权力以任用优秀干部；如果蒋介石同意，则美方准备派遣政治、经济及军事顾问团来台协助台政，并供应有限的美援。白吉尔在这次谈话里明白地表示，美方属意支持的在台领导者，军事方面为孙立人，政治方面是吴国桢。郑介民后来把这个消息偷偷地透露给了吴国桢，吴国桢这样描述当时的情形："这个声明非常奇怪，它明确表示美国政府希望看到我当台湾省主席，如果国民党政府照办了，那么美国会提供援助。郑介民最后说：'我无权给你看这个，但作为好朋友，我想让你知道'。"[③] 周宏涛在回忆录中亦提及，在麦克阿瑟秘密访问台湾之

---

① 参见陈红民等：《蒋介石的后半生》，浙江大学出版社 2010 年版，第 29 页。

② 参见［美］裴斐、韦慕庭访问整理：《从上海市长到"台湾省主席"（1946—1953）——吴国桢口述回忆》，吴修垣译，上海人民出版社 1999 年版，第 97 页。周宏涛在其回忆录中，亦有"12 月初，郑介民返国，马上把 11 月 17 日下午在华府和白吉尔的谈话内容整理出来，可见这是白吉尔基于对中国局势的关切，和美国国务院方面联系后，所提出的对中国之具体支援及条件。白吉尔在谈到防御台湾时率直地说，陈诚在台湾争取台湾民心方面的行政已告失败，吴国桢在主持重庆及上海市政的成就甚佳，所以美方认为，吴国桢是主持台政的理想人选，因吴国桢在沪时对于粮食分配、工人就业、工业复兴，采用纪律维持而不用暴力，以及行政效率皆有良好表现。他并强调，如果吴国桢主持台政，就应赋予完全的权力以任用优秀干部；如果蒋公同意，则美方准备派遣政治、经济及军事顾问团来台协助台政，并供应有限的美援。白吉尔在这次谈话里明白表示，美方属意支持的在台领导者，军事方面为孙立人，政治方面是吴国桢"。载周宏涛口述，汪士淳著：《蒋公与我：见证"中华民国"关键变局》，台北天下远见出版股份有限公司 2003 年版，第 142 页。

③ ［美］裴斐、韦慕庭访问整理：《从上海市长到"台湾省主席"（1946—1953）——吴国桢口述回忆》，吴修垣译，上海人民出版社 1999 年版，第 97 页。

后，董显光曾偷偷地告诉他："依美国人的看法，KC 最得他们的信任，会出来组织政府！" KC 是吴国桢的缩写，董显光这么说的时候，表情是非常痛苦的，因为"复国"的希望会受到最严重的打击。周宏涛想起美国如有这样打算的话，另外一个问题就马上浮现："不过，美国人如果真的这么做，最困难的恐怕是 GM 的地位，要怎么安排呢？" GM 是蒋介石（Generalissimo）的简称。董显光回答："夫人告诉我，马歇尔答应她，在最危险的时候到美国去！"①

艾奇逊（Acheson，D. G.），律师出身，1941 年进入美国国务院，任助理国务卿，1949—1953 年出任国务卿。他是美国总统杜鲁门的亲信，参与了杜鲁门政府的历次重大外交活动，并在制定和执行美国对台政策的过程中扮演了重要角色。1949 年，艾奇逊主持编写并公布了美国国务院的《中美关系的白皮书》。该白皮书是艾奇逊动员了大批国务院人员，在密友哥伦比亚大学国际法前教授杰赛普（Jessup Philip S.）的领导下，花了六个星期以旧档案编成，该白皮书把国民党失败的原因归结为蒋介石政权太腐化，"其领袖不能应变，其军队丧失斗志，其政权不为人民所支持。"显然，白皮书宣告了美国对国民党政府采取袖手旁观的政策。白皮书对中国局势的影响是立即的，不单美国众议院否决了对蒋介石的援助款，美援就此中断，国民党将领固守广州的决心也为之动摇。

艾奇逊还认为："假设采取了参谋长联席会议建议的措施，我们能够推迟台湾晚一年陷落，我们必须问为这种推迟我们要付出什么代价……我们将再一次把美国的威望陷入另一次有目共睹的失败，更重要的是，我们将激起并使我们自己处于中国人对外来者的同仇敌忾中，我们在冒给苏联有可乘之机的危险，苏联可乘机把我们作为无信、腐败的国民党政权的支持者献丑于安理会和整个亚洲。如果以此代价对我们接受一个岛屿对于防卫美国是至

① 周宏涛口述，汪士淳著：《蒋公与我：见证"中华民国"关键变局》，台北天下远见出版股份有限公司 2003 年版，第 235—236 页。

关重要的话，那这代价也许值得，但还没有什么可以证实台湾的丢失会打破我们的防卫。"

另外，标号为 NSC37/5 号文件中的美国对台方案提出，（1）国务院应加强其与台湾的联系，尽快拟订派员赴台的具体计划；（2）美国该官员抵台后，应按照 NSC37/2 号文件精神与台湾长官联系；（3）在获取台湾长官对美国的"保证"后，美国代表可向台湾方面表露"美国政府准备向台湾提供经济援助"，以帮助台湾发展"自立自给"的经济；（4）在获取台湾方面上述保证后，美国可着手安排美驻华经济合作管理组派员赴台，进行勘察；（5）美驻华经济合作管理组随后向国务卿提供关于对台援助的总体计划；（6）在开始阶段，应"千方百计尽量少暴露美国官方在台活动"，同时"不遗余力地阻止大陆难民进入台湾"；（7）原拟议中的美国小规模舰队现将"不予驻扎"台湾港口，以配合美国上述政治和经济措施的执行。①

1949 年 8 月 5 日，美国公开发表白皮书，这标志着美国已经准备正式抛弃蒋介石。对于台湾，美国要么直接采取军事行动，武装托管，要么放弃台湾。1949 年 12 月 23 日，由美国国家安全委员会、国务院、国防部人员共同起草制定了 NSC48/1 号文件。六天后，杜鲁门主持讨论了这一文件，协同制定了确定美军总战略的 NSC48/2 号文件。对于台湾，文件提出"拟定宣传政策以尽量减少美国的威望与其他国家因为台湾可能陷于中共部队而遭到的损失"。文件指出，"台湾在政治上和地理上都是中国的一部分，而绝非什么特别所在，虽然日本人统治了五十年，但在历史上该岛一直是中国的。从政治和军事角度看，严格地说，该岛属于中国的内部事务"。文件重申"由于我们军事实力与全球义务不相适应，台湾战略重要性还不足以使我们公开使用武力，因此美国要

① 参见 Draft Report by the National Security Council on Supplementary Measures With Respect to Formosa, March 1, 1949, NSC Records, RG273, p. 2, 转引自苏格：《美国对华政策与台湾问题》，世界知识出版社 1998 年版，第 97—98 页。

尽一切努力增强在菲律宾、冲绳和日本的整个地位"。① 最终，美国放弃了对台用武的可能性。

与此同时，艾奇逊告知蒋介石："美国政府并无使用军事力量以防卫台湾之意；美国对于台湾之态度大部分须视目前中国当局是否采取行动以建立有效率之政府，为人民谋取高度之政治及经济改善；除非中国当局自动采取有效之步骤，否则外援将甚少；美国政府将在现行立法规定之范围内给予台湾以经济援助，至于任何新援助则将视中国在台当局以后之表现如何而定。"②

1950 年 1 月 5 日，美国总统杜鲁门正式发表声明：

> 美国政府向来主张在国际关系中应具有诚意。美国对中国的传统政策可以门户开放政策为例证，要求国际尊重中国的领土完整。这一原则为联合国大会 1949 年 2 月 8 日通过的决议所重申。该决议中有一部分，要求一切国际避免：（1）在中国领土内获得势力范围或建立由外力控制的政权。（2）在中国领土内求取特别权利或特权。前述的原则在目前的局势下对于台湾特别适用。在 1943 年 12 月 1 日的《开罗宣言》中美国总统、英国首相、中国主席曾申明他们的目的是：使日本所窃取于中国的领土，如台湾，归还中国。美国是 1945 年 7 月 26 日《波茨坦公告》的签字国。《波茨坦公告》称：《开罗宣言》条款应即执行。日本投降时亦曾接受此宣言的规定。按照以上各宣言台湾交给蒋介石委员长。过去四年来，美国及其他盟国亦承认中国对该岛行使主权。美国对台湾或中国其他领土从无掠夺的野心。现在美国无意在台湾获取特别权利或特权或建立军事基地。美国亦不拟使用武装部队干预其现在的局势。美国政府不拟遵循任何足以把美国卷入中

---

① 陶文主编：《中美关系史》（1949—1972），上海人民出版社 1999 年版，第 5—8 页。

② 《蒋介石致宋美龄电》（1949 年 11 月 4 日），《对美外交（六）》，台北"国史馆"藏。

国内争中的途径。同样的，美国政府也不拟对在台湾的中国军队供给军事援助或提供意见。在美国政府看来，台湾的资源已足能使中国军队获得他们认为是保卫台湾所必需的物品。美国政府拟依照现有的法律权力继续进行目前的经济合作署的经济援助计划。①

根据杜鲁门的声明精神，1950 年 1 月，美国国务院向所有驻外使馆发出一份机密备忘录，训令所有馆员，台湾失守是迟早的事，要求他们将这种损失减轻到最低程度。1950 年 5 月 17 日，美国大使馆代办师枢安称，"台湾的命运乃已定之局。中共将于 6 月 15 日至 7 月间攻台"。五天后，美国政府发布撤侨令："所有美国人应当尽快撤离台湾。"艾奇逊也在美国全国新闻俱乐部发表了以"中国的危机"为题的讲话，进一步解释美国对华政策，并为美国在西太平洋地区划定一个"环形防御带"，即北起阿留申，中经日本、琉球，南抵菲律宾，有意把台湾地区和韩国排除在外。在分别列举美国对南太平洋各个国家和地区的政策时，他也只字不提台湾。这次讲话标志着美国对台政策发展过程中一个时期的结束。美国政府从 1948 年年末努力寻求不以军事力量直接插手台湾问题转向了 1950 年年初实际上放弃台湾的政策。

2. 美国控制台湾的种种构想

在第二次世界大战期间，出于打败共同敌人的考量，美国与中国建立起紧密的政治军事同盟关系。随着第二次世界大战进入尾声，在开罗会议上，美国把中国作为一个大国积极支持中国收复台湾。但在 1942 年 7 月 21 日，时任职于美国军情处远东战略小组的柯乔治（George Kerr）提出了一份战时和战后有关台湾的建议。关于台湾战后的归属，柯乔治提供了三项选择方案：1. 给予台湾独立；2. 作为中国丢失的一个省归还中国；3. 由美国托管。

---

① 参见 U. S Department of State, *American Foreign Policy*, 1950-1955, Basic Department, 1957, p. 2448.

他解释说，第一种方案理论上行得通，可是实践上行不通。由于台湾太小，独立是不可能的。第二种方案，他认为不可取，因为台湾对美国太重要，而且相信中国没有足够技术人员接受"没有日本化，但已经现代化"的台湾。柯乔治建议采取第三种方案。①此项建议并没有被美国国务院采纳，反而被斥责为"帝国主义"。随后，在1943年，基于对战局的考虑，美国海军曾计划单独从海上进攻台湾，并建立军管政府。由于战局的迅速发展，迫使日本迅速投降，此项计划未得实施。对此项计划，美国国务院的态度是坚持中国对台湾的主权。此种态度在1944年6月28日的美国国务院备忘录中有充分体现。备忘录中说：

> 1. 设想如只由美国的武装力量着手占领和解放台湾，服务于台湾民政的军政机关应当由美国组建。可以料想，美国军管机关一直要持续到台湾恢复中国主权时为止。
>
> 2. 假使占领台湾得到大陆上中国军事力量的援助，军管机关仍将由美国组建。但是如果合适，民政部门应当预备有中国代表。
>
> 3. 在任何事务上，当与中国政府合作将有助于行政机关行使有效职能时，制定民政计划应当寻求中国人的参与。在军管机关下行政和治安职能部门中的中国职员应当受到信任。到了接近中国在台湾重建主权的时候，军管机关在行政与治安职能人员和民政事务人员中增加雇佣大量的中国人职员是有用的。②

显然，此时美国官方的态度是支持中国收复台湾。尽管如此，在美国的政府中仍有相当部分官员对"台湾独立"念念不忘，希

---

① George Kerr, *Formosa Betrayed*, London：Eyre and Spottishiwoode, 1966, Chapters 1-3.

② Memorandum Prepared by the Inter-Divisional Area Committee on the Far East, June 8, 1994, FRUS, 1944, Vol. 5, pp. 1269-1271.

望把台湾作为美国的战略前沿。

1947 年台湾"二二八"事件爆发伊始，美国驻台湾领事馆即提出美国应予以干涉的建议和理由，布莱克领事建议，"为了防止政府的屠杀行为，美国应以自身或以联合国的名义对台湾进行干涉。理由是，在法律上日本对该岛拥有主权"。这是驻台美国外交人员首次为"台湾独立"在法理上寻找理由。尽管美国国务院并未支持布莱克的想法，但在 1947 年 7 月 9 日，经国务卿马歇尔建议，杜鲁门命令魏德迈赴中国及朝鲜调查，确定在什么条件下美国才予以援助。魏德迈一行于 7 月 22 日抵华，一月之内到了上海、南京、北平、天津、汉口、青岛、济南、沈阳、抚顺，最后到了台湾，8 月 17 日魏德迈给美国国务院发了一份电报，电报中说：

> 一、我们在台湾经历是最激动人心的，前行政长官陈仪已经使台湾民众同"中央政府"严重不和，这说明"中央政府"已经失去了机会，它没有使中国和世界人民相信它有能力在台湾提供可信和有效的管理。台湾当局不能将其失败一概回答于共产党和持不同政见者。
>
> 二、台湾煤、稻米、糖、水泥、水果的产量极为丰富，水力和火力发电均很充足，日本人使边远地区都通了电，并在岛上建设了优良的铁路和公路，百分之九十八的台湾人识字，而中国大陆的情形恰恰相反。
>
> 三、有迹象表明台湾人会接受美国监护或联合国托管。[①]

鉴于魏德迈在 1944 年至 1946 年曾任盟军中国战区参谋长、驻华美军指挥官，且美国政府原来计划由魏德迈接替赫尔利之空缺任美国驻华大使（后因中共大力反对而作罢），魏德迈属于对美国对华政策有重要影响的人士，魏德迈的"有迹象表明台湾人会接受美国监护或联合国托管"话语对美国决定台湾事务亦有潜移默

---

① General Wedemeyer to the Secretary of State, August 17, 1947, FRUS, 1947, Vol. 7, p. 725.

化之功。

到了 1948 年年底，在蒋介石准备"新年引退"时，魏道明告诉克伦茨，蒋介石打算去台湾。克伦茨向华盛顿提到，由于"对日和约"尚未签订，台湾在"法律上"还不是中国领土。[①] 李宗仁在回忆录里也提到，美军事顾问巴大维（David Barr）曾经对他说，蒋介石不能去台湾，理由是台湾当前的法律地位未定，需要等待最后的"对日和约"。[②] 显然，在华的美国官员试图为干涉台湾事务寻找借口。

1949 年 1 月 19 日，根据美国国务院的要求，美国国家安全委员会通过了一份新的报告，编为国家安全委员会 NSC37/1 号文件，制定一系列旨在关于"防止台湾失陷"的具体方针。这份报告的结论之一是，"美国的基本目标是不让台湾和澎湖列岛落入中国共产党手中……台湾为日本帝国之一部分，其最后归属有待和平条约而定"[③]。这份报告显示美国行政当局正式开始考虑"台湾地位未定"的选项。2 月 4 日，杜鲁门批准的一份编号为 NSC37/2 号的文件提出，在观望等待何种力量最终在台湾掌权时，美国应"努力扶植和支持当地的非共产党中国政权"，并利用美国的影响，阻止大陆人进一步深入台湾。美国应保持与台湾当地领袖的接触，以备在将来于美国国家利益有利的时候实现并利用台湾的"自治运动"。该文件还提出，美国政府对台湾问题的立场，可以"十分谨慎和明确地"告知"台湾行政当局"。[④]

根据美国政府对台湾问题的立场，艾奇逊一方面要求美国在台湾的官员要尽力不公开露面，以掩盖美国企图将台湾与大陆分离的真相，另一方面建议美国应派遣一个得力的代表常驻台湾，以时刻观测台湾动向并努力扶持"台独"运动。艾奇逊在国家安全委员会上阐明对台政策的一次发言中说得很明白："我们企图发

---

① 参见 The Consul General at Taipei（Krentze）to the Secretary of State, December 5, 1948, FRUS, 1948, Vol. 7, pp. 601-602.

② 参见《李宗仁回忆录》，广西人民出版社 1988 年版，第 960 页。

③ NSC37/1, FRUS, 1949, Vol. 9, pp. 270-275.

④ NSC37/2, FRUS, 1949, Vol. 9, pp. 281-282.

展台湾分离主义，即必然会碰到正在席卷广袤的中国大陆的潜在的要求收复失地的威胁……公开表示美国在台湾有利可图，从而破坏美国在中国正在出现的新地位，这代价是我们付不起的。我们思想的主要一点是：如果想使我们当前政策在台湾有任何成功的希望，我们必须小心掩盖我们想使该岛脱离大陆控制的思想。"①艾奇逊的主张得到了杜鲁门的认可并予以推行。

1949 年 4 月 15 日，美国国务院新闻发布官麦克德莫特发表谈话称："台湾战时地位与库页岛完全一样，其最后地位将由一项和约决定。"5 月 24 日，秘密访台后的麦钱特向远东事务司司长巴特沃思递交对台调查报告书，认为最现实的办法是加速与相关国家协商，将台湾问题提交联合国讨论，由联合国对台湾进行托管。为此，1949 年 6 月，美国国务院远东事务司制定了一份详细的托管计划运作方案，提出两种途径：一是说服某个"友好的和利益相关"的国家，如印度或菲律宾，向即将召开的联合国托管委员会提议由联合国暂时监管台湾；另外一个"更有吸引力的"的方案就是由美国，最好同其他几个盟国，提出召开联大特别会议考虑台湾问题，同时建议在联合国监督下，在台湾举行一次公民投票，以决定其归属。为此，美国应当立即通知作为《开罗宣言》一方的英国政府，争取其与美国合作。也只有在获得英国政府和至少另外一个有关政府给予支持的保证之后，才能要求联大召开特别会议。另外，方案要求美国国务院在联大特别会议上发表如下声明：

美国政府建议在联合国一个委员会的监管下，在该岛举行一次自由的和秘密的公民投票，以使台湾人民能够表达自己的愿望，决定是回归中国，还是采取某种其他选择或立即独立，或在联合国托管下。经过一段准备时期之后，实现独立。

---

① NSC37/3，FRUS，1949，Vol. 9，pp. 294-296.

美国和英国政府参加签字的 1943 年 12 月 1 日发表的《开罗宣言》曾经表达了早先为日本所得的失地，例如满洲和台湾，归还给中华民国的意向。不过《开罗宣言》还规定，台湾最终地位的决定要等到对日和约的签订。美国自对日战争胜利以来，日益关注着中国当局在台湾的治理不当，并已得出结论，中国政府已经失去行使当时与日本媾和时临时确立的对该岛的主权的权利，台湾人民有权通过秘密投票自由表达对于自己命运的愿望。

美国政府对于台湾没有任何企图，它并不主动谋求在该岛建立军事基地，或任何性质的特权。不过，美国政府理所当然关心那些家住台湾人的和平、繁荣和前途，因此本着其主张自决原则的传统立场，向联合国提出以上建议。①

然而，托管方案的实施困难重重，美国国务院中亦有大量不同的声音，美国国务院政策设计司司长凯南（George Kennan）就公开表示反对。此项设想也就不了了之。

1950 年 6 月 25 日，朝鲜战争爆发。6 月 27 日，杜鲁门发表声明，声称"共产党部队占领'福摩萨'，将会直接威胁到太平洋地区的安全以及在该地区执行合法而必要任务的美国部队"。为此，他命令美国第七舰队进入台湾海峡。这一声明中尤为值得注意的是，他对台湾地位的表述发生了重大变化。他声称"'福摩萨'未来地位的决定，必须等待太平洋安全的恢复，对日和约的缔结，或联合国的考虑"。国民党当局驻美"大使"顾维钧在其日记中称，这一声明"措词是粗暴的，简直很蛮横。官方声明中使用如此措辞以对待友好'国家'，实属罕见"。②

与此同时，国民党内部亦有部分重要人士试图以支持"台湾

---

① Memorandum by the Director of the Far Easter Affairs（Butterworth）to the Deputy Under Secretary of State（Rusk），June 9, 1949, FRUS, 1949, Vol. 9, pp. 346—350.

② 顾维钧：《顾维钧回忆录》第八分册，中国社会科学院近代史研究所本书编写组译，中华书局 1989 年版，第 7—8、11 页。

独立"或"台湾自治"的方法摆脱蒋介石的统治。1948 年 11 月，克伦茨和台湾省政府主席魏道明进行了秘密接触。11 月 23 日，克伦茨向华盛顿报告说，魏道明表示在取得一千万元的贷款作为心理上支持的条件下，他可以实现台湾自治，并说服蒋介石不来台湾。① 12 月 1 日，魏道明的妻子为了配合这一行动，在上海发表声明称："台湾作为中国人的避难地是不可靠的。"② 陈诚继任台湾省政府主席后，为争取美国援助，曾向美方表示赞同成立"台湾自治"政府，并表示蒋介石不会来台湾，还说胡适同意做他的顾问，如大陆成立"联合政府"，他一定不让该政府插手台湾等。③

第二节　宋美龄返台对蒋介石的政治支持

1948 年 11 月，解放军占领沈阳与杜威竞选失败，是国民党的两件惨事。蒋介石错误押宝美国大选，迫使宋美龄于 1948 年 11 月 28 日第二次赴美向杜鲁门请援。当时的《华盛顿星报》(*The Washington Star*) 报道称，美国政府对宋美龄的访问毫无热情，她来寻求美国援助是出于蒋介石的安排；美国各界之所以不如 1943 年时热情，不是蒋介石与宋美龄失去了美国的同情，而仅仅是因为担心给予其援助会被浪费掉。此外，《华盛顿星报》还指出蒋介石下属的愚蠢、贪腐及领导不力导致美国援助的装备都被解放军获得。④ 实际情况也的确如《华盛顿星报》所描述的那样，在经历一年多的奔波之后，宋美龄一无所获，只好于 1950 年 1 月 9 日在纽约电台发表演说，将台湾定义为"一切希望的堡垒"，表示"无

① 参见 The Consel General at Taipei (Krentze) to the Scretary of State, December 5, 1948, FRUS, 1948, Vol. 7, pp. 601–602.

② The Consel General at Shanghai (Cabot) to the Scretary of State, December 1, 1948, FRUS, 1948, Vol. 7, p. 624.

③ 参见 The Consel General at Taipei (Krentze) to the Scretary of State, January 15, 1949; The Consel General at Taipei (Krentze) to the Scretary of State, March 9, 1949, FRUS, 1948, Vol. 7, pp. 268, 278, 298.

④ 参见《美报论宋美龄到美救援失望》，中国第二历史档案馆藏，档案号：二四 (2) /264。

论有无援助，我们一定打下去；只要我们一息尚存，只要我们对上帝存有信心，我们就要继续奋斗，无一日无一时不用来为争取自由而奋斗"。① 随即"回台湾与我丈夫及人民共存亡"。

一、宋美龄由美返台

宋美龄不仅是蒋介石的夫人、助手和翻译，在大难临头之时亦是蒋介石的心灵寄托。

1948 年，蒋介石押宝美国大选失败，迫使宋美龄于 1948 年 11 月 28 日晚乘美国海军军用飞机自上海飞赴美国。从宋美龄抵达美国伊始，蒋介石即不断地催促宋美龄归国。1948 年 12 月 6 日，蒋介石致电，催促她从速回国商讨内外政策，并强调在未归国之前万勿发表任何言论。② 12 月 13 日，蒋介石称战况不乐观，"恐与美方交涉更无希望且将为人轻侮"，嘱她从速回国。③ 12 月 26 日，又电，"速回国，勿再延误"。④ 1949 年蒋介石下野之后，国内形势非常紧张，蒋介石带着蒋经国及其亲信避居在家乡溪口，宋美龄极力鼓动蒋介石出国避难，蒋介石每次回电都是催促宋美龄回国，而且语气一次比一次急迫。2 月 11 日，蒋介石致电宋美龄，望其早日归国。⑤ 2 月 16 日，蒋介石再次致电，望其从速回国，勿再留美。⑥ 2 月 24 日当宋美龄托病必须立即治疗以防不测时，蒋介石致

① 《在纽约向全美广播演说》（1950 年 1 月 9 日），载《蒋夫人思想言论集》编辑委员会编：《蒋夫人思想言论集》（第三卷·演讲），台北"中央文物供应社"1966 年版，第 227 页。

② 《蒋"总统"致蒋夫人电》（1948 年 12 月 6 日），《蒋中正"总统"文物：革命文献——对美外交：一般交涉（二）》，台北"国史馆"藏。

③ 《蒋"总统"致蒋夫人电》（1948 年 12 月 13 日），《蒋中正"总统"文物：革命文献——对美外交：一般交涉（二）》，台北"国史馆"藏。

④ 《蒋介石致宋美龄电（1948 年 12 月 26 日）》，《蒋中正"总统"文物：一般资料——民国三十七年》，台北"国史馆"藏。

⑤ 《蒋"总统"致蒋夫人电》（1948 年 12 月 6 日），《蒋中正"总统"文物：革命文献——对美外交：一般交涉（二）》，台北"国史馆"藏。

⑥ 《蒋"总统"致蒋夫人电》（1949 年 2 月 16 日），《蒋中正"总统"文物：革命文献——对美外交：一般交涉（二）》，台北"国史馆"藏。

电，望其早日归国，如必须在外医病，请其改换他国就医。① 由于宋美龄对美国抱有莫大的希望，觉得回国无益，她在美国还能起到刺探美国对华政策，援助蒋政府和李宗仁等其他势力在美活动等情报，且还在为争取美援做努力，一直以各种理由滞留美国。蒋介石无可奈何，加上战局的变化，不再提催促宋美龄归国之事。当孔令杰来溪口后，蒋介石还让其返美陪宋美龄。直到了 11 月 26 日，蒋经国致电宋美龄，报告目前局势艰难，希望她能回国帮助蒋介石。② 宋美龄回复到："至为忧急此间各事一俟稍有头绪即日飞返。"随即，12 月 29 日，蒋介石命董显光带口信给宋美龄，将派专机去马尼拉，请她回国。③

1950 年 1 月 8 日，宋美龄离开美国返台。在临别的那段日子里，她内心存在着痛苦的挣扎，她认为自己不能在丈夫最困难的时候让他独自去面对。她写道："于是我决定无论未来发生什么情况，既然我在美国为了'救国'该做的都做了，那么我就干脆'回国'，同我的丈夫和台湾的人民同呼吸共命运。我所有的朋友们都觉得我'回国'无疑是去送死，因而纷纷劝阻我。他们说不出一周，甚至不出几天，台湾恐怕也要失守了，何必去作无谓的牺牲呢。然而，我想如果沦为'亡国奴'，那么活着又有什么意义呢？我又怎能在我丈夫遭受人生最大的挫折的时候不陪伴在他身边呢？"④

宋美龄返台对蒋介石而言是极大的精神鼓励。蒋介石在 1950 年 1 月 13 日宋美龄抵达台北那天的日记中写道："十一时三刻迎夫人到桃园机场，即住大溪别墅，晤谈美国政策及其在美经过与

---

① 《蒋"总统"致蒋夫人电（1949 年 2 月 24 日）》，《蒋中正"总统"文物：革命文献——对美外交：一般交涉（二）》，台北"国史馆"藏。

② 参见《蒋经国致宋美龄电文资料》，台北"国史馆"藏。

③ 参见天津编译中心编：《顾维钧回忆录缩编》（下册），中华书局 1997 年版，第 883 页。

④ 斯坦福大学胡佛研究所藏乔治·索科尔斯基（George E. Sokolsky）档案，Box No. 0035，宋美龄英文稿 Main Attack（中文译名《主攻》）。

今后之布置为慰。"① 1 月 14 日，蒋介石在日记之上星期反省录中更提及："夫人'回国'，对'国家'发生之影响，在此大陆'沦陷'、革命绝望、'国家'危亡岌岌不保之际，有势有钱者惟恐逃避之无方，而夫人竟在此危急之秋毅然'返国'来共患难，此种精神，不仅打消过去'共匪'一切污蔑之宣传，而其意义实不亚于西安赴难也。"②

宋美龄返台后，首先利用宗教帮助蒋介石排解困闷。蒋介石在日记中提及："……今晨夫妻虔诚默祷，对上帝之恳求语出肺腑，妻言更切，深信上帝必能监察而终不我弃也。"宗教帮助蒋介石消减了愁闷之情，从蒋介石的前后日记可以看出，这种心态大反差表露无遗。蒋介石在 1949 年总反省录中记道："本年忧患艰危，忍辱茹辛，在内奸外敌重重包围夹击之下，几乎无幸存之理，而乃竟能出死入生，坚忍不撼者，实不知其理之所在，其惟朝课晚课读经颂赞，虔诚默祷，无间一日，仰邀天父眷顾之恩，乃得抵拒魔力之试探，脱离此无比之凶险，而荒漠甘泉一书，亦与有大助于余也。在此长期败亡试炼之中，所恃者惟此一点之信心，毫不为之摇撼，天父有灵，其必知此苦心，而决不我负也。"③ 而在 1950 年 7 月的"上月反省录"中则记道："本党改造提案正式通过，改造委员名单亦已发表，此乃革命史中之大事，实亦本党起死回生最后之一服单方也。此关一过，则今后革命行动当较易为乎。事前所谓独裁与反民主之反对声浪，与对内对外之疑虑，皆一扫而空，不可不谓熟虑断行之效亦在裁之吾心而安，揆之天理而顺耳，是诚天父所赐也。"④ 1951 年 3 月 1 日，复行视事一周年时，其心态安和已表露无遗，他记道："本日为复职第一周年纪念，感谢上帝赐我台湾安定进步，予以转危为安之机，奠立'复国雪耻'基础，果能如期消灭'共匪'，完成统一，建立基督教理

---

① 《蒋介石日记》，1950 年 1 月 13 日，美国斯坦福大学胡佛研究所藏。
② 《蒋介石日记》，1950 年 1 月 14 日后"之上星期反省录"。
③ 《蒋介石日记》，1949 年"之总反省录"。
④ 《蒋介石日记》，1950 年 7 月后"之上月反省录"。

三民主义‘新中国’，则一切荣光皆归于我慈悲天父惟一之主宰也。"①

其次，宋美龄开始督促蒋介石的饮食起居。《宋美龄新传——风华绝代一夫人》中曾这样描述：

> 蒋介石虽然搬到台湾，日常生活作息并没太大改变。美龄回来后，下令每天有一餐要吃西式餐食。她说："因为他吃得太快。"西餐是用完一道才上下一道菜，逼得委员长慢慢吃饭。蒋夫人"回国"后一个月接受记者访问，告诉记者："委员长的健康大有进步。"美龄"回国"却使得蒋介石的生活方式有重大改变。②

再次，宋美龄帮助蒋介石稳定军心。1950 年 1 月 13 日宋美龄抵达台湾，数天后的 1 月 21 日，即与台北女界领导人至"国防医学院""海陆空军总医院"慰问住院疗养人员并赠送慰劳品。③ 2 月 6 日，宋美龄又赴金门前线劳军。她蛊惑士兵说，"委员长非常清楚他们的补给问题，也关心他们，以致夜不成眠"，还说"她在美国时期'是一生最痛苦的时候'，因为到处都说，'国军'不肯作战"。当时《纽约时报》驻香港记者说："一般认为……'国军'空军对大陆沿海城市更频繁、更有效的空袭，与蒋夫人最近从美国回来不是意外的巧合。"2 月 8 日，她赴基隆陆军医院慰问伤患将士，并分赠慰劳品。④ 返台不到一个月，即 1950 年 2 月 12 日至 15 日，宋美龄又约集一班为她工作的干部人员和台湾妇女名流，乘专车由台北出发赴环岛劳军。每至一处，或赠送慰劳品，或发表演讲，强调应注意保持官兵合作及努力做到军民合作，从

---

① 《蒋介石日记》，1951 年 3 月 1 日，美国斯坦福大学胡佛研究所藏。
② ［美］汉娜·帕库拉：《宋美龄新传——风华绝代一夫人》，林添贵译，台北远流出版事业股份有限公司 2011 年版，第 592 页。
③ 《蒋夫人昨莅各病院，慰问荣誉将士》，《"中央"日报》1950 年 1 月 22 日。
④ 《蒋夫人今赴市郊劳军》，《"中央"日报》1950 年 2 月 8 日。

而促进"反共"战争。据当时随行的《香港时报》记者于衡事后回忆，宋美龄后来还邀请参与环岛劳军的随行记者到草山官邸喝茶，喝茶过程中蒋介石也来和他们打招呼，并称他们随宋美龄劳军所作的报道很好。由此可见，执政当局对这件事所展现的政治影响十分在意。① 随后，宋美龄参加了台湾各界妇女在中山堂召开的欢迎会。在欢迎会上，宋美龄发起"残而不废运动"，鼓励捐献义肢，为伤兵服务。"今天即以三百个义肢为目标，每只新台币三百元，赞成者认定捐献款数，写条送上台来。"②

1950 年 2 月，宋美龄由蒋经国陪同赴金门前线慰问士兵

最后，宋美龄帮助蒋介石稳定民心。在 1950 年 1 月 13 日返台途中，宋美龄就在菲律宾的马尼拉对旅菲华侨发表演讲，号召华侨尽一切力量进行"反共"运动。③ 宋美龄从美国回到台湾后，立即着手开展妇女工作。在 1950 年 2 月 12 日至 15 日的环岛劳军中，宋美龄也抽出时间分别与嘉义、高雄妇女代表座谈。3 月 8 日，宋美龄发表《妇女节致词》，提倡"应以美国妇女工作和奋斗的精神为借鉴"，号召妇女"应为前线的伤患兵员服务"，并提出"最近

① 参见于衡：《烽火十五年》，台北皇冠出版社 1984 年版，第 279—280 页。
② 钱用和：《钱用和回忆录》，东方出版社 2011 年版，第 84 页。
③ 参见《蒋中正"总统"文物：革命文献——"蒋总"访菲》，台北"国史馆"藏。

准备组织一个'中华妇女反共抗俄大会'",希望该会成立后,"每一个妇女都团结起来,发挥自己的力量;同时妇女们应该不断求进步,利用机会,多看书,多作研究,以求得到真正的学问"。①随后,宋美龄组织成立了"中华妇女反共抗俄联合会",同时在"中央党部"成立妇工会。江南(刘宜良)认为,滞留在美国的宋美龄于国民党当局处境危难的时候来到台湾,有助于民心激励。而传闻中蒋经国与宋美龄不合,蒋经国专程到马尼拉接宋美龄更含有高度的政治技巧。② 此外,宋美龄飞抵台湾时,蒋介石带着儿孙媳妇全家总动员到机场接机,更营造出当时以蒋介石为运作中心的政权的团结形象。③

二、美国对台政策的转变

麦卡锡运动和朝鲜战争的爆发促成了美国对台政策的转变。

1. 麦卡锡运动

麦卡锡④,美国共和党人,反共产主义者。1950年2月8日,麦卡锡在西弗吉尼亚惠林城的共和党妇女俱乐部发表了一篇耸人听闻的演说,一夜之间成了炙手可热的新闻人物。他声称自己掌握了一份材料,公开指责有205名共产党人混入美国国务院,但未能提供任何具体人的姓名。他声称"这些人全都是共产党和间谍网的成员","国务卿知道名单上这些人都是共产党员,但这些人至今仍在草拟和制定国务院的政策"。十余天之后,麦卡锡在一次参议院特别会议上,又谎称美国政府系统中有81名工作人员为共

---

① 《妇女节致词》(1950年3月8日),载王亚权编:《蒋夫人言论集》(下),台北"中华妇女反共联合会"1977年版,第748页。

② 参见江南:《蒋经国传》,台北前卫出版社1997年版,第237页。

③ 参见洪国智:《"中华妇女反共抗俄联合会"在台慰劳工作之研究(1950—1958)》,台湾"中央大学"历史研究所2003年硕士论文。

④ 约瑟夫·雷芒德·麦卡锡(Joseph Raymond McCarthy,1908—1957),美国政治家,生于威斯康星州,美国共和党人,反共产主义者。毕业于马凯特大学法学系,1935年开始从事律师行业,1939年任巡回法院法官。1942年,美国开始参加第二次世界大战时,他加入海军陆战队。1946年,他依靠反共观点当选为参议员。1957年,他因酗酒引起的肝炎在马里兰州逝世。

产党间谍或同伙。3月初，麦卡锡最后将其攻击的火力集中在美国民主党政府的对华政策上。他指名道姓地特别攻击了九个"亲共分子"，其中包括拉铁摩尔、谢伟思和杰塞普等美国远东问题专家，声称正是在这些"国务院左翼分子"的暗地帮助下，造成了中国大陆的"失陷"。3月底，麦卡锡又将矛头指向了国务院的最高层，公然指责艾奇逊采取了与亲共分子"同流合污的立场"。1950年6月，一个开列黑名单的团体——"纽约市摄影联盟"发表了《赤色频道：共产党在广播电视中的影响的报告》（Red Channels：The Report of Communist Influence in Radio and Television）。这项报告列出了一百五十多位广播电视雇员的名单，建议不要相信他们是忠诚的美国人。随后，开列黑名单成为寻常做法，美国人出于恐惧和怯懦，做忠诚宣誓之风盛行一时。

1950年2月14日，中苏签订了《中苏友好同盟互助条约》，有效期30年。该条约规定："缔约国双方保证共同尽力采取一切必要的措施，制止日本或与日本勾结的任何国家的重新侵略与对和平的破坏，缔约国任何一方，一旦受到日本或日本同盟的国家的侵袭，并处于战争状态时，缔约国另一方则应尽其全力给予军事及其他援助。"《中苏友好同盟互助条约》的签订对于美国在远东的霸权政策形成了严重威胁，杜鲁门不禁哀叹中国大陆坠入了"苏联的轨道"。此前的1949年8月29日，苏联在塞米巴拉金斯克大草原成功试爆了被美国人称作的"JOE-1号"（斯大林-1号）原子弹。苏联终于打破了美国的核垄断地位，成为世界上第二个拥有核武器的国家。美国的核讹诈和核遏制战略已然过时。

1950年4月，国家安全委员会68号文件以"自由制度在任何一处的失败就是它在所有地方的失败"为前提，规定大大加强美国的军事力量。同时，新任国务院顾问杜勒斯大肆鼓吹美国必须"采取行动保住台湾"，声称如果不这样做，美国的敌人将把此视为"美国的软弱退却"，并将在地中海、近东和亚太地区产生"一连串灾难"。5月18日，杜勒斯向国务院远东事务司提交的报告称，（1）纵观国际形势，当国民党失去中国大陆后，远东力量对比已经有利于苏联；（2）如果美国在台湾问题上再作让步，那么今后亚洲各国必定会在政治上屈服苏联，连欧洲各国亦可对美国的可信赖程度产生担心；（3）共产主义必然向外扩张，美国应尽早加以限制。但如果采取此种行动，台湾就会成为一个最为理想的地区。新任助理国务卿腊斯克也在一旁和杜勒斯大声应和，他在写给国务卿的报告中认为：（1）由于《中苏友好同盟互助条约》已经签订，美国"分化"中苏关系的"任何前景"已经"基本不复存在"；（2）苏联的"渗透"已破坏了杜鲁门1月5日声明中最重要的基础；（3）由于中苏结盟，苏联对中国的内战必定"抱有兴趣"，台湾因此可能会变成"苏联在中太平洋的一个海空军事基地"。他敦促政府尽早动手，"遏制扩散的共产主义势力"，以防止更大的"灾难"。

2. 朝鲜战争爆发和麦克阿瑟来访

1950年6月25日，朝鲜战争爆发。当晚，杜鲁门召开了讨论朝鲜问题的紧急晚餐会议。会议一开始，总参谋长布莱德雷首先全文宣读了麦克阿瑟关于台湾战略意义的分析报告。晚餐后，杜鲁门请艾奇逊汇报美国在联合国的外交活动情况，并提出政策建议。艾奇逊随后提出如下建议：（1）给韩国提供军援，动用美国空军掩护撤离汉城；（2）由联合国安理会审议如何进一步增援韩国；（3）命令第七舰队进驻台湾海峡，一方面阻止中共进攻台湾，另一方面防止台湾进攻大陆；（4）关于麦克阿瑟提出的赴台湾调查的建议，暂不考虑；（5）美国不宜与蒋介石保持密切关系。关于台湾"地位未定"问题，由联合国决定。6月27日，杜鲁门发表声明，声称"共产党部队占领'福摩萨'，将会直接威胁太平洋地区的安全以及在该地区执行合法而必要任务的美国部队"。为此，他命令美国第七舰队进入台湾海峡。

朝鲜战争的爆发，对于已被杜鲁门冷落多时的蒋介石来说，无疑是一个意外的喜讯。为了搭上朝鲜战争的战车，蒋介石接连发电驻联合国"代表"蒋廷黻，要他抓紧与联合国及美国的官员联络，争取与美军一道参加朝鲜战争。但杜鲁门质疑国民党军队在根本上缺乏现代化技术装备与战力，无法期待协助扭转局势，甚至他在致蒋介石函件中提及，"台湾未来地位应待太平洋区域安全恢复及与日本成立合约时再予讨论，或由联合国予以考虑"，并要求蒋介石，"不得对大陆沿海发动攻击"。

蒋介石又派顾维钧和何世礼，再三去向麦克阿瑟请战。麦克阿瑟是蒋介石的坚定支持者，他将台湾比喻成"永不沉没的航空母舰和潜艇基地"。如果这一战略要地落入中共手里并能为苏联所用，那么就等于给了敌人相当于数十艘航空母舰组成的舰队。共产党就有能力向美国的冲绳和菲律宾基地"将上一军"。① 麦克阿瑟呼吁美国政府应采取断然措施，"决不能让台湾落入共产党手中"。

1950 年 3 月 21 日，台湾当局驻日"军事代表团"团长何世礼在东京盟总办公室向麦克阿瑟转达了蒋介石的访台邀请。7 月 6 日，何世礼给台湾"总统府"秘书长王世杰发了一封密电，将麦克阿瑟的意见作了简述。他在电文中还说：

> 某君（指麦克阿瑟）赴台事极度机密，其意不止于晤谈。礼前日谒，深表其一切计划及决心与现在所处环境，前电未能详尽，因事关最机密，不便用函电奉报，尤其华府某方问题仍极严重，似暂不宜加重彼之困难。当定明日飞台面陈一切，如有必要当可即时返日再度商洽。

为了麦克阿瑟秘密访问台湾，台湾当局驻日"军事代表团"团长何世礼联系及安排忙了好一阵子。周宏涛在回忆录中这样说道："麦帅要来台湾，绝对是机密的事，因为他的到访，杜鲁门恐怕不会赞同，所以这事连美国国务院都应该瞒住。"② 到了 28 日清晨，何世礼向蒋介石拍发了"两通极机密电报"，电文中指出，麦

---

① FRUS 1950, Vol . Ⅶ, pp. 161–165.

② 周宏涛口述，汪士淳著：《蒋公与我：见证"中华民国"关键变局》，台北天下远见出版股份有限公司 2003 年版，第 224 页。

克阿瑟将于 31 日率领高级参谋来台访问 24 小时。电文明白表示，麦克阿瑟要求不举行任何仪式及宴会招待，一下飞机就与蒋介石开会讨论台湾防务问题。对此，何世礼解释到，麦克阿瑟个性率直、豪爽且性子最急，所以我方宜尊重他的意思，简化招待，不要浪费时间。

7 月 31 日，台北天空乌云密布，接着就下起了滂沱大雨。中午，蒋介石、宋美龄夫妇前往机场迎接，大多数国民党当局高级首长都是在麦克阿瑟的座机抵达台北上空时，才接到电话通知得知此事，于是纷纷赶到机场。和麦克阿瑟同机来台的何世礼后来告诉周宏涛，由于天气极为恶劣，座机抵达台北上空后一时无法降落，驾驶员开始考虑是否返航，而麦克阿瑟在飞机上也是徘徊踌躇，非常焦虑。然而，飞机还是平安落地了。

在台湾的 24 小时期间，麦克阿瑟和蒋介石共举行了三次会议。出席会议的有："行政院院长"陈诚、"参谋总长"周至柔、副总长郭寄峤、次长萧毅肃、"海军总司令"桂永清、"陆军总司令"孙立人、"空军总司令"黄镇球、厅长侯腾，以及王世杰、沈昌焕、何世礼、顾问柯克；盟军总部出席的幕僚包括：参谋长亚尔门将军（Almond, Edward M.）、美远东空军总司令史崔特梅尔将军（Stratemeyer, George E. F）、远东舰队总司令裘爱将军（Joy, Charles Turner）、第七舰队司令史枢波将军等 16 人。

麦克阿瑟此行具体安排了盟军总部与台湾之间的军事联系，决定驻东京的美军将派遣一个小型的联络组来台。该联络组将包括各专业技术人员，给予台湾一切可能及必需之协助。该联络组组员与政治完全无关，将协助军火及防御事项，联络组将向东京总部与台湾蒋介石总部负责。为增强东京与台湾的合作及联系起见，东京将派遣美国人员来台设立军事通讯站，该站同时将协助增强台湾本地之通讯网。为迅速执行台湾防御任务起见，史枢波将军与桂永清"总司令"将拟订海军之防卫计划，东京总部赋予史枢波将军与台湾当局做任何决定之全权。史崔特梅尔将军将与台湾空军拟订计划。

1950 年 7 月，宋美龄接见来台的麦克阿瑟将军及随行人员

　　为了给台湾军民打气，蒋介石大肆炒作麦克阿瑟访台的"重大意义"，把它提高到"中美军事合作"的高度，称"挫败共产党军队已有了保障"。一时间，关于"美台""亲密合作"的消息，成了台湾各大报纸的头条新闻。但是麦克阿瑟跳过美国国务院直接访问台湾，很显然令美国国务院不悦。当时美国政府在台湾派驻了一名"临时代办"师枢安，他更是不满，透过杭立武向国民党当局"外交部"说，这次麦克阿瑟访台，事先并未获得华府同意，希望国民党当局不要轻慢美国国务院。

　　另一个值得关注的细节是，据周宏涛回忆，董显光曾经告诉他："我听说夫人已经把麦帅访台的详情用二十页的信纸告诉了马歇尔，她等于替总裁的最大政敌做情报。我们内在的矛盾与弱点，实在是今后最可怕的敌人！"周宏涛认为，宋美龄把麦克阿瑟来台的情况透露给马歇尔，应该有她的考虑。至于她告诉董显光，马歇尔答应她在"最危险的时刻"可以让蒋介石去美国一事，周宏涛想应是指连台湾皆已不守的时刻。[1] 显然，蒋介石和宋美龄并没

---

　　① 参见周宏涛口述，汪士淳著：《蒋公与我：见证"中华民国"关键变局》，台北天下远见出版股份有限公司 2003 年版，第 236 页。

有把宝全部压在麦克阿瑟身上，毕竟 1948 年杜威的教训极为深刻。

3. 第七舰队协防台湾

随着朝鲜战事的升级，美国与台湾当局的关系日趋密切。1951 年 2 月 9 日，美国和台湾当局达成了"共同防御援助协议"。根据该项协议，美国便可向台湾方面提供援助，但是美援是附带条件的。这些条件包括：（1）美援必须首先用于维护"中华民国"的"内部安全即合法的自卫"；（2）为了防止军事机密的泄露，必须"逐案设立安全措施"；（3）为了确保美援用于既定的目的，美国得派员监督其使用过程；（4）如果没有"事先征得美国政府同意"，台湾当局不得私自"转让、出售或处理所获物品"。美国政府还要求台湾当局必须提供一份"书面保证"。① 1951 年 2 月 16 日，美国政府决定拨款给国防部 5000 万美元，作为对台湾的军事援助经费。除了先前拨给的用于陆军计划的 6434.45 万美元外，美国又于 5 月份给台湾提供 2120 余万美元用于海、空军计划。此外，美国有关部门还请求杜鲁门采纳向台湾提供共同防御援助专款的建议，但这个请求未被采纳，因为预算委员会打算在对美国的"长期政策"进一步考虑之后，再做出决定。

1952 年，美军在朝鲜战场上屡屡受挫，遂与中国人民志愿军开展和谈。而在和谈触礁之际，美国想到以国民党的反攻作为对共产党的牵制，以在朝鲜战争谈判中逼迫共产党就范而已。为此，1952 年 3 月 25 日，摩利尔将军到访台湾，27 日和蒋介石见面后，提出一份上面注明最高机密的文件给蒋介石。这份文件应是美国军事最高阶层透过美国中央情报局与蒋介石在军事、政治、情报等各方面策略性的计划，涉及国民党当局今后前途、中国少数民族问题、华侨问题、对大陆突击攻击海南岛问题、"台美"或联合国军事合作问题，以及"台"日菲"反共"组织等，主要在于具体地征求蒋介石的合作意愿及配合程度。由于是极机密文件，除了蒋介石之外，只有王世杰和周宏涛参与处理。这次极机密的军

---

① 《美国外交政策：1950—1955》，第 2470—2471 页。

事最高阶层的意见交换，是反映美国政府政策而为。1952 年 10 月 16 日，美国太平洋舰队总司令雷德福上将偕夫人来访，雷德福的角色是美国总统的私人军事顾问，可直通杜鲁门。蒋介石在士林官邸设宴招待雷德福，随即密谈。曾任"行政院"新闻局长的沈锜担任翻译，后来他告诉周宏涛，雷德福要求蒋介石派远征军两个师参加韩战，蒋介石只答应派一个师。周宏涛认为，这是台湾"外交"的一个转折点，为了对抗共产主义的扩张，终使美国愿意保护台湾和蒋介石。

"外交部"部长叶公超（前右）与美国国务卿杜勒斯（前左）握手

另一方面，从 1951 年年初开始，英美加快了拖延已久的缔结"对日和约"的进程。"日台和约"的签订，标志着蒋介石当局被正式确定为太平洋防御圈的中心环节。正因为其在美国世界战略中的重要性得到前所未有的加强，所以得到了更为可靠的庇护。它不仅保住了在联合国的席位和与多数资本主义国家的"外交"关系，而且有可能将更多的精力投入到岛内建设中去。1954 年 12 月 2 日，国民党当局"外长"叶公超和美国国务卿杜勒斯在华盛顿签署了"共同防御条约"，这标志着"美台"关系达到了顶峰。

第二章 "台美外交"：从台前到幕后

对宋美龄而言，婚姻给了她第一夫人的身份，时代则为她搭建了表演的舞台。和同时代的女性相比，宋美龄有扎实的英语功底，有对美国文化的深刻体验，有着和美国人同样的西方思维方式，也有着对美英公众舆论力量的广泛理解。这使得宋美龄不仅是蒋介石的翻译和"外交"事务私人助理，也是蒋介石的国际形象宣传员。第二次世界大战的爆发，国际反法西斯联盟的形成，让宋美龄有了更广阔的国际政治活动空间，宋美龄更成为蒋介石的外交政策代言人。1943 年 2 月，宋美龄在美国参众两院发表了呼吁支持中国抗战的精彩演讲，让她的魅力一时间倾倒了美国朝野，在中美之间架起了一座对话的桥梁。对美外交于是成为了宋美龄的政治优势。尽管 1948 年宋美龄仓促出访美国并最终失败，但这并没有浇熄宋美龄对美国的幻想。退居台湾的宋美龄依然积极地在"台美"两地奔走，把取得美国的援助和支持作为挽救和稳定蒋介石政权的法宝。

第一节 积蓄"台美外交"助力

1950 年 1 月 9 日，当宋美龄发现再也无法动摇杜鲁门政府的对华政策，挽救蒋介石在大陆统治的最后一根稻草已然落空，她黯然地离开纽约飞往台北。临行之前，她在纽约电台发表演说，将台湾定义为"一切希望的堡垒"，表示"不论有无援助，我们一定打下去"，"只要一息尚存，只要对上帝存有信心，就要继续奋斗，无一日无一时不用来为争取自由而奋斗"。[①] 在演说中，她谴责了英国，"为了几块银子的代价，出卖了一个民族的灵魂"，并称英国"太无耻了"[②]。但宋美龄却不敢对美国不假颜色，只能感叹道："你们爱我们或者已经抛弃我们，你们的心里可知道。你们援助中国争取自由，抑或业已抛弃自由，悉凭你们的意志决定"，并以骄傲的口吻承认"恳求而又要能保持尊严是不可能的"，因此"我们伸着空无一物而愿接受援助的双手直立着，我们谦卑而又疲困的直立着"[③]，期盼着美国的援助。

一、推动"院外援华集团"

尽管宋美龄两手空空地离开了美国，但她没有放弃对美国的期盼，只是转而充当幕后老板，通过美国"院外援华集团"（又称"中国游说团"，China Lobby）开展对美"外交"工作。

1. "院外援华集团"的缘起

美国"院外援华集团"内部核心的形成可以追溯到 1940 年夏宋子文访美寻求援助。[④] 1941 年，宋子文创办了"中国国防物资供应公司"，重金聘用了一些有影响力的美国人，开始在美国政界和新闻界进行游说工作。宋子文有一次对一位美国国务院的官员说："事实上，你们政府里发生的任何事情，我在三天以内没有不

---

① 《在纽约向全美广播演说》（1950 年 1 月 9 日），载《蒋夫人思想言论集》编辑委员会编：《蒋夫人思想言论集》（第三卷·演讲），台北"中央文物供应社"1966 年版，第 227 页。

② 《在纽约向全美广播演说》（1950 年 1 月 9 日），载《蒋夫人思想言论集》编辑委员会编：《蒋夫人思想言论集》（第三卷·演讲），台北"中央文物供应社"1966 年版，第 228—230 页。

③ 《在纽约向全美广播演说》（1950 年 1 月 9 日），载《蒋夫人思想言论集》编辑委员会编：《蒋夫人思想言论集》（第三卷·演讲），台北"中央文物供应社"1966 年版，第 231 页。

④ 参见［美］罗斯·Y. 凯恩：《美国政治中的"院外援华集团"》，张晓贝等译，商务印书馆 1984 年版，第 42 页。

知道的。"①

实际上，当时在美国政坛上始终活跃着一批对蒋介石政府抱有同情态度的"干涉派"，如以在中国出生的亨利·卢斯（Henry Robinson Luce）②为首的《时代·生活·财富》杂志出版集团、斯克里普斯-霍华德报系（Scripps-Howard Newspapers）③，共和党的某些头面人物，如托马斯·杜威州长（Thomas Edmund Dewey）④、阿瑟·范登堡参议员（Arthur Vandenberg）⑤以及艾尔弗雷德·莫斯曼·兰登（Alfred Mossman Landon）⑥等，以及名气不如他们显

---

① 参见［美］罗斯·Y.凯恩：《美国政治中的"院外援华集团"》，张晓贝等译，商务印书馆 1984 年版，第 42 页。

② 亨利·卢斯（Henry Robinson Luce，1898—1967），出生于中国山东蓬莱，幼年在中国山东烟台读书，1920 年毕业于美国耶鲁大学，是骷髅会成员。父亲是北美长老会传教士，先后出任齐鲁大学与燕京大学的副校长。1923 年，亨利·卢斯与哈登（Briton Hadden）在纽约共同创办《时代周刊》；1930 年 2 月，亨利·卢斯创办《财富》杂志，1936 年又创办《生活》画报，1952 年和 1954 年又创办了《家庭》（House & Home）和《运动画刊》。他还出版广播和电影方面的《时间的流逝》（The March of Time）。到 20 世纪 60 年代中叶，时代公司是世界上最大、最有声望的杂志出版商。在抗战末期，卢斯极力希望把蒋介石塑造为重建中国的"英雄"。蒋介石败退台湾后，卢斯仍然支持他。

③ 斯克里普斯-霍华德报系（Scripps-Howard Newspapers），是美国历史上第一个报团。其创办者爱德华·怀利斯·斯克里普斯（Edward Wylies Scripps，1854—1926），出身于一个报业家庭，自 1873 年 19 岁时便开始从事新闻工作，到 1878 年时已经在克利夫兰首次自己创办报纸《新闻报》（Press）。爱德华·怀利斯·斯克里普斯于 1907 年创办了合众社（1958 年合并赫斯特报团的国际新闻社成为合众国际社，United Press International，UPI），1922 年报业集团改名为"斯克里普斯-霍华德报系"。

④ 托马斯·杜威（Thomas Edmund Dewey）（1902—1971），是美国政治家，1943 年到 1955 年期间担任纽约州州长，1944 年到 1948 年期间两度作为共和党候选人参选美国总统，但都败选。

⑤ 阿瑟·范登堡（Arthur Vandenberg）（1884—1951），美国国会参议员，创建联合国的积极参与者。1928 年后数度当选参议员。1937 年成为参议院共和党领袖，是著名的孤立主义分子，1937 年中立法案中有关要求总统发布禁止向交战国出售军备的封港令的条款创议人之一，1947—1949 年任参议院共和党领袖。

⑥ 艾尔弗雷德·莫斯曼·兰登（Alfred Mossman Landon）（1887—1987），美国银行家、政治家，美国共和党成员，曾任堪萨斯州州长（1933—1937）。兰登是 1936 年美国总统大选共和党候选人，最终输给了富兰克林·D.罗斯福。

赫的人物，如众议员周以德（Walter Henry Judd）①、魏德迈、陈纳德，以及曾任过美国驻莫斯科和巴黎的大使、共和党对外政策重要发言人——蒲立特等。他们积极游说以干涉中国内政，并督促美国政府对蒋介石实施更为有效的援助。② 蒋介石政权很早就发现这些人士的重要性，早在 1942 年宋美龄赴美访问时，即已交代魏道明③在美国组织 FOCC（中国之友社），此即美国"院外援华集团"前身。

20 世纪 40 年代初期的游说工作由宋子文和宋美龄兄妹总其成，国民政府驻美大使馆政治参事、公使陈之迈负责联络协调，游说宗旨是为呼吁美国助华抗战以及要求更多的援华物资④。罗斯·Y. 凯恩亦认为，"1948 年大选以前，中国人的活动一般是采取通常的外交方式来谋求美国的财政和军事援助的"⑤。他曾这样描述当时的美国"院外援华集团"：

①　周以德（Walter Henry Judd）（1898—1994），出生在美国的内布拉斯加州，曾参加过第一次世界大战，退伍后通过学习获得了医学学位。之后他参加了基督教福音派组织的学生海外宣教自愿运动，并作为医学传教士在 1925 年到 1931 年和 1934 年到 1938 年之间来华服务。1942 年，他赢得了明尼苏达州众议员选举，之后担任众议员职位长达 20 年（1943—1963）。周以德是美国国会"中国帮"（China Bloc）和"院外援华集团"的主要成员，以亲蒋"反共"著称，曾为支援中国的抗日战争作出贡献，也曾长期反对中华人民共和国恢复联合国席位。他支持"美台共同防御条约"，积极参与"自由中国委员会"（Committee for a Free China），共同发起了"反对共产党中国加入联合国的一百万人委员会"（Committee for One Million Against the Admission of Communist China to the United Nations）。

②　参见［美］杰克·贝尔登：《中国震撼世界》，纽约哈普兄弟出版社 1949 年版，第 456—457 页。

③　魏道明（1901—1978），字伯聪。江西德化（今九江市）人。早年留学法国，获巴黎大学法学博士学位。1926 年回国，在上海从事律师事务。1927 年任国民政府司法部主席秘书。同年冬，任司法部次长、代理部长兼建议委员会常务委员。1928 年任司法行政部部长。1930 年任南京特别市市长。1935 年任《时事新报》《大陆报》《大晚报》总经理。抗日战争爆发后，任行政院秘书长。1941 年任驻法国大使。1942 年任驻美国大使。抗日战争胜利后，任国民政府立法院副院长。1947 年任台湾省政府首任主席。后赴南美洲和美国等地进行考察。1954 年回台湾。1978 年 5 月 18 日在台北病逝。

④　参见林博文：《跨世纪第一夫人——宋美龄》，台北时报文化出版企业股份有限公司 2000 年版，第 472—476 页。

⑤　［美］罗斯·Y. 凯恩：《美国政治中的"院外援华集团"》，张晓贝等译，商务印书馆 1984 年版，第 46 页。

于是，在公开的资料中出现的同"院外援华集团"有关的个人和组织，便可以分明地分为两类：（1）一个一贯支持并且为蒋介石和国民党谋求利益的内部"核心"；（2）一批不断发生变化的成员，他们同情并日益聚集在蒋介石政权的周围。我们可以进一步细查这两类人，以便更准确地说明他们的组成情况。第一类由这样一些中国的和美国的个人和团体组成，他们的私人利益直接依赖于美国继续对蒋介石提供援助。在某些情况下，这种依赖源于这样一个事实，即这些个人或组织的正式地位是以蒋介石继续担任公认的政府首脑为条件的。在其他情况下，这种依赖完全出于财政上的考虑。譬如，如果蒋介石失去了被人公认的中国政府首脑地位，受雇的代理人就失去了收入。或者，如果蒋介石不再掌权，则靠着这个政府所签订的合同和正式协议的买卖就会赔光。另一方面，第二类则由这样一些个人和集团所组成，他们是由于政治方面、思想方面或者有关美国安全之需的一套具体设想方面的原因才支持蒋介石的。在这一类人中还包括那些仅仅借中国问题来反对罗斯福和杜鲁门政府或民主党的人，那些主要出于恐惧共产主义的人，以及那些认为只有击败共产党才能继续在中国从事宗教活动的人。①

1950 年，《纽约时报》发表了一篇《有中国游说团吗?》的长文，指出"中国游说团"（即"院外援华集团"）是一个"基于各种理由而对中国感到兴趣的那些个人与组织的松散结合"②。

2. 1949 年宋美龄整顿"院外援华集团"

1948 年，蒋介石押宝的杜威在美国大选中失败，且杜鲁门政府于大选刚刚结束就开始重新评估整个援蒋计划，这迫使蒋介石

---

① ［美］罗斯·Y. 凯恩：《美国政治中的"院外援华集团"》，张晓贝等译，商务印书馆 1984 年版，第 41 页。

② ［美］艾德华：《我为中国而生：周以德的一生及其时代》，马凯南等译，台北"中央"日报出版部 1991 年版，第 146 页。

不得不紧急采取补救措施。为帮助蒋介石渡过难关，宋美龄仓促决定出访美国，并于 1948 年 12 月 1 日赶到华盛顿。然而美国政府对宋美龄的这次访问毫无热情，12 月 2 日，杜鲁门总统在记者招待会上拒绝评论对华新的美援问题，当问到关于美国正在考虑派麦克阿瑟将军赴华的谣传时，他用直率的回答否定了它。① 12 月 10 日，杜鲁门礼貌性地在白宫和宋美龄进行了短暂的茶会，宋美龄在此次茶会中一无所获、大失所望。杜鲁门甚至毫不客气地对宋美龄说："若汝不来美，则美国策已有准备，抽掉蒋某所站之地毯。"宋美龄"当时闻之，不由而窘。"② 12 月 14 日，宋美龄会见了顾维钧。顾维钧报告说，美国援华联合总会对她在美应采取何种行动分歧较大，有人主张她应该公开露面以利用公众舆论对美政府施压，有人则认为公开呼吁将激怒美国政府。但宋美龄表示，目前不适宜向美国公众呼吁，但可以与该会成员见面。③ 到了 12 月 27 日，宋美龄至国务院拜会美国代理国务卿洛维特，重申援华请求，然而洛维特回应冷淡。④ 由此，宋美龄开始考虑利用"院外援华集团"的力量。

事态的发展促使宋美龄决定整顿和扩大"院外援华集团"，并亲自指挥其活动，以向美国政府施加压力。1949 年 1 月 6 日，宋美龄不顾蒋介石要她从速回国、免受轻辱的指示，赶赴纽约，并把纽约市布朗克斯（Bronx）里弗代尔区（Riverdale）的孔祥熙家作为领导和指挥"院外援华集团"的指挥部。因为，宋美龄觉得在此非常时期"非有美国出面拥护"蒋介石不可，"故余虽抱病，不甘屈服，应仍继续与各方联络"，"倘一离此，中心即失，对于

① 参见［美］邹谠：《美国在中国的失败：1941—1950 年》，王宁、周先进译，上海人民出版社 2012 版，第 393 页。

② 周美华、萧李居编：《蒋经国书信集——与宋美龄往来函电》（上），台北"国史馆" 2009 年版，第 583 页。

③ 参见顾维钧：《顾维钧回忆录》第六卷，中国社会科学院近代史研究所本书编写组译，中华书局 1988 年版，第 576 页。

④ 参见天津编译中心编：《顾维钧回忆录缩编》（下册），中华书局 1997 年版，第 807 页。

汝父之再起必更加多阻力耳"。①

在纽约，宋美龄的使命是"负重整在美之中国力量之使命，指挥留美最干练之中国人，尽其所能以拉拢美国之支持"②，因此她在纽约期间的大部分工作是同各种团体的中国人举行"每周战略会议"。③ 参加宋美龄所组织会议的"通常包括俞国华、李惟果、皮宗敢、毛邦初及陈之迈等"④，还包括"最有经验而又最不互相信任之游说组织专家如宋子文、孔祥熙、陈立夫、蒋廷黻"。⑤ 这些人可以分为两大集团："一为孔宋派之有钱阔佬，另一为蒋所信任之驻美诸首长"⑥，他们原来在蒋介石的鼓动下互相竞争，现在在宋美龄的撮合领导下团结起来，以"使国府之希望与美国有力而具野心的政客相配合"⑦。在宋美龄的安排下，孔祥熙与鲁斯勃里奇斯（参议员）、柯尔伯（进出口商）等进行广泛接触；孔令杰是宋美龄之信差、发饷官及排难解纷者；宋子文联络科卡南、陈纳德、维劳尔、威廉·F. 诺兰（William F. Knowland）⑧、周以德、伊克逊等；其他如于焌吉、刘铠、于斌、胡适等也是集团核心组织人员。⑨《顾维钧回忆录》中亦提及，1952 年"中国院外活动集

---

① 《宋美龄致蒋经国文电资料》（1949 年 2 月 26 日），《蒋中正档案：一般资料》，台北"国史馆"藏。

② 《王世杰呈蒋中正美国记者杂志有关中国游说组织译文摘要》，台北"国史馆"藏。

③ ［美］罗斯·Y. 凯恩：《美国政治中的"院外援华集团"》，张晓贝等译，商务印书馆 1984 年版，第 47 页。

④ 《王世杰呈蒋中正美国记者杂志有关中国游说组织译文摘要》，台北"国史馆"藏。

⑤ 《王世杰呈蒋中正美国记者杂志有关中国游说组织译文摘要》，台北"国史馆"藏。

⑥ 《王世杰呈蒋中正美国记者杂志有关中国游说组织译文摘要》，台北"国史馆"藏。

⑦ 《王世杰呈蒋中正美国记者杂志有关中国游说组织译文摘要》，台北"国史馆"藏。

⑧ 威廉·F. 诺兰（William F. Knowland 1908—1974），美国共和党领袖，参议员，美国国会中支持台湾当局的坚定分子，竭力反对中华人民共和国取代台湾当局在联合国的合法席位。

⑨ 《王世杰呈蒋中正美国记者杂志有关中国游说组织译文摘要》，台北"国史馆"藏。

团"被《报道者》杂志揭露时，他询问陈之迈和皮宗敏获知，"大约在1949年，蒋夫人到达美国之后不久，就在华盛顿形成了一个小组，其中包括毛邦初将军，李惟果博士、皮宗敢将军和世界银行的俞国华先生，把美当局对我政府的态度以及关于中国问题的官方和公共舆论，报告给周宏涛转呈蒋委员长"①。

与此同时，宋美龄还考虑建立"院外援华集团"的外围宣传组织。1949年1月8日，宋美龄给蒋介石发电报请示："可否挑选专门机关向美国民众与国会宣传援华工作，并饬徐堪直电纽约中国银行径代二十万元予该机关，并由该机关制据报财政出帐。"②蒋介石回电"此事不宜电商，即速'返国'面商"③。1月10日，宋美龄又电蒋介石，提出"美方友人建议'我国'组织良好对美宣传联络机构，以便从旁争取美援，并聘顾问对外鼓动美民众与国会援华工作，及如同意请转饬纽约中国银行径代经费予选定机关，并由妹负责指挥工作"④。1月14日，宋美龄再电蒋介石，称"美方现尚商讨对我采取步骤"，预计"杜鲁门二十日就职宣言对外交政策将有表示"，且"目前情形复杂则宣传联络不容松懈"⑤。宋美龄六天内连发三份电报，显示了她依然把取得美国的援助作为挽救国民政府在大陆统治的最后一根稻草，仍然不肯放弃挽救蒋介石政府的任何努力。

到了1949年年中，也就是宋美龄逗留美国仅仅半年时间，蒋介石就获知，在美国的新的"系统"已经建立起来了，并"拟以每周呈报要闻一次。如一旦发生紧急事项，当立即以有线电报奉呈"⑥。这一新的"系统"是越过大使馆而独立运转的，并直属蒋介石和宋美龄，因为"凡此密电，即日起着交空军办事处编制密

① 顾维钧：《顾维钧回忆录》第九卷，中国社会科学院近代史研究所本书编写组译，中华书局1993年版，第547页。

② 《蒋中正"总统"文物》，台北"国史馆"藏。

③ 《蒋中正"总统"文物》，台北"国史馆"藏。

④ 《蒋中正"总统"文物》，台北"国史馆"藏。

⑤ 《蒋中正"总统"文物》，台北"国史馆"藏。

⑥ ［美］罗斯·Y.凯恩：《美国政治中的"院外援华集团"》，张晓贝等译，商务印书馆1984年版，第48—49页。

电码及译文。电文署名'官方'，而发报人等不必署名。钧座有何指示，尚祈随时以有线电垂告"①。《顾维钧回忆录》中亦提及，这个背着大使馆秘密运行的新系统，"经常在毛将军住处聚会，提出每一个人从报纸上或通过与美国人接触所能蒐集到的最新情报。然后，他们进行核对，并汇总拟出电报，这些电报用'公'字押脚（'公'即表示小组）。并由毛将军下令通过其自己的译电员拍发出去"②。

宋美龄还为她领导的"院外援华集团"雇用了一些美国代理人，其中最重要的人物应该算是威廉·J. 古德温，他过去是老"基督教阵线"的一个成员。1944 年，他成为美国民主党全国委员会的司库，这个委员会曾反对第四次提名罗斯福为总统候选人。1948 年 4 月 9 日，古德温按照美国外国代理人登记法，登记为中国全国资源委员会的代理人。合同规定他的年薪为三万美元，外加各种经费。以 1949 年 3 月 31 日为期来看，1948 年以来，他全年的费用达到 22857 美元。同年 6 月，古德温又一次通过中国通讯社登记为中华民国政府的代理人，年薪为 25000 美元，外加经费9776 美元。③ 聘用古德温的命令来自于宋美龄，而且聘书是由宋美龄亲笔修改的。④ 9 月 18 日，《华盛顿邮报》在头版刊文《蒋在国会搞院外活动》中指出，古德温的工作是"向考虑政策的领导人物，包括一些国会领袖们提供共产主义对中国以及对美国的安全有哪些危险性的消息"，"在与有关方面接触过程中还要促使他们提高对国民政府的信心，并为国民政府寻求多多益善的同情和物质援助"；而且"通常古德温为国会议员设宴时，中国大使和陈之迈也总

①　［美］罗斯·Y. 凯恩：《美国政治中的"院外援华集团"》，张晓贝等译，商务印书馆 1984 年版，第 49 页。

②　顾维钧：《顾维钧回忆录》第九卷，中国社会科学院近代史研究所本书编写组译，中华书局 1993 年版，第 547 页。

③　参见［美］罗斯·Y. 凯恩：《美国政治中的"院外援华集团"》，张晓贝等译，商务印书馆 1984 年版，第 52 页。

④　参见顾维钧：《顾维钧回忆录》第七卷，中国社会科学院近代史研究所本书编写组译，中华书局 1993 年版，第 381 页。

在座，向宾客们说明中国需要援助的情况，并且回答有关问题"。①

在宋美龄所雇佣的、登记为国民党政府代理人的商业公司中，最重要的一家是名为联合辛迪加有限公司的美国公关公司，它在1950 年登记为中国银行纽约分行的代理人，活动包括"公共关系领域的全部范围"，主要工作方法之一是"通过与各种形式的新闻消息媒介的代表们的'交往'以及与民间组织的经理人员的'交往'来进行的"②。

美国的一些军方人员也是宋美龄拉拢的对象，其中退休的美国海军上将、前西太平洋舰队司令小查尔斯· M. 库克（Charles M. Cooke）就是美国军方与"院外援华集团"的牵线人。1949 年10 月 17 日，宋美龄致电蒋介石请示"可否邀前驻华海军上将库克赴华协助防守台湾地区并以每年美金一百至二百万元预算聘请军事顾问"，蒋介石回电"该事应即刻进行"③。就这样，1949 年下半年，库克作为国际新闻社记者前往台湾，并以记者的身份常驻台北。1950 年 2 月 11 日，蒋介石会见了库克。④ 随后通过蒋介石和宋美龄的安排，库克成为了"驻中国政府的美国军事技术顾问团"领导，并很快集合了多位具有远东经历的退休美国军官充当顾问团成员。这些顾问团成员都是能够向华盛顿施加压力的人，能够促使美国把更多的钱和军事装备给蒋介石。⑤ 库克的主要任务是与东京盟军总部联络，促使麦克阿瑟偏向蒋介石阵营。1951 年 10 月19 日，库克还特地从台湾回到美国，在调查太平洋关系协会的参议院小组委员会面前作证。他在作证时，猛烈地批评了美国政府在援

---

① 顾维钧：《顾维钧回忆录》第七卷，中国社会科学院近代史研究所本书编写组译，中华书局 1993 年版，第 380 页。

② ［美］罗斯·Y. 凯恩：《美国政治中的"院外援华集团"》，张晓贝等译，商务印书馆 1984 年版，第 54 页。

③ 《蒋中正致宋美龄函（六）》，《蒋中正"总统"文物》，台北"国史馆"藏。

④ 参见南京大学台湾研究所编：《海峡两岸关系日志（1949—1998）》，九州出版社 1999 年版，第 8 页。

⑤ 参见［美］罗斯·Y. 凯恩：《美国政治中的"院外援华集团"》，张晓贝等译，商务印书馆 1984 年版，第 59 页。

助蒋介石方面的失败，并敦促美国政府尽快地、大量地增加援助。①

此外，还有一些或自愿或被说服支持蒋介石和国民党的美国组织，也被附属于"院外援华集团"旗下，其中重要的有《中国月刊》杂志、"美国对华政策协会"（American China Policy Association）和"援助中国以保卫美国委员会"（Committee to Defend America by Aiding Anti-Communist China）。

《中国月刊》杂志隶属于一个名为《中国月刊》公司的组织，该组织存在的唯一目的似乎就是出版《中国月刊：中国的真相》。自1939年年底出版第1期以后，外界除了知道其编辑先后是巴里·奥图尔主教和马克·蔡神父外，其他一无所知。《中国月刊》在美国亲蒋宣传的任何阶段，总是冲锋在最前，甚至把不同情蒋介石的美国人都一概指责为卖国者。《中国月刊》的文章常常被其他出版物引用，并被当作"院外援华集团"的宣传来源而在国会听证会上一再提及。②

"美国对华政策协会"是由阿弗烈·科尔伯格（Alfred Kohlberg）于1946年创办的，首任会长由《生活》（*Life*）及《时代》（*Time*）杂志社老板亨利·卢斯（Henry Luce）的妻子、国会前女议员克莱尔·布思·卢斯担任，主要成员有：众议员周以德、弗雷达·厄特利、艾琳·库恩、杰拉尔丁·菲奇、威廉·R.约翰逊、依萨克·唐·莱文、玛格丽特·普罗克特·史密斯等人。"美国对华政策协会"对美国的对华政策的攻击，不论在规模上和直截了当的程度上，都超过了其他一切组织。③ 从它成立到1953年为止，"美国对华政策协会"发表了大量的文献，采取的形式有文章、小册子、新闻稿和书评等。

"援助中国以保卫美国委员会"前身系"中国应急委员会"

---

① 参见 [美] 罗斯·Y.凯恩：《美国政治中的"院外援华集团"》，张晓贝等译，商务印书馆1984年版，第59页。

② 参见 [美] 罗斯·Y.凯恩：《美国政治中的"院外援华集团"》，张晓贝等译，商务印书馆1984年版，第63页。

③ 参见 [美] 罗斯·Y.凯恩：《美国政治中的"院外援华集团"》，张晓贝等译，商务印书馆1984年版，第65页。

（China Emergency Committee），成立于 1949 年 3 月，委员会主席为斐特烈·C. 麦基（Friedrich C. Maiki），主要成员有：众议员周以德、众议员 B. 卡罗尔·里斯、艾琳·库恩等人。同年，该委员会改名为"援助中国以保卫美国委员会"。仍由麦基担任主席，并增加威廉·J. 多罗万将军（第二次世界大战时曾任战略情报局局长）、查理·爱迪生（前新泽西州州长、海军部长）及赫伯特·威尔其（纽约主教派主教）三位副主席。董事会成员则包括：前驻波兰大使阿瑟·布利斯·莱恩，曾任国际妇女服装工人联合会主席、美国劳工联合会第二副主席和劳联所属自由工会委员会副主席的戴维·杜宾斯基、詹姆斯·A. 法利，曾任美国共产党总书记的杰伊·洛夫斯通、布莱尔·布思·卢斯，曾任派驻中国的联合国救济总署副署长的乔治·A. 菲奇等。该委员会的目的在于确保国民党获得美国财政援助并阻止美国承认中华人民共和国。①

3. "院外援华集团"的活动

在美国，游说活动（Lobbying）被认为是民意传达的一个正当途径。通过游说，可以使得政党与国会议员充分理解一部分民众的要求。在宋美龄的领导下，"院外援华集团"的主要任务是："第一，必须使美国人相信，蒋介石统治的一个强大而友好的中国，对美国人自己的安全来说，是必不可少的。第二，必须向美国人民灌输一种信念，即他们的代表们没有给蒋介石以令人满意和必需的支持"②。于是，"院外援华集团"通过向美国国会议员提供有关中国及中美关系方面的资料、游说国会议员按照其意志提出对华议案、游说行政部门、影响公众舆论，甚至对总统施压以争取制定出符合蒋介石和"院外援华集团"利益的对华政策。

第一，游说国会议员。

"院外援华集团"的主要工作对象是国会议员，最主要的游说

---

① 参见［美］罗斯·Y. 凯恩：《美国政治中的"院外援华集团"》，张晓贝等译，商务印书馆 1984 年版，第 67 页。

② ［美］罗斯·Y. 凯恩：《美国政治中的"院外援华集团"》，张晓贝等译，商务印书馆 1984 年版，第 70 页。

手段是不断向议员们灌输有利于蒋介石的观点。1949 年 6 月 24 日，陈之迈发电报给蒋介石，特别提议如何运用适当方法来影响美国政策的问题。电文如下：

> 关于"我国"的在美活动问题，看来似乎是：我们不仅应在政府内活动，还要在立法机构内活动。我们尤其应该与后者建立紧密的联系。如果我们的活动严格遵循美国法律，那是根本没有危险的。但胡适博士（前任驻美大使）反对与立法机构保持接触。他的意见是不对头的。[1]

1950 年，"院外援华集团"的重要干将古德温在同《圣路易邮报》的爱德华·A. 哈里斯的谈话中说，他一年可能要招待大约一百名国会议员。他认为他已经促使其中大约五十人转向国民党中国的事业。他还声称，他为参加议员约瑟夫·R. 麦卡锡有关"共产党人已渗透到国务院中"的指控"打下了基础"[2]。当时的美国杂志揭露，古德温还"于白皮书发表后宴客，使陈之藩强烈批评白皮书，供给参议员勃里斯奇、诺兰、惠理及麦加兰等攻击国务院之资料"[3]。

"院外援华集团"为了让议员们接受他们的观点，有时候还帮助议员起草讲话稿。《顾维钧回忆录》中曾这样记述到："事实上驻美大使馆始终把对公众的宣传作为自己很重要的一部分工作，但同时也认识到，这项工作应各别地做，并须特别审慎。譬如，一些同情而友好的参议员和众议员，有时愿在国会发表演说支持中国的事业，使馆或应其要求或为其方便，理所当然地代笔起草讲稿。但是，为了保护朋友的声名，我们不能像政府报告这一隐

---

① ［美］邹谠：《美国在中国的失败：1941—1950 年》，王宁、周先进译，上海人民出版社 2012 版，第 405 页。

② ［美］罗斯·Y. 凯恩：《美国政治中的"院外援华集团"》，张晓贝等译，商务印书馆 1984 年版，第 60 页。

③ 《王世杰呈蒋中正美国记者杂志有关中国游说组织译文摘要》，台北"国史馆"藏。

情，因为书信电文在途中难保不被截取。"①

"院外援华集团"还利用金钱收买议员以获得议员们的支持。1949 年 7 月 20 日，宋美龄致电蒋介石，告知"上周拨款委员会提出的援华方案未得通过。如欲推动部分委员在下次会议讨论时将拨款方案归入军事援华款项，须国民政府允诺提供他们下届选举所需经费，如同意，请即汇款"②。此外，当时的美国杂志揭露"俞（国华）为蒋在美所信任有权力之人，俞有三套账目，有为办事处用的，有为游说有关费用准备的，另有为正式会签用的，游说组织筹款途径没有一个人详确知道，国府自一九四九年，将大批款项汇寄欧洲美洲亲友，一则为避免美国冻结，亦有一相当数目拨作制造美国舆论之用"，"中国为游说组织活动开支小至请酒会，大至五百万美元均有之"③。1950 年，宋美龄离开美国前，也曾自"中国资源委员会"款项下，拨一百万美元交陈之迈用于游说事宜。④

通过游说国会议员，宋美龄成功地在美国国会建立起一支为数不少的亲蒋队伍。为了更好地说明宋美龄的成绩，我们可以看看 1945 年和 1946 年期间的情况。那时，仅仅只有四名议员关心中国问题，其中两名是"美国对华政策协会"的发起人，众议员克莱尔·布思·卢斯和周以德。另外两名是参议员肯尼斯·惠理和斯泰尔斯·布里奇斯，他们更为关心亲俄分子的影响。⑤ 然而，到了宋美龄离开美国时，这个队伍已经扩大到令人恐惧的程度。这些人包括：参议院的欧文·布鲁·斯特（缅因州的共和党人）、斯泰尔斯·布里奇斯（新罕布什尔州的共和党人，他在 1948 年接受

---

① 顾维钧：《顾维钧回忆录》第七卷，中国社会科学院近代史研究所本书编写组译，中华书局 1993 年版，第 712 页。

② 《革命文献——对美外交：一般交涉（二）》，台北"国史馆"藏。

③ 《王世杰呈蒋中正美国记者杂志有关中国游说组织译文摘要》，台北"国史馆"藏。

④ 《王世杰呈蒋中正美国记者杂志有关中国游说组织译文摘要》，台北"国史馆"藏。

⑤ 参见［美］罗斯·Y. 凯恩：《美国政治中的"院外援华集团"》，张晓贝等译，商务印书馆 1984 年版，第 104 页。

了科尔伯格赠送的一千美元竞选捐款）、詹姆斯·O. 伊斯特兰（密西西比州的民主党人）、哈里·P. 凯恩（华盛顿州的共和党人）、霍默·弗格森（密执安州的共和党人）、伯克·B. 希肯卢珀（衣阿华州的共和党人）、威廉·F. 诺兰（加利福尼亚州的共和党人）、丁帕特·麦卡伦（内华达州的民主党人）、约瑟夫·R. 麦卡锡（威斯康星州的共和党人）、H. 亚历山大·史密斯（新泽西州的共和党人）、众议院的O. K. 阿姆斯特朗（密苏里州的共和党人）、周以德（明尼苏达州的共和党人）、小约瑟夫·W. 马丁（马萨诸塞州的共和党人）、劳伦斯·H. 史密斯（威斯康星州的共和党人）、约翰·M. 沃里斯（俄亥俄州的共和党人）。①

第二，利用美国人的恐惧心理，制造共产主义渗透美国的假象。

"院外援华集团"最擅长的就是制造共产主义渗透美国的假象。事实上，经历了1929—1933年大萧条的美国资产阶级和保守主义者，在战后日益表现出对共产主义渗透的恐惧。② 因此，"院外援华集团"抓住了国共内战时发生的某些事情大做文章。凯恩在《美国政治中的"院外援华集团"》一书中详细论述了"院外援华集团"所利用的六起事件，它们分别是：1945年的《雅尔塔协定》；1945年6月发生的《美亚》杂志事件；1945年11月，帕特里克·J. 赫尔利大使的辞职；1946年和1947年，马歇尔使命的失败；前共产党人"间谍网"的破获以及阿尔杰·希斯的定罪；朝鲜战争。③ 事实上，上述这些事件发生时，美国的"院外援华集团"就已经利用这些事情展开了攻击。

《雅尔塔协定》方面。1946年5月15日，海军上将H. E. 亚内尔、众议员周以德、克莱尔·布思·卢斯女士、艾尔费雷德·

---

① 参见 ［美］罗斯·Y. 凯恩：《美国政治中的"院外援华集团"》，张晓贝等译，商务印书馆1984年版，第69—70页。

② 参见 ［美］罗斯·Y. 凯恩：《美国政治中的"院外援华集团"》，张晓贝等译，商务印书馆1984年版，第70页。

③ 参见 ［美］罗斯·Y. 凯恩：《美国政治中的"院外援华集团"》，张晓贝等译，商务印书馆1984年版，第71页。

科尔伯格、亨利·卢斯和约翰·B. 鲍威尔等65名美国知名人士联名发表了《满洲宣言》，指责《雅尔塔协定》"不仅是背着中国谈妥的，而且，在雅尔塔会议上，美国根本不考虑中国政府是否同意，就作出保证把已答应的在满洲的特权和蒙古交给苏俄"①。1947年年中，科尔伯格、威廉·C. 布里特等人又对《雅尔塔协定》展开了攻击，他们声称罗斯福和丘吉尔正扮演着叛徒的角色。② 同时期的一位前美国驻华传教士威廉·R. 约翰逊则在《中国月刊》上撰文，将这种背叛引申到"从事秘密活动的共产主义阵线小集团"，他评论道："首先，美国对华政策在雅尔塔会议上秘密表明的立场早在雅尔塔会议以前的赤色宣传刊物中就有明显的预兆；其次，国务院内部显然曾经有过，而且现在仍然存在着一个从事秘密活动的共产主义阵线小集团，这些人参与向大使和总统介绍有关中国事务的汇报。因此，他们是为我们敌人的目的服务，而不是为我们自己的目的服务的。"③

《美亚》杂志事件方面。事情爆发伊始，《中国月刊》、斯科利普斯·霍华德报系就逆主流而动，连篇累牍地发表文章指责政府对此案的处理，并暗示本案牵涉到间谍活动和叛国行为。④ 其后，1946年下半年，伊曼纽尔·S. 拉森又在科尔伯格主办的《老实话》杂志上发表了后来被麦卡锡大加利用的报道。⑤

赫尔利大使辞职事件方面。"院外援华集团"则把此事件描述成美国国内亲苏联集团为接管国务院远东司而使用的手段。《老实话》杂志在拉森文章的编者按语中说道："下一个该走的

---

① ［美］罗斯·Y. 凯恩：《美国政治中的"院外援华集团"》，张晓贝等译，商务印书馆1984年版，第72页。

② 参见［美］罗斯·Y. 凯恩：《美国政治中的"院外援华集团"》，张晓贝等译，商务印书馆1984年版，第73页。

③ ［美］罗斯·Y. 凯恩：《美国政治中的"院外援华集团"》，张晓贝等译，商务印书馆1984年版，第74页。

④ 参见［美］罗斯·Y. 凯恩：《美国政治中的"院外援华集团"》，张晓贝等译，商务印书馆1984年版，第80页。

⑤ 参见［美］罗斯·Y. 凯恩：《美国政治中的"院外援华集团"》，张晓贝等译，商务印书馆1984年版，第80页。

是赫尔利大使。（在赶走了格鲁之后）为亲苏联中国的集团已经扫清了接管国务院远东司的道路。史迪威将军曾经以打败日本作为手段，企图硬逼着我们的盟友蒋介石来接受的那个政策，在美国打败日本之后和在苏联军队强占满洲之后，又委托给马歇尔将军了"①。

马歇尔访华使命失败事件方面。"院外援华集团"把失败的缘由归结于国务院远东司的亲共建议，即国务院远东司企图强迫蒋介石政府与共产党联合执政以及阻挠对蒋介石政权进行军援，并认为这种企图本身就是出卖，阻挠军援应该被宣布为出卖美国安全的叛徒。②

在20世纪40年代末期，"院外援华集团"对上述四件事情的利用并没有引起美国人民的关注和同情，他们随即开始炒作"共产党渗入美国政府"话题。"希斯案件"就是他们重点炒作的话题，此案代表了对一个参与亲共活动的地位显赫的政府官员的成功起诉。它提供了一个具体案件，为那些急于想证明"共产党人在战时和战后对美国政府进行大量渗透并取得控制"的活动分子提供了证据。为了强调希斯的罪状，"院外援华集团"先是描述"因为阿尔杰·希斯在雅尔塔会议上，是以国务院官员身份担任罗斯福总统的顾问的。在雅尔塔会议上，他坐在筋疲力尽而在几周后就去世的罗斯福身后"，以证明希斯有能力对罗斯福施加影响。接着"院外援华集团"指责希斯蛊惑、欺骗罗斯福，"就一些重大决策在他（罗斯福）耳旁低声的出主意想点子，而把中国、波兰和东欧都交给了斯大林"③。

舆论的高潮发生在20世纪50年代初期。1950年，麦卡锡与"院外援华集团"一拍即合，使得上述的那些事件又开始被炒作起

---

① ［美］罗斯·Y. 凯恩：《美国政治中的"院外援华集团"》，张晓贝等译，商务印书馆1984年版，第86页。

② 参见［美］罗斯·Y. 凯恩：《美国政治中的"院外援华集团"》，张晓贝等译，商务印书馆1984年版，第94页。

③ ［美］罗斯·Y. 凯恩：《美国政治中的"院外援华集团"》，张晓贝等译，商务印书馆1984年版，第99页。

来。按照邹谠的观点，参议员麦卡锡是在准备 1952 年连任竞选中用的论题时，非常偶然地发现共产党人渗入国务院这一问题的。① 2 月 9 日，麦卡锡在西弗吉尼亚州的惠灵县发表了震惊全美的公开讲话，他说："不能在此将国务院中全部共产党活动分子和一个间谍组织成员的名字一一点出来，不过现在我手中有一份二百零五人的名单，国务卿已被告知该名单上的人都是共产党员，但是他们仍在国务院中工作和制定政策。"② 2 月 20 日，麦卡锡又在参议院听证会上断言："情报研究机关、美国之音及远东事务司看来似乎是（共产党的渗透的）三个主要目标。"③ 麦卡锡指控的主要根据是《美亚》杂志案件，他所提出的指控绝大多数直接源自"院外援华集团"在《老实话》杂志上的文章，其中对谢伟思的七条具体指控，有六条逐字逐句地引自拉森的文章。④ 因为麦卡锡的言论，美国的右倾分子突然开始对中国问题发生了兴趣，"如罗米里博士之宪政委员会，名作家符林于一九四九年之著作，从未提到中国，至一九五一年时出版《当你睡着的时候》一书时，即以美国在亚洲的悲剧完全归罪于马歇尔、艾奇逊及罗斯福，此外很多职业右倾思想家，也参加这互相错杂的委员会里，都来支持蒋氏（如哈特、厄得里、唐普、格拉尔德史密斯及天主教徒三 K 党员犹太劳工经济界的贵族等）"⑤。

第三，追究"丢失中国责任"。

从 1943 年起，国民党和他们在美国的代言人就一直蛊惑，美

① 参见 ［美］邹谠：《美国在中国的失败：1941—1950 年》，王宁、周先进译，上海人民出版社 2012 版，第 415 页。
② ［美］罗斯·Y. 凯恩：《美国政治中的"院外援华集团"》，张晓贝等译，商务印书馆 1984 年版，第 118 页。
③ ［美］邹谠：《美国在中国的失败：1941—1950 年》，王宁、周先进译，上海人民出版社 2012 版，第 416 页。
④ 参见 ［美］罗斯·Y. 凯恩：《美国政治中的"院外援华集团"》，张晓贝等译，商务印书馆 1984 年版。第 81 页。
⑤ 《王世杰呈蒋中正美国记者杂志有关中国游说组织译文摘要》，台北"国史馆"藏。

国的远东政策是由共产党为共产党人制定的。① 美国国会中许多议员和部分政府官员，有时也因应政治斗争的需要，响应或重复类似的指控。美国的新闻媒体出于追逐新闻轰动效应的目的，有时也会将类似耸人听闻的指控作为报纸的通栏标题。但是，当时大多数美国人并不认为共产党人控制了美国政策。

"丢失中国责任"的追究风暴起源于美国国务院发表对华白皮书之时。白皮书将美国在华政策的失败归结于蒋介石政权的腐败无能，并认为"中国内战的不祥结局超出美国政府控制的能力，这是不幸的事，却也是无可避免的。在我国能力所及的合理范围之内，我们所做的以及可能做的一切事情，都无法改变这种结局；这种结局之所以终于发生，也并不是因为我们少做了某些事情。这是中国内部势力的产物，这些势力美国也曾企图加以影响，但不能有效。中国国内已经达成一种定局"②。

《白皮书》一经发表，立刻引发了"院外援华集团"的猛烈攻击。1949 年 8 月 7 日，白皮书发表两天之后，赫尔利将军发表一项声明，将白皮书称为"国务院内亲共派人物的圆滑的托词；这些人策划了推翻我国盟友中华民国国民党政府的事变，并协助共产党人征服中国"③。8 月 19 日，贾特攻击说，国务院遗漏了十六个文件和事实，这些文件和事实能进一步地支持批评者的指责。④参议员布里奇斯、诺兰、麦卡伦及惠理发表一份长篇备忘录，猛烈攻击白皮书是"对一厢情愿的、无所作为的政策的 1054 页的遮掩粉饰。这种政策的唯一成就是使亚洲陷入被苏联征服的危险之中"⑤。

---

① 参见［美］罗斯·Y. 凯恩：《美国政治中的"院外援华集团"》，张晓贝等译，商务印书馆 1984 年版，第 12 页。

② 《白皮书》（China White Paper, "Letter of Transmittal"），第 IIIX–XVII 页。

③ ［美］邹谠：《美国在中国的失败：1941—1950 年》，王宁、周先进译，上海人民出版社 2012 版，第 410 页。

④ 参见［美］邹谠：《美国在中国的失败：1941—1950 年》，王宁、周先进译，上海人民出版社 2012 版，第 410 页。

⑤ ［美］邹谠：《美国在中国的失败：1941—1950 年》，王宁、周先进译，上海人民出版社 2012 版，第 410 页。

与此同时，一份旨在阐明"院外援华集团"观点的由宪政委员会散发的小册子则开诚布公地说道：

> 至于我们对华政策的现状，它的制定和执行仍掌握在这样一些人们的手中，他们在出卖中国期间，自始至终决定并控制着这一政策……
>
> 六年来，美国与克里姆林宫之间存在着有效的合作，同时，国务院对莫斯科日甚一日地侵吞中国以及由苏联训练和装备的几百万傀偶军队日益增大威胁的活动，也佯作不知；对于这些情况的唯一解释就是下面那令人内疚的事实即默认一伙身踞高位的美国对华政策的破坏者，破坏了我们有关保持中国领土完整的那个基础良好，而又始终不渝地确保中国的领土完整的政策。①

"院外援华集团"和美国政界的极右势力将追究"丢失中国责任"的"反共"运动推向了高潮。马克斯·阿斯科利曾经这样描述："中国的陷落……使中国和美国的那些渴望互相介入对方国内政治的派别之间的伙伴关系活跃起来了。中国伙伴是政府的代理人，这个政府只有靠美国打一场全面战争消灭毛泽东的军队之后，才能重新统治中国。美国伙伴则是一个大杂烩——那些对中国人民和蒋介石的困境深为关切的正直人士，那些总怕共产党盯着美国某些最高领导人施展阴谋的恐共狂，以及那些不择手段去追求权力的政客们。由中国和美国共有的恐惧心、野心和贪心所构成的伙伴关系，就是'院外援华集团'——一个难以形容的有着触手触角的东西，它设法利用专职工作人员的本领和好心的专业人员的善意。"② 1950 年，《华盛顿邮报》的马奎斯·蔡尔兹概述了

---

① ［美］罗斯·Y. 凯恩：《美国政治中的"院外援华集团"》，张晓贝等译，商务印书馆 1984 年版，第 75 页。

② ［美］罗斯·Y. 凯恩：《美国政治中的"院外援华集团"》，张晓贝等译，商务印书馆 1984 年版，第 40—41 页。

许多政府官员对"院外援华集团"疯狂活动的感慨：

> 凡是对这里的情况稍稍有所了解的人都不会怀疑，一个强大的"院外援华集团"已经对国会和政府行政部门产生了异乎寻常的影响。一个外国的那些代理人和外交代表竟然能施加这样大的压力，这在外交史上是绝无仅有的。国民党中国运用了直接干预的手法，其规模之大即使以前有先例，也是极为罕见的。①

1951年，参议员韦恩·莫尔斯也指责"院外援华集团""正在进行一场来势汹汹的运动以反对美国的对华政策，它主要指控国务院、特别是远东事务司已成为共产人及其同路人所控制的赤色分子的庇护所"②。

"院外援华集团"用谁支持蒋介石政权谁就是忠于美国的办法，煽动一些人把"反共主义"提到至关重要的国家大事的高度。"院外援华集团"除了指责杜鲁门、艾奇逊、马歇尔等人没有采取更坚决有效的措施去帮助蒋介石外，还对一些曾经比较客观地向美国政策制定人提供关于中国现状的学者和外交官，如拉铁摩尔、谢伟思、戴维斯（J. Davis）等人，进行迫害和清洗。当时的美国报纸认为，在美国国会调查拉铁摩尔亲共事件时，宋美龄是情报提供者。③ 1951年，国务院中最著名之中国问题专家如谢伟思、戴维斯、克拉布（O. E. Clubb）、范宣德（J. Vincent, Jr.）等人均遭停职处分。《中国白皮书》之主要起草人杰赛普也被麦卡锡指控为苏联间谍，为此必须接受长期调查，并因此失去代表美国出席联合国第六次会议的机会。因而，在一段岁月里，官方或非官方从

① ［美］罗斯·Y. 凯恩：《美国政治中的"院外援华集团"》，张晓贝等译，商务印书馆1984年版，第12页。

② ［美］罗斯·Y. 凯恩：《美国政治中的"院外援华集团"》，张晓贝等译，商务印书馆1984年版，第12页。

③ 参见《美国国会调查拉铁摩尔亲共事件报载宋美龄为情报供者相关报导》，《蒋中正"总统"——"外交"、"国防"情报宣传（四）》，台北"国史馆"藏。

事研究亚洲问题的专家居然都不敢畅言自己的真实意见。

"院外援华集团"之所以能够掀起"反共"运动高潮，一方面是因为朝鲜战争的爆发，使得美国官员和公众更容易被"院外援华集团"所蛊惑；另一方面，是因为"宋美龄重返美国亲自指挥中国人四处奔走，利用已被收买的院外集团来促进其事业，并与友好的美国人采取协调一致的行动"①。"院外援华集团"的活动使得"亲蒋集团的势力大大加强。除非让国会支配对华政策，否则，它将能够阻止政府提出的任何计划。对行政机构来说，投降是摆在面前的唯一出路"②。

事实上，"院外援华集团"的作用不仅仅体现在挽救即将灭亡的国民党政府，蒋介石在台湾站稳脚跟之后，"院外援华集团"仍然发挥着巨大的作用，他们极大地影响着美国远东政策的制定与实施。今天，在美国政治生活中还可以看到"院外援华集团"的影子，他们无孔不入、不择手段地在美国的"政治市场"发动金钱攻势，笼络和收买政客、传媒及各界人士，使其影响美国的对台政策。

二、利用新闻界游说美国

宋美龄十分善于利用新闻媒体，多年的留美经历使得宋美龄十分了解美英公众舆论在制定政策过程中的作用。当她成为蒋介石的外交助手之后，便密切注视着西方国家（尤其是美国）对她丈夫的印象。

在第二次世界大战期间，宋美龄广泛地联系西方新闻记者、作家和外交官，有目的地向西方传递有关蒋介石活动的信息。学者石之瑜比较了 1942 年宋美龄访美前后美国新闻界对中国印象的差异之后发现，"宋美龄抵美之后，中国由一个奇风异俗之地，突

---

① ［美］罗斯·Y. 凯恩：《美国政治中的"院外援华集团"》，张晓贝等译，商务印书馆 1984 年版，第 119 页。

② ［美］罗斯·Y. 凯恩：《美国政治中的"院外援华集团"》，张晓贝等译，商务印书馆 1984 年版，第 227 页。

然变成媒体笔下的自己人，没有任何一个新闻工作者可以单独刻意设计这样的转变，这个转变不仅是自发的，而且是不自觉的"。"她的到来使美国媒体减少了从一种差异的出发点，理解中国和美国的关系，而改从一种趋同的角度，描述这个关系，除了将中国视为更平等的伙伴之外，也加强采用人道主义的观点。"正是由于宋美龄"特殊的美好教育背景、虔诚的基督教信仰，和中国女性的特有气质"，使得"美国各界展现更积极的意愿，支援中国对日抗战"。①蒋介石在日记中也不时感叹："妻在美国七月之久，其于我国之地位与中美之邦交，实有不可想象之收获也。"②"吾妻由美国载誉归来，其成效乃出于预想之外。"③

1949 年年初，当宋美龄发现无法获得杜鲁门的支持时，她开始反复建议蒋介石雇聘美国全国性宣传机构，加强宣传。1949 年 1 月 8 日至 14 日，宋美龄六天内连发三份电报建议蒋介石雇聘宣传机构，声称"目前情形复杂则宣传联络不容松懈"④。但此时的蒋介石开始考虑下野之事，因此未做表态，仅回复"此事不宜电商即速返国面商"⑤。

蒋介石的下野和美国政府的拒绝，并没有使宋美龄动摇游说美国的决心。1949 年 4 月 30 日，宋美龄获悉美国有可能承认中国共产党政权时，又分别于 4 月 30 日、5 月 1 日、5 月 6 日、5 月 9 日连发数份电报给蒋介石，要求雇聘美国全国性宣传机构，语气一次比一次急迫。4 月 30 日电文中还仅是建议蒋介石雇聘美国全国性宣传机构，加强宣传以获得美援⑥；5 月 1 日电文即写道："应

---

① 石之瑜：《蒋夫人与美国媒体的中国印象——1942 年 11 月 28 日的转变》，载秦孝仪主编：《蒋夫人宋美龄女士与近代中国学术讨论集》，台北财团法人中正文教基金会 2003 年版，第 245、261 页。

② 黄自进、潘光哲编：《蒋中正"总统"五记·爱记》，台北"国史馆"2011 年版，第 289 页。

③ 黄自进、潘光哲编：《蒋中正"总统"五记·爱记》，台北"国史馆"2011 年版，第 292 页。

④ 《蒋中正"总统"文物》，台北"国史馆"藏。

⑤ 《蒋中正"总统"文物》，台北"国史馆"藏。

⑥ 《蒋夫人上蒋"总统"电（1949 年 4 月 30 日）》，《革命文献——对美外交：一般交涉（二）》，台北"国史馆"藏。

速设立对美全国性之宣传机构"①；5 月 6 日电文进一步强调"现须顾聘美国全国性宣传机关，以抵销当局对华不利言论，并推动争取同情舆论"②；5 月 9 日电文则急迫地"另询对美全国性宣传机构事"③。此时国共和谈已然破裂，解放军展开了渡江战役并于 4 月 24 日解放南京。而蒋介石也已离开家乡浙江溪口奉化，于 4 月 25 日自溪口乘坐太康舰赴上海，以中国国民党总裁的身份指示上海防卫事宜。5 月 3 日，杭州解放，蒋介石开始做离开上海的准备。④ 5 月 5 日，蒋介石率蒋经国至上海虹桥万国公墓宋氏墓园向岳父母告别，并致电宋美龄，告知"兄日内离沪，拟在海上休息数日"。⑤ 5 月 6 日，蒋介石致电宋美龄"现可着手进行宣传计划，并积极抨击英国运动美国，共同承认中共伪政府之出卖中国行为"⑥，当晚至复兴岛登上江静轮，次日晨永远离开上海。

尽管蒋介石决定对美开展宣传外交，但此时尚为下野之身的他对宣传外交的开展程度仍心有踌躇。5 月 16 日，宋美龄致电蒋介石"请速决定是否在美设宣传机构以'反抗中共'在美进行不利宣传"时，蒋介石仅回电"速将宣传事宜……用密电详报后再商"。⑦ 5 月 18 日，宋美龄再请示蒋介石对美宣传方针之时，蒋介石回电："惟此时对外宣传，应强调蒋中正乃中国人民所寄望唯一'反共'领导人。"⑧ 由于未获得蒋介石的批准，宋美龄雇聘美国全国性宣传机构的行动，暂时搁浅。

但是，宋美龄雇聘美国全国性宣传机构、推动对美宣传的想法却一直没有打消。因为在她看来，国民党在美国的宣传机构是

---

① 《蒋夫人上蒋"总统"电（1949 年 5 月 1 日）》，《革命文献——对美外交：一般交涉（二）》，台北"国史馆"藏。

② 《蒋中正"总统"文物》，台北"国史馆"藏。

③ 《蒋中正"总统"文物》，台北"国史馆"藏。

④ 参见刘维开：《蒋中正的 1949：从下野到复行视事》，台北时英出版社 2009 年版，第 130 页。

⑤ 《蒋中正"总统"文物》，台北"国史馆"藏。

⑥ 《蒋中正"总统"文物》，台北"国史馆"藏。

⑦ 《蒋中正"总统"文物》，台北"国史馆"藏。

⑧ 《蒋中正"总统"文物》，台北"国史馆"藏。

零散的，宣传工作是失败的。6 月 10 日，顾维钧见宋美龄时也曾直言，"无论在国内还是在国外，宣传工作都没有协调。在中国，因国内管理和职责都分散在'外交部'情报司、国民党中央党部、'宣传部'、'行政院'新闻局、'国防部'、国际新闻处和'总统府'等机构中。在美国，这里有十几个分散的、互相独立的人员和机构在从事宣传工作"。并指出，宣传工作之所以失败，"并不是由于我们在美国未作努力，而是由于缺乏三件必不可少的东西：（1）一个提出工作目标的明确纲领，以及源源提供的事实；（2）一个进行指挥和控制的中央机构以及足够的驻外工作人员；（3）进行工作所需的足够经费"。① 宋美龄同意了顾维钧的看法。7 月 19 日，顾维钧与谭绍华、陈之迈讨论由他起草的宣传工作方针时，还特别强调"与在里弗代尔的蒋夫人商量一下最后定稿也是适宜的，因为我知道她也在推动宣传工作"②。事实也是如此，美国杂志后来揭露，陈之迈在宋美龄的领导下，"于纽约中国新闻处高薪雇用贝奇为新闻及广播顾问，为中国而工作，贝奇于一九五二年一月报告中，自称美国舆论今已转向，知蒋氏曾被出卖，今日国府已较马歇尔赴华时为强大，并继续增强"③。

　　宋美龄在美期间，从两个方面同时推动宣传工作。一个方面是利用"院外援华集团"所控制的媒体直接斥责美国对华政策，在美国制造有利于蒋介石的舆论。其中，《中国月刊》是冲锋在前的美国媒体，其影响大大超过了它的发行量所达到的程度。在持续斥责美国对华政策方面，它可能在不由中国国民党政府直接控制的美国英文期刊中独步一时。④

　　美国医药援华会中国事务所也在做类似的事情。1950 年 4 月

---

① 顾维钧：《顾维钧回忆录》第七卷，中国社会科学院近代史研究所本书编写组译，中华书局 1993 年版，第 138 页。

② 顾维钧：《顾维钧回忆录》第七卷，中国社会科学院近代史研究所本书编写组译，中华书局 1993 年版，第 195 页。

③ 《王世杰呈蒋中正美国记者杂志有关中国游说组织译文摘要》，台北"国史馆"藏。

④ 参见［美］罗斯·Y.凯恩：《美国政治中的"院外援华集团"》，张晓贝等译，商务印书馆 1984 年版，第 62 页。

11 日，埃玛写信告诉宋美龄："我们正在和所有在美国的中国医务人员接触。我们想要知道他们有多少人，在哪里，都在做些什么。我们也试图鼓舞他们的士气，让他们这个团体有一种凝聚力，甚或在某种程度上与这里非常活跃的共产主义的宣传作斗争，因为我们知道，他们中间有共产党的宣传活动。二月中旬，我们发出了第一期时事通讯，上面都是在中国从事医疗服务的个人和组织的新闻，还有一些在美国的名人。第一批时事通讯我们发出了70—80 册，到现在已经超过了 500 册"①

此外，还有很多杂志和报纸也在帮助国民党政府在美国创造一个有利的舆论气氛。例如，《柯里尔》（*Collier's*）、《星期六晚邮报》（*Saturday Evening Post*）、《世事》（*Human Events*）、《美国信使》（*American Mercury*）、《读者文摘》（*Reading Digest*）、《美国新闻与世界报导》（*US News & World Report*）、《新领导者》（*The New Leader*）和《生活》（*Life*）。某些报纸也一贯地批评美国政策，并一贯地为中国政府辩护。在这方面最为突出的是纽约的《美国人日报》（*Journal-American*）、华盛顿的《时代先驱报》（*Times-Herald*）、洛杉矶和旧金山的《考察家报》（*Examiner*）、奥克兰的《论坛报》（*Oakland Tribune*）、新罕布什尔州曼彻斯特的《工会领袖报》（*Union Leader*）。在书籍出版商中，亨利·里格纳利和德温·阿戴尔出版的书籍在那些竭力谴责美国和大肆吹捧中国国民党政府的书稿中占了很大的比例。②

宋美龄另一个方面的工作是直接游说新闻界，安排美国记者赴台湾访问，促使美国新闻界在中国问题上采纳有利于蒋介石的观点。1949 年 6 月 12 日，宋美龄致电蒋介石声称："已与全美最

① 美国韦尔斯利学院档案馆馆藏的宋美龄大学同学埃玛·德隆·米尔斯的档案中宋美龄与埃玛的往来通信。
② 参见［美］罗斯·Y. 凯恩：《美国政治中的"院外援华集团"》，张晓贝等译，商务印书馆 1984 年版，第 64 页。

大赫司脱系报①主管接洽派记者赴台谒见，并以代答接见时问题其请予以接见，以达宣传效果，增进对华好感。"② 蒋介石认为，当时尚不是复出的时机，无法确定对美直接宣传的方针，故希望宋美龄暂缓邀请美国记者赴台访问。对此，宋美龄置若罔闻，反而不断催促蒋介石"请研究扰乱共方行动对策与进行我方宣传方针"③，同时将记者派往了台湾。如此一意孤行，是因为宋美龄担心美国务院发表对华政策白皮书后，赫斯特报业集团拒派记者赴台。6 月 17 日，宋美龄致电蒋介石，强调"赫斯脱系报肯助华态度收效必巨，请早日接见该报记者鲁斯"④。此后又于 25 日致电声称："美国务院将发表对华政策书，其内容将失败责任归咎于兄。惟恐发表后，赫司脱系报拒派记者赴台，故盼即日接见，以抵销恶意攻击。"⑤ 宋美龄并没有仅仅满足于安排美国记者赴台湾访问，以及督促蒋介石接见美国记者，事实上她连蒋介石如何回答记者问题亦已包办。25 日，宋美龄致电蒋介石时要求："请于接见该记者时，照所拟英文字句和语气回答，惟如欲对中文辞意有所修改，则请先交董显光修译英文字句。"⑥ 蒋介石回复"将该问答稿交黄仁霖转来"⑦。28 日，宋美龄又致电蒋介石将"赫系报记者问答稿修改部分，并加入关于国民党与其他党派合作问题"⑧。最终，蒋介石按照宋美龄的导演，接见了赫斯特报业集团与赫华达报记者。

　　宋美龄在美期间的宣传外交是卓有成效的，《纽约时报》(*The*

---

　　① 即赫斯特报业集团（新华社现译名），曾有多种译名，如赫斯特报团、赫斯特报系，赫司脱系报等，创始人为有威廉蓝道夫赫斯特（William Randolph Hearst，1863 年 4 月 29 日—1951 年 8 月 14 日）。赫斯特报业集团现在的名称是赫斯特国际集团（Hearst Corporation），总部位于纽约。

　　② 《蒋中正"总统"文物》，台北"国史馆"藏。

　　③ 《蒋中正"总统"文物》，台北"国史馆"藏。

　　④ 《蒋中正"总统"文物》，台北"国史馆"藏。

　　⑤ 《蒋中正"总统"文物》，台北"国史馆"藏。

　　⑥ 《蒋中正"总统"文物》，台北"国史馆"藏。

　　⑦ 《蒋中正"总统"文物》，台北"国史馆"藏。

　　⑧ 《蒋中正"总统"文物》，台北"国史馆"藏。

New York Times）态度变化的例子，足以证明宋美龄对美国新闻界的影响程度。1944 年 6 月 10 日，《纽约时报》的社论劝告美国人民不要对"所谓共产党中国"持偏见，并告诫他们不能把"重庆代言人"的话当作真理来接受。10 月 30 日刊载的文章还把蒋介石政权看作是"一个愚昧而又冷酷的独裁政权"①。然而到了 1952 年 2 月 6 日，埃玛写信告诉宋美龄："《纽约时报》驻台湾记者伯顿·克雷恩（Burton Crane）向美国国内发回的材料，是我们目前见过的第一份真正的好材料。确实说出了真话，提示了真相。"② 《纽约时报》对 1949 年美国政府对华《白皮书》的评价已经是："如果新政府否认外交上的这种错误，它就能提高自己的声望。我们再也不相信这份《白皮书》的基本论点了。"③ 另外，埃玛也告诉宋美龄："我了解到，成千上万的信正纷纷寄往参议院的专门委员会，这表明美国公众真的被鼓动起来了。"④

1950 年 1 月 5 日，美国杜鲁门总统发表了"关于台湾的声明"，宋美龄在华盛顿的"政治外交"努力宣告失败。此时，宋美龄意识到必须采取非常措施，必须以"宣传外交"为着力点，在美国展开舆论攻势，以促使美国政府态度改变，如此方能挽救时局。1 月 7 日，宋美龄离开美国前会见顾维钧时表示，美国舆论一直朝着赞成给中国更多援助的方面发展⑤，鼓励顾维钧加强美国舆论工作。1 月 12 日，"驻美中国大使馆"发给蒋介石的一份机密电报，清楚地阐述了"大使馆"方面在发动美国舆论方面的想法。尽管这份电报不是宋美龄所发，但也应该看作是"大使馆"方面秉承宋美龄意图向蒋介石提出的建言。此份电文的核心内容如下：

① ［美］罗斯·Y. 凯恩：《美国政治中的"院外援华集团"》，张晓贝等译，商务印书馆 1984 年版，第 125 页。

② 美国韦尔斯利学院档案馆馆藏的宋美龄大学同学埃玛·德隆·米尔斯的档案中宋美龄与埃玛的往来通信。

③ ［美］罗斯·Y. 凯恩：《美国政治中的"院外援华集团"》，张晓贝等译，商务印书馆 1984 年版，第 126 页。

④ 美国韦尔斯利学院档案馆馆藏的宋美龄大学同学埃玛·德隆·米尔斯的档案中埃玛 1950 年 4 月 11 日致宋美龄信。

⑤ 天津编译中心编：《顾维钧回忆录缩编》（下册），中华书局 1997 年版，第 887 页。

以职（顾维钧）浅见，目前时局已届摊牌之时。中美外交关系若仍循之以常规则，已无法继续。吾人必须采取非常措施。职因此拟请赐准立即在华盛顿发表关于目前会谈的全部文件，俾美国公众其深悉我之合理要求及绝无使美国陷入战争之意。此举亦将揭示美当局于谈判中手段卑鄙，背信弃义而令世人得察全局。夫美国舆论之制造，均以文件为基础，殊非说之以理也。以上所陈诸端，业经再三思考认真讨论。职等深以为挽救时局，唯此一法。①

1月13日，宋美龄抵达台湾。显然，回到台湾后的宋美龄，成功地让蒋介石接受了"宣传外交"的想法。随即，蒋介石开始频繁地接见美国记者。2月24日，蒋介石接见国际通讯社记者柯克上将，就苏联和新中国签署盟约发表谈话。② 4月15日，又接见合众社记者高尔，谈话讨论中国在联合国的地位等问题。③ 5月8日，接待美国访华记者团④，这次会见是宋美龄所组织的一次成功的"宣传外交"。

1950年4月，国民党当局"外交部"以"中央社"社长萧同兹的名义发电报给陈之迈和"中央社"驻华盛顿办事处主任任玲逊，指示他们邀请美国记者、出版商及电台评论员，以"中央社"客人的身份去台湾观光，报道当地的情况。顾维钧从陈之迈那里获悉，请美国新闻界等方面的人士访台的全盘主意出之于宋美龄。尽管顾维钧不赞成此事，担心会给美国政界的反对派以口实，但他得知，纽约的孔令杰早已直接通过董显光与罗伊·霍华德及其

① ［美］罗斯·Y. 凯恩：《美国政治中的"院外援华集团"》，张晓贝等译，商务印书馆1984年版，第61页。
② 参见秦孝仪主编，中国国民党中央委员会党史委员会编印：《先"总统"蒋公思想言论总集》，台北"中央文物供应社"1984年版，第251页。
③ 参见秦孝仪主编，中国国民党中央委员会党史委员会编印：《先"总统"蒋公思想言论总集》，台北"中央文物供应社"1984年版，第254页。
④ 秦孝仪主编，中国国民党中央委员会党史委员会编印：《先"总统"蒋公思想言论总集》，台北"中央文物供应社"1984年版，第254页。

他记者进行联系，对这次访台计划做好了周密的安排。① 5 月 8 日，蒋介石接见了刚到台湾的美国报界、广播界和专栏作家访问团。会上，蒋介石向他们发表了一项声明，呼吁美国要像苏联帮助中共那样帮助他保卫台湾，蒋介石说道："今日如果迅速而充分援华，则一钱将作两钱用，将来'赤祸'再有横决，美援即来，十钱也不当一钱用了，生命的牺牲，更不可以数计。因此，我以为只有美国及早充分援华，始能防止第三次世界大战，而且美国的援助，其物质上的效用，尚在其次，对于民心士气在精神上的鼓励，是无价的。"② 随后，陈之迈将蒋介石招待记者之答问记录翻译后寄给了一些美国国会议员及新闻界人士，以扩大此次"宣传外交"的影响。③

台湾方面在美国报界、广播界和专栏作家访问团上的收获是十分丰富的。按照陈之迈的总结，访问团成员"对于此行咸表满意"，"对我方之进步无不具有深刻之印象"，④ 并发表了大量有利于蒋介石的报道。

这些成果的取得，来源于宋美龄对此次访问的重视。她让陈之迈先于美国访问团一周返回台湾准备接待事宜，并参加陪同记者、作家们观光采访，还让陈之迈与美国记者同机返回美国，借此了解美国记者对台湾方面的观感。陈之迈还与访问团各记者进行了个别谈话，并从谈话中获悉："若干记者认为吾人过去之宣传尚不够积极，彼等以为吾人应采取较积极之态度，以公布过去中美间之不正常关系，彼等又认为吾人应不顾官场之顾虑，而公布

① 顾维钧：《顾维钧回忆录》第七卷，中国社会科学院近代史研究所本书编写组译，中华书局 1993 年版，第 732 页。

② 秦孝仪主编，中国国民党中央委员会党史委员会编印：《先"总统"蒋公思想言论总集》，台北"中央文物供应社"1984 年版，第 263 页。

③ 参见《陈之迈函宋美龄美记者团返美后各报撰文对我有利等情及柯立亚斯杂志记者史摩尔氏拒绝来台之经过又其与访问团各记者个别谈话后之观感》，台北"国史馆"藏。

④ 《陈之迈函宋美龄美记者团返美后各报撰文对我有利等情及柯立亚斯杂志记者史摩尔氏拒绝来台之经过又其与访问团各记者个别谈话后之观感》，台北"国史馆"藏。

可予公布之文件，以证明若干人士曾设法危害甚至毁灭吾人，中国政府对于美国国务院白皮书未作答复，在彼等视之，诚属不幸，盖彼等一职强调美国人天性好强，'东方之礼仪'往往被目为怯弱之表示，彼等认为吾人过去宣传之失败乃疏忽所致。"①

宋美龄对此次"宣传外交"的开展也十分谨慎，她刻意对公众回避她在发起组织美国记者团中的作用，特别叮嘱陈之迈注意记者报道中对访问团发起人的报道。6月4日，陈之迈专门就美国记者团访问台湾成果一事写报告呈交宋美龄。可能是因为担心保密事宜，陈之迈此份书面报告是利用董显光回台湾的时机，托董显光面呈宋美龄的。② 报告开篇即说："至于访问团由何人发起一节，除艾伦著文加以申论外，并未引起其他方面之探讨。"③

此次美国报界、广播界和专栏作家访问团的访问成功，使宋美龄坚定了继续开展"宣传外交"、开辟"外交"新战线的决心。自此之后，宋美龄广泛邀请美国新闻界人士赴台湾观光访问，力图影响美国新闻界和美国民众。1951年2月2日，宋美龄接受美联社记者采访，称"大陆上绝大多数的民众，均渴望国民政府重返大陆"，但当记者问及"反攻大陆"时间时，宋美龄拒绝表示任何意见。④ 5月19日，她接见美联社董事、香港分社主任及日本、意大利记者，并陪同参观"妇联会"各部门工作。⑤ 10月3日，和蒋介石在草山官邸接见合众社副总经理兼太平洋区主任巴索罗缪，叫嚣"警告自由世界人民，勿信中共和平论调，联军在朝鲜

---

① 《陈之迈函宋美龄美记者团返美后各报撰文对我有利等情及柯立亚斯杂志记者史摩尔氏拒绝来台之经过又其与访问团各记者个别谈话后之观感》，台北"国史馆"藏。

② 《陈之迈函宋美龄美记者团返美后各报撰文对我有利等情及柯立亚斯杂志记者史摩尔氏拒绝来台之经过又其与访问团各记者个别谈话后之观感》，台北"国史馆"藏。

③ 《陈之迈函宋美龄美记者团返美后各报撰文对我有利等情及柯立亚斯杂志记者史摩尔氏拒绝来台之经过又其与访问团各记者个别谈话后之观感》，台北"国史馆"藏。

④ 《大陆人民彻底"反共"，渴望国军早日"反共"》，《"中央"日报》1951年2月4日。

⑤ 参见《四外国记者谒蒋夫人参观妇联》，《"中央"日报》1951年5月12日。

致胜之道在于彻底击败敌人"①。10 月 13 日，接见《纽约时报》主笔史密斯及特派员李博文夫妇，并引导参观"妇联会"各工作部门。② 与此同时，宋美龄还不断地安排蒋介石会见外国记者、接受采访，就国际形势发表意见。1950 年 12 月 5 日，蒋介石就"美国杜鲁门总统与英国艾德礼首相华府会议或将有第二慕尼黑之出现一节"接受驻台湾中外记者访谈③，12 月 6 日，《纽约先驱论坛报》即刊载了蒋介石的声明，蒋介石在声明中提出，如果慕尼黑事件重演，战争就随时可能爆发。④ 12 月 8 日，又应美国广播公司新闻评论员蒙特哥麦利的要求，就台湾与朝鲜战争的关系发表意见。⑤ 12 月 11 日，蒋介石回答《美国新闻及世界报导》杂志书面提出的问题十条。⑥ 如此种种，宋美龄成功地将台湾方面的政治意图传递给了美国民众。

三、邀请美国政要赴台度假

在蒋介石时代，宋美龄经常邀请美国政要赴台度假，在与美国政要接触时，不是在美国正式公开场合，而是邀请对方来台湾访问，一来可以使其摆脱本土环境，放松戒备；二来拉近距离，做隐性贿赂。这是宋美龄外交上的技术，最早是因应杜鲁门对蒋夫妇及在美家庭人士的冷淡，同时也是突破杜鲁门对"台美外交"活动的限制。

1950 年 6 月 3 日，顾维钧拜访了美国国防部部长助理保罗·格里菲斯，得知美国国防部部长约翰逊和布莱德雷将军可能访问

---

① 《联合报》1951 年 10 月 4 日。

② 参见《两记者访妇联，蒋夫人亲接待》，《"中央"日报》1951 年 11 月 14 日。

③ 秦孝仪主编，中国国民党中央委员会党史委员会编印：《先"总统"蒋公思想言论总集》，台北"中央文物供应社"1984 年版，第 267 页。

④ 参见顾维钧：《顾维钧回忆录》第八卷，中国社会科学院近代史研究所本书编写组译，中华书局 1993 年版，第 238 页。

⑤ 参见秦孝仪主编，中国国民党中央委员会党史委员会编印：《先"总统"蒋公思想言论总集》，台北"中央文物供应社"1984 年版，第 269 页。

⑥ 参见秦孝仪主编，中国国民党中央委员会党史委员会编印：《先"总统"蒋公思想言论总集》，台北"中央文物供应社"1984 年版，第 270 页。

菲律宾，询问二人顺访台湾的可能性。格里菲斯的回答是："国防部长始终赞同中国的事业，但他对此不得不谨慎从事"，因为"总统已指示约翰逊部长要置身于中国问题之外，因为事关外交政策，应归国务院处理"，而且"这类访问需经总统和国务卿批准"，因此"约翰逊先生未便访问台湾，虽然他个人倒想这么做"。此外，"布莱德雷将军及三军参谋长今年 2 月出访远东时，本想访问台湾，'中国政府'也切盼他们赴台访问。但当他们电请华盛顿批准时，国防部长根据总统的命令拒绝了他们的请求"。格里菲斯建议"假若麦克阿瑟将军向国防部长提出这样的建议，则可能得到较为有利的考虑。但对这事他并没有把握"①。6 月 12 日，顾维钧拜访美国国务院顾问杜勒斯，此时杜勒斯即将启程视察韩国和日本，并将以国务院代表的身份与麦克阿瑟讨论"对日和约"问题。顾维钧探寻了杜勒斯顺访台湾的可能性。杜勒斯的回答是："作为中国的朋友，他个人倒很愿意再去台湾看看，以便在他回来时也许能为提供援助做一番有利的介绍，但因国务院的态度如此，他担心台湾之行可能造成人们的幻觉，干事反而不利。因而他决定此次就不去访问了。"②

于是，宋美龄独辟蹊径，邀请大批的美国文武官员前往台湾度假访问，以图从侧面影响美国政府官员。1951 年 4 月 23 日，宋美龄在"妇联会"接见美国民主党参议员麦纽逊。③ 7 月 12 日，与美国国务卿艾奇逊的特使鲍莱（William Pawley）茶叙。④ 7 月 25 日，会见美国维兰大学校长马尔绍博士一行，并陪同参观"妇联会"各部门工作。⑤ 12 月 8 日，陪同美国参议员斯巴克门、史密

① 顾维钧：《顾维钧回忆录》第七卷，中国社会科学院近代史研究所本书编写组译，中华书局 1993 年版，第 758—760 页。

② 顾维钧：《顾维钧回忆录》第七卷，中国社会科学院近代史研究所本书编写组译，中华书局 1993 年版，第 769 页。

③ 参见《麦纽逊昨飞抵港，行前祝我获最后胜利并赴妇联会谒蒋夫人》，《"中央"日报》1951 年 4 月 24 日。

④ 参见《鲍莱昨由港抵台，蒋"总统"今将接见》，《"中央"日报》1951 年 7 月 13 日。

⑤ 参见《马尔绍博士等昨晋谒蒋夫人》，《"中央"日报》1951 年 7 月 26 日。

斯夫人、经合署中国分署署长施翰克夫人参观"妇联会"。① 《联合报》曾这样形容宋美龄所开展的"度假外交"之火热程度，"蒋介石从社交观点看，是远东最活跃的元首。一年（1951 年）中，高级人物（通常美国人）常来台湾，蒋介石夫妇接待他们。通常程序是由蒋介石接见外宾举行正式会谈，然后由他和宋美龄联合宴请来客，随意面谈"②。1951 年年底，宋美龄在给埃玛的信中也说道："上个月，美国访客往来不绝——参议员、众议员，还有其他人物纷纷来访。从事情的发展趋势来看，接下来的两个月里，美国访客们数量会继续增加。我很高兴见到他们，我也欢迎他们的到来。我想多与美国客人接触，可以让美国公众更好地了解台湾的现状，让美国公众更加清醒地认识到，美国有必要采取明确的行动以增加台湾抵御共产党的军事入侵和意识形态的渗透。"③

1952 年之后，更多的美国人在台湾方面的邀请下来访。6 月 10 日，宋美龄在给埃玛的信中描述道："两星期前，克拉克将军（General Clark）④ 曾来台湾，他花了几天的功夫访问全岛各地，他也访问了妇女联盟的总部，还在士林做了主日礼拜。""越来越多的客人来访问我们，这也意味着未来的日子会越来越忙。但是我们很高兴他们能来这里亲眼目睹种种情况，克拉克海军上将来此逗留了五天，从他舰上下来的二千名忙于游览的水兵在台湾各地乱逛。"⑤ 顾维钧也回忆道："时至 1952 年下半年，有关台湾形势的报道表明，情况大为好转。'美台'合作的进展令人满意。1952 年上半年，有许多美国文武官员前往台湾。下半年，美国官方人

① 参见《斯巴克门等参观妇联，蒋夫人引导说明工作》，《"中央"日报》1951 年 12 月 9 日。

② 《联合报》1952 年 7 月 31 日。

③ 美国韦尔斯利学院档案馆馆藏的宋美龄大学同学埃玛·德隆·米尔斯的档案中宋美龄与埃玛的往来通信。

④ 当指美国的马克·克拉克将军（Mark Clark），时在朝鲜任联合国军总司令。

⑤ 美国韦尔斯利学院档案馆馆藏的宋美龄大学同学埃玛·德隆·米尔斯的档案中宋美龄与埃玛的往来通信。

士继续赴台访问；同时国民党政府的官员也到美国旅行。"①

　　1953 年 11 月 8 日，美国尼克松副总统夫妇抵台访问，为宋美龄的"外交"形式掀起了一个高潮。11 月 9 日，宋美龄与蒋介石会见并接受尼克松夫人转交的美国退伍军人赠与贫苦儿童的捐款。② 11 月 10 日，上午陪同蒋介石与尼克松夫妇出席台北区"国军"机关、部队之阅兵典礼，中午在圆山饭店宴请尼克松夫人，继而同赴联勤总部医院慰问伤患，并至"妇联会"参观。③ 11 月 11 日下午，在"总统府"介寿堂举办欢迎酒会，并在士林官邸设晚宴为尼克松夫妇饯行。④

1953 年 11 月 9 日，宋美龄接受来台访问的美国副总统尼克松夫人代呈美国退伍军人团体赠与台湾贫苦儿童的捐款

　　宋美龄对赴台访问的美国人安排得很是周到，让他们在很短

① 顾维钧：《顾维钧回忆录》第九卷，中国社会科学院近代史研究所本书编写组译，中华书局 1993 年版，第 549 页。
② 参见《美国退伍军人赠款救我国贫苦儿童昨由尼克森夫人转交蒋夫人运用》，《"中央"日报》1953 年 11 月 10 日。
③ 参见《"总统"昨邀美副总统校阅"国军"参观演习》《蒋夫人陪同尼夫人参观妇联会慰问伤患》，《"中央"日报》1953 年 11 月 11 日。
④ 参见《尼克松今赴台中，昨应"总统"饯宴》，《"中央"日报》1953 年 11 月 11 日。

的时间内看到台湾的方方面面。例如，1951 年，众议员阿姆斯特朗曾这样向顾维钧叙述他的访台经历："抵达时见机场上无人迎接，于是他打电话给美国大使馆。到达使馆后，由蓝钦给黄仁林将军通了电话（当时是联合勤务部队副司令），黄立刻前来道歉。他说他没有想到阿姆斯特朗会乘货运飞机旅行。接着提出了一个详细日程安排，每五分钟一个项目，以照顾阿姆斯特朗访台期内的时间。"① 蒲立德在 1952 年年初也向顾维钧描述了他 1951 年 12 月 24 日的台湾之行，他说他没有从任何地方得到过比这更愉快的休息。真希望能多待几天。他很想在下一个冬天去多住些日子。蒲立德还得意地拿出宋美龄画的一幅中国山水画给顾维钧看，上面有蒋介石为他题的词和宋美龄的亲笔签名。② 雷德福访台亦是如

1961 年 5 月 14 日，宋美龄陪同美国副总统詹森夫妇游览士林官邸花园

① 顾维钧：《顾维钧回忆录》第八卷，中国社会科学院近代史研究所本书编写组译，中华书局 1993 年版，第 403 页。
② 参见顾维钧：《顾维钧回忆录》第九卷，中国社会科学院近代史研究所本书编写组译，中华书局 1993 年版，第 502 页。

此。① 1952 年 11 月 8 日，蒋介石致电在美治病的宋美龄时说道："日前美国海军总司令雷德福君来台有一随从著作家葛罗斯同行，彼甚想为其妻缝制一件中国女外套，余已面允，嘱其到纽约访问吾爱时可为其代制此衣，且彼亦与魏德迈为好友，前曾在重庆时为旧识，葛罗斯住址问魏德迈即可获悉，据魏最近来电称不久将与其夫人前来访晤吾爱也，葛妻之衣请代为制，以免失信。"②

《宋美龄大传》一书中曾提道："她（宋美龄）手头总备有贵重的小礼品：银盒子、银盘子、镶嵌珠宝的微型柚木箱子。在一支人数众多但又不让外人见到的工作人员队伍的帮助下，把这些纪念品事先刻上了所送人的名字和简短奥秘的题词。仅此即足以打动西方人，因为在美国客人的普遍生活中绝不会遇到如此讨人喜爱的东方式的微妙礼遇。"

第二节　践行"夫人外交"

自从 1950 年 1 月 13 日宋美龄退居台湾之后，一直在幕后运作对美"外交"事宜。直到 1952 年，朝鲜战争已经进入边打边谈的僵持阶段时，宋美龄方再度出手，正式踏上台前。此后，宋美龄以多种名义赴美访问，或医疗，或度假。每次短则半年，长则一年多。直至 20 世纪 60 年代后期，蒋经国接班态势已然明确，宋美龄方才淡出对美"外交"一线。

一、借治病赴美游说

1. 以治疗皮肤病的名义，赴美就医

1952 年 8 月 9 日，宋美龄因神经性皮肤病复发，赴美就医。

---

① 参见顾维钧：《顾维钧回忆录》第九卷，中国社会科学院近代史研究所本书编写组译，中华书局 1993 年版，第 551 页。

② 《蒋中正电宋美龄》（1952 年 11 月 8 日），《蒋中正致宋美龄函》（七），《蒋中正"总统"文物》，台北"国史馆"藏。

当日飞抵马尼拉后继飞檀香山①，于 8 月 10 日飞抵檀香山，入住美国陆军特列普拉医院。② 因病情严重，8 月 17 日，转入旧金山富兰克林医院治疗。据"中央社"报道，宋美龄当日请记者不要趋近摄影，因为她因患皮炎而已显得肿胀。③ 到了 9 月 22 日，治疗已近五周后，病况略见进步，但康复进展缓慢。④

宋美龄此次赴美，治疗皮肤病不仅是一个重要缘由，也是一个很好的借口，就近开展院外游说活动才是最重要的目的也因此开创了一项新的对美"外交"方式，以治病的名义赴美游说，并在随后的岁月中经常使用。当然，对她个人而言，治疗皮肤病也是一项真实的、重要的任务。或者更确切地说，宋美龄让蒋介石相信她赴美的动机是治疗皮肤病，宋美龄让外界相信治疗皮肤病是她赴美的唯一动因，宋美龄本人也希望通过此次赴美就医能够根治其皮肤顽疾。这一判断可从以下两方面得以证实。

其一，从宋美龄与韦尔斯利学院的同学埃玛·米尔斯的往来信函中可知，自从 1950 年宋美龄到台湾后，长期居住在江浙一带的她并不适应台北炎热和潮湿的气候，患上了严重的皮肤病。1950 年 7 月 25 日，宋美龄自台北致函埃玛，信件开篇即说"这两个星期我一直在病中，即使到了现在我仍然觉得头晕目眩的"，随后宋美龄又抱怨道"台湾的天气糟透了，热得要命，潮湿得要命。我发起了高烧，而且还得了湿疹"。⑤ 9 月 26 日，宋美龄给埃玛的信中又说："炎热和潮湿的天气给我带来了灾难。两周前，我又生病了，周身不适。希望天气凉快一些，我就能好起来。我现在注射钙溶液和青霉素，因为湿疹扩散的面积很大。"⑥ 显然，宋美龄

---

① 参见《蒋夫人赴檀岛就医》，《"中央"日报》1952 年 8 月 10 日。
② 参见《蒋夫人抵檀》，《"中央"日报》1952 年 8 月 11 日。
③ 参见《蒋夫人已进入富兰克林医院》，《"中央"日报》1952 年 8 月 19 日。
④ 参见《蒋夫人病况略见进步》，《"中央"日报》1952 年 9 月 23 日。
⑤ 美国韦尔斯利学院档案馆馆藏的宋美龄大学同学埃玛·德隆·米尔斯的档案中宋美龄与埃玛的往来通信。
⑥ 美国韦尔斯利学院档案馆馆藏的宋美龄大学同学埃玛·德隆·米尔斯的档案中宋美龄与埃玛的往来通信。

受困于台北的气候，以至于到了1951年宋美龄的皮肤病似乎更严重了。1951年10月21日，宋美龄致信埃玛说道："上周我生病了。"① 12月5日，宋美龄又在信中详细地给埃玛描述了她的病况，信中说道"过去六个月里，我被神经衰弱困扰——我的皮痛症再次发作，就像五年前的一样厉害"，而且"台湾空气太湿润了，加重了我的病情"。于是，宋美龄试用了刚刚出现的新药——促肾上腺皮质激素，这个药效果明显，"两天之内我的皮痛症完全好了，我感觉棒极了，充满了活力"。但是，这个药的副作用对她也是显而易见的，"在夜间只能休息两到三个小时，因为促肾上腺皮质激素让我觉得非常兴奋"，而且这个药不能长期使用，"只能治标，不能治本"。宋美龄陷入了两难之中，一方面"停药一周后我容光焕发，不过皮痛症又在不知不觉中卷土重来"，另一方面宋美龄的神经系统又似乎缺乏类似于促肾上腺皮质激素功能的物质，"……生活和工作的压力一大，我容易产生经常性的紧张和焦虑，我的神经系统就会出问题，如果不借助这种药物提升激素水平，它的功能就不正常"。宋美龄觉得，"要想治本，我就得从繁重的工作中解脱出来，享受放松和自由的生活，并且搬到气候适宜的地方去居住"。这封信的结尾极有意思，宋美龄说道："我真希望上帝发发慈悲，让我享受一个星期，哪怕一天也好，不受持续性的皮肤痛痒的困扰。我现在实在是受够了。我和医生们真希望有奇迹发生。"② 看来，皮肤病对宋美龄的折磨真真切切地让她崩溃。到了1952年6月，宋美龄赴美求医的两个月前，在给埃玛的信中还继续说道："近来我的神经性皮炎发作得非常厉害……我必须持续注射促肾上腺皮质激素和皮质酮，这些药可以减轻我的皮炎的症状，但是副作用很大，我整个人看起来都是浮肿的……几天前我

① 美国韦尔斯利学院档案馆馆藏的宋美龄大学同学埃玛·德隆·米尔斯的档案中宋美龄与埃玛的往来通信。

② 美国韦尔斯利学院档案馆馆藏的宋美龄大学同学埃玛·德隆·米尔斯的档案中宋美龄与埃玛的往来通信。

住进医疗中心，当时也是因为皮炎发作。"①

其二，这个判断还可从蒋介石在这一时期给宋美龄的电文中得以证实。1952 年 8 月 11 日，宋美龄飞抵檀香山的次日，蒋介石致电宋美龄："密安抵檀岛，甚慰，未知贵恙近有进步否，檀岛气候究竟干燥否?"② 宋美龄致电蒋经国转呈蒋介石说檀香山的气候不适宜，"此间专医以气候关系力主赴金山就医较易见效拟于十六日前住进医院"③。蒋介石即于 15 日致电宋美龄说："密真电接悉檀岛气候既不适宜，只有速赴旧金山修养，以期早日痊愈。"④ 19日，宋美龄入住旧金山医院两天后又收到蒋介石的问询电报，"入院诊断结果如何，甚念"。又说及宋霭龄到旧金山，"闻大姐已到，当不致寂寞也"。⑤ 23 日，蒋介石在"美医生及孙秘书先后回来详悉近情"后，致电宋美龄"务望适心诊治忍一切，以期早痊"。同时"转送孝武、孝勇同玩作为祖母赠"，又问好"大姐（宋霭龄）与令仪处"，"望其能同住旧金山作伴"⑥。29 日，蒋介石由角畈山回台北后，立刻致电询问"贵恙近状有否进步，盼详复"⑦。9 月 2日，蒋介石致电宋美龄要她"务期忍耐、安静，服从医生命令，勿躁勿急，多用祷告，为盼"⑧。接着几天，蒋介石身体也不好，事务也不少，他在 9 月 10 日致电宋美龄说："兄在天冷修养五日，精神身体已经复原，惟目疾加剧为苦，昨夜到高雄，今明二日主持海空各校学生毕业典礼后，即回台北办公"，马上又问及宋美龄"贵恙如何，甚念，天冷气候颇佳，亦不潮湿，将来吾爱回台或在该处修养较为适宜也"⑨。13 日，蒋介石回到台北后即致电宋美龄

　　① 美国韦尔斯利学院档案馆馆藏的宋美龄大学同学埃玛·德隆·米尔斯的档案中宋美龄与埃玛的往来通信。
　　② 《蒋中正致宋美龄函》（七），台北"国史馆"藏。
　　③ 《宋美龄致蒋经国电文资料》，台北"国史馆"藏。
　　④ 《蒋中正致宋美龄函》（七），台北"国史馆"藏。
　　⑤ 《蒋中正致宋美龄函》（七），台北"国史馆"藏。
　　⑥ 《蒋中正致宋美龄函》（七），台北"国史馆"藏。
　　⑦ 《蒋中正致宋美龄函》（七），台北"国史馆"藏。
　　⑧ 《蒋中正致宋美龄函》（七），台北"国史馆"藏。
　　⑨ 《蒋中正致宋美龄函》（七），台北"国史馆"藏。

"可知精神已快恢复，医药必有效果，不胜欣慰"，而且希望宋美龄在"双十节"前能回台湾"欢叙天伦"。① 18 日，致电宋美龄，"务望安心养疴，总须痊愈后'回国'为宜，兄近日事多，并不觉寂寞，萧勃武官约二十五日可到旧金山，届时有信托其带来也"②。30 日，再致电询问"病况有否进步请详告"③。

蒋介石最初亦是把宋美龄赴美定义为一次单纯的医疗之旅，不希望宋美龄涉入在美的"外交"活动。此中缘由，一方面在于蒋介石本人此时事务繁多、身体欠安，希望宋美龄能早日返回台湾陪同；另一方面，当时的"美台"关系并不稳定，美国的国内政治气氛和舆论氛围变幻莫测，蒋介石觉得此时尚不适合宋美龄高调地在美开展"外交"。当时对蒋介石有利的环境是：朝鲜战争已经进入边打边谈的僵持阶段；为从战略上威胁新中国，杜鲁门一再表达了援助台湾的决心，"美台"关系较之《白皮书》发布时已充分缓和；台湾和日本签订了"和约"，"旧金山和约"亦已同时生效。而不利的因素则是：美国仅仅是因为朝鲜战争而援助台湾，并未改变使台湾中立的政策基调④；毛邦初事件余波未了；"院外援华集团"事件又开始被《报道者》杂志、《纽约时报》和《华盛顿邮报》热炒。此外，1952 年又是美国的大选年，蒋介石担心宋美龄赴美被指责为游说。

因此，从这一时期蒋介石给宋美龄的电文看，蒋介石待宋美龄病情好转后，即多次强调自己身体有恙，询问宋美龄归期。10 月 3 日，蒋介石致电宋美龄声称："近目疾尚未痊愈。今日为中秋节，未能团聚，为念。"⑤ 22 日，蒋介石给宋美龄的电文中又说：

① 《蒋中正致宋美龄函》（七），台北"国史馆"藏。
② 《蒋中正致宋美龄函》（七），台北"国史馆"藏。
③ 《蒋中正致宋美龄函》（七），台北"国史馆"藏。
④ 《顾维钧回忆录》中提及，1952 年 8 月 8 日，顾维钧致电台湾"外交"部门，指美国国务院的一位代表对参议院军事委员会和外交委员会联系秘密会议说，改变对台湾当局的政策是出于朝鲜战争的关系。目前美国尚无意改变杜鲁门 1950 年 6 月使台湾中立的命令。参见顾维钧：《顾维钧回忆录》第九卷，中国社会科学院近代史研究所本书编写组译，中华书局 1993 年版，第 459 页。
⑤ 《蒋中正致宋美龄函》（七），台北"国史馆"藏。

"今日会多，甚忙，目疾之外，复加腿痛甚剧，夜间不能安眠为苦，如贵恙已痊，望速回，为盼。"[1] 11 月 2 日，蒋介石又在给宋美龄的电文中说及 "本日为旧历六六生日，经、纬两家来此拜寿，尚不寂寞，惟腿痛未痊，行动与上下楼梯甚不方便为苦，但此疾确已疲劳受寒所致，并无重要，切勿带医生来台，以免为人注目……贵恙如何，甚念"[2]。18 日，蒋介石又致电纽约，对宋美龄说及他在 10 日有一 "手书" 给她，"务望本月底回台团聚，为盼"[3]。22 日，蒋介石在致电中说："胡适先生带函及物品已接到，甚快慰，如贵恙未愈，不必于结婚节前回台，但望于圣诞节前赶回团聚也。"[4] 到了 11 月 30 日，蒋介石致电在纽约的宋美龄叹息说："明日是我俩结婚二十五年纪念日，二十一与二十二年纪念日皆为国事气急，奔走各方，未能团聚，今年亦不能如愿欢叙一堂，更觉人生聚散之无常，惟望上帝时加保佑，使我夫妻所有病痛都能迅速痊愈，共同为 '国' 奋斗，再有第二十五年之结婚日，并期以后年年都能聚集一堂，再不离别，则幸甚矣。"[5]

2. 开展"外交"游说

然而，对宋美龄而言，此次赴美当然不是治病这么简单。1952 年的宋美龄似乎再也无法忍受台北炎热而潮湿的气候以及反复发作的皮炎，亦似乎不甘蜗居于台湾扮演 "第一夫人" 和妇女领袖的角色，不甘于如 1951 年那样把自己旺盛的精力投入在绘画之上，她似乎更认为已经到了自己重返美国开展游说 "外交" 活动的时机，到了出现在美国公众视线的时机。一个值得注意的细节是，1952 年 7 月 6 日，艾森豪威尔成为了美国共和党提名的总统候选人，并且选择尼克松作为副总统候选人。艾森豪威尔强烈反对美国民主党人的对外政策，曾经拒绝了杜鲁门邀请其为民主

---

① 《蒋中正致宋美龄函》（七），台北 "国史馆" 藏。
② 《蒋中正致宋美龄函》（七），台北 "国史馆" 藏。
③ 《蒋中正致宋美龄函》（七），台北 "国史馆" 藏。
④ 《蒋中正致宋美龄函》（七），台北 "国史馆" 藏。
⑤ 《蒋中正致宋美龄函》（七），台北 "国史馆" 藏。

党出选总统。艾森豪威尔重视亚洲和台湾的战略地位，主张尽可能地利用台湾岛，以达到美国的太平洋政策的总目标，并认为蒋介石政权是美国坚定的朋友。而尼克松是孔宋家族长期扶持的美国新兴政治人物，是美国"院外援华集团"的核心成员，宋美龄在 1948 年至 1950 年访美期间就曾在纽约的孔祥熙家接见过尼克松。1950 年，尼克松竞选加利福尼亚州参议员时，孔祥熙和孔令杰还曾捐助大笔竞选经费并鼓动加州华人支持尼克松。

因此，宋美龄费尽心机地前往美国，尽管两个月前她写信给埃玛说："Lillienthal Galleries 打电报来，询问我是否同意在 9 月举行一次我的画展。我怕我到时候不可能脱身出国……由于我无法到纽约去，我的丈夫正试图请 Dr. Kesten 到台湾来，希望她能对我有所帮助。Dr. Kesten 对我的病情非常熟悉。"① 事后，叶公超向顾维钧详细描述了宋美龄此次赴美的曲折经历，"蒋夫人是何等的急于来美国而同时'总统'又是何等的切望第一夫人不要离开台湾。不过经她示意，叶（公超）已和委员长谈妥，并为她办好了来美的护照和在檀香山入境的签证。这一消息一经走漏出去，美国大使馆代办琼斯先生立即走访了外交部，他提出，国务卿将去檀香山参加美、澳新理事会会议，蒋夫人的行期正好和国务卿的到达日期巧合。这就可能引起外界对她此行目的产生猜疑。因此他提出蒋夫人是否可以推迟一周起程。叶（公超）说，他没有把琼斯的话告诉委员长，而是把推迟行期作为自己的意见提出来的。这是非常严谨的做法。他说他的建议很顺利地被接受了"②。

宋美龄甫抵檀香山后，即通过游建文宣布，此次就医如无成效就可能赴美国大陆寻医，从而为后期运作埋下伏笔。③ 与此同时，她也做出了种种姿态，给外界以治病的观感。例如，把陪同

---

① 美国韦尔斯利科学院档案馆馆藏的宋美龄大学同学埃玛·德隆·米尔斯的档案中宋美龄与埃玛的往来通信。

② 顾维钧：《顾维钧回忆录》第九卷，中国社会科学院近代史研究所本书编写组译，中华书局 1993 年版，第 605 页。

③ 参见顾维钧：《顾维钧回忆录》第九卷，中国社会科学院近代史研究所本书编写组译，中华书局 1993 年版，第 578 页。

人员遣回台湾；让夏功权以"病中谢绝拍照"为由与"那些不断坚决要求（宋美龄）发表声明和拍摄照片的报刊和电台代表周旋"①；等等。然而，值得琢磨的细节是，宋美龄遣回了她的中文秘书，却把她非常得力的助手（英文秘书）留在了身边。②

到了1952年10月中旬，宋美龄的皮肤病也已痊愈。10月15日离开旧金山赴纽约。在宋美龄此次访美期间，"院外援华集团"是最为积极的群体。宋子文曾经告诉顾维钧，宋美龄此次到美国，最初是斯克里普斯-霍华德报系的执行委员会主席霍华德发起的，而且也是霍华德夫妇将宋美龄从旧金山迎接到纽约的。③ 不仅如此，"院外援华集团"还组织纽约唐人街的华人赴机场夹道欢迎宋美龄。顾维钧在纽约机场迎接宋美龄时，也观察到宋美龄仅仅是"肤色略受影响，但看起来健好无恙"④。

宋美龄奔赴纽约，是为了和"院外援华集团"汇合，在纽约这个"院外援华集团"的"司令部"指挥对美游说活动。显然，宋美龄认为，美国共和党和艾森豪威尔将在此次大选后入主白宫，美国的政治环境将朝着有利于台湾的方向发展，她需要为这种改变做出自己的努力以获取未来的回报。当时的美国新闻界即有传闻，指宋美龄在为艾森豪威尔的竞选私下奔走。⑤ 宋美龄在1986年出版的《畅谈年来所思所感》一文中提及了这种回报，她说道："……我必须对艾森豪威尔总统的风度、宽大和友善致谢。他曾派霍华德把令人鼓舞的信息送给蒋'总统'和我，并向我们殷殷致意。霍华德先生是斯克里普斯-霍华德报系的执行委员会主席，也

---

① 顾维钧：《顾维钧回忆录》第九卷，中国社会科学院近代史研究所本书编写组译，中华书局1993年版，第592页。

② 参见顾维钧：《顾维钧回忆录》第九卷，中国社会科学院近代史研究所本书编写组译，中华书局1993年版，第593页。

③ 参见顾维钧：《顾维钧回忆录》第九卷，中国社会科学院近代史研究所本书编写组译，中华书局1993年版，第613页。

④ 顾维钧：《顾维钧回忆录》第九卷，中国社会科学院近代史研究所本书编写组译，中华书局1993年版，第612页。

⑤ 参见顾维钧：《顾维钧回忆录》第九卷，中国社会科学院近代史研究所本书编写组译，中华书局1993年版，第619页。

是我们多年的忠实好友。这信息是强调坚守台湾和澎湖群岛对自由世界之重要性……"① 为了滞留在纽约等待美国大选揭晓，宋美龄又使出了1949年的伎俩。一方面，她避居远离纽约的乡间，对外宣称"一不接电话，二不见来客"②，给外界以安心养病的印象；另一方面，电告蒋介石病情反复。

1952年11月4日，艾森豪威尔凭借反对杜鲁门运动与标语"韩国！共产主义！贪污！"（Korea! Communism! Corruption!）赢得人心，击败民主党总统候选人史蒂文森，当选美国总统。艾森豪威尔当选让宋美龄更加坚定地滞留在纽约，与各方要人密切联络，试图通过"密室外交"谋求改变美国政府的对台政策，促使美国政府从帮助"台湾的合法防卫"转向支持蒋介石"反攻大陆"。对此，蒋介石无可奈何，只得在不断询问宋美龄归期的同时，亦反复叮嘱宋美龄谨言慎行。11月9日，蒋介石致电宋美龄说："美国新总统选出后，凡于我国有关之事，除极重要问题与政策之外，不可多托其领袖为我政府说情，使人为难，且免新任疑虑此种微妙关系，影响于将来得失甚大也，务望慎之，至其新总统巡韩访台事，兄拟直接电邀，以示欢迎之意。"③ 26日又致电宋美龄说："美国驻台之外交与军事人员，至今绝未提及我军援韩之事，故我方亦无回答其不能援韩之事可知，其国务院之报告仍如过去之捏造，专在挑拨'两国'感情也。请对方注意为要，至于对一般记者或通常问及我军援韩意见，则我方皆说从前我军援韩之诺言，至今仍为有效，但我政府决不再自动请求援韩而已，对此事兄已面授叶处长，以大体方针始终如一，请向叶处长即可了然也。"④

到了12月，蒋介石的耐心似乎已经殆尽。12月9日、13日蒋介石连续电催宋美龄返台⑤，宋美龄以病情反复搪塞。蒋介石只得

① 《妇联三十五年》，台北"中华妇女反共联合会"1985年版，第7页。
② 顾维钧：《顾维钧回忆录》第九卷，中国社会科学院近代史研究所本书编写组译，中华书局1993年版，第619页。
③ 《蒋中正致宋美龄函》（七），台北"国史馆"藏。
④ 《蒋中正致宋美龄函》（七），台北"国史馆"藏。
⑤ 《蒋中正致宋美龄函》（七），台北"国史馆"藏。

于 21 日致电说："保君建寄来手书已悉贵恙复发，甚念，望适心静养可也。"①26 日，蒋介石又致电宋美龄询问"贵恙状况有否进步，此间圣诞节，亲友宴会皆以贵恙为念，并祝早日康复，盼能在台同庆旧历除夕也，马之三十一日生日请代为联名函贺，兄不另致电也"②。29 日，蒋介石致电宋美龄再问"贵恙究竟如何，不胜系念，昨闻电话声气病症似比前增加，为虑，务望耐心静养，切勿焦急，家中一切如常，勿念。史班尔曼来时，自当礼遇无失也"③。31 日，蒋介石再致电宋美龄还是说道："明日又是元旦了，夫妻未能欢聚一堂，时用想念贵恙究竟如何，不胜系虑，惟祈上帝保佑，从速痊愈，俾我家庭早日团聚而已。"④

进入 1953 年，蒋介石对宋美龄的滞美不归，已无可奈何。1 月 19 日，蒋介石致电宋美龄只是简单地问道"贵恙如何，何日可回来"⑤。2 月 12 日，蒋介石更电告宋美龄，"现已来高雄过年，甚觉寂寞，望即回台"⑥。反观之，2 月 3 日，宋美龄电告蒋介石，"上次与新国务卿（杜勒斯）讨论第七舰队等事，因怕事前泄露不便告知，此次美方举动，请兄勿再发表任何意见"，并称"今英国等极力反对此举，我方唯有暗中工作，且美方作用明显，以注意亚洲来强迫欧洲各国互相团结"，强调"前途变化仍多，不能因此举而自满"，"我仍须时刻注意"⑦2 月 12 日，宋美龄又电告蒋介石，美游击队主管据台湾"大道新闻社"的报道得知台湾在大陆有组织的游击队共有六十万人。美方希望台湾不再发表此种消息，"以免为美国人民误解，我方既有此钜数之游击队在大陆而无惊人成绩，反而有所感，而使我方友人工作困难"⑧。如此种种，显示宋美龄此时开始积极地向蒋介石建言具体的对美"外交"事务。

---

① 《蒋中正致宋美龄函》（七），台北"国史馆"藏。
② 《蒋中正致宋美龄函》（七），台北"国史馆"藏。
③ 《蒋中正致宋美龄函》（七），台北"国史馆"藏。
④ 《蒋中正致宋美龄函》（七），台北"国史馆"藏。
⑤ 《蒋中正"总统"文物档案》，台北"国史馆"藏。
⑥ 《蒋中正致宋美龄函》（七），台北"国史馆"藏。
⑦ 《蒋中正"总统"文物档案》，台北"国史馆"藏。
⑧ 《蒋中正"总统"文物档案》，台北"国史馆"藏。

宋美龄滞美不归的另一个目的是，寻找时机以公开登上美国"外交"舞台。宋美龄先是试图出席艾森豪威尔总统的就职典礼（1953 年 1 月 20 日举行）。为了帮助宋美龄获得参加就职典礼的请帖，纽约州州长杜威"尽了最大努力"①，众议院议长小约瑟夫·马丁和参议员泰尔斯·布里奇斯也赞成此举，因为这"可使国民党中国觉得好些"②。但由于美国国务院反对，几经波折，宋美龄在就职典礼前几天才获得参加的请帖。可能是宋美龄从此事的一波三折中嗅出了什么不好的味道，也可能是蒋介石的反对，宋美龄最终以健康原因没有出席总统就职典礼。

但是，宋美龄并没有放弃，她需要一次公开亮相。于是，宋美龄开始运作访问华盛顿并会晤艾森豪威尔总统事宜，这些运作和前期各项事务一样，都是绕开"大使馆"而通过"院外援华集团"实施的。宋美龄甚至"亲自函请艾森豪威尔总统约定时间以便前往"③。2 月 28 日，宋美龄电告蒋介石，"三月九日将与艾森豪威尔会晤，兄有何意见盼转达者请即电告"④。对此，蒋介石十分谨慎，没有通过电报的形式将意见告诉宋美龄，而是选择让曾宝荪带信。因为，2 月 12 日蒋介石复电宋美龄曾提及"密码不可再用"⑤。

3 月 8 日至 12 日，宋美龄访问华盛顿。在停留的几天时间里，宋美龄的行程极其饱和，"除赴白宫茶会及议院午餐外，我'大使馆'亦分邀军政各界参加午晚餐会，计前后接见二百余人"，宋美龄"乘便分别谈话，间有谈未尽衷者，并经另约续谈"⑥。

---

① 顾维钧：《顾维钧回忆录》第十卷，中国社会科学院近代史研究所本书编写组译，中华书局 1993 年版，第 7 页。
② 顾维钧：《顾维钧回忆录》第十卷，中国社会科学院近代史研究所本书编写组译，中华书局 1993 年版，第 7 页。
③ 顾维钧：《顾维钧回忆录》第十卷，中国社会科学院近代史研究所本书编写组译，中华书局 1993 年版，第 49 页。
④ 《蒋中正"总统"文物档案》，台北"国史馆"藏。
⑤ 《蒋中正"总统"文物档案》，台北"国史馆"藏。
⑥ 《蒋中正"总统"文物档案》，台北"国史馆"藏。

3月9日，宋美龄出席了艾森豪威尔总统在白宫为她举办的茶会。① 尽管这只是一次非正式活动，但宋美龄仍作了充足的准备，3月8日到达台湾驻美"大使馆"所在的双橡园后，便与顾维钧商议如何"使总统透露一些话，从而了解他在对'自由中国'的政策方面的态度和意图，以及他希望她（宋美龄）在有关朝鲜冲突和远东的总形势方面做些甚么"②。然而，艾森豪威尔却无意谈公事，他和夫人很周到地接待了宋美龄，使得此次茶会仅仅以礼节性的应酬而告终。

当天晚上，"大使馆"为宋美龄举行了宴会，出席的美方知名人士有众议院议长马丁、新任国防部长威尔逊夫妇、新任司法部长赫伯特·布劳内尔夫妇、新任邮政管理局局长阿瑟·萨默菲尔德夫妇、参议员麦卡伦·弗格森夫妇、参议员史密斯·约翰逊夫妇、众议院萧特·富尔顿夫妇、女众议员凯瑟琳·圣乔治等。③ 席间，宋美龄大部分时间都在同新任国防部长威尔逊谈话，威尔逊告诉宋美龄，"蒋介石提出的建立中美联合参谋部，以事先制定出应付突然事变的计划的意见是正确的，而且应该予以实现"，并且征求任命雷德福上将为参谋长联席会议主席的意见。④ 在这场宴会上，宋美龄表现得极为出色，顾维钧在回忆录中赞扬宋美龄"感觉灵敏而聪明"，并认为"如果她是一位男子，她很可能是一位一流的外交家"。⑤

3月10日，"大使馆"又为宋美龄安排了一场晚宴，出席的有内政部长道格拉斯·麦凯夫妇，参议员马隆、麦卡锡、布里奇斯、乔治和马格纳森以及他们的夫人，副国务卿史密斯夫妇，助理国

---

① 《蒋夫人访白宫 艾森豪夫妇特茶会接待》，《"中央"日报》1953年3月11日。

② 顾维钧：《顾维钧回忆录》第十卷，中国社会科学院近代史研究所本书编写组译，中华书局1993年版，第70页。

③ 参见顾维钧：《顾维钧回忆录》第十卷，中国社会科学院近代史研究所本书编写组译，中华书局1993年版，第73页。

④ 顾维钧：《顾维钧回忆录》第十卷，中国社会科学院近代史研究所本书编写组译，中华书局1993年版，第73页。

⑤ 顾维钧：《顾维钧回忆录》第十卷，中国社会科学院近代史研究所本书编写组译，中华书局1993年版，第73页。

务卿麦卡德尔夫妇，众议员泰伯，美国前驻华大使赫尔利的夫人及"大使馆"的一些人员。① 在这场晚宴上，宋美龄与史密斯将军就"从缅甸遣返（李弥）部队问题"进行了长谈。通过此次会谈，宋美龄认识到"应当在原则上接受美国的建议，然后再商谈实施细节"。②

3月11日，美国众议院议长马丁及参议院临时议长勃里奇为她举行午宴，与美国副总统尼克松、参议院共和党政策委员会主席参议员诺兰、一直支持国民党当局的众议员周以德，以及其他共和党、民主党领袖见面。③ 主人还把曾在卫斯理安学院教过宋美龄英语的丘奇夫人也请到了。④ 宋美龄在午宴答谢致词时夸赞美国国会最伟大的职责"乃在于诸君藉神的指引而成为自由世界共同良知的领导者"，并借机表白："中国的前途充满希望，爱好自由的中国人民，不论他们在哪里，都将永不失去他们对于公理终必战胜所持具的信心"，"我们在自由世界边缘的台湾，将继续不屈不挠，坚定不移的献身于争取全人类的正义与公理，无论可能要我们作什么艰苦的牺牲，我们都将挺身以赴。我们不为自己作何要求，我们只要求为我们共同的标的作最大的贡献。如果自由世界每个国家都准备尽其本分，无疑的，我们将在目前的这场搏斗中，获得胜利"。⑤ 显然，宋美龄试图劝说美国政府要人们以"保护全人类的正义与公理"的名义帮助台湾"反攻大陆"，同时声明台湾已做好准备。

3月11日，"大使馆"为宋美龄安排了第三场晚宴，参加的人包括副总统尼克松，共同安全署署长史塔生，共和党参议员诺兰、

---

① 参见顾维钧：《顾维钧回忆录》第十卷，中国社会科学院近代史研究所本书编写组译，中华书局1993年版，第75页。
② 顾维钧：《顾维钧回忆录》第十卷，中国社会科学院近代史研究所本书编写组译，中华书局1993年版，第75页。
③ 参见《我与"共匪"搏斗具有必胜信心》，《"中央"日报》1953年3月13日。
④ 参见顾维钧：《顾维钧回忆录》第十卷，中国社会科学院近代史研究所本书编写组译，中华书局1993年版，第76页。
⑤ 《我与"共匪"搏斗具有必胜信心》，《"中央"日报》1953年3月13日。

蒙特、希肯卢珀、兰格，民主党参议员詹姆斯·理查兹和詹斯。①
宋美龄作了即席发言，她在发言中"向美国人民表示赞赏、感谢
和敬意"②。由于宋美龄余兴未尽，3 月 12 日，顾维钧又为她提供
了一次机会——冷餐午宴，为的是使宋美龄能够见到她希望见到，
而又未能见到的那些朋友。这些人包括美国国会、国务院和军队
的成员，以及新闻广播界的代表和社会人士，如印第安纳州参议
员威廉·詹纳、华盛顿州参议员哈里·凯恩、马萨诸塞州参议员
约翰·肯尼迪等。③

通过在华盛顿的这些活动，宋美龄广泛会晤了美方的重要人
物，传达了蒋介石和台湾当局的希望与要求，也从中了解了美国
政府的对台政策，并广泛交结了朋友，是一次令她十分满意的访
问，达到了她费尽心机滞留美国的目的。在离开华盛顿不久，宋
美龄就于 3 月 25 日返回了台湾。也正是由此开始，"台美"关系
进入了"蜜月"期。

3. 赴美游说收获

宋美龄此次访美，最大的收获是与美国新一届政府建立起了
良好的关系，并推动美国对台政策进行了重大调整。杜鲁门在任
总统期间，他对蒋介石及其亲属始终没有好感。美国作家默尔·
米勒有一次采访杜鲁门总统，杜鲁门就气得大骂："他们（国民
党）都是贼，个个都他妈的是贼……他们从我们给蒋送去的 38 亿
美元中偷去 7.5 亿美元。他们偷了这笔钱，而且将这笔钱投资在巴
西的圣保罗，以及就在这里，纽约的房地产。"④ 朝鲜战争爆发后，
原本打算放弃蒋介石政权的杜鲁门，出于战略考虑，抛出台湾

---

① 参见顾维钧：《顾维钧回忆录》第十卷，中国社会科学院近代史研究所本书编
写组译，中华书局 1993 年版，第 76 页。

② 天津编译中心编：《顾维钧回忆录缩编》（下册），中华书局 1997 年版，第
1117 页。

③ 参见顾维钧：《顾维钧回忆录》第十卷，中国社会科学院近代史研究所本书编
写组译，中华书局 1993 年版，第 78 页。

④ "Madame Chiang Kai-shek, a Power in Husband's China and Abroad, Dies at
105"，《纽约时报》2003 年 10 月 25 日。

"中立化"政策。尽管这一政策让蒋介石政权得以喘息，但严重地束缚了蒋介石"反攻大陆"政策的实施，而且还让蒋介石面临着随时被美国人抛弃的风险。反观艾森豪威尔，1953年2月2日就任总统后的第一份致国会咨文中就宣示，解除台湾"中立化"，不再限制国民党军队对大陆的攻击，同时第七舰队继续"协防"台湾。① 2月5日，艾森豪威尔又命令第七舰队停止在台湾海峡进行"中立巡逻"。②

2月11日，时任美国参谋长联席会议主席的布拉德利上将宣称，援助台湾的物资正在增加中。③ 这一系列政策的变化标志着艾森豪威尔抛弃了杜鲁门时期的台湾"中立化"政策，开始实施"放蒋出笼"政策。"放蒋出笼"政策的实施，使得蒋介石收获了滚滚而来的美援，由此蒋介石所处的政治、军事和"外交"环境得到了极大地改善。

宋美龄此次访美，巩固和扩大了"院外援华集团"的影响范围。第一，宋美龄利用"院外援华集团"的核心成员、斯克里普斯–霍华德报系的执行委员会主席霍华德，建立起了与艾森豪威尔总统直接沟通的渠道。第二，蒋宋家族通过把尼克松推上副总统的宝座，在共和党和美国政府内部扶持出了一个美蒋利益共同体，从而在传统的国会同盟军之外又获得了新的助力，进而为美国政府政策偏向蒋介石政权打下了良好的基础。第三，通过将两岸对峙放入东西方冷战格局之中，"院外援华集团"进一步加深了美国与中国大陆的对立，进一步彰显了台湾国民党政权在美国西太平洋的反共战略中的地位。

4. 再度赴美治病兼"外交"工作

1954年，宋美龄又一次生病了，这一次也是真的。1954年年

---

① 参见南京大学台湾研究所编：《海峡两岸关系日志（1949—1998）》，九州出版社1999年版，第32页。

② 参见南京大学台湾研究所编：《海峡两岸关系日志（1949—1998）》，九州出版社1999年版，第32页。

③ 参见南京大学台湾研究所编：《海峡两岸关系日志（1949—1998）》，九州出版社1999年版，第32页。

初，宋美龄"因患上传染性肝炎，卧床七个星期"，且由于"肝病正在损伤双眼，因而不能阅读或作画，这令生活变得非常呆板无趣，特别是医生要我把我的'思想机器'也关掉，就更是如此了"。① 紧接着，"因史塔森先生（Mr. Stacsen）②来访，我第一次起床参加晚宴，不幸又得了感冒，只好重新回到病榻"。③ 到了4月份，因"旧疾复发，无法照常工作"④，故无法参加"妇联会"成立四周年纪念大会，仅致函纪念大会表示祝贺。4月22日，孔令杰告知顾维钧，宋美龄神经性皮炎复发，苦不堪言，决定赴美就医。⑤

4月29日晚，宋美龄抵达旧金山富兰克林医院等待检查。⑥ 次日电告蒋介石称"昨晚抵院，人甚疲倦，医云须静养数日始能试验病源"⑦。蒋介石回电嘱宋美龄"专心养病早日康复"⑧。为了此次治疗，宋美龄放弃参加5月20日蒋介石的"'总统'就职典礼"，只是派孔令仪回台湾帮助蒋介石"完成就职与招待之准备工作"。⑨ 对此，5月20日蒋介石致电宋美龄说："今日就职典礼，一切完备、周到，仪甥同在家族之列，欢欣异常，惟贤妻未能参加，皆为遗憾，刻已完成典礼，特此奉告。"⑩

7月6日，宋美龄前往纽约。⑪ 这是宋美龄上一次访美留下的"良好传统"，她需要在公开露面之前，会见一些"院外援华集团"

① 美国韦尔斯利学院档案馆馆藏的宋美龄大学同学埃玛·德隆·米尔斯的档案中宋美龄与埃玛的往来通信。

② 当指1948年参加共和党总统候选人提名竞选的美国明尼苏达州州长。

③ 美国韦尔斯利学院档案馆馆藏的宋美龄大学同学埃玛·德隆·米尔斯的档案中宋美龄与埃玛的往来通信。

④ 佟静：《宋美龄大传》（下），团结出版社2006年版，第423页。

⑤ 参见天津编译中心编：《顾维钧回忆录缩编》（下册），中华书局1997年版，第1233页。

⑥ 《蒋夫人抵美》，《"中央"日报》1954年5月1日。

⑦ 《蒋中正"总统"文物档案》，台北"国史馆"藏。

⑧ 《蒋中正"总统"文物档案》，台北"国史馆"藏。

⑨ 《蒋中正"总统"文物档案》，台北"国史馆"藏。

⑩ 《蒋介石致宋美龄密电》（1954年5月20日），《蒋中正"总统"文物：一般资料——民国四十三年》，台北"国史馆"藏。

⑪ 参见天津编译中心编：《顾维钧回忆录缩编》（下册），中华书局1997年版，第1238页。

的老友，了解美国的政治动向，进行一些幕后的运作。此时正值第一次台海危机如火如荼，尤其是金门地区的炮战进入白热化状态。台湾方面强烈要求美国协防金马地区，并把此列入"美台共同防御条约"的谈判之中。然而，7月1日，顾维钧会见杜勒斯时要求美国声明协防沿海岛屿，杜勒斯当场拒绝。① 7日，艾森豪威尔宣布，美国坚决反对中华人民共和国加入联合国②，这个声明给了台湾方面少许安慰。由于史料匮缺，我们不知道宋美龄进行了哪些幕后活动。但从蒋介石致宋美龄的函电可知，宋美龄见了霍华德、史密斯。③ 从可获得的史料猜测，宋美龄活动的目的有增加美援、会见艾森豪威尔，以及影响杜勒斯。

美援方面。7月11日下午，宋美龄在美国长岛蝗虫谷孔祥熙宅邸会见顾维钧，宋美龄表示美国的援助关系台湾的生死存亡④，这表明宋美龄十分关注美援问题。我们无法知晓宋美龄随后的运作细节，但到了9月21日，蒋介石致电宋美龄时说及"军协"计划，"军协一亿元计划已于今晨直接提交蓝卿与蔡斯矣，据蔡斯昨晚接雷德福将军电称，对华军援数目仍如去年相同，并无改变新的政策，其意等于增加无望之覆绝，余答美政府对我金门、大陈如此紧急热战之情形，毫不注意，且对我军援助之要求，延滞至今，仍置之不理，诚是轻侮中国，不以余为友邦之态度，殊出意外，嘱转问其政府对华政策，究竟如何，并告其今日提出之军协计划，可否照办，望从速作答也，至于叶所带军协原案与现提新案，略有修正，故早已电其缓提，惟新案既已直交蓝、蔡，仍

---

① 参见南京大学台湾研究所编：《海峡两岸关系日志（1949—1998）》，九州出版社1999年版，第43页。

② 参见南京大学台湾研究所编：《海峡两岸关系日志（1949—1998）》，九州出版社1999年版，第43页。

③ 参见《蒋正中电宋美龄》（1954年7月），《一般资料》，《蒋中正"总统"文物，》台北"国史馆"藏档案。

④ 参见天津编译中心编：《顾维钧回忆录缩编》（下册），中华书局1997年版，第1240页。

须另邮寄叶，俾可与美就近交涉无妨也"①。22 日，再致电说及"军协"，"昨电谅达，关于军协计划案，查'外交部'尚未向蓝、蔡正式提出，现决定不提，免遭再受轻侮也"②。26 日，又致电催促道："美国对韩国军援数目案已经发表，我亦应催其从速发表，或正式对我通告，以便着手准备为要。"③

8 月底，宋美龄正式登上公众舞台，不巧的是"美国国会方休会，两院议员大都回籍预备竞选或去国外旅行。总统、副总统、各部首长亦多离美避暑"④。宋美龄需要找到一个合适的场合与艾森豪威尔总统会面，让世界感受到艾森豪威尔对台湾的支持。26日，蒋介石致电华盛顿的顾维钧，说及宋美龄"二十九日来华府，莅美军人大会晚宴演说，钧陪同到会"。29 日晚 10 时，宋美龄抵达华盛顿，入住双橡园。⑤ 次日，宋美龄出席美国退伍军人大会。中午 12 时，艾森豪威尔总统到达会场发表演说，宋美龄被迎到讲台前与艾森豪威尔总统寒暄合影。⑥ 随后，宋美龄发表演说《中国将重获自由》，演说首先对美国退伍军人协会给予的支持表示感谢；继而"控诉"苏联从中国内部着手，逐步侵占了大陆；最后详述了台湾的"自由"，并称大陆人民对台湾都抱着极大的希望，把他们的自由愿望寄托于台湾，台湾是"自由的庇护地"，声称"有上帝的帮助，我们不会失败，中国将重获自由，世界也将如是"⑦。事实上，宋美龄说些什么并不重要，重要的是她让世界看

---

① 《蒋正中电宋美龄》(1954 年 9 月 21 日)，《一般资料》(1954)，《蒋中正"总统"文物》，台北"国史馆"藏档案。

② 《蒋正中电宋美龄》(1954 年 9 月 22 日)，《一般资料》(1954)，《蒋中正"总统"文物》，台北"国史馆"藏档案。

③ 《蒋中正电宋美龄美国对韩国军援数目已发表我应催其从速发表或正式对我通告以便着手准备》，台北"国史馆"藏。

④ 《顾维钧电蒋中正》(1954 年 9 月 2 日)，《对美关系》(六)，《蒋中正"总统"文物》，台北"国史馆"藏档案。

⑤ 参见《顾维钧电蒋中正》(1954 年 8 月 31 日)，《对美关系》(六)，《蒋中正"总统"文物》，台北"国史馆"藏档案。

⑥ 参见《顾维钧电蒋中正》(1954 年 9 月 1 日)，《对美关系》(六)，《蒋中正"总统"文物》，台北"国史馆"藏档案。

⑦ 《蒋夫人在美退伍军人协会演讲》，《"中央"日报》1954 年 9 月 1 日。

到了艾森豪威尔在听她说，看到了艾森豪威尔在支持蒋介石。9月1日，宋美龄接见了"反共义士"访问团、侨团代表及驻华盛顿各机关职员，并于当日下午返回纽约。① 在华盛顿期间，顾维钧为宋美龄安排了大量的活动："三十、三十一两日，钧在馆设备午宴二次，晚宴一次，邀请现在华府美政府当局及两院重要议员与夫人会见，以便谈话。来宾中有国防部代理部长安德生、马克尼尔次长、雷德福总长、海军参谋总长卡尼、国务院代副国务卿墨裴、援外总署署长史达生夫妇、财政部国库署长潘义司夫人、罗柏森次长、鲁斯夫人与马加伦、马丁等参议员，两院原子能联合委员会会长、众议员高尔等多人，均系台方好友，叙谈欢洽。"②

蒋介石所期望的收获不仅于此，他想把美国更深地卷入台海战争之中，杜勒斯是他需要影响的核心人物。9月3日，蒋介石致电纽约的宋美龄说："杜卿如临时决定改变计划，再电转告，必来不及，不论其是否变更计划，仪甥应即来台准备，为要。"③ 6日，致电说"杜勒斯君刻覆电定九日正午来台，当日傍晚即离台返美，不便久留，故仪甥来台时间已赶不及，看彼身体亦甚健，飞机跋涉更形劳顿，为虑，如其能与吾爱同来，更所至盼"。10日，杜勒斯访问台湾，蒋介石与他仅交谈3小时，"故谈话集中于中美互助双边合约之一点上，其他如开案计划，在谈话中亦略提及，属其注意杜之态度，对余始终以友义与尊重出之，彼云在其夏季白宫会议时当郑重与其总统切商也，史密斯参议员态度比上次为恳切"④。杜勒斯的反应让蒋介石心生警惕。20日，蒋介石致电宋美龄，"'回国'前对魏德迈、鲁斯及《纽约时报》与《论坛报》各

① 参见《顾维钧电蒋中正》（1954年9月2日），《对美关系》（六），《蒋中正"总统"文物》，台北"国史馆"藏档案。

② 《顾维钧电蒋中正》（1954年9月2日），《对美关系》（六），《蒋中正"总统"文物》，台北"国史馆"藏档案。

③ 《蒋中正电宋美龄》（1954年9月3日），《一般资料》（1954），《蒋中正"总统"文物》，台北"国史馆"藏档案。

④ 《蒋中正电宋美龄》（1954年9月10日），《一般资料》（1954），《蒋中正"总统"文物》，台北"国史馆"藏档案。

主人夫妇能约谈一次，为要"①，希望借助"院外援华集团"的力量，继续为台工作。

10月12日，宋美龄在旧金山富兰克林医院接受返回台湾前的最后一次体检。② 22日上午，宋美龄乘坐的飞机自檀香山起飞，经停威克岛、关岛后，于中午抵达台北松山机场，结束了短暂的访美行程。

二、赴美宣传"外交"

1. 游说政要

1957年10月10日，中国国民党第八次代表大会召开，蒋介石作了题为《革命形势与大会使命》的演讲，要求"研讨反攻复国计划"，并提出"建设台湾，策进反攻"。此时，美国对台湾的支持和防卫体系已经基本形成，但美国始终不支持台湾当局武力"反攻"大陆，美国的态度成为束缚在台湾当局头上的紧箍咒。为寻求促使美国打破防御框架的途径，宋美龄积极筹备美国之行。

行前，宋美龄征询了索科尔斯基（George E. Sokolsk）的意见。1958年2月15日，索科尔斯基致信宋美龄，告之罗斯福夫人一直在美国攻击她，他通过《星期六晚间邮报》著文对罗斯福夫人的攻击进行了反驳。③ 3月18日，宋美龄致信索科尔斯基，感谢他反驳罗斯福夫人，并咨询访美建议。④ 5月12日，索科尔斯基回信写道：

> 我必须坦诚地告诉您，美国人民固然痛恨红色中国，但他们几乎忘记了台湾。要想做让美国人民记住台湾的事情，必须悄悄进行。美国驻联合国代表团那里也只是偶然传出一

---

① 《蒋中正电宋美龄》（1954年9月10日），《一般资料》（1954），《蒋中正"总统"文物》，台北"国史馆"藏档案。
② 参见《蒋夫人将由美返国》，《"中央"日报》1954年10月13日。
③ 参见斯坦福大学胡佛研究所馆藏档案索科尔斯基与宋美龄往来信函。
④ 参见斯坦福大学胡佛研究所馆藏档案索科尔斯基与宋美龄往来信函。

些有价值的事情。

5月21日上午，宋美龄起程赴美①，当晚抵达檀香山。② 5月22日，飞抵旧金山。③ 5月25日，出席旧金山华侨在中华总商会为其举办的欢迎会，并致词。致词感谢华侨对"祖国"的贡献，强调共产党的统治是"暂时的现象"，呼吁华侨继续支持台湾"反共抗俄"。④ 5月27日，飞抵纽约。⑤

7月是宋美龄"宣传之旅"的开端，她打算以一系列的演讲影响美国的民众和决策层。6月27日，宋美龄在纽约寓所接受美国记者访问，为此次"宣传之旅"定下了基调。在访问中，宋美龄表示坚决反对"两个中国"的论调，宣称"自由中国"必将"光复"中国大陆。宋美龄强调，"'自由中国'将在时机来临时，自己'反攻大陆'，不希望美国为我们'光复大陆'"，呼吁"自由世界支持一切反共国家与人民，停止支持骑墙的中立主义者"。

此前（5月12日），索科尔斯基曾建议她："如果您在美国期间打算发表演说的话，我希望您牢记一点：您在美国人民心目中的地位很高，令许多人羡慕不已。只要您的演讲代表你自己，简短亲切，打动人心，您为您的国家作出的贡献就比任何人都大。"对此，宋美龄深以为然。7月2日，宋美龄致信索科尔斯基，随信附去将在华盛顿新闻俱乐部发表的演讲稿，请其参详。⑥ 7月5日，索科尔斯基回信，建议她删去演讲词中抨击美国以往政策的部分，不要"直言不讳"，不要"过分批评美国的官方政策"，不要"把美国卷入立即开战的可能性"，更不要挑起战争情绪，因为"我们的人民还没有也不可能为第三次世界大战做好准备"，也因为"大多数美国人已经认识到——您的听众当然也知道——美国在1945

---

① 参见《赴美检查身体，蒋夫人昨首途》，《"中央"日报》1958年5月22日。
② 参见《蒋夫人抵檀岛，昨继飞旧金山》，《"中央"日报》1958年5月23日。
③ 参见《蒋夫人经檀飞抵旧金山》，《"中央"日报》1958年5月24日。
④ 参见《旧金山华侨盛会热烈欢迎蒋夫人》，《"中央"日报》1958年5月27日。
⑤ 参见《蒋夫人抵纽约》，《"中央"日报》1958年5月28日。
⑥ 参见斯坦福大学胡佛研究所馆藏档案索科尔斯基与宋美龄往来信函。

年已经放弃了开战的意图，并且竭力避免重新考虑这一意图"①。随后，宋美龄在各次演讲中都这么做了。

宋美龄把第一场演讲放在了密歇根大学，显然这是一次试探性的演说。7月9日，宋美龄自纽约飞抵底特律，继而乘车前往密歇根安娜堡，入住密歇根大学。下午接受密歇根大学电视台采访，称"如果不是自由中国的存在，大陆上的中国人将失掉重获自由的希望，如果台湾失去时，整个东南亚——即使不是整个亚洲——将入于共产党统治之下"，强调"自由中国的重要性至少与西德对自由世界的重要性相同"，并否认大陆在台人员与台湾人之间有摩擦，"因为他们都是中国人"②。7月10日晚，密歇根大学授予宋美龄荣誉法学博士学位，在授予典礼上宋美龄发表题为《生活在苦难中》的演说。宋美龄在演讲中声称，自由的传统使学生可以按喜好研究、吸收和消化相关知识，摒弃与天性气质所不容的知识，并从对科学的狂热努力、自由教育传统的缺点等方面攻击共产主义，告诫学生不可"向共产主义出卖肉体和精神"，不可"出卖你们下一代的肉体和精神的与生俱来的权利"。③

小试牛刀之后，宋美龄迎来了华盛顿之旅。7月14日，宋美龄抵达华盛顿。④ 宋美龄此次华盛顿之旅得到了美国官方的热烈回应。上到艾森豪威尔总统、尼克松副总统、国务卿杜勒斯、主管远东事务的助理国务卿劳勃森、参议院外交委员会主席葛林、前参谋首长联席会议主席雷德福、助理国防部长麦克尼尔夫人、众议院外交委员会女委员邱池、海军军令部长勃克、陆军部长布鲁克、陆军参谋长泰勃、海军陆战队司令派特等，下到美国全国记

---

① 斯坦福大学胡佛研究所馆藏档案索科尔斯基与宋美龄往来信函。
② 《蒋夫人应密大电视访问》，《"中央"日报》1958年7月11日。
③ 《密歇根大学举行盛会赠蒋夫人博士学位》《蒋夫人接受荣誉学位时演说》，《"中央"日报》1958年7月12日。
④ 参见《蒋夫人抵达华府》，《"中央"日报》1958年7月16日。

者俱乐部都纷纷宴请宋美龄①，以示热诚。

7月15日，宋美龄在白宫与艾森豪威尔总统共进午餐，并与合众国际社记者谈话。谈话赞扬艾森豪威尔干预中东危机的决定，称"如不采取行动，将是意味着对共党投降"，并驳斥伊拉克政变、黎巴嫩叛乱以及中东一般的反西方情绪是正当的阿拉伯民族主义的表现的说法，称"没有疑问，克里姆林宫一定是这一切的幕后操纵者……共党在中东的行动以及其捣乱联合国的企图，足以证明莫斯科的目标是要征服世界。苏俄确是希望和平，但是他们的和平是要由他们来统治整个世界，而使我们成为他们的奴隶"②。在白宫举行的宴会上，除宋美龄、董显光夫妇和台湾"驻联合国首席代表"蒋廷黻夫妇以外，艾森豪威尔夫妇还邀请了另外15名宾客作陪。

7月16日，宋美龄出席美国参议院外交委员会葛林为其举办的午宴，发表题为《美国的重要性》的演讲，将黎巴嫩、伊拉克及约旦之独立归为"共产党所蓄意制造的使自由世界利益产生分歧的事件"，称此类事件的发生源于"共产党首先制造人们对价值的混乱，继而制造对自由世界共同宗旨和方向的混乱"，并称"自由世界自1946年来大都处于防御地位"。宋美龄向参议院外交委员会委员保证，"'自由中国'人民以及那些暂时被关在中国大陆铁幕之后而不敢申张其要求的人民，必将继续与你们合作，只要我们振臂一呼，中国人民必然会群起响应"③。

7月17日，宋美龄又迎来了一场重头戏，出席在华盛顿新闻俱乐部举办的美国全国记者联谊会午餐会，发表题为《对共产主义危险性的认识》的演讲并回答记者提问。宋美龄深知新闻记者的重要性，她精心准备演讲稿，全面接受了索科尔斯基信中的意

---

① 参见《蒋夫人抵达华府 白宫设宴款待 在十天非正式访问中 美官员将纷设宴招待》，《"中央"日报》1958年7月16日；《蒋夫人赞扬艾森豪 对中东作明智决定 谓如不采积极行动俄将得寸进尺》，《"中央"日报》1958年7月17日。

② 《蒋夫人赞扬艾森豪威尔对中东作明智决定》，《"中央"日报》1958年7月17日。

③ 《蒋夫人发表演说保证中国人民继续与美合作》，《"中央"日报》1958年7月18日。

见，没有纠缠于战争，没有直接批评美国的政策。取而代之的是，宋美龄大谈特谈她对共产主义危险性的认识，呼吁"对于如何应付共党挑衅这个全球性问题应该有更佳的对策"，暗示对苏联和共产主义只能动用武力来解决。在回答记者提问时，宋美龄强调"光复大陆"的要紧性。当记者问及共产党获取政权的重要因素是什么时，她说："因素很多，但是我认为最重要的一项因素正和今天的情形相同，就是苏俄当时的宣传说'共匪'不是共产党人，而是土地革命者。"①

7月21日，宋美龄出席美国众议院外交委员会远东暨太平洋小组委员会午餐会，发表题为《解决问题的方法》的演讲，以如何避免第三次世界大战而解决问题为始，宣称共产党"第三次世界大战的军事思想"为"凭借装备战术性原子武器的地面部队横扫欧亚"，并据此呼吁"自由世界协助和鼓励亚洲人民，特别是中国大陆的亿万人民，在精神上、政治上、经济上和军事上起而反共"②。

7月23日，宋美龄又接见赫斯特要闻供应社记者蒙哥马利，指斥苏俄要求举行最高阶层会议讨论中东问题是一种"转移世人注意力"的方法，认为苏联"企图藉此转移自由世界对于共党在中东渗透行动的注意"，警告"自由世界"应注意苏联在中东所使用的策略，认为这一策略"正是当年用以颠覆中国政府的如法炮制"，并赞扬英美迅速出兵黎巴嫩与约旦。③

7月27日，下午三时陈纳德因动脉大出血逝世，宋美龄随即应互通广播公司邀请发表哀悼声明。是日夜返抵纽约。离开华盛顿前，宋美龄参加了华盛顿华侨为其举办的欢迎酒会，表示一定会"光复大陆"。④ 由此结束了她的华盛顿之旅。

---

① 《蒋夫人对全美记者联谊会演说，呼吁对共党挑衅采取更佳对策》《蒋夫人答复美记者问》，《"中央"日报》1958年7月19日。

② 《蒋夫人思想言论集》编辑委员会编：《蒋夫人思想言论集》（第四卷·演讲二），台北"中央文物供应社"1966年版，第107—109页。

③ 《蒋夫人警告自由世界》，《"中央"日报》1958年7月26日。

④ 参见《蒋夫人抵纽约》，《"中央"日报》1958年7月30日。

宋美龄的华盛顿之旅收获了大量的"闪光灯"，风光的场面一时无二。但这种风光似乎是美方有意而为之，人为地为宋美龄制造声势，以满足宋美龄的虚荣，也给蒋介石一个面子。美国人尽职尽责地当好了听众，却并没有采取任何实质的举措。两手空空的蒋介石十分失望，7月26日，在通过董显光转给宋美龄的电文中写道："关于高阶层会议出席问题，不表示任何态度为宜。"①

2. 应对第二次台海危机

宋美龄结束了华盛顿的访问后不久，第二次台海危机爆发。

1958年8月23日，中共发动金门炮战，正值晚餐时间，金门防卫司令部副司令赵家骧、章杰和吉星文被炮火击毙，防卫司令部司令官胡琏、参谋长刘明奎与在金门视察的"国防部部长"俞大维均负伤。

在此之前，8月6日，蒋经国致电宋美龄，告之"'共匪'空军进驻金门对岸机场海峡局势甚为紧张"②。17日，蒋经国电陈宋美龄："黄武官已返台手谕拜悉……儿承奉父命视察金马海峡情势仍紧但前线士气甚高。"③此电文中的"手谕"显示此事非比寻常，很有可能是向蒋介石传达有关美国方面对台海紧张局势的判断。对照29日蒋经国函电"大人冒炎暑为'国家'忙碌奔走至为感动"④，显然宋美龄在外表安静的同时正在积极从事幕后"外交"活动。8月25日，蒋经国致电宋美龄："'匪'炮连日炮击金门海空军亦已参战其目前之行动可能在试探我方与美国之态度惟'匪'方已完成作战之准备战争有一触即发之可能。"⑤同日，美

---

① 台北"国史馆"馆藏档案。
② 《蒋经国致宋美龄电文资料》，台北"国史馆"藏。
③ 周美华、萧李居编：《蒋经国书信集——与宋美龄往来函电》（上），台北"国史馆"2009年版，第194页。
④ 周美华、萧李居编：《蒋经国书信集——与宋美龄往来函电》（上），台北"国史馆"2009年版，第198页。
⑤ 周美华、萧李居编：《蒋经国书信集——与宋美龄往来函电》（上），台北"国史馆"2009年版，第196页。

国总统艾森豪威尔同意派遣美国海军为台湾军队后勤运输。①

8月26日晚，在"应邀赴西部"②之前，宋美龄在纽约机场表示，面对中国共产党对于金门的军事行动，西方国家应坚定立场。宋美龄于当晚飞抵洛杉矶。③此项活动是早先预定的安排，此时的宋美龄应该尚不知蒋介石对台海危机的基本态度，因此28日宋美龄出席美国律师公会第八十一届年会餐会并发表题为《不加分辨的乐观》的演讲时，仅仅是呼吁西方国家"应立即断绝自由世界为了经济利益与共产集团贸易"，并强调律师既应了解历史，更要知道现实，只有这样才能成为"真正高明的律师"，对金门炮战未置一词。④29日下午，宋美龄出席洛杉矶中华会馆及"华侨反共会"为其举办的欢迎宴会，并发表演讲勉励华侨"保持信心并信任'中华民国'的领导，继续支持'中华民国'政府，做一个良好公民"⑤。这时的宋美龄也没有长篇大论地论及金门炮战。显然，宋美龄在没有接收到蒋介石的进一步指示之前，在公开场合出言极为谨慎。

8月27日，蒋介石致函艾森豪威尔，要求"美台"联合行动防御金马，并要求美国允许台湾采取反攻行动。⑥28日，美国国务院发表声明称"美国不能允许对金门、马祖的攻击"⑦。29日，蒋经国致电宋美龄："'匪'炮仍续击金门其主要目标为机场与码头企图切断金门与台湾之交通以达成其孤立金门之目的马祖方面

---

① 参见南京大学台湾研究所编：《海峡两岸关系日志（1949—1998）》，九州出版社1999年版，第84页。

② 《宋美龄致蒋经国电文资料》，台北"国史馆"藏。

③ 参见《蒋夫人对记者表示"共匪"企图进攻台湾》，《"中央"日报》1958年8月28日。

④ 《美国律师公会年会上，蒋夫人发表演说》，《"中央"日报》1958年8月30日。

⑤ 《洛杉矶侨胞欢迎蒋夫人》，《"中央"日报》1958年8月31日。

⑥ 参见南京大学台湾研究所编：《海峡两岸关系日志（1949—1998）》，九州出版社1999年版，第84页。

⑦ 南京大学台湾研究所编：《海峡两岸关系日志（1949—1998）》，九州出版社1999年版，第85页。

'共匪'亦有作攻击之准备我方已在密切注意中。"①

进入 9 月之后，此时的宋美龄应已接获蒋介石的指示，她开始积极地在公开场合发表有关台海危机的言论，所发表演讲的基调也和华盛顿之旅时截然不同。9 月 3 日下午，宋美龄在芝加哥举行记者招待会，称"如果金门竟失陷于'共匪'之手，则其意义很可能为丧失太平洋整个一条连锁岛屿，如台湾、菲律宾、琉球、日本、而且甚至夏威夷"，表示"'共匪'目前炮轰金门及其附近各小岛的行动，是共党准备进一步侵略的迹象，'自由世界'应当制止这一行动。如果美国采取强硬立场，就能阻止共党的扩张"，并强调目前不需要美国士兵和资金保卫台湾。② 随后，出席在莫里逊酒店举行的芝加哥美国退伍军人协会妇女分会第三十八届年会，并发表演讲，对美国退伍军人协会及其妇女分会多年来对台湾的支持表示感谢，称"如果容许中共在苏俄支持下，继续对金门马

1958 年 9 月 13 日，宋美龄在美国退伍军人协会妇女会演讲

① 周美华、萧李居编：《蒋经国书信集——与宋美龄往来函电》（上），台北"国史馆" 2009 年版，第 198 页。

② 参见《蒋夫人在芝加哥告记者美国采取强硬立场即能阻止共党扩张》，《"中央"日报》1958 年 9 月 5 日。

祖等岛屿轰击，全世界之非共地区将遭受危害，美国的政策声明亦将成为世人眼中的笑柄"，警告"自由世界"不要受共产党的"虚伪及欺骗"。9月4日上午，宋美龄又出席美国退伍军人协会第四十届年会，发表题为《当前国际局势的认识》的演讲，分析四年来的国际局势，将埃及的纳塞主义比作纳粹，认为其已成为苏联的"傀儡"，并称东南亚国家与苏联的交往也是同样情况。宣称台湾"坚定的站在'自由世界'的最前哨，坚守着'反共'的岗位"；"共产党对金、马的轰击将在'自由世界'引发连锁反应，并将决定人类今后的命运"。最后提醒人们不要对共产党抱希望。①中午，宋美龄出席芝加哥华埠华商协会举行的欢迎会，称将不惜任何代价决心保卫金门和马祖，并尽最大努力"光复大陆"。②

同一天，中华人民共和国政府发表声明，宣布在中国12海里的领海范围内，一切外国飞机和军用船舶，未经中国政府的许可，不得进入中国的领海和领海上空。③ 6日，周恩来总理发表《关于台湾海峡地区局势的声明》，同日，艾森豪威尔声明同意与中国进行大使级会谈。④ 8日，蒋经国致电宋美龄，告之金门战况，并提到美军虽成功补给金门，但仍愿与共产党军队谈判，他本人对此表示忧虑。⑤

9月12日，台湾"外交部长"黄少谷发表声明，声称美国与大陆的谈判是不明智的，台湾已经注意到美国不损害台湾利益的提法。⑥ 同日，台湾"驻美大使"叶公超声称"拒绝将金门及马

---

① 《蒋夫人思想言论集》编辑委员会编：《蒋夫人思想言论集》（第四卷·演讲二），台北"中央文物供应社"1966年版，第129—133页。

② 参见《蒋夫人告芝城侨领政府决心"收复大陆"》，《"中央"日报》1958年9月6日。

③ 参见南京大学台湾研究所编：《海峡两岸关系日志（1949—1998）》，九州出版社1999年版，第85页。

④ 参见南京大学台湾研究所编：《海峡两岸关系日志（1949—1998）》，九州出版社1999年版，第85页。

⑤ 参见《蒋经国致宋美龄电文资料》，台北"国史馆"藏。

⑥ 参见南京大学台湾研究所编：《海峡两岸关系日志（1949—1998）》，九州出版社1999年版，第86页。

祖外岛予以非军事化、中立化，或是撤出这些岛屿的意见"①。15日，蒋经国电陈宋美龄，"父亲至马公高雄等地视察"。

获知蒋介石立场、口径的宋美龄在美国也展开了舆论攻势。21日，宋美龄在纽约接受美国国家广播公司《会见新闻界》电视节目采访，表示"中国政府"保留对华沙会谈中，美国与中共之间任何台湾地区协议加以拒绝的权利，并称"不承认大陆上的共党政权，无论如何绝不与共党政权谈判"；认为金马问题是原则问题，是"中华民国"的主权，只有"中华民国"能作决定，没有接受外岛解除军事化的任何可能性。②22日，蒋经国致电宋美龄，告之金门补给虽比以前顺利，但困难仍多。③

9月30日，美国国务卿杜勒斯在记者招待会上说，如果在台湾海峡地区获得"相当可靠的停火"，则国民党军队继续驻扎在金门、马祖等岛屿就是"不明智的、不谨慎的"，美国将赞成国民党军队从这里撤退。④10月5日，中华人民共和国国防部长彭德怀发布《告台湾同胞书》，宣布"基于人道立场，对金门停止炮击七天"。自此，大陆对台进入政治为主，军事手段为辅的新阶段，中共军队炮轰金门也打打停停、半打半停。10月6日，蒋经国致电宋美龄，告之自杜勒斯发表对台不利言论后，蒋介石大为烦恼；共产党提出金门停火一周及谈判的要求，迫于国际政治环境，亦似不可拒绝，只能"坚忍苦斗"。⑤同日，宋美龄致电蒋经国，望他善待蒋介石并注意其健康。⑥10月23日，美国与台湾达成一致，通过了"美台联合公报"，至此宋美龄事涉第二次台海危机的活动告一段落。

---

① 南京大学台湾研究所编：《海峡两岸关系日志（1949—1998）》，九州出版社1999年版，第86页。
② 参见《蒋夫人答美记者问，如对共党让步即是鼓励战争》，《"中央"日报》1958年9月23日。
③ 参见《蒋经国致宋美龄电文资料》，台北"国史馆"藏。
④ 参见南京大学台湾研究所编：《海峡两岸关系日志（1949—1998）》，九州出版社1999年版，第88页。
⑤ 参见《蒋经国致宋美龄电文资料》，台北"国史馆"藏。
⑥ 参见《宋美龄致蒋经国电文资料》，台北"国史馆"藏。

3. 再启民间宣传攻势

在第二次台海危机缓和之际，宋美龄重新启动了她的宣传攻势。为了准备好这场攻势，宋美龄和索科尔斯基又进行了商议。9月25日，宋美龄致信索科尔斯基，对其在《美国纽约日报》上发表的关于毛泽东的文章表示同意。认为毛泽东要比赫鲁晓夫志高一筹，而且对马克思理论的阐述更为正确。赫鲁晓夫为保证自己的权威，不会与毛泽东公开论战。① 10月7日，索科尔斯基回信，对宋美龄就毛泽东与赫鲁晓夫关系的预判进行分析，认为两者最终会产生分歧。② 与此同时，宋美龄积极筹备，以至于"月余来会客及预备演讲稿甚繁忙"③。为了筹划中宣传攻势的效果，宋美龄不顾"忽患脚痛经医初步诊断需动手术"，也要"到完毕后再就医"。④ 在这场宣传攻势中，宋美龄不再直接鼓吹"反攻大陆"的问题，而是猛烈攻击大陆当时正热火朝天进行的人民公社化运动，预言大陆必然发生"人民革命"。在这场宣传攻势中，宋美龄把美国民间势力作为她的主攻方向，把美国民间舆论作为她影响的重点。

宣传攻势于11月间拉开帷幕。5日下午，宋美龄自纽约飞抵迈阿密，在机场对哥伦比亚广播公司记者发表讲话，对"中华民国"的未来，表示坚定的信念。当记者问及何时进攻大陆时，宋美龄明确指出"进攻"一词并不是一个合适的词语，人们不会进攻自己的国家，应当使用"收复"一词。⑤ 7日上午，宋美龄分别接受迈阿密当地报纸代表、美国国家广播公司广播记者与电视记者、《迈阿密前锋报》记者的采访。下午分别与迈阿密市市长奥卡、郝艾会谈，并参加韦斯理学院联谊会。其在入住的封腾布罗旅馆举行的记者招待会上表示，"除非阻止共党的侵略，否则全世

① 参见斯坦福大学胡佛研究所馆藏档案索科尔斯基与宋美龄往来信函。
② 参见斯坦福大学胡佛研究所馆藏档案索科尔斯基与宋美龄往来信函。
③ 《蒋经国致宋美龄电文资料》，台北"国史馆"藏。
④ 《蒋经国致宋美龄电文资料》，台北"国史馆"藏。
⑤ 参见《蒋夫人在迈阿密谈话对于"收复大陆"表示坚定信念》，《"中央"日报》1958年11月7日。

界将陷入另一次大战"①。

11月14日，宋美龄出席在印第安纳州印第安纳波利斯举办的全美"反共大会"，接受全美"反共大会"颁发的"殊功"奖状，并发表演说，称共产党善于使用宣传手段"教唆自由世界"的舆论，运用"文字战的力量给予若干字眼以虚妄的政治性、哲理性及教条性的含义"，以此"左右一般人的思想"，表示对"中华民国"的前途极具信心，相信"反共斗争"必获胜利。②

11月19日，宋美龄在罗德岛新港海军大学发表题为《维系和平的最确实方法》的演讲，指出"人类任何努力的力量要质是来自合作，或者诸位也可以称之为团体精神……可是第二次世界大战以后的世事，已向我们显示，'自由世界'人民在政治方面的缺少这种团结精神和缺少持久的深思，以使世界共产主义得以成为一个巨大的威胁"。并认为"从美国国会记录和调查美国国内颠覆活动各委员会的报告，以及共党本身的招供中，可以看出共党已渗入政府、社会及工商业机构的重要职位，这些都已界予他们由欺诈而得到的报酬……共党征服世界的主要计划已在不知不觉的协助下进行了……海权是陆权的延伸，但在今天，它却在防线的最前面。而海军战略的目的一向是强有力的支援与增强，在平时如此，在战时亦复如此"，呼吁美国海军"作为这个国家及自由世界的保卫者应明白维系和平最确实方法，便是居于一种足以发挥威胁力量的地位"。③

11月24日，宋美龄在纽约接受墨西哥广播公司记者威拉访问，表示"'中华民国'政府的使命，是使中国人民从共党的压迫

---

① 《蒋夫人在迈阿密谈话大陆人民普遍革命事实上有其必然性》，《"中央"日报》1958年11月10日。

② 参见《蒋夫人在全美"反共大会"上演讲，共党自播灭亡的种子"反共斗争"必获胜利》，《"中央"日报》1958年11月16日；《全美"反共大会"集会，赠蒋夫人"殊功"奖状》，《"中央"日报》1958年11月17日；《全美"反共大会"上蒋夫人演说全文》，《"中央"日报》1958年11月27日、28日。

③ 《蒋夫人思想言论集》编辑委员会编：《蒋夫人思想言论集》（第四卷·演讲二），台北"中央文物供应社"1966年版，第143—151页。

下获得自由"①。12月9日，应邀赴波士顿出席美国农业协会联合会第四十届年会，并于当日下午在波士顿音乐厅发表演讲。② 如此频繁地奔波呼号，以至于在12月26日美国盖洛普民意调查中被选为1958年世界"最受钦敬"的女性之一。③

进入1959年，宋美龄先是休整了数月，之后便开始了最后的努力。4月6日，宋美龄在德瑞克大学（Drake University）发表题为《腐败的精神和支离政策的结果》的演讲。演讲以"一般中国人的生活""天灾人祸毁尽繁荣""自私军阀猖獗横行""革命领袖任劳任怨""国民政府三面战斗""东北被侵'匪'乱扩大""知识分子惑于学说"与"苏俄特务来华以后"等章节回顾中国近代史，指责共产党"利用苏俄接受大量装备获得胜利"，而美国"却拒绝给予国民政府援助和支持，致使军心突变，战局受到影响"④。她认为这些是"大陆沦陷"的根本原因。

在半年多的宣传攻势没有取得任何实质进展的情况下，宋美龄准备回国了，归国途中她还不忘通过舆论影响美国民众。6月10日，宋美龄与宋霭龄同机自纽约飞抵旧金山，在抵达旧金山接受记者访问时称，"西方有权留驻柏林，苏俄无权提出期限；台湾海峡的冷战一直在进行，局面愈是沉寂愈当警戒"⑤。13日，宋美龄飞抵檀香山。在檀香山宋美龄也开了记者招待会，宣称"一些孤立的革命已经在中国大陆发生，大规模的革命一定会提早发生"⑥。14日，宋美龄接受夏威夷大学授予的荣誉法学博士学位，并在该校毕业典礼上发表题为《思想的摹拟之害》的演讲，称"技术虽决定生活的外表，精神价值却深入我们的内在根源。不过，如忽

---

① 《蒋夫人答墨西哥广播记者问》，《"中央"日报》1958年11月26日。
② 《蒋经国致宋美龄电文资料》，台北"国史馆"藏。
③ 参见《蒋夫人在美声誉益隆》，《"中央"日报》1958年12月28日。
④ 《蒋夫人痛斥"毛匪"》，《"中央"日报》1959年4月8日；《腐败的精神和支离政策的结果》，《"中央"日报》1959年6月10、11、12日。
⑤ 《蒋夫人抵旧金山谈话》，《"中央"日报》1959年6月12日。
⑥ 《蒋夫人抵檀香山》、《蒋夫人在檀香山对记者谈话》，《"中央"日报》1959年6月15日。

略真理的追求，则持久的自我检讨与自我批评也仍属肤浅而无益。对于这一点，一个唯物主义的头脑将感无法理解，更不健康的现象是：目前有一种倾向，个人让他自己在思想上完全为环境所同化，而摈拒一切外来的影响，甚至除了刻着环境标志的东西外，拒绝解除接触一切新的情操和新的思想。紧紧跟随着所规定的环境思想，其结果必然是使自己进入一种摹拟的程序，通过此一程序，原本可以产生丰富果实和放出异彩的个人特性与潜在的创造力遂为之凋谢窒息……应任由个人依随其自己的气质发展，选择其自己的职业，允许人性中天生的自动热情滋长，必能产生慷慨、不自私及高尚的思想，转而有利于全人类"。最后提出"自由世界应强调思想的集中主义……应该不予强调属部分性或自私的利益"，并认为思想的集中"只有加强自由制度训练场所的学校及学院的自由体制并使之永久化才可完成"。呼吁学生应从根本上追求道德和宗教的价值。①

宋美龄在夏威夷小住几天后，主动参观珍珠港，凭吊珍珠港事变时沉没的美舰亚利桑那号。② 6 月 18 日，宋美龄回到台北③，结束了长达 14 个月的美国宣传攻势。

第三节 五访华盛顿与退出联合国

一、五访华盛顿

1965 年是美国对华政策的战略思路调整的重要年份。20 世纪 50 年代，艾森豪威尔政府执行的是全球扩张战略，对中国大陆始终是"遏制并孤立"。1960 年年底，肯尼迪以微弱优势战胜蒋介石和宋美龄的老朋友尼克松当选美国总统，民主党入主白宫。尽管民主党人素来不喜欢蒋介石政权，但肯尼迪政府对台湾还比较友

---

① 参见《思想的摹拟之害》，《"中央"日报》1959 年 6 月 20 日。
② 参见《蒋夫人游珍珠港》，《"中央"日报》1959 年 6 月 17 日。
③ 参见《蒋夫人昨载誉返国》，《"中央"日报》1959 年 6 月 19 日。

好，1961 年曾力保台湾的"国际地位"，反对中华人民共和国重返联合国。然而，1963 年 11 月 22 日，肯尼迪在得克萨斯州的达拉斯市访问时遇刺身亡，约翰逊继任总统。尽管约翰逊继任总统后即于 26 日致电蒋介石，保证"美台"关系不变①，此后又不断作出类似承诺，但美国国内要求打破对中国的"孤立"政策的舆论呼声也正逐渐壮大，美国对华政策隐现调整的迹象。国务卿腊斯克曾透露，美国与中国在华沙已经举行了 129 次会谈，"我们与中共会谈的问题之重大及会谈的次数之多，也许超过苏俄以外任何与北平有外交关系的政府"②。1964 年 11 月，约翰逊以相当大的优势击败共和党候选人高华德连任总统。高华德也是蒋介石和宋美龄的老朋友，他的败选让蒋介石极为不安，甚至打算亲自飞到华盛顿出席约翰逊总统就职仪式，但遭到美国方面的拒绝。

1965 年也是台湾方面心生惶恐又最后挣扎的一年。1962 年，蒋介石急欲"反攻大陆"。开始部分地部署实施"国光计划"，又于 11 月拟定"反攻复国总体战"，宣称"反攻在即"。1963 年，台湾对大陆的武装骚扰达到高潮，结果均遭到失败，到了年底"军事反攻"逐渐烟消云散。1964 年 1 月 27 日，中法宣布建交，法国承认中华人民共和国政府是中国唯一合法政府。10 月 16 日，中国第一颗原子弹爆炸成功。与此同时，联合国的形势已经发生了重大变化，越来越多的国家要求让新中国加入联合国。一系列的打击让蒋介石倍感压力。

在这种背景下，1965 年 8 月 22 日，宋美龄启程访美。此时的蒋介石正为病痛所折磨，在宋美龄赴美期间，蒋经国曾就蒋介石手术情况多次告知宋美龄。如 9 月 3 日，蒋经国致电，告之蒋介石第三次手术经过良好③；10 月 7 日，蒋经国致电，告之蒋介石当日手术状况良好④；11 月 6 日，蒋经国致电，告之蒋介石是日清晨手

① 参见南京大学台湾研究所编：《海峡两岸关系日志（1949—1998）》，九州出版社 1999 年版，第 120 页。

② 《人们对美国的看法》，1966 年 4 月 18 日，在底特律经济联谊会演词。

③ 参见《蒋经国致宋美龄电文资料》，台北"国史馆"藏。

④ 参见《蒋经国致宋美龄电文资料》，台北"国史馆"藏。

术后感觉尚好①；12 月 22 日，蒋经国致电，告之手术经过良好。②
然而，宋美龄却不得不离开正受病痛折磨的蒋介石，可见蒋介石
对宋美龄此次访美非常重视。宋美龄也深知肩负重任，她在 8 月
31 日致电给蒋经国称："此次来美如能对'国家'精忠以报，为
汝父能稍分忧劳乃皆上帝意旨所赐。望儿在侧服侍父亲时能随时
请其为'国'节劳。"③

8 月 24 日，宋美龄抵达旧金山④，正式拉开了"游说之旅"。
在旧金山机场举办的记者招待会中，宋美龄表示："'中华民国'
政府与人民必将完成其'光复大陆'。"⑤ 8 月 27 日上午，她接受
哥伦比亚公司电视记者昆特的采访时又称："'中华民国'不仅在
积极的计划，并且业已完成了反攻的准备。"⑥ 8 月 29 日，她飞抵
纽约。在机场接受记者采访时呼吁"自由世界"国家消灭中国共
产党政权。⑦

纽约是"院外援华集团"的大本营，之前几次访美时，宋美
龄都会先在纽约停留一段时间，与"院外援华集团"沟通美国的
政治状况，再开展"外交"游说活动。这次也不例外，但此次停
留的时间极其短暂，到 9 月 7 日就飞赴华盛顿了。行前，宋美龄在
入住的纽约卡莱尔酒店举办记者招待会。在答记者问时称，巴基
斯坦和中国共产党的交友是"非常危险的"，并称中国共产党对北
越的援助，直到现在也只是"叫嚷叫嚣"而已。当记者问及其对
中华人民共和国获准参加联合国，"中华民国"将怎么办的问题
时，她回答："我从来就没想过这个问题。你晓得，我想象不到中

---

① 参见《蒋经国致宋美龄电文资料》，台北"国史馆"藏。
② 参见《蒋经国致宋美龄电文资料》，台北"国史馆"藏。
③ 《蒋经国致宋美龄电文资料》，台北"国史馆"藏。
④ 参见《周书楷致蒋介石密电》（1965 年 9 月 10 日），《蒋中正"总统"文物
——对美关系（七）》，台北"国史馆"藏。
⑤ 《蒋夫人告美新闻界，我必"光复大陆"》，《"中央"日报》1965 年 8 月 26 日。
⑥ 《蒋夫人在美作电视谈话》，《"中央"日报》1965 年 8 月 29 日。
⑦ 参见《蒋夫人抵纽约》，《"中央"日报》1965 年 8 月 30 日。

共进入联合国，就如我不能想象我在空中飞而不坐飞机一样。"①

宋美龄此次访美五赴华府，9 月 7 日是其中的第一次。与 1958 年不同的是，美国官方对宋美龄此次的华盛顿之行极为低调。9 月 9 日，宋美龄出席美国众议院议长及众议员为其举办的欢迎午宴，并致词，表示相信美国所采取的坚定政策使亚洲人民受到鼓励，将有利于"自由世界"。② 10 日，接见美参议院共和党领袖宾克逊、众议院外交委员会的民主党参议员斯巴克曼及共和党众议员威尔森夫妇等人。③ 11 日中午，与美国前众议院议长马丁叙餐。下午分别会见美国前驻远东第十三航空队司令狄恩中将夫妇、原台北美军顾问团团长史迈斯少将夫妇、前参谋长联席会议主席雷德福上将夫妇。④

14 日是宋美龄访问华盛顿的重头戏，下午出席白宫茶会，与美国约翰逊总统夫妇会谈。⑤ 在会面之前，台湾时间 14 日中午 11 时，蒋介石急发密电给宋美龄，指导宋美龄应对方略。电文中说："与美总统谈话的要点，关于亚洲共产党'祸乱'问题，我们就近观察所及自当随时提供意见，但'我国'政策与战略必与美国一致的。"⑥

15 日中午，与魏德迈将军夫妇叙餐。下午分别会见参议员兰东史达夫妇、联邦调查局局长胡佛、众议院外交委员会议员伯尔逊和众议员惠特勒。晚上与太平洋美军前总司令史敦普海军上将

① 《蒋夫人在纽约告记者，"匪"支持巴基斯坦实怀有吞并阴谋》，《"中央"日报》1965 年 9 月 8 日。

② 参见《美议员宴请蒋夫人讨论远东一般局势》，《"中央"日报》1965 年 9 月 11 日。第二次印巴战争爆发后，美国的反应与政策是以不介入及停止援助迫使印巴接受停火，而这在很大程度上是对巴基斯坦发展同中国关系的惩罚。详细论述见戴超武：《1965 年印巴战争与美国的反应与政策》，《世界历史》2008 年第 2 期。

③ 参见《蒋夫人续接见宾克逊等会谈》，《"中央"日报》1965 年 9 月 12 日。

④ 参见《马丁与雷德福等拜访蒋夫人》，《"中央"日报》1965 年 9 月 13 日。

⑤ 参见《周书楷致蒋介石密电》（1965 年 9 月 14 日），《蒋中正"总统"文物——对美关系（七）》，台北"国史馆"藏；《美总统伉俪在白宫设茶会欢迎蒋夫人》，《"中央"日报》1965 年 9 月 16 日。

⑥ 《蒋中正电宋美龄与美总统谈话要点即我对亚洲共党"祸乱"问题随时提供意见及我政策战略必与美国一致》，台北"国史馆"藏。

夫妇叙餐。① 18 日上午，会见美国"驻华大使"赖特夫妇。中午与美国海军前任军令部长勃克夫妇叙餐。晚上，应邀出席美国巡回大使哈里曼举办的宴会，在谈论中国相关事宜时，宋美龄称共产党正在赶制核武器，对"自由世界"威胁巨大，而美方则表示无此忧虑。美国主管国家安全事务的总统特别顾问麦克乔治彭岱夫妇亦出席晚宴。② 19 日下午，与艾森豪威尔总统夫妇会谈。之后，分别会见美国空军参谋长马康尔的夫人、美国海军陆战队司令葛林将军夫妇、陆战队上校卡尼夫妇、美国参谋长联席会议前主席泰勒将军夫妇。晚上与马歇尔夫人叙餐。③ 20 日下午，分别会见众议员阿希布鲁克和参议员伦道夫。晚至国务院，出席国务卿鲁斯克举办的招待宴会。④ 22 日，参加华盛顿美国参议院外交委员会午餐会，发表题为《自由不会廉价得来》的演讲，以法国革命、美国革命及"中国革命"为例，强调"自由"需要奋斗而来。⑤ 24 日上午，与美国前"驻华大使"庄莱德夫妇共进早餐，之后即至阿灵顿国家公墓，凭吊肯尼迪总统。当晚返抵纽约。⑥

就在宋美龄访问华盛顿之际，蒋经国也来了。9 月 12 日，美方发布了蒋经国访美的消息。21 日，蒋经国抵达华盛顿。⑦ 对照1953 年蒋经国第一次访美的情形，宋美龄的态度发生了天翻地覆的变化。1953 年年初，蒋经国筹备第一次访美事宜时，曾请示正在美国的宋美龄。2 月 15 日，宋美龄电告蒋经国："待蒋纬国返台后再来访较为妥善，待'返国'后一切面谈。"⑧ 显然，1953 年的宋美龄不愿意蒋经国抢走她的风头。

---

① 参见《蒋夫人继续会见美国重要议员》，《"中央"日报》1965 年 9 月 17 日。

② 参见《哈里曼暨彭岱与蒋夫人晤谈》，《"中央"日报》1965 年 9 月 20 日。

③ 参见《艾森豪伉俪至华府会晤蒋夫人作长谈》，《"中央"日报》1965 年 9 月 21 日。

④ 参见《鲁卿款宴蒋夫人》，《"中央"日报》1965 年 9 月 22 日。

⑤ 参见《蒋夫人对美参议员演说》，《"中央"日报》1965 年 9 月 24 日。

⑥ 参见《蒋夫人赴纽约》，《"中央"日报》1965 年 9 月 26 日。

⑦ 参见《蒋经国电宋美龄美将于十二日发布邀请访美消息并定二十一日抵华府拜见》，台北"国史馆"藏。

⑧ 台北"国史馆"藏档案。

　　然而，到了 1963 年，宋美龄已经在"外交"领域向蒋经国让路了。1963 年，麦克阿瑟邀请蒋介石访问美国，但蒋介石考虑到"但余个人除我国军反攻登陆开始，以及方能做'出国'访问与君之考虑，目前无'外交'确切把握，殊我其时事为有必要别"，决定"蒋夫人或可访美一行"①。然而，9 月 10 日到访美国的却是身为"行政院政务委员"的蒋经国。② 尽管我们无法从史料中获悉，宋美龄的这种让步是主动的还是在蒋介石的压力之下被动的，但是宋美龄事实上还是介入了对蒋经国访美行程的安排。9 月 9 日，宋美龄去电宋霭龄称："大姊来电已转经儿甚为感激，彼来纽约亲访时当面详一切，但在纽约只有一天，恐不久住，以此次日程皆由美方安排也，书中妹美。"③ 蒋经国也投桃报李，11 日，蒋经国与肯尼迪总统进行了会谈。14 日，蒋经国电陈宋美龄："华府工作已完竣详情面呈。"

　　事实上，1965 年的宋美龄根本无法介意被蒋经国抢去风头。一方面是因为，当此时节，台湾方面迫切需要获得美国的保证，以继续留在联合国。另一方面，宋美龄也深知蒋经国的上位已不可阻挡，她要向蒋经国移交"外交"权力。再一方面，美国也把蒋经国看作是台湾"储君"，需要把承诺亲自交到"储君"之手。

　　对照宋美龄和蒋经国的行程，可以更清楚地看出宋美龄的这种态度。蒋经国访美行程是："二十二日上午会晤美国国防部长与参谋首长，下午会晤美国务卿与威廉彭德，二十三日上午会晤美总统与乔治彭德，中午彭德招待午餐，下午会晤哈里曼，二十四日参观国防部情报中心后访中情局，晚间美国防部长宴会，二十五日上午赴纽约参加生活时代杂志社午餐后，转赴罗伦海军基地，二十六日参观海军大学后飞返华府，二十七日会晤三军参谋长，并拜访艾森豪威尔总统，二十八日离华府往中南西部参观军事基

　　① 《蒋中正电王叔铭代谢麦克阿瑟邀请访美但殊非其时宋美龄或可访美》，台北"国史馆"藏。
　　② 参见《蒋经国致宋美龄电文资料》，台北"国史馆"藏。
　　③ 《蒋中正宋美龄电宋霭龄已转知蒋经国亲访面详一切惟在纽约仅一天恐不久住且次日程皆由美方安排》，台北"国史馆"藏。

地三处后，回抵旧金山，十月一日起飞'回国'。"① 显然，不似宋美龄所进行的那些感情沟通事宜，蒋经国在华盛顿进行的是直接的事务沟通和利益勾兑。

蒋经国在华盛顿的收获十分可观。9 月 22 日，蒋经国致电蒋介石报告道："儿与美国国防部长长谈以战略与某一计划为重点，会谈尚未结束，约期再谈，与威廉彭德曾详谈有关人民战争之理论与实际问题，与国务卿谈及印度、印度尼西亚、联合国以及中美政策配合诸问题。"② 23 日，又报告与约翰逊总统会晤的情况，电文如下：

> 台北"总统府"，密，"总统"钧鉴，
> 　1. 约翰逊总统与乔治·彭德说明基本政策并作若干建议，会谈气氛良好。
> 　2. 哈里曼曾详述访苏经过并彼此交换有关对此一问题之意见。
> 　3. 美国防部长与彭德皆已约定时间再谈。
> 　4. 今午与彭德兄弟与克莱因等共餐。
> 　5. 托德参议员明晨约儿早餐。
> 　6. 已将各项谈话资料面报母亲。
> 　7. 明下午母亲乘车赴纽约。
> 　8. 请即交人将新"剿匪"手册译成英文。
> 敬请福安，儿经国谨禀，九月二十三日。③

24 日，又报告：

> 台北"总统府"。密，"总统"钧鉴，

_____

① 《蒋经国电蒋中正抵华府后将访宋美龄与排定会晤美国防部长参谋首长等重要行程报告》，台北"国史馆"藏。
② 《蒋经国电蒋中正与美国防部长与威廉彭德等晤谈战略计划人民战争理论等相关问题并已面告宋美龄》，台北"国史馆"藏。
③ 《蒋经国电蒋中正与约翰逊乔治彭德等人会谈政策访苏经过等相关面谈资料已报宋美龄并请交译英文新"剿匪"手册》，台北"国史馆"藏。

1. 今上午听取美国防部战略情报。

2. 下午与中情局高级人员会谈并曾拟有二年前所提之某要案。

3. 晚宴后在美国防部长寓所长谈二小时。

4. 昨晤泰勒大使托儿向大人致敬。

5. 儿于明晨飞纽约拜望母亲并参加《生活杂志》午餐，下午飞罗伦海军基地，二十六日返华府。

敬请福安，儿经国谨禀，九月二十四日。①

　　蒋经国的美国之行，与宋美龄密切联系。16 日，蒋经国电陈宋美龄："儿定十九日离台将在檀香山旧金山各宿一夜，定二十一日晚抵华府。"② 21 日，蒋经国抵达华盛顿后"即前往拜见母亲，并面呈手书"③，而当天宋美龄没有活动安排。22 日，蒋经国分别会晤美国国防部长、参谋首长及国务卿等人之后，"将一日经过面报母亲"④。23 日，蒋经国会晤美国总统，当天宋美龄也没有安排活动。24 日，宋美龄返回纽约。⑤ 次日，蒋经国也去了纽约，并"分别拜见母亲与姨母"，中午参加的还是宋美龄的老朋友《生活时代》杂志社路斯先生午宴，被邀发表演说。⑥ 蒋介石则在 22 日电告蒋经国："时常与汝母晤面及请教为要。"⑦

　　等到蒋经国离开美国之后，宋美龄又继续她未完成的华盛顿之旅。10 月 5 日，宋美龄抵达华盛顿，准备参加"驻美大使馆"

----

① 《蒋经国电蒋中正听取美国防战略情报与中情局人员会谈等相关访美行程》，台北"国史馆"藏。

② 《蒋经国电宋美龄手术经过良好定十九日离台经檀香山往华府》，台北"国史馆"藏。

③ 《蒋经国电蒋中正抵华府后将访宋美龄与排定会晤美国防部长参谋首长等重要行程报告》，台北"国史馆"藏。

④ 《蒋经国电蒋中正与美国防部长与威廉彭德等晤谈战略计划人民战争理论等相关问题并已面告宋美龄》，台北"国史馆"藏。

⑤ 参见《蒋夫人赴纽约》，《"中央"日报》1965 年 9 月 26 日。

⑥ 《蒋经国电蒋中正拜会宋美龄等与参观洛兰海军基地等相关访美行程》，台北"国史馆"藏。

⑦ 台北"国史馆"藏档案。

于七日为其举行的酒会。① 8 日下午，返抵纽约。② 10 天后，又由纽约抵达华盛顿。③ 19 日晚上，出席众议院外交委员会在雷朋大厦举办的欢迎酒会。④ 次日中午，离开华盛顿飞抵佐治亚州。⑤ 30 日，宋美龄再度抵达华盛顿，应美国国家广播公司邀请参加 31 日举办的全国性电视新闻访问节目。⑥ 11 月 2 日下午，返回纽约。如此断断续续的行程安排，显然是受蒋经国访美的影响。

宋美龄在华盛顿的活动，对美国的新闻界、军校、华侨界和支持台湾的其他美国社会团体展开强烈的宣传攻势。此次宣传攻势延续半年之久。

在此次宣传攻势中，宋美龄首先选择了她的母校，1965 年 10 月 20 日，宋美龄出席威斯里安女子学院毕业典礼，并发表演讲，强调心智教化的重要和精神领域成就的意义。希望青年追求理想，努力工作，绝不沮丧。⑦ 12 月 7 日，宋美龄又到了她的另一所母校韦尔斯利学院发表演讲，演讲中称"'中华民国'政府献身于维护自由与宏扬之世界和平，而为一切民族所共享"，强调只有"'中华民国'获得自由统一，亚洲和平始有保障"，并表示共产党政权

---

① 参见《周书楷致蒋介石密电（1965 年 10 月 5 日）》，《蒋中正"总统"文物——对美关系（七）》，台北"国史馆"藏。

② 参见《蒋夫人抵纽约》，《"中央"日报》1965 年 10 月 10 日。

③ 参见《周书楷致蒋介石密电（1965 年 10 月 18 日）》，《蒋中正"总统"文物——对美关系（七）》，台北"国史馆"藏。

④ 参见《周书楷致蒋介石密电（1965 年 10 月 18 日）》，《蒋中正"总统"文物——对美关系（七）》，台北"国史馆"藏；《美众院外交委会盛会欢迎蒋夫人》，《"中央"日报》1965 年 10 月 21 日。

⑤ 参见《周书楷致蒋介石密电（1965 年 10 月 18 日）》，《蒋中正"总统"文物——对美关系（七）》，台北"国史馆"藏；《访问魏斯里安学院，蒋夫人在母校演说》，《"中央"日报》1965 年 10 月 22 日；《蒋夫人在魏斯里安学院演说》，《"中央"日报》1965 年 10 月 22 日。

⑥ 参见《周书楷致蒋介石密电（1965 年 10 月 18 日）》，《蒋中正"总统"文物——对美关系（七）》，台北"国史馆"藏。

⑦ 参见《周书楷致蒋介石密电（1965 年 10 月 18 日）》，《蒋中正"总统"文物——对美关系（七）》，台北"国史馆"藏；《访问魏斯里安学院，蒋夫人在母校演说》，《"中央"日报》1965 年 10 月 22 日；《蒋夫人在魏斯里安学院演说》，《"中央"日报》1965 年 10 月 22 日。

将发动核战，警告"自由世界"正面临严重危机。① 8 日，宋美龄在韦尔斯利学院举行记者招待会。在回答记者关于中国共产党与苏联关系的问题时，她认为两者之间的公开分裂可追溯至苏联答应协助中华人民共和国发展核子武器，两者目标相同，"但是他们的手段具有很大的距离"，进而表示相信一旦"自由世界"与中国共产党冲突，苏俄不会与中国共产党联盟。②

在此次访问中，宋美龄反复塑造"中华民国"的正统地位，宣扬台湾的经济成就。1965 年 12 月 15 日，宋美龄接受纽约《美国人报》记者皮亚斯楚采访，表示对报纸称中华人民共和国为中国而感到烦恼，强调中国是"中华民国"，中国人民是在台湾的人民和大陆上的同胞。提醒美国"如果'自由世界'的领袖不采取反对共党侵略的立场，你们将在你们自己的土地上面临共党的战争"③。11 月 4 日，至纽约无线电城音乐厅，观看反映台湾经济发展的纪录片《一个复兴中的"国家"》。④ 1966 年 4 月 19 日，宋美龄出席由底特律政治研究所主办的二十五周年演讲会，并发表题为《台湾——以事实及统计数字作素描说明》的演讲。概述台湾"人口年轻富于活力、生活水平不断提高、经济稳定工业发达、教育普及没有文盲、农业示范享誉亚洲"，并列举统计数字为证。⑤ 5 月 14 日，接受芝加哥 WBKB 电视台《KUPS》节目采访，介绍台湾在土地改革、经济发展、军事准备、提高识字率和开展选举等方面的情况。⑥ 5 月 20 日，在美国国会议员眷属联谊会对两院议员

---

① 参见《蒋夫人在美卫斯理演说》，《"中央"日报》，1965 年 12 月 9 日；《在美国卫斯理学院蒋夫人演说全文》，《"中央"日报》1965 年 12 月 9 日。

② 参见《蒋夫人分析"匪俄"关系》，《"中央"日报》1965 年 12 月 10 日。

③ 《蒋夫人警告美国人民如不采取反侵略立场，美本土将面临战争》，《"中央"日报》1965 年 12 月 18 日。

④ 参见《蒋夫人在纽约观赏我经济进步纪录片》，《"中央"日报》1965 年 11 月 6 日。

⑤ 参见《蒋夫人参观两工业中心》，《"中央"日报》1966 年 1 月 2 日；《蒋夫人在美提警告，"匪"正急切准备核战》，《"中央"日报》1966 年 4 月 21 日；《蒋夫人返纽约，在底特律演说极为成功，听众座无虚席反应热烈》，《"中央"日报》1966 年 4 月 22 日；《台湾——事实与数字》，《"中央"日报》1966 年 4 月 26、27 日。

⑥ 参见《蒋夫人巡视芝加哥华埠》，《"中央"日报》1966 年 5 月 17 日。

夫人发表题为《历史必将有公正的判断》的演讲。演讲回忆了第二次世界大战后期"中华民国"不与日本妥协、坚持作战、在亚洲大陆牵制了大量日本军力，盟国秘密出卖中国东北，致使苏联攫取了大量工业设备的历史。指斥美国在国民党与共产党作战过程中，不但停止对国民党的援助，还迫使国民党与共产党联合，致使国民党只得以通货膨胀来应对军饷，导致"大陆沦陷"，赞扬蒋介石始终一贯的"反共"立场。①

此次宣传攻势中，宋美龄反复强调台湾已经做好"反攻大陆"的准备。1965 年 10 月 21 日，宋美龄在威斯里安好学院举办记者招待会，称"一旦'中华民国'军队在大陆上建立了一个稳固的滩头阵地，大陆人民和大多数中共军队均将响应支持"，并表示即使没有美国的支持，也将致力从共产党手中"光复大陆"，"这是我们的问题，'中华民国'所求于美国的是美国的谅解与道义上的支持。我们不希望任何军队支援。我们甚至不希望有一名美国兵参战"。但当记者问及"反攻"时间表时，她拒绝给出具体时间。② 1966 年 4 月 18 日，宋美龄出席美国底特律经济联谊会的欢迎午宴，并发表题为《人们对美国的看法》的演讲时警告美国不要帮助中国共产党，并在同日举行的记者招待会上表示，国民党"反攻大陆"不需要美国一兵一卒的协助，但同时提醒美国应遵守承诺，继续坚持反对中共入联合国的政策。③

在此次宣传攻势中，宋美龄反复强调中国的核威胁。1965 年 10 月 31 日，宋美龄接受美国国家广播公司《会晤报界》电视节目采访时声称"共产党的核子力量对和平的危险已经倍增"。但她坚信可以使用普通武器摧毁核武器，暗示美国提供相关武器。另外，

---

① 参见《周书楷致蒋介石密电（1965 年 10 月 18 日）》，《蒋中正"总统"文物——对美关系（七）》，台北"国史馆"藏；《对美议员眷属联谊会蒋夫人发表演说》，《"中央"日报》1966 年 5 月 22 日；《历史必将有公正判断（上）》、《历史必将有公正判断（下）》，《"中央"日报》1966 年 5 月 27、28 日。

② 参见《蒋夫人对美记者谈话》，《"中央"日报》1965 年 10 月 23 日。

③ 参见《底特律华侨社会热烈欢迎蒋夫人》，《"中央"日报》1966 年 4 月 20 日；《蒋夫人在底特律演说》，《"中央"日报》1966 年 4 月 19 日。

她还预测中国共产党政权将两三年内使用原子弹，提示时间紧迫。① 1966 年 1 月 20 日，她应邀在美国国防大学发表题为《中国共产主义——一个世界性问题》的演讲，在演讲中渲染道："他们的作战较以前似乎更能稳操胜算，因为再给他们二至五年，他们便有使用'人海'战术或原子武器的便利，或两者兼施，而且，他们还认为自己占有人多之利。现在我也许可以从另一方面来说几句话，我想到美国遭受核子轰炸的可能后果，就有点不寒而栗。只要少数几枚'发散放射尘'的核子装置或核子弹在美国大陆冲要地点引发，不必说中程飞弹的袭击，因为中程飞弹的发射，只有利用比较简陋的发射台、或改装的船只、或安置在西半球的浮坞即可，试想会有如何惨痛的后果！去年十一月，美国东部沿海各州电路故障，发生停电，顿使交通瘫痪、灯光不明、暖气及空气调节器失灵，甚至连食物及饮水都无法冷藏，一旦发生核子爆炸，情况之严重更不知要增加若干倍。"② 3 月 18 日，宋美龄出席在华盛顿举行的美全国记者联谊会午宴，并发表演讲。演讲中进一步恐吓道："当我们在这里聚会一堂之际，中共甚至仍在不停地积极进行之中，不论他们的核子力量与进步的美国比较起来是如何的粗陋，他们却随着核子弹之产量增加及热核子飞弹和发射系统的完成而益加嚣张。今天这个时代，乃是历史上一个决定性的时代，人类能否生存？能否在遗传质子受伤的情形下生存？我们所知的文明是否不致毁灭？均将在此刻作一决定。"③ 5 月 14 日，宋美龄接受芝加哥 WBKB 电视台《KUPS》节目采访，强调急需在"北平政权"的核能力发展前摧毁它，以保障世界和平。④ 5 月 22

---

① 参见《蒋夫人答复美电视访问》，《"中央"日报》1965 年 11 月 2 日。

② 《"自由世界"所面临的"匪共"祸害》，1966 年 1 月 20 日，在华府国防大学演词。

③ 《蒋夫人对全美记者演说》，《"中央"日报》1966 年 3 月 20 日。

④ 参见《蒋夫人亲临参加卫斯理校友餐会》，《"中央"日报》1966 年 5 月 16 日；《蒋夫人在芝城电视问答》，《"中央"日报》1966 年 5 月 16 日。

日，应美国 ABC 电视公司《问题与答案》节目邀请接受记者采访①，表示中国共产党可能会以核武器攻击美国，必须予以摧毁。②

此次宣传攻势中，宋美龄反复渲染"自由世界"与共产主义的对抗。1965 年 11 月 16 日，宋美龄接受墨西哥无线电及电视评论员的访问，声称共产党"正假借文化与商业机构，在中南美洲进行颠覆活动"③。12 月 15 日，她出席美国民间"反共"团体——拉斐特协会举办的宴会并发表演讲。演讲强调如果"为了一种难以捕捉的利益而自私地对任何一个自由国家暗中加以损害，即是对于全体自由国家的损害"，暗示应保障台湾的利益。④ 5 月 13 日，在芝加哥薛曼之家饭店举行记者招待会，表示虽然没有避免与中国共产党作战的安全办法，但相信坚定的立场是防止战争的最佳机会。另外，她坚称"北平间谍"在美国的活动已渗入各方面，包括最近的反越战示威。⑤ 5 月 23 日，在宇宙俱乐部发表演讲，警告美国，"如果越南失陷，将使澳洲和东南亚的人民遭受共党奴役"，希望美国不要存有"和解的幻想"⑥。8 月 30 日，出席"雄象协会"午餐会，并发表题为《揭斥今日世界的险恶动态》的演讲。声称造成第二次世界大战爆发的原因在于 1940 年前弥漫世界的民族主义与现实主义，同当下世界的情况基本相同。但与之

① 参见《周书楷致蒋介石密电（1965 年 10 月 18 日）》，《蒋中正"总统"文物——对美关系（七）》，台北"国史馆"藏；《蒋夫人促"自由世界"及时毁"匪"核子能力》，《"中央"日报》1966 年 5 月 24 日。

② 参见《蒋夫人在美演说指出"匪"可能对美国发动核子偷袭》，《"中央"日报》1966 年 5 月 23 日。

③ 《蒋夫人对墨国记者指出"匪"藉文化商业机构在中南美颠覆》，《"中央"日报》1965 年 11 月 22 日。

④ 参见《美拉斐特协会表扬蒋夫人》，《"中央"日报》1965 年 12 月 17 日；《在接受自由奖章会上蒋夫人致词全文》，《"中央"日报》1965 年 12 月 18 日。拉斐特协会大部分成员为法国后裔。《贡献其正的自由致力真正的和平——十二月十五日在纽约"拉斐德协会"颁赠自由奖章时致答词》，载《蒋夫人思想言论集》编辑委员会编：《蒋夫人思想言论集》（第二卷），台北"中央文物供应社"1966 年版。

⑤ 参见《蒋夫人在美演讲斥姑息分子谬论》，《"中央"日报》1966 年 5 月 14 日。

⑥ 《周书楷致蒋介石密电（1965 年 10 月 18 日）》，《蒋中正"总统"文物——对美关系（七）》，台北"国史馆"藏；《蒋夫人在美提出警告》，《"中央"日报》1966 年 5 月 25 日。

不同的是，如今西方国家所拥有的核打击能力占据了优势。并指称当年英国的外交政策导致了日本对中国及英国各殖民地的全面侵略，批评英国对中国禁运武器。继而分析当下的局势，认为20世纪60年代"带有强烈暗流与漩涡开始在亚洲流动回旋"，共产党正借助越南战争"向南及东向南赤化亚洲"，号召以美国为首的西方国家以武力对付中国共产党。①

由于宋美龄不辞辛劳地奔波于美国各地，1966年8月25日，中国国民党中央委员会致电，对其在美国"宣扬'反共复国'大义，揭发'共匪'侵略阴谋"表示敬意。② 或许是为了安慰宋美龄，也或许是宋美龄宣传攻势给美国政要们带来较大的舆论压力，9月21日，美国众议院拨款委员会主席马洪向她保证，"'返国'时将带回美国人民的尊敬、善意和支持"③。

10月26日，宋美龄返抵台湾结束访美行程，蒋介石与蒋经国同至机场迎接。④

二、退出联合国

中华人民共和国成立之后，国民党当局仍占据联合国席位，为此前苏联代表团多次在联合国大会上提出接纳中华人民共和国代表、驱逐台湾当局代表的提案。宋美龄和"院外援华集团"极力阻挠新中国获得联合国代表权，不断地通过各种途径向美国政府施加压力。

1950年7月，美国众议员周以德即在众议院发言反对"中共政权"加入联合国，认为这样"只会给这个组织以及所有要共同

---

① 参见《蒋夫人在华府演说斥"共匪"为万恶之源》，《"中央"日报》1966年9月1日；《蒋夫人思想言论集》编辑委员会编：《蒋夫人思想言论集》（第四卷·演讲二），台北"中央文物供应社"1966年版，第227—240页。"雄象协会"为美国共和党参议员及众议员所组成的团体。

② 《国民党中委会电蒋夫人致敬》，《"中央"日报》1966年8月26日。

③ 《美众议院领袖款宴蒋夫人》，《"中央"日报》1966年9月23日。

④ 参见《访美经年为国宣劳，蒋夫人载誉归来》，《"中央"日报》1966年10月27日。

努力遏制共党进一步侵略的国家，带来麻烦"①。当年，阿肯色州民主党参议员麦克利兰（John L. McClellan）提出了反对"中共"进入联合国的第一项美国国会决议案，表达了"参议院的看法，认为不该准许中共政权代表中共进入联合国"。1950 年 1 月 23 日，该决议案获美国参议院一致通过。②

艾森豪威尔政府期间，虽然艾森豪威尔和杜勒斯都敌视中共，但并未完全排除中华人民共和国"加入"联合国的可能性。杜勒斯曾经说过，如果新中国政府"清除"了其"侵略性行为"，并且遵守联合国宪章，不排除承认中国新生政权并且让其"加入"联合国的可能性。③ 然而，1953 年 6 月 3 日和 7 月 21 日，在参议院多数党领袖诺兰的提议下，美国国会参众两院分别通过决议宣称："国会的意见是：共产党中国政府不应被接纳为联合国成员作为中国的代表"，并且"一旦联合国恢复中国的代表权，则美国将在下一会计年度中停付会费。"④ 为了通过提案，7 月 1 日，参议院多数党领袖诺兰甚至威胁，如果中国共产党领导的政府"加入"联合国，他将辞去参院多数党领袖职务，从而将所有精力投入到要求美国退出联合国的运动中。⑤ 迫于国会的压力，7 月 28 日，国务卿杜勒斯在对新闻记者的一项声明中表示，美国无意以接纳新中国进入联合国作为换取朝鲜统一的代价，如有必要，美国可以运用它的否决权来防止这种做法。⑥

---

① ［美］艾德华：《我为中国而生：周以德的一生及其时代》，马凯南等译，台北"中央"日报出版部 1991 年版，第 146 页。

② 参见［美］艾德华：《我为中国而生：周以德的一生及其时代》，马凯南等译，台北"中央"日报出版部 1991 年版，第 147 页。

③ 参见 Robert Accinelli, *Crisis and Commitment: United States Policy Toward Taiwan: 1950-1955*, North Carolina University, 1996, p. 130.

④ 赵学功：《巨大的转变：战后美国对东亚的政策》，天津人民出版社 2002 年版，第 108 页。

⑤ 参见 Gordon H. Chang, *Friends and Enemies: The United States, China, and the Soviet Union*, 1948-1972, Stanford, CA.: Stanford University Press, 1990, p. 102.

⑥ 参见南京大学台湾研究所编：《海峡两岸关系日志（1949—1998）》，九州出版社 1999 年版，第 36 页；天津编译中心编：《顾维钧回忆录（编缩本）》，中华书局 1997 年版，第 1134 页。

1953 年，以诺兰和周以德为首的"院外援华集团"议员又牵头组织了名为"反对共产党中国加入联合国的一百万人委员会"（Committee for One Million，简称"百万人委员会"）。10 月 22 日，周以德代表"百万人委员会"向艾森豪威尔递交了请愿书，请愿书的核心内容是"坚定地反对中华人民共和国加入联合国以保卫'自由世界'的自由和庄重"①。请愿书上有二百一十位美国社会名流签名，包括重要的参、众议员、十二位州长、十一位退休将领、七位退休外交官、四位劳工领袖、十一位退休政界人士、十四位教会领袖、二十二位科学家和教育家、十八位出版商和新闻记者、三十三位工商界和金融界高级主管。②"百万人委员会"由此成立。随即，在美国劳工联盟、美国退伍军人协会等组织的支持下，"百万人委员会"开始了征集签名的活动。到 1954 年 7 月 6 日，"百万人委员会"宣布收集到第一百万个签名，Committee for One Million 由此改名 Committee of One Million。③

"百万人委员会"的宗旨十分明确，即"动员民众并表达美国民意，反对中共进入联合国、反对美国承认中共以及任何有助于中共建立力量与威信的政策"④，由于"百万人委员会"中很多重要成员是国会议员，他们利用自身职务便利积极游说同事支持反华事业。同时，议员的身份也让他们得以直接或间接地向行政机构施压。制造反华舆论也是"百万人委员会"的拿手好戏。1955 年 4 月，"百万人委员会"在《纽约时报》和《洛杉矶观察报》刊登全版广告，警告美国对中共的姑息政策，反对放弃金门马祖，

---

① Stanley D. Bachrack, *The Committee of One Million "China Lobby" Politics*, 1953-1971, New York：Columbia University Press, 1976, p. 78.

② 参见［美］艾德华：《我为中国而生：周以德的一生及其时代》，马凯南等译，台北"中央"日报出版部 1991 年版，第 150 页。

③ 参见［美］艾德华：《我为中国而生：周以德的一生及其时代》，马凯南等译，台北"中央"日报出版部 1991 年版，第 151 页。

④ Stanley D. Bachrack, *The Committee of One Million "China Lobby" Politics*, 1953-1971, New York：Columbia University Press, 1976, p. 78.

强调"中国共产主义不应被允许杀进联合国"。① 随后，"百万人委员会"又将毒品问题和新中国联系在一起。1955 年 8 月，"百万人委员会"制作广告《毒品——共产主义中国在国际毒品非法交易中的角色》，指控"中国大陆是供应世界范围内非法毒品交易的、不受控制的聚集地"。② 由此可见，"百万人委员会"在阻挠恢复中华人民共和国在联合国的合法席位方面确实"不遗余力"。

1955 年 1 月 31 日，联合国安理会举行会议讨论台湾地区局势问题，会议决定，首先讨论新西兰政府提出的《停止在中国大陆沿海某些岛屿地区敌对行动》提案，并邀请新中国代表参加讨论。③ 2 月 4 日，英国外交大臣艾登就台湾问题发表一项声明，企图抹杀中国对台湾和澎湖列岛的主权。④ "两个中国"的论调和"台湾地位未定论"登上了公开场合。对此，蒋介石宣称："在这里，我要正告全世界人士，'中华民国'人民和政府决不容许任何人割裂我'中华民国'的领土。"他愤然表示："今天发扬国际正义和法律的精神力量，其重要性不在发展原子武器和氢武器之下。"⑤ 宋美龄紧随其后，也评论道："两个中国政策很像是信奉两个上帝。"⑥ 由于这种论调实际上是当时美国的主张，尽管蒋介石和宋美龄把矛头指向联合国，但在暗地里也加紧了对美国的游说。

1956 年 2 月，"百万人委员会"提出，在 1956 选举年的目标是"尽一切努力将反对共产主义中国加入联合国的正式意见纳入两党的政纲，将组织指导委员会和个体成员的一致努力以达到这

---

① ［美］艾德华：《我为中国而生：周以德的一生及其时代》，马凯南等译，台北"中央"日报出版部 1991 年版，第 152 页。

② Stanley D. Bachrack, *The Committee of One Million "China Lobby" Politics*, 1953-1971, New York: Columbia University Press, 1976, p. 122.

③ 参见南京大学台湾研究所编：《海峡两岸关系日志（1949—1998）》，九州出版社 1999 年版，第 57 页。

④ 参见南京大学台湾研究所编：《海峡两岸关系日志（1949—1998）》，九州出版社 1999 年版，第 57 页。

⑤ 《"总统"讲述当前国际局势 惟有伸张国际正义 才能克服侵略危机》，《"中央"日报》1955 年 2 月 11 日。

⑥ 《蒋夫人向美女记者称 上帝只有一位 中国岂能两个》，《"中央"日报》1955 年 2 月 27 日。

个目标"①。同年 6 月 4 日，索科尔斯基致信宋美龄，信中说："我很担心目前联合国的形势，看来到 1957 年，联合国会承认'两个中国'的合法地位。联合国大会常会由 9 月推迟到了 11 月，这不是个好预兆。现在压力很大，必须尽快行动，这里也只有中国的朋友如诺兰和周以德等还在做最后的反抗。在这样的情况下，思考和理解至关重要。"7 月 31 日又致信说道："本来有预谋在十一月的联合国大会常会上讨论两个中国的问题，可是后来赫鲁晓夫和纳赛尔先后出来搅局，现在情况好像有了变化。不管怎样，与两三个月前相比，急于讨好赤色分子的势头已有所减弱了。"

在国内的政治压力之下，特别是国会的压力下，1957 年 3 月 8 日，美国国务卿杜勒斯发表谈话，阐述对华三原则：（1）承认"中华民国"；（2）不承认中华人民共和国；（3）反对中华人民共和国进入联合国。事实上，艾森豪威尔政府从未公开提出中华人民共和国的"加入"问题，而是年复一年地在联合国提出所谓"延期审议"案，阻挠中华人民共和国"入会"。在整个 20 世纪 50 年代，宋美龄也正是依托"百万人委员会"等"院外援华集团"的力量，彰显她在联合国席位保卫战中的地位。

然而，从 20 世纪 50 年代末期开始，美国国内学术界和舆论界就开始出现越来越多的声音，要求调整对华政策，"让北京在亚洲和世界起更大的作用，美国也许能够获得更多的用来压制苏联的杠杆力"②，以应对国际政治现实。1960 年 10 月 8 日，联合国大会投票，以 42 票赞成、34 票反对、22 票弃权通过了将中国席位问题延后一年的决议，这是十年来在这个问题上差距最小的一次投票。美国代表韦恩·莫尔斯（Wayne Morse）发表评论，认为新中国恢复联合国合法席位是"不可避免"的。

肯尼迪政府时期，国际形势的发展迫使肯尼迪希望通过谈判来

---

① Stanley D. Bachrack, *The Committee of One Million "China Lobby" Politics*, 1953-1971, New York: Columbia University Press, 1976, p. 127.

② ［美］迈克尔·谢勒：《二十世纪的美国与中国》，徐泽荣译，生活·读书·新知三联书店 1985 年版，第 235 页。

谋取世界局势的缓和。肯尼迪总统本人也积极主张调整对华政策。1957 年，时任参议员的肯尼迪在《外交季刊》发表文章，指责美国的对华政策"太过僵硬"，声称虽然"不承认中国的令人信服的理由"仍然有效，但美国人民不应该"出于无知而约束我们的政策，以致未能在客观情况发生了变化时，而未能及时察觉"。"在他们愿意时，我们应该表明自己与其进行对话的意愿，并设定在世界看来是负责任的条件。"① 肯尼迪当选总统之后，一方面为了遏制中国的"共产主义扩张"，必须要注重台湾的价值；但另一方面，为了与新中国政府达成谅解，肯尼迪又必须要约束台湾当局的过分挑衅行为。② "美台"之间围绕美国政府对华政策爆发了尖锐的矛盾。

1961 年 1 月 12 日，宋美龄接受美国记者采访，表示相信未来的肯尼迪政府将不会对美国有关中国共产党或者"中华民国"所坚守的各外岛政策做出重大改变，并称"光复大陆"定将实现。③ 然而到了 1 月 30 日，游建文向宋美龄报告：

> 台北"总统府"，密，蒋夫人钧鉴。史蒂文森二十七日在联合国招待记者谈话最引人重视一点，为甘总统欣愿与赫魔会晤，对中国问题答话，则未获一般人太多注意，谨将各方探询情报，电呈如下：
>
> 1. 中共问题，事前曾经审慎准备，但彼答复时，谨为努力世界和平与安全，应包括幅员广大群众之中共，希望改善与中共关系，寻由其与职（游建文，下同）有深交之友人随从史蒂文森参加招待会，在旁向彼提醒，始于会末将所预备美国对中共立场附加补充如下：中共仇视美国态度系正途邦交之障碍，美国将坚守对盟邦承诺，中共威胁台湾违反联合国会员国放弃武力之义务。

---

① John F. Kennedy, *A Democratic Look at Foreign Policy*, Foreign Affairs, Summer 1957, pp. 365-383.

② 参见李洪波：《"美台"矛盾研究（1949—2000）》，博士学位论文，中国人民解放军外国语学院，2006 年，第 98 页。

③ 参见《蒋夫人昨对美记者谈话》，《"中央"日报》1961 年 1 月 13 日。

2. 彼未照所准备答辩回答，是否一时忽略；抑系与彼原有亲善"共匪"主张不符，而故意忽略则难推测。

3. 彼所提甘总统欣愿与赫魔今春在联合国会谈一节，据彼亲信密告，此种表示并非无根据随便而言。

甲、因彼两日前曾参加国务会议，该会议系在趁苏大使与赫魔谈话之后举行，该谈话历两小时之久，绝不仅涉及释放飞行人员问题，该次国务会议在谈话之后举行，对美苏问题定有详细检讨。

乙、国务卿原拟于总统在国会初次报告后，方行招待记者，该日彼竟于史蒂文森招待记者谈话后两分钟，立即亲至国务院新闻记者室，对谈判方式加以解说，认为国家利之所在应不拘谈判方式，彼洽于事前有所安排而非偶然。

4. 白宫新闻秘书虽立即声明，史蒂文森所说系表示彼个人意见，但实有演唱双簧之嫌。

以上所呈内幕，经过情形表面上不特重要，外间亦鲜注意，但职认为颇可看出美新政府外交政策之动向，谨电钧鉴，职游建文叩。①

宋美龄对肯尼迪政府所酝酿的对华政策转变十分警惕，一方面紧紧盯住美国政治风向，另一方面继续动用"百万人委员会"等"院外援华集团"的力量展开游说。

1961 年 2 月，台驻美"大使"叶公超向肯尼迪政府的国务卿腊斯克递交一份备忘录，要求肯尼迪政府明确表明其对华政策是什么，并且要求美国政府就所谓"中国问题"发表一项公开的声明，来澄清其立场。②2 月 20 日，《华盛顿邮报》刊登了"百万人委员会"的一则广告。同一天，在《纽约时报》上刊登了一则美联社的报告，

① 《游建文电蒋中正等史蒂文森在联合国记者会谈肯尼迪愿与赫鲁晓夫会晤及中国问题暨美新政府外交政策》，台北"国史馆"藏。

② 参见"Memorandum of Conversation", February 3, 1961, Doc. 3, FRUS 1961—1963, Vol. XXII, China; Korea; Japan (Internet Version).

其中援引了"百万人委员会"的话，提到 54 位参议员和 285 位众议员已经为联合政纲的声明背书，同时达到了两院的多数。[①] "百万人委员会"还向国会寄送反对新中国进入联合国的请愿书和抗议信，国会则将这些数目庞大的信件转到白宫，对肯尼迪政府施加压力。果然，7 月 28 日，参议院以 76 票对 0 票通过一项决议，强烈反对承认中华人民共和国并恢复其在联合国的合法席位。[②] 9 月 1 日，众议院也以 395 票对 0 票通过了相同的议案。[③]

9 月 21 日，联合国大会指导委员会通过表决，同意将中国代表权问题列入联大讨论的议程。同日，"百万人委员会"在美国纽约卡耐基纪念堂召开"反对准许中华人民共和国加入联合国"集会，会上宣读了宋美龄的书面演讲词，希望美国支持维护"正义自由"的斗争。[④] 10 月上旬，"百万人委员会"在《纽约时报》发布消息称委员会已经为 1961 年的请愿活动征集到第一百万个签名。[⑤] 最终，在国内的压力下，10 月 19 日，肯尼迪发表声明，重申反对新中国进入联合国，充分支持台湾当局在联合国"代表权"的立场。[⑥]

约翰逊政府时期的 1965 年，是联合国大会围绕"恢复中华人民共和国合法席位，驱逐台湾当局代表"问题辩论的关键年份，宋美龄亲自赴美展开游说。有关宋美龄赴美情形，以及宋美龄与蒋经国之间在"外交"事务上的合作，前文已有详细论述，在此不再冗言。一个值得注意的细节是，1964 年 6 月 19 日，"百万人

---

① 参见 Stanley D. Bachrack, *The Committee of One Million "China Lobby" Politics*, 1953 -1971, New York: Columbia University Press, 1976, p. 190.

② 参见南京大学台湾研究所编：《海峡两岸关系日志（1949—1998）》，九州出版社 1999 年版，第 107 页。

③ 参见南京大学台湾研究所编：《海峡两岸关系日志（1949—1998）》，九州出版社 1999 年版，第 107 页。

④ 参见《纽约举行群众大会，蒋夫人作书面演说》，《"中央"日报》1961 年 9 月 23 日。"百万人委员会"是 20 世纪 50 至 60 年代美国"院外援华集团"的著名游说组织，其目的是抵制中华人民共和国进入联合国，竭力反对美国政府缓和与中华人民共和国的关系，维护"中华民国"的利益。

⑤ 参见 Stanley D. Bachrack, *The Committee of One Million "China Lobby" Politics*, 1953 -1971, New York: Columbia University Press, 1976, p. 188.

⑥ 参见南京大学台湾研究所编：《海峡两岸关系日志（1949—1998）》，九州出版社 1999 年版，第 108 页。

委员会"提出了一份新的国会声明，声明保持了"百万人委员会"
的传统立场：反对共产主义中国加入联合国、反对承认共产主义
中国、反对与其发展贸易关系，有 153 名民主党国会议员、185 名
共和党国会议员在反对新中国进入联合国的公开声明中签字。① 到
了 1965 年，又有 331 名国会议员在同样的声明中签字。② 总而言
之，在约翰逊政府时期，宋美龄仍然依托"百万人委员会"等
"院外援华集团"的力量保卫台湾当局在联合国"代表权"。

1965 年 11 月 17 日，第二十届联合国大会就新中国入会案进
行唱名表决。在美国和台湾当局的阻挠下，议案因赞成票与反对
票相当而遭否决。③ 但 1965 年是支持恢复中华人民共和国合法席
位的国家首次与反对的国家数目相当。

1968 年，共和党候选人理查德·尼克松成为美国第三十七届
总统。尽管尼克松是一个持强硬反共立场的政客，但背负一大堆
美国国际、国内政治包袱的他，不得不顺应国际国内形势，与新
中国实现关系正常化。1969 年 1 月 20 日，尼克松在其就职演说中
表示，"我们寻求一个开放的世界"，在这个世界里，"国家无论大
小，它们的人民都不生活在愤怒的孤立状态之中"④。这指的就是
中华人民共和国。7 月 21 日，美国政府宣布放宽中美人员往来以
及贸易方面的限制。10 月 10 日，基辛格通过巴基斯坦总统叶海
亚·汗转告中国，美国将停止两艘驱逐舰在台湾海峡的例行巡逻
活动，以此表达其缓和对华关系的姿态。⑤

与此同时，"百万人委员会"反应谨慎，这可能是由于"百万

① 参见 Stanley D. Bachrack, *The Committee of One Million "China Lobby" Politics*,
1953-1971, New York: Columbia University Press, 1976, p. 213.

② 参见 Stanley D. Bachrack, *The Committee of One Million "China Lobby" Politics*,
1953-1971, New York: Columbia University Press, 1976, p. 213.

③ 参见南京大学台湾研究所编：《海峡两岸关系日志（1949—1998）》，九州出版
社 1999 年版，第 133 页。

④ ［美］亨利·基辛格：《白宫岁月：基辛格回忆录》（第一册），陈瑶华等译，
世界知识出版社 1980 年版，第 1477 页。

⑤ 参见［美］亨利·基辛格：《白宫岁月：基辛格回忆录》（第一册），陈瑶华等
译，世界知识出版社 1980 年版，第 243 页。

人委员会"力量衰弱所致。从 20 世纪 60 年代开始，"百万人委员会"的积极分子逐渐失去了国会议员的席位。1962 年，周以德在选举中败北，失去了众议员的资格。随后，1964 年的国会选举又使"百万人委员会"的国会支持者少了 75 名。[①] 到了 1968 年，"百万人委员会"的声势大不如前，"百万人委员会"的指导委员会只能维持两名民主党议员和四名共和党议员的结构。[②] 最终，1972 年 2 月 5 日，周以德成立"支持自由中国委员会"（Committee for a Free China），"百万人委员会"正式解散。

当然，蒋介石、宋美龄与尼克松之间关系恶化，也是宋美龄对美"外交"权力下降的诱因之一。1967 年，尼克松访问台湾寻求竞选资助，蒋介石、宋美龄反应冷淡。关于 1967 年蒋介石和尼克松会见的情况，蒋介石 1971 年 9 月 28 日的日记记载："尼丑昔年在慈湖晤谈时，视为其可厌之政客，以轻薄待之，并未允其助选。"从这则日记中可以看出，蒋介石当时不仅没有答应资助尼克松竞选总统，而且对他持轻视、鄙薄态度。1971 年 12 月 14 日，蒋介石日记云："尼丑未当选以前，来台北相访，彼满怀我协助其选举资本，应（因）其未先提，而我亦未提也。此等政客，成事不足，败事有余，此乃吾妻专听令侃一面之词所致。今'国'患至此，令侃之罪不小也。"[③]

1969 年 9 月 16 日，蒋介石在阳明山遭遇车祸，受伤严重。宋美龄将大部分精力转向了照顾蒋介石，蒋经国正式接手处理与美国"外交"事宜。和阿尔及利亚等 23 个国家的提案，恢复中华人民共和国在联合国的合法席位。

1971 年 10 月 26 日，联合国大会通过了阿尔巴尼亚和阿尔及利亚等 23 个国家的提案，恢复中华人民共和国在联合国的合法席位。

---

① 参见 Stanley D. Bachrack, *The Committee of One Million "China Lobby" Politics*, 1953-1971, New York：Columbia University Press, 1976, p. 213.

② 参见 Stanley D. Bachrack, *The Committee of One Million "China Lobby" Politics*, 1953-1971, New York：Columbia University Press, 1976, p. 217.

③ 《蒋介石日记》，1971 年 12 月 14 日，美国斯坦福大学胡佛研究所。

第三章　妇女运动：维稳与动员

妇女运动是宋美龄介入中国政治生活的起点，也是其发挥政治影响力的重要依托。在大陆期间，宋美龄在中国妇女运动上做得风生水起，不仅是中国妇女运动名义上的领导者，也是实质上的推动者。在宋美龄的政治版图上，妇女运动是她政治资本的重要来源，是她获取国内政治支持的重要根据地，其重要性不亚于外交领域。在国民党败退台湾后，宋美龄也正是仰仗着其中国妇女运动领导者的身份在台湾的政治舞台上屹立不倒。

第一节　抵台发动妇运稳定大局

1950 年宋美龄返台之初，面对的是"在大陆政治、军事的双重攻势下，台湾如汹涌波浪中的漏船，随时有倾覆危险"的局面。① 岛内局势混乱不堪，大量溃败来台的军民生计难以保障，物质紧缺，通胀严重。同时，由于过去"二二八"事件，台湾人民对国民党政权充满敌意，省籍冲突不断。因此，维持迁徙与逃难至台湾的近二百万大陆公教军民及七百万台湾居民的稳定，是国民党的当务之急，亦是宋美龄用以支持蒋介石的首要工作。

于是，宋美龄在 1950 年上半年便着手进行妇女劳军与组织妇女。事实上，这些做法可以看成是宋美龄以"第一夫人"身份亲身参与"妇女反共"道路，是在当时国共战事紧张下的保台政策中的妇女运动的体现。

---

① 陈红民等：《蒋介石的后半生》，浙江大学出版社 2010 年版，第 82 页。

1949 年，陆续由大陆败退至台湾、澎湖、金门、马祖及外缘诸岛的国民党军队残部约为六十万人，其中三十万人有作战经历。军队严重缺少弹药、粮食、衣物。

1950 年 1 月 5 日，杜鲁门总统发表《关于台湾的声明》，表示美国"不拟使用武装部队干预"台湾"现在局势"；"不拟遵循任何足以把美国卷入（中国）内争中的途径"；"不拟对台湾的中国军队供给军事援助或提供意见"。没有美国人的保护伞，国民党要偏安自保，实属万难，加之中共军队已集结福建沿海一带，时刻准备渡海作战。蒋军士气低下，军心涣散，失败情绪笼罩全岛。

此外，退台前后蒋介石"反攻大陆"方针的变动，不仅没有提高国民党的士气，反而使人们对国民党上层的决策充满了疑虑和不安。1949 年 6 月 26 日，蒋介石发表了《本党革命的经过与失败的因果关系》的讲话，提出："半年整训，革新精神！一年反攻，三年成功。"① 到了 1950 年 3 月 13 日，蒋介石为收拾人心，在革命实践研究所发表了名为《复职的目的与使命》的演说，表示"一年整训，两年反攻，扫荡'共匪'，三年成功"。达成"复兴中华民国的目的"。②

因此，宋美龄自 1950 年 1 月开始，便密集开展劳军工作，力图用自己的出现，打破蒋介石抛弃台湾的传言；用自己的影响力，稳定军心。1 月 21 日，即与台北女界领导人至"国防"医学院、"海陆空军总医院"慰问住院疗养人员并赠送慰劳品。③ 2 月 6 日，飞赴金门劳军。④ 2 月 8 日，赴基隆陆军医院慰问伤患将士。⑤ 2 月 12 日晨，自台北出发，开始为期 4 日的环岛劳军旅行。下午抵达

---

① 《本党革命的经过与失败的因果关系》，载秦孝仪主编，中国国民党中央委员会党史委员会编印：《先"总统"蒋公思想言论总集》（第二十三卷·演讲），台北"中央文物供应社"1984 年版，第 11 页。

② 《复职的目的与使命》，载秦孝仪主编，中国国民党中央委员会党史委员会编印：《先"总统"蒋公思想言论总集》（第二十三卷·演讲），台北"中央文物供应社"1984 年版，第 135—136 页。

③ 参见《蒋夫人昨莅各病院，慰问荣誉将士》，《"中央"日报》1950 年 1 月 22 日。

④ 参见《蒋夫人昨偕菲侨领袖，飞临金门前线劳军》，《"中央"日报》1950 年 2 月 7 日。

⑤ 参见《蒋夫人今赴市郊劳军》，《"中央"日报》1950 年 2 月 8 日。

台中市，前往台中医院第八总医院、装甲兵集训处、空军医院、装甲兵子弟学校、战车修理厂等处慰劳、参观。① 2 月 13 日，抵达嘉义。上午赴陆军第三十医院慰问伤病将士，赠送慰劳品；继至空军基地，与台湾中部各基地空军共进午餐，并发表演讲，表示空军应学习刻苦耐劳的精神，注意保持官兵合作，努力做到军民合作，从而促进"反共"战争。后至空军医院视察。下午与嘉义妇女代表会谈，并共进晚宴。② 2 月 15 日，在高雄第三总医院慰问受伤的金门军人时，还特别针对所收密函提及该院"办理不善、漠视病人"的情况发表讲话，指出"对待伤患将士绝不能用残酷之手段，而应以仁慈仁爱相持"，并表示"如调查密告确系事实，自当请当局向负责人追究责任"。下午，赴凤山参观新军训练，继赴屏东参观防卫司令部所属之女青年大队，后抵高雄与该市女界代表进行座谈。③ 短短一个月，宋美龄跑遍了岛内主要军事基地。

紧接着，为解决官兵缺乏衣裤的困难，宋美龄发动征衣缝制工作，倡导"各界妇女为国效力，努力缝制衬衣裤"，为此，1950 年 4 月 25 日，"妇联会"于长沙街一段二十七号总会会址二楼成立缝衣工场，由沈慧莲、常委陈纪彝和郭佩云共同负责主持④，并"分别商请政府转饬所属机关学校男女公务员学生及国民普遍捐募每人一套"⑤，而"本会委员除每人捐衬衣裤一套，捐工十套外，并制定名单，分四组轮流到本会工场缝制"⑥。

1950 年 3 月 8 日，宋美龄主持庆祝妇女节纪念大会，发表讲话鼓动说，"我们现在身处台湾，大陆已经完全沦陷，苦难跟随而

① 参见《蒋夫人昨晨出发，开始环岛劳军》《蒋夫人莅止台中》，《"中央"日报》1950 年 2 月 13 日。

② 参见《蒋夫人昨过嘉义，对空军发表演说》，《"中央"日报》1950 年 2 月 14 日。

③ 参见《环岛劳军告一段落，蒋夫人今晨返台北》，《"中央"日报》1950 年 2 月 16 日。

④ 参见周礼千：《三十五年来的征衣缝制运动》，《妇联三十五年》，台北"中华妇女反共联合会" 1985 年版，第 117 页。其中沈慧莲更是督导"妇联会"缝衣工厂二十余年的主要人物。

⑤ 《"中华妇女反共抗俄联合会"三个月来工作概况》，《中华妇女》1950 年创刊号，第 18 页。

⑥ 《"中华妇女反共抗俄联合会"三个月来工作概况》，《中华妇女》1950 年创刊号，第 18 页。

来。我们是否就因此而灰心失望呢？不！我们应以美国妇女工作和奋斗的精神为借鉴"①，号召妇女"不畏艰难、不灰心、不绝望，团结一致，负起'救国'救民的工作"②。4月3日，宋美龄呼吁妇女，"要自救，要救人，我们有一个共同奋斗的目标，就是'反共抗俄'的工作"③。

因为当时逃难至台湾的大陆军民居无片瓦、身无分文，再加上台湾物资短缺，生活条件极其恶劣。宋美龄因而呼吁妇女界牺牲小我，勤俭节约。她认为，"以前妇女出来在社会工作，有一般的人以为是出风头，现在却不然，是尽义务、负责任，政府既没有经济的力量，可以帮助我们推进工作。我们要自己设法节约劳动，以最少的金钱，来做最大效能的工作"④。因此准备"成立一个生产小组，经常督导军公教眷属从事手工业生产，以争取外汇及维持生活"，并"将散在各地无力生活之军眷设法迁移东部之花莲及台东二县垦荒，以经常维持生活"，"筹募基金，举办生产事业，设立工厂，以解决军眷及遗族生活；创设被服厂，尽量任用军眷担任工作"，"设立缝纫工厂，函致各机关学校承制制服，以救济失业军眷案"。⑤

同时在"妇联会"成立大会上，宋美龄提出"拟请准予免费入学及开设征属及遗族学校"⑥。在"妇联会"成立二周年纪念大会致词中提到"海军妇联分会之组织，经常作家庭访问，慰劳军眷，注重军眷的福利"，"其他各分会在其本身工作中，各尽所长，

---

① 《妇女节致词》（1950年3月8日），载《蒋夫人言论汇编》编辑委员会编：《蒋夫人言论汇编》（第二卷·演讲），台北正中书局1956年版，第62页。
② 《昨日盛会庆三八节，蒋夫人勉妇女团结》，《"中央"日报》1950年3月9日。
③ 《今日中华妇女的重要使命》，载《蒋夫人言论汇编》编辑委员会编：《蒋夫人言论汇编》（第二卷·演讲），台北正中书局1956年版，第59页。该文亦发表在《"中央"日报》1950年4月17日。
④ 《"中华妇女反共抗俄联合会"成立大会致词》（1950年4月17日），载《蒋夫人言论汇编》编辑委员会编：《蒋夫人言论汇编》（第二卷·演讲），台北正中书局1956年版，第66页。
⑤ 《妇女"反共抗俄"会昨已圆满闭幕》，《"中央"日报》1950年4月20日。
⑥ 《妇女"反共抗俄"会昨已圆满闭幕》，《"中央"日报》1950年4月20日。

举办幼稚园、托儿所、子弟学校"①。随后，又通过"妇联会"设置清寒军人子女奖学金、创设惠幼托儿所及幼稚园。②

为了配合蒋介石的"反共抗俄大业"，1950年3月8日，宋美龄发表《妇女节致词》，号召"每一个妇女都团结起来，发挥自己的力量；同时妇女们应该不断求进步，利用机会，多看书，多作研究，以求得到真正的学问"③。随即提出组织"中华妇女反共抗俄大会"。4月17日，"妇联会"成立，宋美龄在成立大会致词时强调妇女工作的重要性时称："'国家'的好坏，是政府的责任，可是民主'国家'，政府的好坏，完全看民众的努力不努力。"④如何动员妇女力量，参加"反共抗俄"的工作，她说：

> 我们要好好的组织各界妇女，动员她们来直接间接参加"反共抗俄"的工作。"反共抗俄"的工作是很多的，并且处处需要大家去做，譬如对前后方将士的慰问鼓励，对伤病将士的救护慰劳，对后方生产工作的协助参加，对社会奢侈浪费风气的转奢纠正，妇女可以尽力的地方正多，我妇女界同胞如全体组织起来，一致向这个目标努力，这对"反共抗俄"的工作是有很多帮助的。⑤

随后，宋美龄不断地在各种场合组织动员妇女加入"反共抗俄"活动。1950年4月29日，宋美龄出席"妇联会"装甲兵分会

---

① 《"中华妇女反共抗俄联合会"成立二周年纪念大会致词》（1952年4月17日），载《蒋夫人言论汇编》编辑委员会编：《蒋夫人言论汇编》（第二卷·演讲），台北正中书局1956年版，第90页。

② 参见《"中华妇女反共抗俄联合会"成立三周年纪念大会致词》（1953年4月17日），载《蒋夫人言论汇编》编辑委员会编：《蒋夫人言论汇编》（第二卷·演讲），台北正中书局1956年版，第95—96页。

③ 《妇女节致词》（1950年3月8日），载《蒋夫人言论汇编》编辑委员会编：《蒋夫人言论汇编》（第二卷·演讲），台北正中书局1956年版，第62页。

④ 《"中华妇女反共抗俄联合会"成立大会致词》（1950年4月17日），载《蒋夫人言论汇编》编辑委员会编：《蒋夫人言论汇编》（第二卷·演讲），台北正中书局1956年版，第66页。

⑤ 《今日中华妇女的重要使命》，载《蒋夫人言论汇编》编辑委员会编：《蒋夫人言论汇编》（第二卷·演讲），台北正中书局1956年版，第60页。

成立大会，即席宣布"三个月内将号召全台妇女为前方将士服务"①。5 月 5 日，宋美龄出席"妇联会"联勤分会成立大会，致词号召女同胞用工作实现妇女"爱国"的精神。次日，在"妇联会"与在台女"国大代表""立法委员""监察委员"的茶会上，号召女同胞不分界限，参加实际"救国"工作。② 10 月 5 日，宋美龄在"妇联会"接见"国防部"政干班女青年训练大队学员，接受学员敬献的"女青年导师"锦旗，并勉励学员"毕业后应坚强意志，固守岗位努力'反共抗俄'工作，以仁爱态度待人接物，把握时间充实自己，以期担负'戡乱建国'的伟大使命"③。

1950 年 5 月 6 日，宋美龄组织召开妇女"反共抗俄"联合会议，招待女性"立监委"委员及"国大代表"

宋美龄自称，动员工作颇有成效，她在 1952 年 4 月 17 日"妇联会"成立二周年纪念大会上总结说：

　　两年以前，我们"国家"正处于危险困难的时候，不论

---

① 《妇联装甲兵分会昨开成立大会》，《"中央"日报》1950 年 4 月 30 日。

② 参见《在台女"国代立监委"参加缝制征衣运动》，《"中央"日报》1950 年 5 月 7 日。

③ 《女青年大会学员献旗致敬蒋夫人》，《"中央"日报》1950 年 10 月 6 日。

妇女与民众，都没有具体组织，我不夸张地说，自从"妇联会"成立以后，沟通了军队与民众的感情，协助政府解决许多困难，尤其欢迎舟山撤退来台的战友，给予军队与民众甚大的鼓励，为军民打成一片的开始，今日军民能有融洽感情的表现，也就是我们工作的成效。其次，如衬衣裤、棉背心、针线包等各项捐募运动，都很快的完成，这都是全体妇女同志共同努力的结果，这是给予军队无限的鼓励，也促使民众明了自己的责任，更使海外同胞了解自己祖国的妇女，已经组织起来，从事"反共抗俄"工作。①

由此看出，宋美龄在 1950 年 1 月 10 日离美返台不到一个月，即赴各地劳军，号召和动员妇女界参加"反共抗俄"工作。到 6 月 25 日朝鲜战争爆发、美国宣布协防台湾之前，适时发挥稳定大局的力量。

第二节　妇运重心动员精英

宋美龄认为："大陆上的失败，是青年和妇女运动没有做得好，因为妇女是国民的一半，青年是国家的新生，这一半国民和新生的力量被忽略了，自然国家的力量随之削弱，我们领悟过去失败的教训，今后我们要实实在在重视妇女和青年，以及一般民众的组织训练服务等工作。"② 有鉴于此，宋美龄在台期间始终把"动员"作为妇运工作的重中之重。据研究者统计她在台湾时期，报纸对其的报道主题。其中以"社会性动员"为最多，计 73 则，占 24.8%；其次为"社团/社交"及"国防/外交/两岸"，分别占 18.7% 及 12.9%，可见"动员"在宋美龄主导的妇女工作中的分量。③

---

① 《勉励全体："服务从家庭开始"——妇联成立二周年，训练班结业庆典中蒋夫人致词》，《"中央"日报》1952 年 4 月 18 日。

② 《"中央"妇女工作会第二次工作会议开幕式致词》（1956 年 4 月 26 日），载陈鹏仁编：《蒋夫人宋美龄女士言论选集》，台北近代中国出版社 1998 年版，第 259—260 页。

③ 参见郭及天：《我国第一夫人报纸形象研究》，淡江大学大众传播研究所硕士论文，第 56—57 页。

一、"动员"型妇运的组织建设

1. 组织机构建设

宋美龄对妇女工作组织机构的建设十分在意。一方面是因为，全面内战爆发后国民党不希望有大规模的民众运动，故国民党妇女组织的职权每况愈下，最后以致空有其名；另一方面，也是因为败退台湾后，蒋介石在改造国民党时高度重视国民党组织的整顿与重建，特别强调"反共抗俄的战争"是"以组织对组织"的战争，并指出"必先要使我们各种组织的严密，强过'共匪'，方能达成使命"①。蒋介石要求"注重组织。注重组织的着眼点，就是每一个人都纳入组织，使其各尽所能，各本所长，各负其应有的责任"②。宋美龄也认为，"中国人有一种毛病，就是这桩事做做，那桩事也做做，结果没有组织，没有效果，没有力量，反显得更形凌乱散漫"③。

1950 年国民党实施改造，8 月 5 日，"中央改造委员会"正式成立，下设秘书处、七个组、四个委员会，其负责人张其昀、周宏涛分任正副秘书长，陈雪屏、谷正纲、郑彦棻、曾虚白、袁守谦、唐纵、郭澄分任第一至第七组主任，李文范、陶希圣、蒋经国、俞鸿钧分任"纪律委员会""设计委员会""干部训练委员会""财务委员会"主任委员。接管了国民党第六届中央执行委员会和中央监察委员会的工作，其中第二组接管"青年部""农工部""妇委会"和"军队党务改造指导委员会"。

然而，宋美龄认为妇女运动的开展十分急迫，当前"需要有一

---

① 《组织的原理和功效——并说明对黑格尔辩证法的研究要领》，载秦孝仪主编，中国国民党中央委员会党史委员会编印：《先"总统"蒋公思想言论总集》（第二十四卷·演讲），台北"中央文物供应社"1984 年版，第 146 页。

② 1952 年 10 月 10 日至 20 日，蒋介石在台北阳明山召开国民党"七大"。10 月 13 日，蒋介石代表国民党中央改造委员会向大会作政治报告。

③ 《招待"立法院""监察院"女委员及"国民大会"妇女代表茶会致词》（1950 年 5 月 6 日），载《蒋夫人言论汇编》编辑委员会编：《蒋夫人言论汇编》（第二卷·演讲），台北正中书局 1956 年版，第 71 页。

个健全的组织，因为我们妇女在人口数量上与男子们所谓参半，在法律上男女也居于相等的地位和责任，尤其在此艰难繁重的时期，我们更须承当一半任务，并且特别要发挥我们的特长和能力，大家联合一致，团结奋斗，共同为'反共抗俄'、实现三民主义而努力"。① 妇女运动也绝不是表面的点缀工作，应是实际行动。② 宋美龄在来台初期，遂设立民间机构"妇联会"筹划妇运事宜。

为了将宋美龄及台湾的妇运工作纳入国民党党务系统，蒋介石特将妇女工作由第二组中划出，等于添设新组。在周宏涛和皮以书③设计下④，国民党设立了"中央委员会妇女工作指导会议"（简称"妇指会议"），宋美龄任指导长，作为妇女工作的决策机构。下设"中央妇女工作会"（简称"妇工会"），为执行机构。⑤根据国民党第七届中央委员会常务委员会第六十二次会议的《中

① 《蒋夫人勉励妇联会员：加强组织发展服务，汇成复兴雄厚动力》（1957 年 12 月 19 日讲），《"中央"日报》1957 年 12 月 20 日。

② 参见陈雪屏：《从心理学的观点看妇女运动》，《中华妇女》1950 年第一卷第 8 期，第 1 页。

③ 皮以书，四川南川人，1905 年 4 月 22 日生。早年毕业于重庆第二女子师范。1921 年，负笈出川，肄业于北京中国大学。1924 年，在校期间加入中国国民党。1925 年，孙中山在北京逝世，皮以书被指派担任执绋。同年，由国民党中央党部选派赴莫斯科中山大学深造。1926 年，与同学谷正鼎在莫斯科结婚。1927 年国民政府成立于南京，并实行"清党"，皮以书回国。1929 年，被派为北平特别市党部委员，并兼任妇女部部长。1932 年调任中央民运会妇女科科长。抗战时期，皮以书被派往西安，曾先后任陕西省党部妇女工作委员会主任委员、陕西省妇女慰劳抗战将士会会长、陕西省妇女新生活运动促进会会长、战时儿童保育院院长等职务。在宋美龄的领导下，从事组织妇女发动社会力量、保育战时儿童、慰劳军队眷属，以及收容救济难民等工作。抗战结束后，获得国民政府及美国政府分别颁赠的胜利、自由勋章。1948 年 1 月，当选立法委员。1950 年 4 月，"中华妇女反共抗俄联合会"成立，皮以书受聘为该会总干事，负责会务。1957 年，国民党召开第八届代表大会，当选为"中央委员"。1974 年 3 月 22 日，病逝台北荣民医院，享年 70 岁。

④ 据周宏涛回忆，宋美龄在来台初期成立了"中华妇女反共抗俄联合会"，同时在"中央党部"成立妇工会，这两会的组织架构及工作内容全是他帮着出的主意。参见周宏涛口述，汪士淳著：《蒋公与我：见证"中华民国"关键变局》，台北天下远见出版股份有限公司 2003 年版，第 471—473 页。

⑤ 据张厉生在 1957 年 10 月 15 日所作的《"中央委员会"党务工作报告》中提到："自七全大会决定'发展妇女组织后'，'七届二中全会'即决定设立妇工机构，于1953 年 10 月成立妇女工作指导会议，为妇女工作之决策机构，并设妇女工作会为妇女工作执行之单位。载《"中央委员会"党务工作报告》，《革命文献》（第七十七卷）《中国国民党历次全国代表大会重要决议案汇编》（下），第 193—194 页。

央委员会妇女工作指导会议暂行规则修正通过》第三条规定："本会议之任务，为加强妇运政策及工作之推进，并领导各级妇女机构或团体，展开本党妇运工作。"① 妇工会的任务则是"秉承指导长暨妇女工作指导会议之决议，掌理妇女运动工作及妇女团体之党团活动"②。"妇工会"于 1953 年 10 月 21 日成立，"妇工会"级别颇高，与"中央委员会"各处组会平行。"妇工会"在组织编制方面层次分明，"中央"设有正、副主任各 1 人，负责推进工作，下有秘书 1 人、专门委员 4 人、总干事 4 人、编审 5 人、干事助理干事等 9 人。内部工作职掌，设有 5 室，分别掌管总务、组训、服务、研究及宣传等业务。③ 1954 年 9 月，开始建立省、县、市党部的妇女工作组。④ 1955 年 9 月，"妇工会"又建立义务干事制度与妇工宣传网，透过义务干事和妇女宣传员，在全省各地的乡镇村里，推行工作下乡的政策，并深入家庭，展开宣传工作。⑤ 1956 年1 月，分别建立各种党部，如公路、铁路、产职业等各党部的妇女工作组，及在各种党部的支区组织中设置妇女干事，秉承层级组织的指导，执行工作。各种各级党部的妇女工作组是行动单位，它不但承受上级交付的妇女工作方面的任务，而且因为妇女工作是党的工作的一个重要环节，它还须配合党的组织、训练、服务、宣传等部门，推行工作，使各部门工作联系配合成为一个整体。因此，各种各级党部的妇女工作组的任务很多，责任很重。省级

---

① 《"中央委员会"妇女工作指导会议暂行规则修正通过》，《中国国民党第七届中央委员会常务委员会第六十二次会议纪录》（1953 年 10 月 7 日），台北中国国民党党史馆档案，会议记录，7、3：5。

② 《"中央委员会"妇女工作指导会议暂行规则修正通过》，《中国国民党第七届中央委员会常务委员会第六十二次会议纪录》（1953 年 10 月 7 日），台北中国国民党党史馆档案，会议记录，7、3：5。

③ 参见钱剑秋：《三十年来中国妇女运动》，中国国民党中央委员会妇女工作会1976 年版，第 14 页；中国国民党中央委员会妇女工作会编：《我们的工作》，中国国民党中央委员会妇女工作会 1976 年版，第 1 页；《"自由中国"的妇女》，台北妇友社 1957 年版，第 18 页；皮以书：《中国妇女运动》，台北妇联画刊社 1973 年版，第 126 页。

④ 参见皮以书：《中国妇女运动》，台北妇联画刊社 1973 年版，第 127 页。

⑤ 参见《"自由中国"的妇女》，第 19 页；中国国民党中央委员会妇女工作会编：《四年来本党的妇女工作》，中国国民党中央委员会妇女工作会 1957 年版，第 16 页。

党部的妇女组，设总干事 1 人，视导 1 人，干事、助理干事 5 人至 7 人。县市党部妇工组设组长 1 人，干事、助理干事 3 人，各地的区级党部，陆续任用妇女干事，以便推动区级工作。[①]

就这样，宋美龄在民间和党内分别构建了两套妇女运动组织体系，同负推进妇女工作的使命，但各有专责。

"妇工会"属中国国民党中央委员会，负责领导台湾妇女机构，组织妇女党员，推进党务，并在省党部设有妇工组。

根据《中国国民党妇女工作指导方案》，"妇工会"指导方针有三项：加强妇女训练、健全妇女组织、培养妇女知能。[②] 随着"妇工会"组织的演进，妇女工作的要点增为五项：以政策领导妇女群众、以组织结合妇女人才、以训练培养妇女知能、以服务辅导妇女生活、以文教指导妇女人生。[③]

"妇工会"的工作重心放在农村、家庭和普通群众中。在农村，由于当时台湾"一般农村中的妇女，智识水准不高"，生活与地位相对于城市妇女比较低下，有待改善。于是，"妇工会"选派义务干事宣传员进驻农村，加强国民党宣传渗透工作。同时，"为要实践家为国本的道理，应要兼顾到家庭"，一方面要求妇女为社会服务，另一方面还要求其能为家庭服务，即"在家庭是一良好主妇，在社会一定是一好公民"。对普通群众的重视也是前所未有的，"妇工会"的干部要"深入群众，教育群众，和群众生活打成一片。进而了解群众，为群众谋取福利"。[④]

"妇联会"属于人民团体，是宋美龄推动台湾妇女运动的最重要组织，也是她的工作据点。她指出："这个会不能马马虎虎，也不能有名无实，我自己有时工作上下午都来，或上午来，至少每

① 参见皮以书：《中国妇女运动》，台北妇联画刊社 1973 年版，第 127 页。

② 参见《中国国民党妇女工作指导方案》，《中国国民党第七届中央委员会常务委员会第一〇六次会议纪录》（1954 年 5 月 17 日），台北中国国民党党史馆档案，会议记录，7、3：9。

③ 参见中国国民党中央委员会妇女工作会编：《我们的工作》，中国国民党中央委员会妇女工作会 1976 年版，第 2—3 页。

④ 皮以书：《中国妇女运动》，台北妇联画刊社 1973 年版，第 128 页。

天有一次，不管有事或无事，因为这是我的责任。"① 她不仅将私人办公室设在了"妇联会"，而且大多数公务活动放在"妇联会"完成，包括接见外宾、华侨，甚至党务系统的妇女干部工作也在"妇联会"办公室完成。例如，1950 年 8 月 15 日，在"妇联会"接见菲律宾黑白篮球队队员，接受该队敬献的"妇女导师"锦旗，并陪同队员参观"妇联会"各部门工作。② 8 月 16 日，在"妇联会"接见来台参观的菲律宾华侨考察团，并陪同参观缝纫工厂。③ 10 月 5 日，于"妇联会"接见"国防部"政干班女青年训练队大队学员，接受她们敬献的"女青年导师"锦旗，并讲话予以勉励。④ 11 月 5 日，在"妇联会"设午宴招待参加台湾省妇女会第三届会员代表大会的全体代表。⑤

此外，宋美龄还将台湾省妇女会招至麾下。台湾省妇女会的前身是抗战胜利后成立的台湾妇女协会。1946 年 1 月 3 日，李帮助⑥、杨金宝⑦等人在高雄发起筹组台湾妇女协会。⑧ 1 月 7 日，"三民主义青年团中央直属台湾区团部"于台北市大世界电影馆开第一次

---

① 《招待"立法院""监察院"女委员及国民大会妇女代表茶会致词》（1950 年 5 月 6 日），载《蒋夫人言论汇编》编辑委员会编：《蒋夫人言论汇编》（第二卷·演讲），台北正中书局 1956 年版，第 71—72 页。

② 参见《菲律宾黑白篮球队昨晋谒蒋夫人献旗》，《"中央"日报》1950 年 8 月 16 日。

③ 参见《考察团昨访妇联会》，《"中央"日报》1950 年 8 月 17 日。

④ 参见《女青年大会学员献旗致敬蒋夫人》，《"中央"日报》1950 年 10 月 6 日。

⑤ 参见《三届大会昨闭幕》，《"中央"日报》1950 年 11 月 6 日。

⑥ 李帮助，1909 年生于台北，自淡水圣书院毕业后进入马偕医院护士专业学习三年，毕业后在马偕医院服务，后赴中华神学院（上海中华女子神学校）就读，毕业后先在厦门、新加坡、马来西亚等地传道，继而回到台湾，开创前金布道所与道生圣经书院，1950 年被按立为牧师，为台湾第一位女牧师。参见李仁豪：《我的姑婆——李帮助牧师》，载郑仰恩主编：《信仰的记忆与传承——台湾教会人物档案》（一），台南人光出版社 2001 年版，第 274—280 页。

⑦ 杨金宝，1907 年生于高雄，台南长老教女学校毕业后负笈东瀛，自日本私人公证通信大学毕业，学成归台后，即在医院任助产士，并积极参与妇女运动，组织台湾妇女协会、高雄市妇女会等团体，对于传教工作亦甚为投入，曾担任旗后基督教青年会会长、前金基督教会长老。1947 年年底，中国国民党与民社党、青年党两党协调，遴选参议员进入参议会，杨金宝因民社党党员叶荣钟未能如期报到，于 1950 年获得遴选递补为参议会第一届参议员。参见林秋敏：《谢娥与台湾省妇女会的成立及初期工作（1946—1949）》，《台湾文献》（季刊）第六十三卷第 1 期暨《别册》40 号。

⑧ 参见《台湾妇女协会发轫，高雄州有志组织》，《民报》1948 年 1 月 7 日。

全省妇女联谊大会，讨论战后台湾妇女活动的展开，约有四百多位女性代表参加。会后又在 11 日下午两点，在台北妇女顺义公司召开三十几人的座谈，决定成立台湾省妇女协会，而之前在高雄所成立的台湾妇女协会便更名为高雄市台湾妇女协会。随后，台湾省党部于 1 月 19 日发起组织台北市妇女会。继有许世贤、许碧珊于 2 月 3 日筹组嘉义妇女协会①，高清莲、杜水金等人于 2 月 20 日筹组台南市妇女会②，余丽华、叶陶、谢雪红等人于 4 月 13 日发起成立台中市妇女会（1946 年 4 月 13 日）③，吴朱砂等人于 4 月 20 日筹备成立台东县妇女会（1946 年 4 月 20 日）④，赖雅等人于 4 月 23 日成立彰化市妇女会（1946 年 4 月 23 日）⑤。1946 年 3 月底，谢娥和各地妇女代表等三十一人向台湾长官公署呈请组织台湾省妇女会，并成立筹备委员会。⑥ 1946 年 4 月，国民党中央妇女运动委员会指派该会委员廖温音来台视察妇女工作⑦，并对台湾省妇女会的筹备与成立扮演督导的角色⑧。1946 年 5 月 16 日，台湾省妇女会在中山堂举行成立大会，一个由台籍妇女组成的全省性组织正式成立。该会在成立大会宣言中强调，"我们要求解放，观念的解放，传统的解放，职业的解放，我们要团结，我们要组织，我们要集体行动，我们要用自己的力量去争取我们自己的理想"以及服膺国民政府与中华民国约法的领导，并决议向蒋介石及夫人宋美龄通电致敬。⑨

---

① 参见《嘉义妇女协会，举行创成典礼》，《民报》1946 年 2 月 7 日。
② 参见《台南市妇女会发足》，《台湾新生报》1946 年 2 月 22 日。
③ 参见《台中妇女会举行成立典礼》，《民报》1946 年 4 月 18 日。
④ 参见《台东县妇女会成立，举行各种助兴》，《民报》1946 年 4 月 27 日。
⑤ 参见《彰城妇女会盛举成立典礼》，《民报》1946 年 4 月 27 日。
⑥ 参见谢聪敏：《谢娥女士谈二二八》，《台湾战后史资料选》，第 386 页。
⑦ 参见《蒋夫人关怀本省妇女，廖女士督导各县妇运》，《台湾新生报》1946 年 4 月 19 日。
⑧ 廖温音为蔡培火夫人，抗战时担任中国国民党中央妇女运动委员会委员，颇受宋美龄器重。廖温音抵台后，即表示此行来台视察的主要任务为召开妇女座谈会、视察女学校和工厂女工生活、督导组织省妇女会及督导各县市妇运等。参见林秋敏：《谢娥与台湾省妇女会的成立及初期工作（1946—1949）》，《台湾文献》（季刊）第六十三卷第 1 期暨《别册》40 号。
⑨ 参见《台湾省妇女会成立》，《台湾新生报》1946 年 5 月 19 日。

台湾省妇女会组织，依照人民团体的组织办法，其最高领导机构是该会的理事会、监事会。理事会设理事 25 人，由理事互推 7 人为常务理事，再于常务理事中，公推 1 人为理事长。监事会设监事 7 人，互推 1 人为常务监事。分别掌理监事职务。理监事会下设秘书 1 人，组长 4 人，组员若干人，工作部门分组训、文教、辅导、服务四组。而省以下各级妇女会于 1952 年全部组织完成，台省 22 个县市的各乡镇区均成立了妇女会。各级妇女会的编制，也是设置理事长 1 人，和理监事等，分别执行理监事会的职权，并设秘书或总干事 1 人，办理日常事务。①

该会的工作带有"启蒙色彩"，是以谋取妇女福利，改进妇女生活，提高妇女地位，并进而发动妇女为民服务为目的。在这一方针之下，该会工作包括以下几个方面：

组训：该会除在各县市广泛吸收会员外，还普遍成立烹饪、营养、缝纫、编织、造花、刺绣各种训练班。免费教导妇女，一面培植妇女们谋生技能，一面提高妇女生活各种兴趣。

文教：该会经常出版各种妇女读物，举办各种晚会，巡回放映电影，一切也都是免费为妇女服务，增进妇女的智识，改善妇女们生活上的康乐活动。

辅导：最主要者为职业介绍与婚姻介绍，其次是福利与救济，福利工作如设立妇女书报阅览室，开设妇女缝纫工厂等，救济工作如冬令救济、贫民救济、难胞救济等，另一重要工作是调解，用以调解家庭纠纷，保护被虐待的妇女养女等。

服务：这是该会配合当前"反共抗俄"的需要最有意义而又切合实际需要的工作，服务项目是动员妇女会员组织缝补队，为各地驻军缝补衣服，组织歌舞队，定期赴各军驻地作精神慰劳，以及发动各种敬军运动与临时性劳军运动等。②

---

① 参见皮以书：《中国妇女运动》，台北妇联画刊社 1973 年版，第 129 页。
② 皮以书：《中国妇女运动》，台北妇联画刊社 1973 年版，第 130 页。

1955 年 7 月 3 日，宋美龄在阳明山庄主持"妇工会"第一次干部会议时，曾这样描述她所搭建的妇运工作组织体系："在抗战时期，总裁要我出来负责党的妇女工作，那时我正办理新生活运动妇女指导委员会，不愿参加党的妇女工作，我对政治没有兴趣，后来我看出党的失败的原因，便是在没有组织妇女与青年，总裁又一再敦促我出来主持'中央妇工会'，为了整个党的前途，我只得牺牲我个人的自由来担任本会的指导长，现在我又是兼中华妇女'反共抗俄'联合会的主任委员和台湾省妇女会的名誉会长，这三个团体完全由我领导，希望你们三个团体的同志要精诚合作，协同努力。"① 1956 年 5 月 17 日，宋美龄在"妇联会"成立六周年大会上进一步讲道："在组训方面，我们分为三个单位，就是妇联会、妇女会、妇工会、这三个单位，是妇女组训工作的中心，现在大家都团结一致，彼此合作得很好，不过我感觉有一点要提出来说一说的，这三个单位虽然团结合作，但有许多地方，却稍嫌重复，所以我希望以后对那些重复工作，要划分开来，因为各单位有各单位的使命。但在划分以后，希望这三个单位，能够本着过去彼此帮助、彼此合作的精神，来发展业务，使得今后组训工作，能够获得更大成效。"②

尽管各个妇女组织创设的宗旨不同，但都在宋美龄的领导下，以"妇联会"为枢纽，组成一个坚强的阵线，密切配合。"妇联会"是妇女团体的联合组织，也是妇女组织的组织。各个妇女团体的会员，同时也可以成为"妇联会"的会员，而且各个妇女团体的负责人，同时也是"妇联会"中最积极最活跃的分子。③

---

① 《"中央"妇女工作会第一次干部会议训词》，载《蒋夫人言论汇编》编辑委员会编：《蒋夫人言论汇编》（第二卷·演讲），台北正中书局 1956 年版，第 134 页。

② 《"中华妇女反共抗俄联合会"成立六周年纪念大会致词》（1956 年 5 月 17 日），载《蒋夫人言论汇编》编辑委员会编：《蒋夫人言论汇编》（第二卷·演讲），台北正中书局 1956 年版，第 152 页。

③ 参见皮以书：《中国妇女运动》，台北妇联画刊社 1973 年版，第 131 页。

2. 妇运干部队伍建设

除了组织机构的建设，妇女干部队伍建设也是宋美龄高度重视的问题。宋美龄对党务系统的"妇工会"和民间组织"妇联会"，妇运干部队伍建设的方向也完全不同。"妇联会"的领导干部就以官员夫人为主，而"妇工会"则是党务系统中的青年骨干。

第一，为"妇联会"组织"官员夫人"班底。

宋美龄抵台之初，"不知道曾经在大陆上做过妇女工作的现在台湾还有哪几位"①，于是疾呼"各位妇女界的领袖，赶快起来，发挥你们的智慧，施展你们的才能，把妇女界的力量团结起来、组织起来，共同参加'反共抗俄'的工作"。"妇联会"筹办伊始，宋美龄就四处张罗妇运干部，"一面请省政府代我访问，一面找我自己所熟悉的几位，出来帮忙组织"②。早期的骨干有"行政院长"陈诚的太太谭祥、省主席吴国桢的太太吴黄卓群、"参谋总长"周至柔的太太周王青莲、"海军总司令"桂永清的太太桂何相钦、台湾省保安司令彭孟缉的太太彭郑碧云，以及蒋介石儿媳蒋方良、石静宜等人。随即，宋美龄广聘人才。1950 年 4 月 10 日，接见新疆"妇女领袖"阿里同汗时，就立刻聘请阿氏为"反共抗俄妇女联合会"委员。③ 5 月 6 日，在与"立法院""监察院"妇女委员及"国民大会"妇女代表茶会时，也"希望诸位当中，假如不是本会委员，都来参加我们的工作，都做会员"④。

现据"妇联会"的机关报《中华妇女》刊物登载的首届常委的名单，并备相关个人资料列表 3-1 如下：

---

① 《招待"立法院""监察院"女委员及国民大会妇女代表茶会致词》（1950 年 5 月 6 日），载《蒋夫人言论汇编》编辑委员会编：《蒋夫人言论汇编》（第二卷·演讲），台北正中书局 1956 年版，第 71 页。

② 《招待"立法院""监察院"女委员及国民大会妇女代表茶会致词》（1950 年 5 月 6 日），载《蒋夫人言论汇编》编辑委员会编：《蒋夫人言论汇编》（第二卷·演讲），台北正中书局 1956 年版，第 71 页。

③ 参见《蒋夫人接见新省女领袖》，《"中央"日报》1950 年 4 月 11 日。

④ 《招待"立法院""监察院"女委员及国民大会妇女代表茶会致词》（1950 年 5 月 6 日），载《蒋夫人言论汇编》编辑委员会编：《蒋夫人言论汇编》（第二卷·演讲），台北正中书局 1956 年版，第 71 页。

表 3-1 "妇联会"中的官员夫人

职务	姓名	身份
主任委员	蒋宋美龄	"总统"蒋介石夫人
副主任委员	陈谭祥	"行政院长""副总统"陈诚夫人
常务委员	马沈慧莲①	"国大代表""立法委员"马超俊夫人
常务委员	钱用和②	"监察委员"
常务委员	林慎	"立法委员"、复兴小学董事长
常务委员	徐陆寒波	"财政部长""中央银行"总裁徐柏园夫人
常务委员	李缎	"监察委员"
常务委员	陈纪彝③	"国大代表"、卫理女中首任校长
常务委员	蒋陶曾谷	农业复兴委员会主任委员蒋梦麟夫人
常务委员	黄郭佩云	台湾省议会议长黄朝琴夫人
常务委员	王萧德华	"总统府"秘书长、"中研院"院长王世杰夫人
常务委员	吕晓道④	妇运前辈
常务委员	钱剑秋⑤	"立法委员"

---

① 在大陆时期，即担任新生活运动促进总会指导委员会指导委员、南京新运促进会妇女工作委员会主任委员、中国妇女慰劳抗战将士总会常务委员、战时儿童保育会常务理事。

② 江苏常熟人（1897—1990），毕业于北京女子师范学院，后留学美国芝加哥大学及哥伦比亚大学。1931年任宋美龄私人秘书及国民革命军遗族学校与女校校董，后升任主任秘书及校董。1939年任战时儿童保育会总会常务理事。妇女抗日统一战线代表。去台湾后，长期担任"监察院监察委员"，并连任中国国民党第八至第十三届中央评议委员。1972年任中国国民党中央妇女工作委员会委员，"妇联会"常委，"中国大陆灾胞救济总会"监事等职。著有《钱用和回忆录》《韵荷存稿》《浮生八十》《难童教育丛谈》《欧风美雨》。

③ 1938年庐山妇女谈话会时，即担任汉口基督教女青年会总干事、战时儿童保育会常务理事。1938年新运妇指会改组，陈纪彝担任该会副总干事。抗战后当选国大代表。去台后创办卫理中学。

④ 国民党候补中执委。抗战后当选"制宪国大"代表。

⑤ 上海人，上海法学院毕业，美国西北大学法学博士。历任律师、大学教授、国民党上海市党部委员兼三青团上海支团部组长、上海市政府参事、"立法委员""司法行政部"参事。1960年加入"国际妇女法学会"，曾任"立法委员会"、法学教育委员会召集人、执行委员。1982年当选第一副会长兼"妇联总会"常务理事。自1954年起任国民党中央妇女工作会主任，长期追随宋美龄统管官办妇女组织，至1988年退休，凡34年。曾任国民党八至十二届"中央委员"。著有《三十年来中国妇女运动》《"中华民国"妇女之社会地位》。

（续表）

职务	姓名	身份
常务委员	陈逸云	"立法委员"
常务委员	周王青莲	"空军总司令""参谋总长"周至柔夫人
常务委员	林盛关颐	板桥林家夫人
常务委员	吴黄卓群	台湾省主席吴国桢夫人
常务兼总干事	谷皮以书	"立法委员"谷正鼎夫人

不难看出以上各位常委为来自妇女界的精英分子，皆是高级文武百官的夫人、"立委"、"国代"、省级民意代表、学校校长等。由于她们本身的出生和地位，与各方面关系良好，组织动员能力也十分可观，一旦运作，很容易达成目标。随后委派"妇联会"各分会主任委员时，也确定由地方行政首长夫人或当地富有学识经验资望的妇女名流担任。① 于是，在"妇联会"组建过程中，各分会主任委员皆由机关首长夫人担任。据《"中华妇女反共抗俄联合会"三个月来工作概况》的统计如下：

桂何相钦（海军分会，海军总司令桂永清夫人）、周王青莲（空军分会，参谋总长周至柔夫人）、蒋石静宜（装甲兵旅分会，蒋纬国夫人）、黄甘帼英（联勤分会，黄仁霖夫人）、孙张晶英（陆军分会，孙立人夫人，曾任贵州督匀慈幼院院长、"中国佛教会"常务理事）、柯侯菊兰（怒潮分会）、朱庄心淑（陆军工兵第二十团分会）、彭郑碧云（"保安司令部"台湾省保安司令彭孟缉夫人）、胡曾广瑜（金门防卫司令部分会、福建分会，胡琏夫人）、谭陈慧钦（基隆要塞司令部分会，台湾"防卫部"基隆要塞司令谭鹏夫人）、黄李志偿（"宪兵司令部"分会）、陈谭祥（"行政院"分会，陈诚夫人）、蒋方良（"总政治部"分会，蒋经国夫人）、毛向新（"保密局"分会，毛人凤夫人）、吴黄卓群（省政府各厅处联合分会，吴国桢夫人）、陈魏珍（台中市分会）、陈黄淑卿（新竹市分会）、薛周淑瑗（台南县分会）、曹赵葆真（花莲

---

① 参见钱用和：《钱用和回忆录》，东方出版社 2011 年版，第 87—88 页。

县分会）、刘快治（台南市分会，日据时期台南望族、基督教世家刘锡五与刘卢愿次女）、谢萧云英（基隆市分会）、刘丁明秀（高雄市分会）、黄王淑黛（台东县分会）、施吴雅清（阳明山分会）、李张彩云（澎湖县分会）、顾陈荷（嘉义市分会）、李雅意（屏东市分会）、梅周淑慎（台北县分会）、陈市长太太（漳化市分会）、徐樊秀瑛（新竹县分会）、吴谨（台中县分会）、石裕清（师范学院分会，台湾师范学院校长、"立法委员"刘真夫人）、俞大彩（台湾大学分会，俞大维的妹妹、傅斯年的夫人，在台大执教）。①

各机关职员的眷属一律加入成为各分支会的会员。"妇联会"在中等以上学校也成立了工作队，学校工作队队长则聘校长或校长夫人担任，下设队员若干人。② 此外，在"妇联会"一成立后，台南县妇女会的理事长林蔡素女，以及宜兰县妇女会理事长陈石满，就都被要求加入"妇联会"，同时也都兼任县"妇联分会"的总干事。③ 这种动员策略和抗战时期的"新生活运动促进总会妇女指导委员会"由上而下地动员各机关首长太太们，来组织各机关内所有的女性职员与眷属，有很大的相似性。

宋美龄非常重视笼络"妇联会"的干部，据侍从蒋茂发回忆，"每个礼拜三的晚餐，夫人一定会宴客……到官邸用餐的全都是'妇联会'的太太。她们大概七点钟开始用餐，吃到九点多钟，聊到十点钟左右就会离开。她们吃过饭后，通常会喝茶聊天，不喝咖啡，有时候我也会多准备一些甜点"。④ 摄影官胡浩炳亦表示："成立'妇联会'，夫人聘请的委员都是官夫人，也有'国大代表''立法委员'……马超俊的太太沈慧莲是常务委员，负责妇女工作，她也是祈祷会的成员。记得 1950 年她生日时，蒋夫人跟委

---

① 参见《中华妇女反共抗俄联合会三个月来工作概括》，《中华妇女》1950 年创刊号，第 16—18 页。

② 参见《"自由中国"的妇女》，台北妇友社 1957 年版，第 51 页。

③ 参见游鉴明访问，吴美慧、张茂霖、黄铭明、蔡说丽记录：《走过两个时代的台湾妇女访问纪录》，台北"中央研究院"近代史研究所 1998 年版，第 149、238 页。

④ 黄克武等访问，周维鹏等记录：《蒋中正"总统"侍从人员访问纪录》（下），台北"中央研究院"近代史研究所 2012 年版，第 451 页。

员们在青岛东路的妇女之家设宴，帮她祝寿。"① 在《蒋介石宋美龄在台湾的日子》中也有这样的描绘："妇联会"成立之初，宋美龄常常拉上一些官太太，带着文艺团体深入部队营房发表演讲，鼓动士气，让士兵看戏，听音乐，鼓励士兵自己唱戏，活跃军队的精神生活。这种文宣劳军活动常常搞得军队人困马乏，宋美龄和那些官太太们常乘机出来散心、游玩，宋美龄本人出去时多是专列伺候，随从们前呼后拥。但对于长期受专制蒙昧熏陶的国民党士兵来说，能一睹"第一夫人"及各位"长官"太太们的风采，还能看一次戏，并乘机改善一下伙食，也是件幸事。②

"妇联会"一直是台湾妇女运动组织干部的重要来源。当时任台湾各个妇女机构主管的有：皮以书任"中华妇女反共抗俄联合会"总干事兼常务委员；钱剑秋任"中央妇女工作会"主任，兼"妇联会"常务委员；吕锦花任台湾省保护养女运动委员会主任委员，兼"妇联会"副总干事；林慎任台湾省妇女会理事长，兼"妇联会"常务委员。

第二，在"妇工会"举办妇女干部训练班。

宋美龄对党务系统妇运干部培训与蒋介石如出一辙。蒋介石在改造国民党时实施党员教育训练，国民党高中级干部由"革命实践研究院"训练，基层干部则举行巡回训练，党员由小组教育训练，使其能"负荷击溃共产党与建设现代化的中国双重使命"。成立于1949年10月的"革命实践研究院"，蒋介石希望其能培养一批有新认识，新作风的干部，风行草偃，率先力行，以求"转败为胜，转危为安"的重要机构。宋美龄亦是如此。

1953年7月，"革命实践研究院"于木栅成立分院，"召集台湾省各县市及乡镇级实际工作干部，并及于省县民众团体的负责同志，进行短期训练"，"教育目的是以建设台湾为重心，造就地方重要干部，强化党在地方工作中的基础，研究如何根据三民主

---

① 黄克武等访问，周维鹏等记录：《蒋中正"总统"侍从人员访问纪录》（下），台北"中央研究院"近代史研究所2012年版，第472页。

② 参见何虎生：《蒋介石宋美龄在台湾的日子》，华文出版社2007年版，第232页。

义的原则，来建设台湾"。宋美龄在"革命实践研究院"分院开设了妇女干部训练班，主要是训练妇女从事基层党务工作，自1954年5月10日起至1960年1月14日，共举办了16期，每期训练3个月，共有1814次受训。①

第一期妇女干部训练班开班时，宋美龄正在美国养病。1954年12月20日，宋美龄自美返台不久就来到台湾中兴山庄，对第二期研究员和部分第一期毕业同学进行训话。她在训话中，开篇就清楚地阐述了举办训练班的目的：

> 我们办这个训练班的目的是什么？我想就是要使一般青年同志们明了我们本党的主义，本党的目标，本党的工作，来为本党努力。我们本党的主义是什么呢？大家都知道就是三民主义。我们本党的目标是什么呢？就是为我们的民众谋幸福。我们本党的工作是什么呢？就是要为我们"全国"的同胞服务。我们中国国民党为什么要同"共匪"斗争呢？就是因为我们的主义——三民主义是为民众谋幸福的，本党是为"全国"同胞服务的，而"共匪"是利用民众压迫民众来谋他自身的利益。这是两个完全相反的对照，所以是必然要斗争的。②

显然，宋美龄开设妇女干部训练班的目的是训练一般青年同志，为国民党的基层妇女工作培养人才。因为"以前我们只有上层，不能深入民间，以后我们要用深入民间的方法，来发展我们党的工作"③。因此，需要"我们训练一般青年同志，就是以后可

---

　　① 参见周敏：《周阿姨的故事》，台北商周文化事业股份有限公司2011年版，第151—152页。

　　② 《对妇女干部训练班第二期研究员训话》（1954年12月20日），载《蒋夫人言论汇编》编辑委员会编：《蒋夫人言论汇编》（第二卷·演讲），台北正中书局1956年版，第107—108页。

　　③ 《对妇女干部训练班第二期研究员训话》（1954年12月20日），载《蒋夫人言论汇编》编辑委员会编：《蒋夫人言论汇编》（第二卷·演讲），台北正中书局1956年版，第108页。

以到乡下去，到城市的每个角落去真正为民众做一点工作"①。

在宋美龄的筹划中，这批妇女干部去基层开展妇女工作，其工作对象不仅仅是妇女，她说道："现在我想你们一般女同志到这里来受训，你们将来工作的对象，是不是完全是妇女呢？你们想想看（众答不是），对的，为什么不是呢？因为本党一贯的政策都是男女平等的，所以妇女工作，并不是只对妇女的，我们要知道我们自己是一个女党员，是一个女同志，我们的身份不是其他一般女子的身份，我们对于全社会'全国国民'都负有责任……大家要晓得，做妇女工作的人，对象不单是妇女，而是'全国'性的，一般男同志亦要本互助合作的原则来帮忙，我们女同志也不要以为女子的工作，就是专门在家里，在厨房里，要知道总理遗教就是男女平等的，所以我们要学秋瑾女士的精神。"②

在1954年12月20日对第二期研究员训话后不久，宋美龄又于1955年1月6日参加妇女干部训练班第二期结业会餐。她在结业会餐中再次强调了妇女干部不仅要服务社会，还要注重服务社会的方法。她说："你们结业以后，到社会上去，要为社会服务。我希望你们要真正了解服务的精神和服务的意义，才能达到你们服务的目的。"③"……我希望你们这次到社会上去服务，一定要用你们的脑筋，不能呆板，要适应环境，想出办法，然后去做，才能达到服务的目的。"④

宋美龄把妇女干部训练班的学员看作是她在国民党党务系统

---

① 《对妇女干部训练班第二期研究员训话》（1954年12月20日），载《蒋夫人言论汇编》编辑委员会编：《蒋夫人言论汇编》（第二卷·演讲），台北正中书局1956年版，第108页。

② 《对妇女干部训练班第二期研究员训话》（1954年12月20日），载《蒋夫人言论汇编》编辑委员会编：《蒋夫人言论汇编》（第二卷·演讲），台北正中书局1956年版，第108—109页。

③ 《对妇女干部训练班第二期结业会餐时训话》（1955年1月6日），载《蒋夫人思想言论集》编辑委员会编：《蒋夫人思想言论集》（第四卷·演讲二），台北"中央文物供应社"1966年版，第1页。

④ 《对妇女干部训练班第二期结业会餐时训话》（1955年1月6日），载《蒋夫人思想言论集》编辑委员会编：《蒋夫人思想言论集》（第四卷·演讲二），台北"中央文物供应社"1966年版，第1页。

1956 年 6 月 1 日，宋美龄召见中兴山庄妇训班第七期受训学员

中开展妇女工作的班底，她鼓励训练班的同学时说："你们比一般普通的青年稍大一点，但是你们的经验亦多一点，凭着你们的经验，以乐观、自信、牺牲的精神去做工作，你们的前途是无限的，我们'妇工会'的各位委员，都是帮助大家工作的，大家知道，到了一个时候，你们也要负起责任，所以你们的责任超过普通青年，你们受训以后，多得一些学识经验，就要格外努力，祝你们成功。"① 并且强调："你们要知道，你们今天在此地受训，是受着党和'国家'的栽培，因此，你们对党国的责任更是特别的重大。你们要知道你们是党员，你们要以身作则，把自己的能力来献给党国。对于每一件事情，只要是与'国家'有关系，你们就要注意。"②

第三，强化妇运干部的奉献和合作精神。

宋美龄认为，国民党妇女运动失败的重要原因是妇运干部的

---

① 《对妇女干部训练班第二期研究员训话》（1954 年 12 月 20 日），载《蒋夫人言论汇编》编辑委员会：《蒋夫人言论汇编》（第二卷·演讲），台北正中书局 1956 年版，第 113 页。

② 《对妇女干部训练班第四期及基层党务工作研究第一期学员训话》（1955 年 11 月 25 日），载《蒋夫人思想言论集》编辑委员会：《蒋夫人思想言论集》（第四卷·演讲二），台北"中央文物供应社"1966 年版，第 34 页。

奉献和合作精神欠缺。她在对妇女干部训练班第二期研究员训话中讲道：

> 我们革命到现在，已经有几十年，为什么我们妇女运动还没有成功呢？我以为有几个原因：第一是我们没有秋瑾女士无我无私的精神。秋瑾女士随便做什么事，并不是求个人的福利和名誉，她忘记自己的一切来为"国家"，来为"全国"同胞，所以她有伟大的贡献，自从秋瑾到现在，虽然我们妇女中亦有几位为"国家"为人民而努力的，但是大多数在妇女运动方面，可以说都是为自己得到利益，大家私心太重，所以我们要妇女运动成功，一定要牺牲小我，成全大我。第二是我们没有牺牲的精神，秋瑾女士她可以抛开家庭，牺牲个人的一切来为党工作。现在我们一般女子，很少有牺牲精神，看见的都是我们自己，我做党员二十多年，最后才负起党的工作，从前我总觉得党的工作相当麻烦，可见我亦没有牺牲的精神，不能只怪你们，所以我们要真正创造一个自由的"国家"，我们身为女党员的，一定要有秋瑾女士这种牺牲的精神。第三是我觉得我们女党员大家互信不够，我们不是在做党务工作，而是做私人斗争，我们彼此嫉妒，说人家的闲话，宣扬自己的好处，有了这种作风，不但个人方面不能有所成就，在妇女运动方面也是一个失败的最大原因。以上是我们妇女运动失败的三个大原因。①

因此，宋美龄首先要求妇女干部坚定立场。因为，"我们做一个党员，是代表国民党的，我们一举一动都要警惕，要自己问自己，怎样做，怎样说，是不是对得起党，是不是对得起我们的先

---

① 《对妇女干部训练班第二期研究员训话》（1954 年 12 月 20 日），载《蒋夫人言论汇编》编辑委员会编：《蒋夫人言论汇编》（第二卷·演讲），台北正中书局 1956 年版，第 109—110 页。

烈，是不是愿意使人家知道这是我们本党同志做出来的事情"①。
1957 年，宋美龄在对妇女干部训练班训词中也说："我们既是党
员，应该认清立场，坚守岗位，实现三民主义，把一切智慧能力，
贡献党国，任劳任怨，努力以赴，待人接物，要和蔼诚恳，我们
若能以示范的方式去躬行实践，自然能会得一般人对于本党的爱
戴与拥护，也就达到了本党的期望。末了，我更希望你们站在妇
女的立场，加强团结互助合作，使妇女的地位更见增进，发挥最
大力量，对于'国家'民族有更大贡献。"②

宋美龄要求妇女干部为党奉献、勇于牺牲。她要求妇女干部
"不要自己居功，我们为党工作，成功是党的，是党的功劳，要人
家称赞党，不要存心叫人家称赞我们自己，才可以得到人家的帮
助，这样去做，我们一定可以成功。假使要去争功，这件事情是
我做的，这是我的功劳，不是你的功劳，人家知道你不是为党工
作而是为你自己去工作，那对你看法怎样？也就不难想见了，所
以我们为党工作，不要居功，党的工作成功，任何同志都可以得
到称赞"③。而且"希望各位至少要做一个平凡的人，自然更希望
各位能做伟大的人，不过伟大的人，绝不是做大官，做任何事都
可以有伟大的表现"④，因为"人也应该有牺牲的精神，忘了自己，
不自私自利；只想着如何有利于国家有利于天下，有些人只想做
对自己有好处的事，伟大的人只要觉着有利于人群，就愿意去
做……大陆上同胞身体屈服了，但中华民族的精神是永不屈服的，
为不屈服而死，而牺牲，是任何人皆愿意的。小人是很容易屈服

---

① 《对妇女干部训练班第二期研究员训话》（1954 年 12 月 20 日），载《蒋夫人言
论汇编》编辑委员会编：《蒋夫人言论汇编》（第二卷·演讲），台北正中书局 1956 年
版，第 110 页。

② 《妇友》1957 年 9 月第 36 期。

③ 《对妇女干部训练班第二期研究员训话》（1954 年 12 月 20 日），载《蒋夫人言
论汇编》编辑委员会编：《蒋夫人言论汇编》（第二卷·演讲），台北正中书局 1956 年
版，第 111 页。

④ 《对中兴山庄第十期及妇女工作研究会男女同学训话》（1955 年 4 月 19 日），
载《蒋夫人思想言论集》编辑委员会编：《蒋夫人思想言论集》（第四卷·演讲二），台
北"中央文物供应社"1966 年版，第 6 页。

的。平凡人也不能持久。只有伟大的人宁愿牺牲永不屈服，且困难愈多抵抗力愈强，也越显得伟大。"①

宋美龄不断向妇女干部强调合作精神。她认为"我们妇女们，都是闲话太多，气量太狭，这个缺点在一般妇女，总是很难克服，我们各地妇工会的同志不要常说'妇工会人数少，而能策动这么多的工作'来自豪，这是不对的"②，而且宋美龄发现"有一事值得注意的，那便是各地妇女工作同志团结的情形，有许多地区'妇工会'、'妇联会'、妇女会都能精诚合作，但亦有若干地区彼此之间，互有磨擦，这是相当遗憾的，我们的工作是全面的，必须合作，协力进行，不要单求个别的表现，而一有磨擦之后，常常大家都做表面，而忽略了做实际工作，更谈不上精神团结。我们的工作是要为各地方服务，如有这样不合作的情形存在，工作便难以真正展开"③。因此宋美龄强调，"至于合作，并不是表面上的人事敷衍，而是从内心上的精神沟通，所谓'革命必先革心'，合作精神之贯彻，往往在工作上态度上都可以表现出来"④。

宋美龄不仅要求"妇工会"、"妇联会"、妇女会三个组织要开展合作，青年妇女干部更需要注意处理好与前辈的关系。她是这样教导青年妇女干部的："你们年青力壮，有热心、有勇气，但青年人往往都只看到面前，没有想到在你们未做工作，甚或未出生之前，已有很多的社会妇女与妇女革命前辈，已为我们开拓了这

---

① 《对中兴山庄第十期及妇女工作研究会男女同学训话》（1955 年 4 月 19 日），载《蒋夫人思想言论集》编辑委员会编：《蒋夫人思想言论集》（第四卷·演讲二），台北"中央文物供应社" 1966 年版，第 6—7 页。

② 《"中央"妇女工作会第一次干部会议训词》（1955 年 7 月 3 日），载《蒋夫人言论汇编》编辑委员会编：《蒋夫人言论汇编》（第二卷·演讲），台北正中书局 1956 年版，第 134 页。

③ 《"中央"妇女工作会第一次干部会议开幕典礼训词》（1955 年 7 月 2 日），载《蒋夫人言论汇编》编辑委员会编：《蒋夫人言论汇编》（第二卷·演讲），台北正中书局 1956 年版，第 131 页。

④ 《"中央"妇女工作会第一次干部会议开幕典礼训词》（1955 年 7 月 2 日），载《蒋夫人言论汇编》编辑委员会编：《蒋夫人言论汇编》（第二卷·演讲），台北正中书局 1956 年版，第 131 页。

条平坦的大路，所以今日才有你们参加工作的机会。"① 她要求："你们今后在各地工作，对年老年长的妇女前辈以及各界人士，均应采取谦卑的态度，向他们学习，因为我们工作的目的，是在为民众服务，对那些年老年长的妇女们要处处谦和的说：'你们的一切都比我强，我只以年青人的体力来帮助你们'，能这样，不但工作会加倍的成功，而且地方人士一定会钦佩你们，你们无论对妇女会、'妇联会'都要去帮助他们，不要昂昂然自居领导者的姿态，他们一定会感激你们，你们要有积极的态度在后面推动工作，不要消极的在前面争功，一个人只要没有私心，不自居功，只求工作的成功，工作自会顺利。"②

二、"动员"型妇女运动工作

1. 组织动员全社会妇女

"反共"是宋美龄组织动员全社会妇女的最高旗帜。在"反共"这面旗帜下，宋美龄因应国际国内形势的变化，不断调整妇女政策重心，开展各项妇女运动，动员全社会妇女贯彻实施。在宋美龄领导台湾妇女运动期间，"为了反共大业""国巩于家""家庭为社会中心""治家为治国基础"等等说法，几乎是千篇一律地出现在各种期刊报纸中，主宰着妇女言论。妇女工作的重心就是配合落实国民党政策，塑造"良母贤妻救国保种良好公民"的妇女角色。③

宋美龄对"反共"旗帜的热衷，在"妇联会"的名称及其变迁中表露无遗。"妇联会"成立时全称"中华妇女反共抗俄联合会"，1964 年更名为"中华妇女反共联合会"。直到 1996 年，才将

① 《"中央"妇女工作会第一次干部会议训词》（1955 年 7 月 3 日），载《蒋夫人言论汇编》编辑委员会编：《蒋夫人言论汇编》（第二卷·演讲），台北正中书局 1956 年版，第 133 页。

② 《"中央"妇女工作会第一次干部会议训词》（1955 年 7 月 3 日），载《蒋夫人言论汇编》编辑委员会编：《蒋夫人言论汇编》（第二卷·演讲），台北正中书局 1956 年版，第 133 页。

③ 参见《要扩充家族爱为民族爱完成妇女"复国建国"使命——妇女节庆祝大会中书面祝词》（1954 年 3 月 8 日），《"中央"日报》1954 年 3 月 9 日。

名称中的"反共"去除，改为今名"中华民国妇女联合会"。

在妇女工作的各种场合，宋美龄始终鼓励妇女团结一致，"汇集群力发挥潜能力行勤俭美德实践五常以固国本，并消弭外来颓风，现实与拜金主义，崇洋自贬心理，尽力复苏我向为异邦人士羡慕称道之文化，当可为政府后盾"，其最终目的是为了"反共复国"的大业。整理她到台湾后涉及妇女工作的论著、演讲、训词、函电，不难发现妇女工作是为"反共大业"服务的。以下就宋美龄在有关不同妇女工作场合所作的演讲、致词、函电、谈话等言论，可以归纳以下三点：

第一，不断强调"共匪"的残忍和大陆人民的苦难。

第二，不断鼓吹台湾的自由生活，并强调这种自由生活面临中共的威胁。

第三，教育妇女参加"建国复兴"大业，培养齐家治国的知能。

2. 动员妇女界为军队服务

基于维系政权与稳固对台统治的目的，于是以"反共抗俄"战争的目标为号召，并由上而下运作带动总动员风气，在报国至上的名义下提出全民动员的构想，而"妇联会"则是在这股报国不分男女的风潮中，以妇女动员为宗旨，应运而生。1950年，宋美龄在"妇联会"筹备会致词里，对"妇联会"当下要做的工作，下了这样的指示："我们目前要做的工作便是对在前方或是后方的陆海空三军予以热烈的慰劳。"① 因此，成立后的"妇联会"的工作重点就是服务军人。目的在于鼓舞士气、稳定军心。随后，宋美龄在各种场合、利用多种方式，不断强调"妇联会"为军队服务、为军眷服务的使命。

第一，宋美龄在各项活动、讲话中对"妇联会"的角色定位。

1955年2月11日，宋美龄在回答美国共同广播公司记者卜特

---

① 《"中华妇女反共抗俄联合会"筹备会致词》（1950年4月3日），载《蒋夫人言论汇编》编辑委员会编：《蒋夫人言论汇编》（第二卷·演讲），台北正中书局1956年版，第64页。

关于"妇联会"工作服务对象的问题时提到："'妇联会'的组织是完全为了替军人服务，这种服务，不仅是为了我们自己的'国家'，同时也是为了人类的和平和世界的自由。"①

1963年1月28日宋美龄在接受"国军"呈献军徽镜典礼中所说："'妇联会'工作之成就，乃是以民众团体，服务国军为目标。"②

20世纪80年代，宋美龄在"妇联分会"主委总干事训词中，这样表达："本会重要工作之一是劳军敬军，而三军是'国家'最大的安定力量，如何鼓励士气，安抚军心，是我们应尽的责任。"③

1991年4月17日，宋美龄在"前瞻八十年代妇女研讨会暨'妇联会'八十年工作检讨会"中致词指出："本会成立主旨为联合'全国'各界忠贞爱国妇女同胞，团结一致互助合作，服务国军鼓舞士气，照顾军眷，使捍卫前方将士毋须牵挂……"④

第二，蒋介石也一再支持"妇联会"。

蒋介石连续八年都在"妇联会"成立周年纪念发表训示，内容大体都是给予"妇联会"对"慰劳三军、服务社会"工作的肯定和希望。

在"妇联会"成立周年纪念大会发表的训词中蒋介石表达了这样的愿望："希望妇女同胞能服务伤病官兵，周济一般生活清苦的军官眷属，尤其是对于阵亡将士的遗族，格外要本老老幼幼的心，协助政府扶持救济，乃能使为国牺牲的将士，安心瞑目于地下。"⑤

---

① 《说明妇联工作全为军人服务》，《"中央"日报》1955年2月11日。

② 《接受国军呈献军徽镜典礼中训词》（1963年1月28日），载王亚权编：《蒋夫人言论集》（下），台北"中华妇女反共联合会"1977年版，第893页。

③ 《主任委员蒋夫人对妇联分会主委总干事训词》，《中华妇女》1988年第三十八卷第9、10期。

④ 《对前瞻八十年代妇女研讨会暨妇联会八十年工作检讨会——"中华民国"八十年四月十七日》，载陈鹏仁编：《蒋夫人宋美龄女士言论选集》，台北近代中国出版社1998年版，第311页。

⑤ 《"总统"在本会成立周年纪念大会训词》（1950年4月17日），载"中华妇女反共抗俄联合会"编：《妇联四年》，台北"中华妇女反共抗俄联合会"1954年版，第2页。

他在"妇联会"成立二周年时也谈道："贵会两年来不辞艰苦努力奋斗，激励民心鼓舞士气，对'国家'贡献甚大，良用嘉慰。仍冀同心协力，更将过去成绩发扬光大，以争取'反共抗俄'之胜利是盼。"①

他在"妇联会"成立三周年的训示为："贵会成立以来，积极推行'反共抗俄'各项工作，鼓舞士气激励民心业已发生优良之影响，缅怀往绩，良用欣慰。现我政府反攻之时机日益接近，吾人所负责任亦日益加重，必须'全国'上下协力同心艰苦奋斗，乃克有济。当兹贵会成立三周年纪念，所冀保持以往工作成绩，发挥更大力量，号召海内外妇女同胞淬励奋发动勤劳服务，以共同完成'反攻复国'之使命。"②

"妇联会"成立四周年时，蒋介石肯定道："贵会成立以来，号召海内外妇女同胞为'反共抗俄'而奋斗，对军中、对社会均有极大之贡献，而最近一年各地分支机构逐渐增设，足见力量日益坚强，工作日益开展，良用欣慰。今日纪念成立四周年，尚须检讨过去成绩。"③

他在"妇联会"成立五周年的训示为："贵会成立以来，策动全国妇女同胞，参加'反共抗俄'各项工作，已表现优良之成绩，殊堪嘉慰，兹值贵会成立五周年纪念之日，正我'反共抗俄'局势日趋紧张之时，吾人所负责任，日益重大，务希协力同心，益矢勤奋，在总动员号召下，一面倡导战时生活，以转移社会风气，一面加强战时服务，以适应时代要求，扩大妇女同胞对社会'国家'之贡献，共同完成'复国建国'之伟业，实所厚望。"④

蒋介石对"妇联会"成立六周年的训示最长，开篇即说："六年以来，贵会各位委员所做的工作，对于军队、社会，尤其台湾妇女界，各种的贡献，都非常之伟大，对军队来说，不仅是对于

①《妇联三十年》，台北"中华妇女反共联合会"1980年版，第1页。
②《妇联三十年》，台北"中华妇女反共联合会"1980年版，第1页。
③《妇联三十年》，台北"中华妇女反共联合会"1980年版，第1页。
④《妇联三十年》，台北"中华妇女反共联合会"1980年版，第2页。

在台湾的军队，即在越南、韩国的军队，皆得'妇联会'的关怀、设法为他们谋福利，购买医药，并且照顾他们的军眷，大家都能够得到安慰，使得我们的士气，逐日提高，此一贡献，可以说与美援武器有同样的价值。"最后结束时提到："这一次'妇联会'开会，希望能订一个办法，对于各县市乡镇的军眷，怎样来照顾他们……这点希望'妇联会'能够做到，俾对'反共抗俄'的工作，有更大的贡献。"①

他在"妇联会"成立七周年的训示与四周年的训示颇为相似，所示为："贵会自成立以来，号召海内外妇女同胞，积极参加'反共抗俄'工作，对'国家'社会，多所贡献，年来发动筹建军眷住宅五千幢，于倡导敬军，鼓舞士气，收效尤宏，今日贵会纪念成立七周年，同时举行军眷住宅落成典礼至堪嘉慰！过去余曾一再指出，妇女同胞团结一致，互相合作，可以发挥伟大之力量，创造伟大之事功，当此反攻时机，日益迫近，所望同心协力，益励初衷，珍重以往成就，发扬服务精神，扩大'反共抗俄'工作，并严密各地分会组织，团结妇女力量，为加强心理建设，实施精神动员，尽其最大之努力，以期早日完成'复国救民'之使命。"②

蒋介石在"妇联会"成立八周年时，还是一如既往地训示："贵会八年以来，服务三军，抚慰军眷，辅导妇女就业，实施儿童保育，以及推进其他社会福利事业，已有辉煌的成就，对于士气民心的鼓舞，发生了优良的影响。国家的建设，民族的复兴，妇女同胞实负有很大的责任，余迭曾指出，妇女同胞的团结互助，可以发挥伟大的力量，创造伟大的事功。"③

第三，"妇联会"工作人员对"妇联会"工作的理解。

"妇联会"总干事皮以书于1955年的九三军人节期间，发表过一篇敬军文章，即《以服务工作欢迎伟大的军人节》，该文表示："我们要扫清'赤氛'，廓清帝国主义侵略的余孽。这一任务

---

① 《妇联三十年》，台北"中华妇女反共联合会"1980年版，第2—3页。
② 《妇联三十年》，台北"中华妇女反共联合会"1980年版，第4页。
③ 《妇联三十年》，台北"中华妇女反共联合会"1980年版，第4页。

是艰巨的，繁难的，而要完成这一任务，站在战斗最前端的，仍就是我们的三军将士们。"又说："妇女虽然不能拿着枪上前线，但可以参与服务军人的工作，因为服务工作，并不是战斗工作，但是真诚的服务，其意义并不亚于直接的战斗。随着'反攻复国'任务的急迫，战斗的任务亦愈急迫。因之，所要求于服务工作者亦愈急切。"①

2000 年 4 月 17 日，名称已改为"中华民国妇女联合会"的"妇联会"庆祝成立五十周年晚会，副主任委员辜严倬云在当天的会庆晚会暨晚宴上致词说："在过去的五十年中……'妇联会'不畏艰难，全力为慰劳三军及服务军眷的各项工作，达到安定军心、巩固'国防'的目的，姊妹同志不需或忘并应引以为荣。"②

综上可知，"妇联会"的妇女工作是很典型的政府与政党动员的妇运，"妇联会"动员妇女的意义即在以服务军队为抓手，配合政府巩固政权，培养女性真正的自我并非工作重点。无论是"妇联会"的文告，各委员发表的演讲，还是"妇联会"杂志《中华妇女》上发表的动员文章，大多是呼吁妇女应以"国家"兴衰存亡为己任，勤俭持家，而后鼓励妇女奉献社会、"国家"和军队。由其名称改换似乎可以发现，"妇联会"在相当长的一段时间内是以配合政府的妇女政策而展开工作的。当然，到了后期，"妇联会"的组织发展与工作目的也随着两岸关系以及国际政治的演变而产生变化。③

3. "妇工会"与妇女工作

在宋美龄开展妇女运动的组织架构中，"妇联会"尽管庞大，但却是个民间组织。党务系统的"妇指会议"才是台湾妇女界的

---

① 皮以书：《以服务工作欢迎伟大的军人节》，《中华妇女》1955 年第六卷第 1 期，第 1 页。

② 严倬云：《会庆晚会及晚宴致词全文》，载《"中华民国妇女联合会"庆祝创会五十周年暨主要干部工作发展研讨会纪实》，台北"中华民国妇女联合会"自印 2000 年版，第 10 页。

③ 洪国智：《"中华妇女反共抗俄联合会"在台慰劳工作之研究（1950—1958）》，"中央大学"历史研究所硕士论文。

最高领导机构，妇工会是"妇指会议"的执行机构。尽管妇工会掌理妇女运动工作，但宋美龄在1956年国民党中央妇女工作会第二次工作会议开幕式致词中特别表明：

> 凡是政党，都有它的政策，党的妇女工作，乃是依据党的政策，以确定它的动向，过去党的妇女运动，是适应于革命运动初期的行动，因为运动是临时的、是短期的，现在党的妇女工作，是永久的、长期的，因此今天党的妇女工作的重点，也是永久的、长期的，而且是要为民服务的，所以妇女运动，现在已改进为妇女工作。①

也就是说，宋美龄对妇工会的角色定位不是妇女运动，而是从事妇女工作。

宋美龄认为："妇女工作，是党的工作重要的一个环节，党的工作，处处与妇女工作有关，而且党的工作是整体的，所以妇女工作的推行经常都与组织、训练、宣传、民运等部门，密切配合联系，达到相辅相成的目的。"② 妇工会主任钱剑秋则强调，现在发动妇女发展组织，是以参加"复国建国"的任务为号召，并从工作表现中增进地位。因此，妇工会根据国民党制定的妇女工作领导方针，开始展开各项工作。由于妇工会是妇女界的领导，"妇联会"与妇女会也相应强调妇女工作，并以协助"国策"的推动、达成政党目标、改进社会道德和家庭生活，以及慰问救济军眷和贫民为主要工作方向。

1954年12月，宋美龄在中兴山庄对妇女干部训练班第二期训示说道："以前我们只有上层，不能深入民间，以后我们要用深入民间的方式，来发展我们党的工作，就是我们以后的工作要到乡

---

① 《"中央"妇女工作会第二次工作会议开幕式致词》（1956年4月26日），载陈鹏仁编：《蒋夫人宋美龄女士言论选集》，台北近代中国出版社1998年版，第259—260页。

② 《"中央"妇女工作会第二次工作会议开幕式致词》（1956年4月26日），载陈鹏仁编：《蒋夫人宋美龄女士言论选集》，台北近代中国出版社1998年版，第259—260页。

下去，到城市的每个角落去，真正为民众做一点工作。"① 因此，妇工会组织台湾本岛与离岛的妇女工作人员成年累月地在城乡、海滨、山地、渔场、盐场，"教育妇女、训练妇女以提高民族意识，增进工作技能，进而动员妇女，为参加'复国建国'大业而努力"②。

1958 年，妇工会大力倡导幸福家庭运动。幸福家庭运动是向全国各地全面展开，台北市各界妇女负责推行，其他县市则自行计划实施，运动项目包括巡回广播宣传、举行演讲比赛、放映幻灯等。③

此外，造就国民党籍的女性精英投入政治舞台，也是妇工会的重要成就。台湾解严以前，国民党籍的女性当选人占绝大多数。

有一批台湾妇女界的精英始终追随着宋美龄领导的妇女运动，调动自身的社会力量和人脉关系，不断推动各项公益及教育事业、推进开展妇女慈幼、慰劳"国军"官兵及宪警人员、加强国际合作联系、促进妇女服务等事务。这些活动领域，在岛内实际上并无竞争对手，所以绩效十分良好。④

第三节　"妇联会"的运作和成就

一、"妇联会"的成立与职责

1950 年 3 月 8 日，宋美龄发表《妇女节致词》，提出"最近准备组织一个'中华妇女反共抗俄大会'"，希望该会成立后，"每一个妇女都团结起来，发挥自己的力量；同时妇女们应该不断求进步，利用机会，多看书，多作研究，以求得到真正的学问"。3 月

---

① 《妇女干部训练的目的》，载台北中国国民党中央委员会妇女工作会编：《指导长蒋夫人对妇女的训词》，第 178 页。

② 筱钰：《妇女工作会议志盛》，《妇友》1961 年第 84 期，第 5 页。

③ 参见《"中央"日报》1959 年 2 月 23 日。

④ 参见查时杰：《蒋夫人宋美龄女士与中华妇女祈祷会》，载胡春惠、陈红民主编：《宋美龄及其时代国际学术研讨会论文集》，香港珠海书院亚洲研究中心 2009 年版，第 357 页。

16 日，宋美龄利用与蒋介石共同接见台湾七族山胞的场合，于发表致词时又再次提及先前在妇女节纪念大会所宣布的，成立"中华妇女反共抗俄大会"的构想。同时，宋美龄还借题发挥，呼吁集中妇女同胞一切力量，以争取"反共抗俄"胜利，并希望"山地妇女同胞"也能共襄盛举。①

随即，宋美龄召集陈谭祥、吴黄卓群、钱用和、吕晓道、林慎、陈纪彝、郑玉丽、皮以书等人，会商草拟"中华妇女反共抗俄联合会"章程草案，并组织委员会，派皮以书为总干事。她说："本人'返国'以来，深觉……民族存亡已临最后关头，我妇女界的动员实是刻不容缓。因此发起'中华妇女反共抗俄联合会'，纠合群力，协助军事，'反攻大陆'。月余来各界妇女踊跃参加，本人感觉无限的兴奋和愉快。"② 4 月 3 日，宋美龄召开"妇联会"筹备会。该次会议有委员张默君、陈谭祥、吴黄卓群、马沈慧莲、罗衡、庄静、吕晓道、钱用和、李曼瑰、傅岩、皮以书等百余人出席。会议中并修正通过"中华妇女反共抗俄联合会"的组织章程及"中华妇女反共抗俄联合会"分会支会简章。4 月 17 日，"妇联会"在台北成立。

大会通过了"妇联会"的组织章程及分支会组织章程等，其议决通过的二十起提案，赋予妇女的使命和任务大致如下：扩大本会组织急速成立分支会；重视各地分会人事遴选聘任；规定"妇联会"领导工作人联系办法；拟请设立军服缝制工场等；普遍设立育幼院；于本会成立一个生产小组，经常督导军公教眷属从事手工业生产，以争取外汇及维持生活；将散在各地无力生活之军眷设法迁移东部之花莲及台东二县垦荒，以经常维持生活；为减少将士对子女教育之忧，拟请准予免费入学及开设征属及遗族学校；筹募基金，举办生产事业，设立工厂，以解决军眷及遗族

① 参见《蒋夫人希望山地妇女参加"反共"》，《自立晚报》1950 年 3 月 16 日；《山地同胞献旗致敬"总统"夫妇慰劳有加》，《"中央"日报》1950 年 3 月 17 日。

② 《今日中华妇女的重要使命》，载《蒋夫人言论汇编》编辑委员会编：《蒋夫人言论汇编》（第二卷·演讲），台北正中书局 1956 年版，第 58 页。

1950 年 4 月 17 日，"中华妇女反共抗俄联合会"成立会结束后宋美龄与常委合影

生活；创设被服厂，尽量任用军眷担任工作；设立缝纫工厂，致函各机关学校承制制服，以救济失业军眷案；积极加强粮食生产。① 其中虽有一部分提案的目的是谋求争取妇女本身权益，而大部分的提案则是针对当前国家社会需要的，因为一方面由于战争所制约，同时也为了适应战争。②

由于"妇联会""不是政府办的，而是民众机关"③，以常理论之，经费来源不应是台湾地区政府的财政经费。从形式上看，妇联总会规划了三个经费来源：会员会费、捐款、政府补助。④ 但除会费是由各委员自由捐助外，捐款的来源和政府补助的多寡，外界无从得知。捐款部分，比较引人注意的是"妇联会"透过各

① 参见《妇女"反共抗俄"会昨已圆满闭幕》，《"中央"日报》1950 年 4 月 20 日。
② 参见冰樵：《妇女"反共抗俄"的洪流》，《中华妇女》1951 年第一卷第 4 期，第 13 页。
③ 《招待"立法院""监察院"女委员及"国民大会"妇女代表会致词》，载王亚权编：《蒋夫人言论集》（下），台北"中华妇女反共联合会"1977 年版，第 765—767 页。
④ 参见洪国智：《"中华妇女反共抗俄联合会"在台慰劳工作之研究（1950—1958）》，"中央大学"历史研究所硕士论文。

式捐募运动的发起所获得的募款所得，即所谓："捐募运动与慰劳工作是相辅相成的，我们要发动并团结社会的力量，以举办社会的事业，所有慰劳之物力、财力、人力多数出于海内外热心同胞的捐献，故捐募运动的工作，也是本会的重要工作之一。"① 至于在政府补助部分，1956 年的"妇联会"机关刊物《中华妇女》刊载一篇由光玉所写的文章《决定性的一年（下）——妇联总会四十四年重要工作纪实》，文章透露了一则讯息，那就是该会经费来源与政府预算间的关系。文章指出，"妇联会"为了加强组织，打算"向台湾省政府交涉，将下半年度县市分支会经费，列入县市预算内，以利工作进行"②。宋美龄在同友人埃玛交流时，亦半遮半掩地说到一些："自你上次别后，我有了一幢活动房子作为办公室。我们也为'中华妇女反共抗俄联合会'建造了一座新的礼堂，再有两三天就可以启用了。工作正在惊人地扩展，尽管政府并未拨给我们一点经费，我们也没有向公众吁请，但总是有钱流向我们这边，因为有许多人看到我们的工作成绩而自愿捐款。我们的海外华侨，特别是菲律宾华侨，更是慷慨之至。"③

"妇联会"筹设时台湾本地代表、担任"妇联会"委员的郑玉丽，对"妇联会"的经费来源有如下的说法，她认为早期"妇联会"的经费，被用来照顾军眷及劳军活动，所以被视为机密，任何人都不得干预。同时以自己的经验为例，说自己担任"妇联会"委员 50 年的时间，到现在为止还没有看过财务报表，也不知道"妇联会"究竟有多少经费。④ 1956 年 5 月 17 日，在"妇联会"

① 皮以书：《八年工作的回顾与展望——"中华妇女反共抗俄联合会"八周年工作报告》，载"中华妇女反共抗俄联合会"编：《妇联八年》，台北"中华妇女反共抗俄联合会"1958 年印，第 59 页。

② 光玉：《决定性的一年（下）——妇联总会四十四年重要工作纪实》，《中华妇女》1956 年第六卷第 7 期，第 6 页。

③ 美国韦尔斯利学院档案馆馆藏埃玛·德隆·米尔斯的档案中宋美龄与埃玛的往来通信。此为宋美龄 1951 年 1 月 26 日致埃玛的信。1950 年 8 月，菲律宾华侨参观"妇联会"时捐款修建孺慕堂，于 1951 年建成。

④ 参见迟景德、林秋敏访问记录整理：《郑玉丽女士访谈录》，台北"国史馆"2000 年版，第 79 页。

成立六周年纪念大会上宋美龄还专门谈到了经费问题，她说："我们未来的工作是很艰巨的，尤其在经费方面，因为'妇联会'没有什么固定经费收入，须要倚靠各分会、支会自己想法子去谋发展，这是很抱歉的事。不过在本会来讲，也可以说没有一定的钱好去拿到的。"①

二、"妇联会"的组织体系、成长速度与动员能力

1. "妇联会"的组织体系

"妇联会"成立前夕有一段小插曲。据当时任职内政部社会司的刘修如回忆，该会在筹备期间，谷正鼎与皮以书夫妇曾衔宋美龄之命，来社会司与他商量并转达成立"妇联会"一事。对于该会所有委员都由宋美龄聘请，显然和社团法人的理监事或委员均必须透过选举方式产生的规定不符，不过宋美龄非常坚持委员由她决定聘任而不是通过选举产生。在既不能例外违法，也不愿违背宋美龄意见的情况下，刘修如于是建议将"妇联会"定位为社会运动机构，一种妇女运动的临时社会运动组织，不需选举委员，却同样具备委员会的功能。如此，"妇联会"才成立。② 事实上，宋美龄在1950年7月25日给埃玛去信时也提到："我很清楚，成立全国医药和卫生委员会可能是筹措资金的一个好方案。但是'行政院'出于正在院内裁撤许多机构以紧缩开支的考虑，绝无可能再轻易成立一个新机构。我并不知道这个委员会是否有着能起作用的前景，兴许它的前景是美好的，但 J. Heng Liu 坚决认为，我也是这样想的，那就是如要这个委员会发挥积极作用，那就必须保证它得到足够的财政支持以及其他支持。当然，最初建议成立这个委员会时，我们曾想它可以隶属于美国医药援华会，这样

① 《"中华妇女反共抗俄联合会"成立六周年纪念大会致词》（1956年5月17日），载《蒋夫人言论汇编》编辑委员会编：《蒋夫人言论汇编》（第二卷·演讲），台北正中书局1956年版，第154页。

② 参见卓遵宏、陈进金访问，陈进金记录整理：《刘修如先生访谈纪录》，台北"国史馆"1996年版，第101—102页。

也可堂而皇之地避开'行政院'反对成立新机构这一关。真是糟糕，但这也是没有办法的事。"①

"妇联会"成立后，其组织系统以设在台北的总会为最高领导机构，负责决策并推动工作，由主任委员1人总揽全责。"妇联会"主任委员由宋美龄担任，常务委员15人，委员150人。下辖组训、宣传、慰劳、总务四组及秘书室。总会之下设分会和支会，分会和支会是由机关和地方单位分别设立。此外在中等以上学校成立工作队。

"妇联会"作为一个民众机关，能够在较短时间迅速动员妇女从事"服务"工作，与它的组织架构有着很大的关系。大凡一切工作推行，首重组织，组织就是力量。就"妇联会"分支机构的归属类别看，"妇联会"各地分支会所具备的共同特征是，"妇联会"依附于党政权力之下发展组织。如最先成立的34个分会中，属于县市政府者有16个单位，属于军事机关者有11个单位，属于行政机关者有5个单位，属于学校方面者有2个单位。② 依附于行政机关、军事机关、学校等建立组织，是有助于组织迅速发展的。

"妇联会"的有效运作及其组织功能的发挥，还仰赖于其分层负责、权责分明的组织系统。罗汀兰在《"中华妇女反共联合会"组织功能之研究》中，对"妇联会"的组织层次作了详细分析。她指出，从主任委员至组员共分为六级。第一级为主任委员，亦就是创办人（"妇联会"章程第十条），蒋夫人，她对内要综理会务，对外代表该会。第二级为副主任委员，由主委提名，经常委会议通过聘请。主任委员不能执行职务时，得授权副主任委员代理（"妇联会"章程第十一条）。第三级为常务委员及委员。常务委员，由创办人聘请（"妇联会"章程第十四条），委员则由该会推举经常务委员会通过聘请（"妇联会"章程第十二条）。第四级

---

① 美国韦尔斯利学院档案馆馆藏埃玛·德隆·米尔斯的档案中宋美龄与埃玛的往来通信。

② 参见《"中华妇女反共抗俄联合会"三月来工作概况》，《中华妇女》1950年创刊号，第15—16页。

为总干事及副总干事。皆由主任委员聘请（"妇联会"章程第十八条）。第五级为秘书、各组组长、各室与月刊社、托儿所主任，其人选由总干事经常务委员会议通过，报请主任委员聘任（"妇联会"办事细则第十六条）。第六级为组员及教职人员，其人选由总干事任用，报经常务委员会备案（"妇联会"办事细则第十六条）。其中，第一级主任委员、第二级副主任委员与第三级之常务委员及委员构成"妇联会"的决策阶层，属于"妇联会"权力阶层的第一级。第四级的总干事、副总干事与第五级的秘书及各组长、主任等，以及各分支机构的主管，形成"妇联会"的管理阶层，属于"妇联会"权力阶层的中间级，它是"妇联会"领导级与基层级的桥梁，担负上情下达及下情上呈之任务，其职责是对内协调组织内各部门间的工作，对外负责维持组织与外在环境的关系。第六级之组员、教职员，以及分支机构的干事等构成"妇联会"的执行阶层，亦即"妇联会"的基层级，其主要任务，就是按照预定的工作计划和步骤，专心一致达成目标，同时也须将其工作状况及见闻反映给上级。①

　　"妇联会"广招八方来客，其发展组织和会员极其具有弹性。在"妇联会"章程第七条中关于组织的规范就有这样的规定："于国民政府行政范围内视环境需要得设分会及支会均须得本会之许可。"第八条更宣称："各团体如赞同本会宗旨愿参加本会工作者本会欢迎其参加惟不列入组织系统。"②

　　1950 年 5 月 6 日，宋美龄在与"立法院""监察院"妇女委员及"国民大会"妇女代表茶会时，"愿望不但诸位签名加入，并且介绍邻居和朋友都来工作，尤其是台湾妇女，也要她们来参

---

① 参见罗汀兰：《"中华妇女反共联合会"组织功能之研究》，台北政治作战学校政治研究所 1991 年硕士论文。
② 《"中华妇女反共抗俄联合会"章程》，《社会类：家庭与妇女》，台北阳明山庄 1953 年编印，第 81 页。

加"①。这使得"妇联会""至其会员组成份子，则深入到社会各阶层，政要夫人、妇女先进、职业妇女、家庭妇女、女学生、女工人以及乡姑村妇无不兼收并蓄，网罗靡遗，而对于知识妇女、劳动妇女和农村妇女，尤其加意吸收，努力培植，以期扩大并巩固妇女运动的基础"②。

2. "妇联会"的成长速度

"妇联会"的组织建设是在宋美龄的大力推动下实现的，成立之初就以追求把妇女迅速动员起来"反共救国"为目的。在"妇联会"成立大会闭幕词中，宋美龄就提出总会"推派适当人选到各地去领导，去帮助你们组织"③建立各分会。对于各分会的办公问题，由于"在日据时代，各县市有妇女会地址，在光复后，都已被别人占去了，政府只知道需要妇女来推动工作，可是没有会址给我们，怎样来工作呢"④？为解决工作地址问题，宋美龄"经征询吴主席意见后，已经答应了，以前是妇女会的地址，都尽量由省府通告各县市想办法收回来，仍旧作我们工作的会址"⑤。

从"妇联会"正式成立到 1950 年 7 月 1 日止，不到三个月的时间，就成立了分会 34 个，支会 54 个，工作队 4 个，会员人数达 18388 人。"妇联会"成立一周年时，其所属分支会数量，包括已成立及正在筹备中的，共计分会 48 个，支会 137 个，工作队 67

---

① 《招待"立法院""监察院"女委员及"国民大会"妇女代表茶会致词》（1950 年 5 月 6 日），载《蒋夫人言论汇编》编辑委员会编：《蒋夫人言论汇编》（第二卷·演讲），台北正中书局 1956 年版，第 72 页。

② 国秀：《妇女"反共抗俄"的洪流》，《妇联三十年》，台北"中华妇女反共联合会"1980 年版，第 190 页；冰樵：《妇女"反共抗俄"的洪流》，《中华妇女》1951 年第一卷第 4 期，第 14 页。

③ 《在"中华妇女反共抗俄联合会"成立大会闭幕典礼致词》（1950 年 4 月 19 日），载《蒋夫人言论汇编》编辑委员会编：《蒋夫人言论汇编》（第二卷·演讲），台北正中书局 1956 年版，第 68 页。

④ 《在"中华妇女反共抗俄联合会"成立大会闭幕典礼致词》（1950 年 4 月 19 日），载《蒋夫人言论汇编》编辑委员会编：《蒋夫人言论汇编》（第二卷·演讲），台北正中书局 1956 年版，第 68 页。

⑤ 《在"中华妇女反共抗俄联合会"成立大会闭幕典礼致词》（1950 年 4 月 19 日），载《蒋夫人言论汇编》编辑委员会编：《蒋夫人言论汇编》（第二卷·演讲），台北正中书局 1956 年版，第 68 页。

个，中等以上学校直属工作队 6 个。① "妇联会"成立三周年时，已经有 52 个分会、220 个支会和 94 个工作队。② "妇联会"始终关注基层工作，到"妇联会"成立四十周年时，各地分会发展到 62个③，包括海外分会 4 个，其中 23 个县市分会所属支会达353 个④。

在"妇联会"初期的成长中，宋美龄特别重视"妇联会"在军事机关单位的存在。1950 年 4 月 29 日，"妇联会"装甲兵分会成立；5 月 5 日，"妇联会"联勤分会成立；5 月 26 日，国民党军队政治部"妇联会"分会成立，这些分会成立大会宋美龄都亲自莅临。到"妇联会"成立一周年时，"妇联会"48 个分会中，有三分之一属于军事机关单位，这在相当程度上反映了"妇联会"以军人为主要工作服务对象的事实。⑤ 1957 年 7 月 2 日，美国旧金山旅行团来"妇联会"访问，宋美龄在接待介绍中，就有这样的表述："'妇联会'主要工作是团结并组训海内外妇女；慰劳三军将士及军眷，抚育遗孤；扩大'反共抗俄'宣传等项。征衣缝制场是各阶层妇女为三军服务；创办托儿所，是为了全力收容、抚养三军的子弟，以减轻他们精神上及经济上的负担；在阳明山上的华兴育儿院，是为先烈遗族子弟所设立的，在那里我们教养、抚养先烈的后裔，使成仁的将士得以瞑目；我们为了无后顾之忧，于去年发动筹建军眷住宅五千幢……"⑥

---

① 参见王理璜：《年来妇联的光荣成就》，《妇联三十年》，台北"中华妇女反共联合会"1980 年版，第 181 页。

② 参见《"中华妇女反共抗俄联合会"成立三周年纪念大会致词》（1953 年 4 月17 日），载《蒋夫人言论汇编》编辑委员会编：《蒋夫人言论汇编》（第二卷·演讲），台北正中书局 1956 年版，第 95 页。

③ 参见雷泽霞：《组训工作纪要》，《妇联四十年》，台北"中华妇女反共联合会"1990 年版，第 46 页。

④ 参见雷泽霞：《组训工作纪要》，《妇联四十年》，台北"中华妇女反共联合会"1990 年版，第 39 页。

⑤ 参见洪国智：《"中华妇女反共抗俄联合会"在台慰劳工作之研究（1950—1958）》，"中央大学"历史研究所硕士论文。

⑥ 《妇联三十年》，台北"中华妇女反共联合会"1980 年版，第 393—394 页。

3. "妇联会"的动员能力

"妇联会"成立伊始，就表现出对台湾妇女的强大动员能力。这种动员能力在 1950 年 4 月 25 日发起为国民党将士捐募五十万套衬衣裤运动时，更是表露无遗。在"妇联会"成立大会上，宋美龄指出："此后本会还想发起其他各种劳军运动，如为将士新兵做布鞋、衬衣内裤及捐募药品等。"① "妇联会"接到这个指示后，立即发动了一个捐机捐布运动。通过各委员的努力和外界的大力支持，很快建立起了一个缝征衣的工场。②

在宋美龄的号召及亲自领导下，公务员的眷属成为缝衣工场的基本成员，官太太和青年学生更是非常积极、认真地参加了这项工作。这在"妇联会"关于缝制征衣的琐闻纪录中有详细记载。例如：

花甲之年的马老太婆沈慧莲女士，每日在征衣缝制场所，两手不停的工作着……她最爱教青年学生踩机器……

王世杰夫人萧德华女士，每周星期三日带了"总统府"的眷属们去缝征衣服……

民航队董事长陈纳德的夫人陈香梅女士，每逢星期六日，必为战友缝征衣，她希望"祖国"早日打回大陆去，怪不得陈将军无条件的帮忙我们了。③

最近内政部黄部长太太王金麟女士，发动该部女职员及眷属，于每周星期二来会缝制，经济部张部长太太麦萃颖女士，苦干实干，四周联络，因为附属机构多，每周星期三该部来会缝制的人逾七十人，异常踊跃。

暑假期间，本市各女校同学，除了参加军中服务外，其中一女中、二女中及女师同学，均组织暑期服务队，前来

---

① 《"中华妇女反共抗俄联合会"成立大会致词》（1950 年 4 月 17 日），载《蒋夫人言论汇编》编辑委员会编：《蒋夫人言论汇编》（第二卷·演讲），台北正中书局 1956 年版，第 66 页。

② 参见沈慧莲：《缝征衣工作六年来的回顾》，《中华妇女》1956 年第六卷第 9 期。

③ 弘农：《缝征衣拾零》，《中华妇女》1951 年第二卷第 1 期，第 5 页。

"妇联会"参加征衣缝制工作，炎天烈日，冒暑而来，汗流浃背，埋头工作。学校方面，认真考核，有的列入学期成绩，有的训导主任亲自来会点名，好像在学校上课一样。①

蒋夫人于十一月八日上午，陪同几位外宾及宋子安夫妇等，来到征衣缝制场所，该日恰好轮到陈"副总统"夫人、俞院长夫人、彭总长孟辑夫人、王总司令叔铭夫人、黄参军长镇球夫人、毛局长人凤夫人、王部长德溥夫人、时次长昭瀛夫人、吴局长南如夫人、胡司令琏夫人等来缝征衣……②

对于征衣缝制工作，"妇联会"从一开始就强调参与人数和参与分子的多元化，并将逐年攀高的人数与所增加的工作成果，制成简单的数字统计公之于世，由此有力地推动了这项工作的开展。例如，刚开始到总会的工场参与缝制的有各机关单位分会，以及台湾省妇女会和省立第一女中、省立台北第二女中、台北女师等13个单位及职业妇女家庭妇女之自由参加者，共计1769人。③ 缝制工作进行至第四年到会登记工作的就有8483人④，第五年到会人数上升到9811人。⑤ 不仅到会工作人员的人数逐年攀升，而且包括各阶层的妇女，活动初期每日平均百余人到"妇联会"参加缝制工作，其中有女民意代表、女公务员、女教师、女学生、女青年军、政府各部门首长夫人、军公眷属、女工、商店老板娘、外宾等，年龄从9岁到73岁，其中以二十岁左右的为多，其中年轻学生占了三分之一。⑥ 再者，参与人的籍贯也是"妇联会"所强

---

① 弘农：《缝征衣》，《中华妇女》1952年第三卷第1期，第12页。

② 弘农：《缝征衣所闻》，《中华妇女》1955年第六卷第4期，第5页。

③ 参见《"中华妇女反共抗俄联合会"三个月来工作概况》，《中华妇女》1950年创刊号，第18页。

④ 参见沈慧莲：《四年来的征衣缝制工作》，《中华妇女》1954年第四卷第8、9期，第8页。

⑤ 参见沈慧莲：《五年来的征衣缝制工作》，《妇联五周年》，台北"中华妇女反共抗俄联合会"1955年版，第18页。

⑥ 参见沈慧莲：《三年来的征衣缝制工作》，《中华妇女》1953年第三卷第8期，第5页。

调的，她们以"遍布全国各地，东西南北，边疆沿海，海内海外"这样广泛的区域来源去形容①，不过其中还是以台湾、江苏、浙江、福建、湖南、广东等省的人数最多②。

除了发起单位妇联总会方面的积极推动外，各界人士也都以各种有利于该工作推动的方式加以响应。例如，在台湾南部，陆军总司令孙立人夫人张晶英为了响应该项运动，除了每周去总会缝征衣外，还做了三个方面工作：（1）分函鼓励各地军官眷属、踊跃捐献。（2）发动正在屏东受训的女青年大队全体学生及陆军总部眷属参加缝衣工作。（3）以佛教教徒身份发动佛教会妇女热烈捐献，或参加缝纫工作。此外，台湾省政府社会处为了响应捐募，经开会决议，委任职以上职员每人捐献一套衬衣裤，工料代金新台币9元，所收代金由该处于1950年5月3日垫缴"妇联会"汇制。③

据统计，当时经常来会参加缝制的有"行政院"分会、省政府分会、"中央委员会"分会、士林分会、联勤分会、"保安司令部"分会、"政治部"分会、空军分会、宪兵分会、农妇会妇女联谊会、阳明山分会、"国防大学"分会、台北市分会、福建省政府分会、"司法院"分会、金瓯女中、第一女中、第二女中、台北女师、中西同学会、市立女中、"金门防守司令部"分会、装甲兵分会、建国中学、澎湖分会、"总统府"、北区防守区分会、金女大同学会、屏东女青年大队、省党部、新竹县妇女会观摩团、台湾省妇女会、励志社、革命实践学院、震华文学院、省立北商等。④由此可见，涉及单位和人员的广泛和深入。

这种动员能力，还被宋美龄以一个夸张的故事表露出来，

① 参见洪国智：《"中华妇女反共抗俄联合会"在台慰劳工作之研究（1950—1958）》，"中央大学"历史研究所硕士论文。

② 参见沈慧莲：《三年来的征衣缝制工作》，《中华妇女》1953年第三卷第8期，第5页。

③ 参见洪国智：《"中华妇女反共抗俄联合会"在台慰劳工作之研究（1950—1958）》，"中央大学"历史研究所硕士论文。

④ 参见沈慧莲：《缝征衣工作六年来的回顾》，《中华妇女》1956年第六卷第9期。

她说：

> 在前几天，有一位美国友人来看我，同时带惊异的语气问我，他说："夫人，为什么在台湾每个学校、医院、机关、民间、乡村的家庭妇女，不管什么人的太太、小姐在忙着缝制衣服，甚至客人来拜访他们，仍然一面谈呢？这种情形，与我在（民国）二十五年所看见的竟完全两样。"①

就这样，捐募 50 万套衬衣裤运动如期完成。据统计，工场每日平均裁衣 100 余疋，计 2000 余套；截至 1950 年 7 月 5 日，各分会捐募之衬衣裤共计 12763 套，衬裤 14000 条，各机关学校捐募的衬衣裤代金 299377.07 元，美金 3360 元。总计已缝制完成衬衣裤 187894 套，衬裤 13933 条，均送往联勤总部台北总库储存，统筹分发，而正在缝制中的，截至 7 月 5 日，有 22280 套，裁成尚未缝制的 4000 套。② 7 月 31 日，短袖衬衣裤 675000 套完工。③ 仅三个月的时间就超出预期的五十万套成果，甚至高达六十余万套之多。④

1950 年 7 月 25 日，宋美龄在给埃玛的信中夸耀道："但我的工作却进展飞快，你会乐于听到：自'妇联会'（The Women's Anti-Aggression League）成立以来，我们已募集和绘制了六十一万七千套 T 恤和短裤，并将之分发给我们的将士。这真是很了不起的事情，但又是我们这班妇女日以继夜工作的结果，她们不但在实际缝制上操劳，而且为了筹措购买衣料的资金，我们还要举办体育竞技、舞台演出、拍卖会和舞会。但是谢天谢地，我们超出

---

① 《"中华妇女反共抗俄联合会"政治部分会成立大会致词》（1950 年 5 月 26 日），载《蒋夫人言论汇编》编辑委员会编：《蒋夫人言论汇编》（第二卷·演讲），台北正中书局 1956 年版，第 73 页。

② 参见《中华妇女》1950 年创刊号第 18 页的相关报道。

③ 参见《"中华妇女反共抗俄联合会"工作纪要》，《中华妇女》1953 年第三卷第 8 期，第 24 页。

④ 参见《妇联四年来工作检讨——皮总干事以书在周年纪念会报告》，《妇联四年》，台北"中华妇女反共抗俄联合会"1954 年版，第 75 页。

了原定目标十万套。现在我感到自己已精疲力竭。"①

宋美龄以身作则，身体力行，故能动员官夫人、教师、学生以及各阶层妇女自发自动来为三军服务。

三、"妇联会"的工作重心

1950 年 4 月 3 日，宋美龄在"妇联会"成立大会的致词里指出："我们的工作分为宣传、慰劳、组训三种，人人可以参加。"②这三项工作也成为往后数十年"妇联会"推动工作的制式途径。③但是，仔细地分析"妇联会"所做的各项工作，可以看出"妇联会"在"宣传、慰劳、组训"三项工作上也是有所侧重的，其中慰劳是"妇联会"各项工作的重中之重，也是长期持续开展的核心事务。

1. 慰劳工作

"妇联会"的慰劳工作包括建筑军眷住宅、缝制征衣、慰劳国军官兵、救济军眷遗族贫困及难民、为伤残将士装配义肢等。④

第一，针对军人的慰劳。

劳军就是除了配合国民党"反攻大陆"政策去慰劳军人之外，还包括安抚跟随国民党当局迁移来台军人的情绪。1950 年 5 月 18 日，"妇联会"成立不足一月，宋美龄即率领"妇联会"代表至基隆港劳军。⑤ 随后，劳军也变成"妇联会"一项例行性重点工作，并成为"妇联会"给外界的一个主要活动印象。⑥ 当

---

① 美国韦尔斯利学院档案馆馆藏的宋美龄大学同学埃玛·德隆·米尔斯的档案中宋美龄与埃玛的往来通信。

② 《"中华妇女反共抗俄联合会"成立大会致词》（1950 年 4 月 17 日），载《蒋夫人言论汇编》编辑委员会编：《蒋夫人言论汇编》（第二卷·演讲），台北正中书局1956 年版，第 66 页。

③ 参见叶霞翟：《蒋夫人对妇女工作的提示》，《台北师专学报》1978 年第 7 期，第 6 页。

④ 参见王亚权：《妇联三十年的工作概况及其成果》，《妇联三十年》，台北"中华妇女反共联合会"1980 年版，第 82 页。

⑤ 参见《蒋夫人率妇联代表今赴基隆劳军》，《"中央"日报》1950 年 5 月 18 日。

⑥ 参见林秀英：《妇女团体做了什么》，《妇女杂志》1984 年第 189 期，第 103—104 页。

然，宋美龄关注慰劳军人的活动，与当时台海间军事征战的背景，密不可分。[①]

1951 年 10 月 8 日，宋美龄率"妇联会"各负责人包扎慰劳品

　　"妇联会"的劳军大致上可分为一般性劳军和季节性劳军。[②]所谓一般性劳军是指以驻守在外岛的三军将士及台湾本岛各重要基地与偏远地区的部队为主的劳军活动；所谓季节性劳军则是指配合元旦、春节、国际妇女节、端午节、中秋节、九三军人节及"双十节"，组织慰劳团分赴军医院、军眷住宅区，慰劳前线官兵、伤患将士和军眷遗族进行的劳军活动，其中尤以"双十节""国庆"的扩大劳军最为盛大。通常只要宋美龄在台湾，都会亲自参与主持"双十节"的扩大劳军，而参加人员除了"妇联会"成员之外，各国驻台"使节"官员及其太太也都会参加。[③]

　　一般性劳军多是先组慰劳团，接着再携带大批衣物、食物、

---

　　① 参见陈逢申：《妇女"反共"——宋美龄来台初期的妇女工作》，载胡春惠、陈红民主编：《宋美龄及其时代国际学术研讨会论文集》，香港珠海书院亚洲研究中心 2009 年版。

　　② 参见洪国智：《"中华妇女反共抗俄联合会"在台慰劳工作之研究（1950—1958）》，"中央大学"历史研究所硕士论文。

　　③ 参见皮以书：《中国妇女运动》，台北妇联画刊社 1973 年版，第 120 页。

1954 年 12 月 16 日，宋美龄组织召开"妇联会"常务委员会议。

康乐器材或现金等慰劳品前往各地劳军，此外，也常有安排康乐队随行表演各种康乐节目，或放映电影娱乐官兵。[1]

"双十节"的扩大劳军则复杂得多。以 1956 年的"双十节"扩大劳军活动为例，妇联总会方面在该年九月中旬起即开始准备，活动设计有三个原则加以指引，分别是：（1）慰劳范围要较以前扩大，贫苦军眷也列入慰劳对象；（2）慰劳伤员的秩序要较以前更好；（3）前线劳军要有强大的康乐队阵容，并要有前方将士所喜爱的慰劳品。[2] 劳军计划则如下：

---

[1]　参见洪国智：《"中华妇女反共抗俄联合会"在台慰劳工作之研究（1950—1958）》，"中央大学"历史研究所硕士论文。

[2]　参见光玉：《"国庆"劳军志盛》，《中华妇女》1956 年第七卷第 3 期，第 10 页。吕锦花：《集中全力、服务三军、消灭敌人》，《中华妇女》1956 年第六卷第 9 期，第 2、27 页。

一、慰劳对象

（1）金门、马祖、乌坵、东引、澎湖前线的三军将士。

（2）台北附近各病院的伤员官兵。

（3）烈士遗族及无依军眷。

（4）贫苦军眷。

二、慰劳方式

（1）前线三军将士以康乐慰劳为主，自本会邀请台湾有名的剧艺团体组织康乐队，附属于前线劳军团，前往表演康乐节目。并采购康乐器材，如前线所急需的留声机，平剧文武场面，各种乐器，各种棋类，赠送前线战士。

（2）各病院伤员官兵每员以现金二十元慰劳。

（3）烈士遗族及无依军眷放映电影慰劳。

（4）贫苦军眷以库存奶粉牛油及旧衣慰劳，因物资有限，以最贫苦的一部分军眷为对象。

三、配合宣传

（1）在本会孺慕堂举行军眷住宅模型展览会，及军眷手工艺品展览会。

（2）请各报社，撰写为军眷谋福利的社论及特写。

（3）举办广播讲座。

（4）发动各直属工作队出版以军眷福利为内容的墙报，并由本会约请漫画家绘制漫画海报。

（5）绘制幻灯在影戏院放映。

（6）在三军球场举行电影晚会，招待烈士遗族及无依军眷，并分赴近郊各军眷区放映电影。

（7）假新公园举行电影晚会，招待市民，并邀请妇女界讲演，内容以军眷福利为主。

四、慰劳日期

（1）慰劳前线三军将士：自十月十四日分别出发。

（2）慰劳住院伤员官兵：十月十日。

（3）慰劳烈士遗族及无依军眷：十月十五日。

（4）慰劳贫苦军眷：与"总统"华诞合并举行。

（5）军眷福利宣传：十月七日至九日。

五、慰劳组织

（1）前线劳军团：分金门、马祖、东引、乌坵、澎湖五个团。

（2）伤员慰劳团：会同外宾组织，共分六组。

（3）军眷慰劳团：于庆祝"总统"华诞时组织。①

而各报社论，也跟进报道宣传。新生报社论称："本年'双十节'劳军运动，主其事者为妇联总会。在他们劳军计划里，颇富于周密准备和实事求是的精神。实值得我们的赞助和宣扬。"军闻社记者说："妇联总会马祖前线劳军团于三日内遍及马祖每一角落……"②

到了1959年，"妇联会"即拨给各分会劳军款总计435390元（如表3-2）。

表3-2 妇联总会拨给各地分会劳军专款一览表

分会名称	金额	分会名称	金额
台北县分会	4,410.00	台南县分会	4050.00
宜兰县分会	1,3230.00	台南市分会	2,7570.00
桃园县分会	3,0420.00	高雄县分会	6,9690.00
新竹县分会	1,2000.00	高雄市分会	3,7380.00
苗栗县分会	8,490.00	屏东县分会	5610.00
台中县分会	4,8300.00	花莲县分会	5,7540.00
台中市分会	2,1420.00	台东县分会	1,9500.00
彰化县分会	1,5480.00	澎湖县分会	8460.00
南投县分会	1,4130.00	金门县分会	3930.00
云林县分会	2,0850.00	连江县分会	4830.00
嘉义县分会	1,7100.00	总计	43,5390.00

① 参见光玉：《"国庆"劳军志盛》，《中华妇女》1956年第七卷第3期，第10页。

② 《妇联第六年》，《中华妇女》1956年第六卷第9期。

第二，筹建军眷住宅。

战后台湾的住宅需求量急速增加，主要原因是国民党败退台湾所导致的政治性迁移，这造成了台北、高雄等大都市人口激增，房屋供需出现不平衡的状态，更让许多移民因而以违建作为临时庇护所。这其中，最为主要也最为国民党所重视的迁移人群是军队眷属。

1949 年，国民党带着 60 万部队撤退到台湾，随同部队来到台湾的眷属极其庞大。刚开始，绝大多数的眷属只能暂时借住在学校、戏院、寺庙、仓库或是防空洞内，也有部分眷属自行找建材搭盖临时性的房舍栖身。为安定军心，国民党成立了军眷管理处来处理眷属安置的问题，因此有了眷村的出现。到了 1950 年，眷村的数量快速增加，国民党各部队忙着找地并出人力协助，以最克难的方式盖房子，用竹子、泥巴、稻谷壳作为材料，每户小则五六坪，大的也不过八、十坪，里面往往住了六七人以上，户与户之间紧临而居，完全没有间隔，排与排之间的房子也只是由狭小的巷弄隔开而已。有些眷村四周用竹篱笆围起来，因此"竹篱笆"成为眷村的代名词。

1953 年 7 月 3 日，台风"克蒂"侵袭台湾，台湾的降雨量创下了五十年来最大纪录，造成数以千计的难民无家可归，促使长年累积下来的住宅问题开始受到关注。为了应对天灾，国民党当局与美国方面随即发动了临时性的重建行动，并在 1954 年于"内政部"设立"兴建都市住宅技术小组"，展开各项兴建住宅事宜。

1955 年 1 月，解放军解放一江山岛之前夜，蒋介石亲自批准撤出大陈岛，驻守大陈岛之国民党军第四十六师和直属炮兵、军官战斗团等一万八千余人，及大陈居民一万四千余人，共三万两千余人，在美国第七舰队直接参与下，撤逃台湾。撤离的大陈居民先是在基隆港上岸，而后被接送到基隆市所设置的临时招待所居住，作为初步安置。后来决定将大陈居民安置在宜兰县、花莲县、台东县、高雄县、屏东县、台北县、基隆市、桃园县、新竹市、南投县、台南市、高雄市十二个县市，建立三十五个大陈新村供其居住。① 当时，对建立新村是采取"自己的家要自己兴建"的立场，房屋材料由台湾当局采买，所需之劳动力（粗工和小工）则由大陈居民负责，每户需派出一名青壮人手协助兴建，至于技术部分是由台湾当局聘请师父，分工合作来完成。大陈新村内的房屋以人口数量来分配，居住的空间非常小，扣除睡觉的床位与一张桌子外，几乎没有其他空间。1956 年 2 月 8 日，宋美龄在蒋经国陪同下至高雄市旗后"大陈义胞新村"慰问，号召他们安居乐业，忍受一时的困苦艰难，共同完成"反共抗俄"大业，"解放"大陆同胞。②

或许是因为"大陈义胞新村"中窘迫的居住条件触动了宋美龄，宋美龄想到军队眷属所住居所绝大多数为"克难房子"，不是建筑质料太差，便是建筑技术太坏；不是地位不宜，便是年久失修。于是，1956 年，"妇联会"六周年纪念前夕，总干事皮以书将各项活动程序签请宋美龄核示，宋美龄在签呈上批示："慰劳以军眷为主。"③ 蒋介石也希望"妇联会"能够帮助解决军眷的住宅问题，他在 5 月 19 日"妇联会"成立六周年纪念大会训词中说：

> 我们军队在前方作战，而在台湾生活最苦的却是军眷和军人的小孩，甚至他们现在住的地方，还没有完全解决，希望"妇联会"以后每一个年、每一个节，对于散居在各城市乡镇军队眷属，要特别照顾；尤其是他们有病痛、有困难的地方，你们要先安慰他们，帮助他们，使军队的眷属能够在生活上安定，使他们丈夫在前方捍卫"国家"，无后顾之忧，这是我向"妇联会"贡献的意见。这一次"妇联会"开会，

---

① 参见张敦智：《从大陈岛到五和新村的地方意识与移民经验》，第 11 页，见 http://www.docin.com/p-490888459.html。
② 参见《蒋夫人莅高市慰问大陈义胞》，《"中央"日报》1956 年 2 月 9 日。
③ 光玉：《蒋夫人筹建军眷住宅纪实——九三军人节妇联献礼》，《中华妇女》1956 年第七卷第 1 期，第 9 页；蔡豇云：《蒋夫人筹建军眷住宅纪实》，《妇联三十年》，台北"中华妇女反共联合会"1980 年版，第 710 页。

希望能订一个办法，对于各县市乡镇的军眷，怎样来照顾他们，帮助他们就如同照顾我们自己眷属一样，可以快乐的过生活，这点希望"妇联会"能够做到，俾对"反共抗俄"的工作，有更大的贡献。希望"妇联会"，尤其今天在座的各位委员，帮助军眷，解决他们的困难，安慰他们前方的丈夫，来完成"反共抗俄"的使命。①

"住的问题，是生活所必需的一个极重要的问题。同时住的问题，也是比较难于解决的问题。"② 为把军眷住宅问题扩大为人们都愿意关心的问题，把"军方的问题，变成社会问题"③。1956 年 5 月 19 日，宋美龄在主持"妇联会"成立六周年纪念会暨工作检讨会开幕典礼之后，下午在孺慕堂主持旅日大阪华侨观光团及菲律宾中国童子军团友会观光团、港九自由农民观光团及"妇联会"纪念会参会人员茶会中，宣布预建军眷建筑住宅千幢，按每幢价款 6000 元计，需经费约 600 万元。茶会宾客当场认捐 161 幢。④ 有鉴于社会的热烈响应，5 月 24 日上午，宋美龄主持召开"妇联会"临时常会，决定募捐 3000 万元，以 2400 万元建筑军眷住宅 4000 幢，其余 600 万元充作此项住宅卫生康乐及礼堂等项设备之用⑤，并成立"国军眷属住宅筹建委员会"。5 月 28 日，宋美龄在官邸邀请有关机关首长，以及"妇联会"全体常务委员，举行座谈会，讨论筹建军眷住宅问题及扩大捐款方法。为切实推进此项捐募活动，会议决定成立"国军眷属住宅筹建委员会"，由宋美龄担任主

---

① 《先"总统"蒋公在本会成立六周年纪念大会训示》（1956 年 4 月 17 日），《妇联三十年》，台北"中华妇女反共联合会" 1980 年版，第 3 页。

② 《热烈响应捐建军眷住宅的号召（社论）》，《中华妇女》1956 年第六卷第 10 期，第 2 页。

③ 赵筱梅：《我们应该怎样响应蒋夫人发动筹建国军住宅的号召》，《中华妇女》1956 年第六卷第 10 期，第 21 页。

④ 参见《"总统"优俪分别接见旅日菲港"归国"侨团》《妇联会筹款六百万决为军眷建屋千幢》，《"中央"日报》1956 年 5 月 20 日。

⑤ 《妇联会决募捐三千万元建军眷住宅四千幢》，《"中央"日报》1956 年 5 月 25 日。

任委员，"妇联会"常委陈谭祥、马沈慧莲、周王青莲、王萧德华、钱用和、钱剑秋、蒋陶曾毂、林慎、关张静霞、黄郭佩云、吕晓道、皮以书、俞梁就光、黄侯叔芳、严刘期纯、徐陆寒波、彭郑碧云、赵筱梅、吕锦花等为委员，为联合各界领袖人士，还特聘一批高层军政人员如张厉生、黄少谷、严家淦、徐柏园、江杓、袁守谦、蒋经国、彭孟缉、马纪壮、庞松舟、张承槱、刘瑞恒、黄朝琴、上官业佑、郭澄、陈漠平、赖名汤、蒋坚忍、关颂声等为捐建委员会顾问，以资协助。聘请的委员为这项捐建军眷住宅计划的推动，提供了极大的助力。从这一天开始，每隔两星期便举行"国军眷属住宅筹建委员会"会议一次，宋美龄均亲自主持，听取皮以书总干事的工作报告，并处理各种问题。顾问委员会也先后开了两次会，决定统筹募捐的具体办法。①

接着，"妇联会"就运用各种媒介广泛宣传筹建军眷住宅的计划，并展开捐募活动。原定每舍建筑费为新台币六千元，因工料涨价，改为每舍造价以一万元为标准，先建四千户，需筹募建筑费四千万元。"捐募对象，个人与机关团体外，尚有专案，办法如下：1. 由'妇联会'负责向个人劝募二百万元。2. 政府机关及公营事业募集一千万，'中央'及省各募一千万元。3. 民营工商业及社团，八百万元。4. 专案影剧票附捐一年，棉纱附捐四个月，共二千万元。"②

截至 1956 年 8 月 31 日，共计收到捐款 37661318.7 元。这些捐款都缴存台湾银行"国军眷属住宅捐款五九〇一号专户"③。不

---

① 参见李蕚：《伟大的号召——记本会筹建军眷住宅情况》，《中华妇女》1956 年第六卷第 11 期，第 8 页；蔡尪云：《蒋夫人筹建军眷住宅纪实》，《妇联三十年》，台北"中华妇女反共联合会"1980 年版，第 711 页；钱用和：《钱用和回忆录》，东方出版社 2011 年版，第 136—138 页。

② 光玉：《蒋夫人筹建军眷住宅纪实——九三军人节妇联献礼》，《中华妇女》1957 年第七卷第 1 期，第 10 页。

③ 蔡尪云：《蒋夫人筹建军眷住宅纪实》，《妇联三十年》，台北"中华妇女反共联合会"1980 年版，第 712 页。

1954 年 12 月 21 日，宋美龄与"中央党部"妇女工作干部合影

到 4 个月，预期的数额，全部达成，且已超过。[①]

眷宅的建筑费有了头绪，即进行勘察基地，由"国防部"，省地政局，"妇联会"，会同各有关机关组织勘察小组，前往北部、中部、南部各县市实地勘察，对于九县市中，择定十二处为兴建眷区。一年后，时至"妇联会"成立七周年之际，四千幢军眷住宅全部落成。这些盖好的军眷住宅分甲乙两种，甲种眷宅主要是分配给三口以上的家庭，占地 23.4 平方米，有起居室、卧室、厨房、厕所各一间。乙种住宅占地 16.92 平方米，有卧室、厨房、厕所各一间，分配给三口或三口以下的家庭。这些眷村还有附带设施，包括福利设施（设军眷工厂一所，可容纳军眷五百人就业，每一眷区均设一福利社、托儿所及诊疗所等）、交通设施（如眷村对外不通公路，由省交通处设法筑路连接，在眷区附近增设公共汽油站）、教育设施（省教育厅计划在眷区内设小学分校或分班）、卫生设施（除视经费情形设诊疗所外，并由省卫生处拟定计划，

---

① 参见皮以书：《妇联七周年》，《中华妇女》1957 年第七卷第 9—10 期，第 17 页。

邀国际健康组织红十字会及联合国卫生组织，惠予协助）。①

四千幢眷宅落成后，宋美龄指示继续建筑眷宅 1000 幢②，第二期的 1000 幢眷宅于 1958 年完工。有了两期的工作经验，1959 年 4 月，宋美龄在发给副主任委员陈谭祥的手谕里提到，筹建军眷住宅"此为本会对'国家'所贡献之实际事迹，将来当审察需要，庚续筹办"③。此后，筹建军眷住宅成为"妇联会"持续性的重点工作，且几乎是逐年推动兴建。

第三，救济军眷、兼顾平民。

在宋美龄那里，"妇联会"的最重要工作是劳军，其次是维护军队眷属的稳定，救济也是以贫困军眷为主。社会救济是心有余暇、身有余力时为之的善事。

1951 年 10 月 22 日，花莲近海连续发生两次强烈地震，震级分别为 7.3 级和 7.1 级。地震影响范围甚广，台湾全省普遍有震感，远至六百公里以外的香港等地也明显有震感。台湾以花莲、台东两县破坏最重。包括高层建筑在内的建筑物、钢混结构物均遭破坏。地震共死 68 人，伤 736 人，无家可归者约 6000 余人，破坏房屋仅花莲一地即达 1000 余栋。各地发电站和变电所设备及房屋都遭到了破坏。铁路路线及钢轨有数处弯曲下沉，铁路桥、隧道及道岔也都有损坏。公路、林产及农业方面都有重大损失。④《花莲县志·卷一大事记》"民国四十年"条下有这样的记载："十月二十二日上午连续五级六级地震，花莲市损伤最大，全县死亡四十五人，重伤九十九人，轻伤七百三十二人，房屋全毁二百

---

① 参见阿德佩：《自由卫士之家》，《中华妇女》1957 年第七卷第 8 期，第 8 页；光玉：《蒋夫人号召筹建军眷住宅新村简介》，《中华妇女》1957 年第七卷第 9—10 期，第 28 页；光玉：《妇联半年（上）》，《中华妇女》1956 年第六卷第 11 期，第 7 页；蔡莊云：《蒋夫人筹建军眷住宅纪实》，《妇联三十年》，台北"中华妇女反共联合会"1980 年版，第 714 页。

② 参见皮以书：《妇联七周年》，《中华妇女》1957 年第七卷第 9—10 期，第 17 页。

③ 《主任委员蒋夫人手谕》，《中华妇女》1959 年第九卷第 9 期，第 1 页。

④ 参见《台湾花莲近海地震》，《中国历史大震资料》，见 http://www.kepu. net. cn/gb/earth/quake/document/dcm081. html。

七十栋，半毁三百五十栋，损坏一千五百零四栋，各项建设工程及公私建筑场所破坏不胜记，无家可归者六千四百一十七人。又余震截至十一月二十五日共计五百六十三次。"① 灾情之重，就连正在花莲整训的"总统府"警卫大队也上街实施赈灾赠饭。② 时隔不久，11 月 25 日，台东西北处发生两次 7.3 级地震。地震为双主震型。台湾东部灾害最重。花莲死亡 11 人，重伤 70 人，轻伤 115 人，房屋倒塌 865 栋，房屋破坏 333 栋；台东死亡 4 人，重伤 18 人，轻伤 77 人，房屋倒塌 141 栋，房屋破坏 244 栋。高雄、台南、屏东也均有人员伤亡、房屋倒塌和破坏。全台电力、铁路及公路均受到地震破坏。③

而此时的宋美龄，在参加完"双十节"庆祝并阅兵后，并无要事。从宋美龄那段时间的行程，可以管窥一二。10 月 28 日，宋美龄随蒋介石，避寿阿里山；11 月 26 日，居正病逝，宋美龄致函吊唁④；同日致信张学良，告之于凤至及孩子们的生活情况，希望他不要担心⑤；12 月 3 日，宋美龄将其督导缝制的棉背心交由民航队空运至金门⑥；12 月 8 日，宋美龄陪同美国参议员斯巴克门、史密斯夫人、经合署中国分署署长施翰克夫人参观"妇联会"⑦；12 月 21 日，致信魏德迈，对其提出的各种建议表示感谢，并坚称蒋介石抵台后在经济、赋税、教育、铁道公路等方面均有进步⑧；12 月 28 日，宋美龄携带慰劳品飞赴金门慰劳伤患军人⑨。

---

① 骆香林主修，苗允丰纂修：《中国方志丛书》之《花莲县志》（第一卷），台北成文出版社 1983 年版。

② 参见 http://mp.rocmp.org/kind/president/guard.html。

③ 参见《台湾台东地震》，《中国历史大震资料》，见 http://www.kepu.net.cn/gb/earth/quake/document/dcm086.html。

④ 参见《蒋夫人致函居正夫人吊唁》，《联合报》1951 年 11 月 27 日。

⑤ 参见张闾蘅、张闾芝、陈海滨：《张学良、赵一荻私人相册：温泉幽居岁月一九四六——一九六○》，生活·读书·新知三联书店 2006 年版，第 143 页。

⑥ 参见《蒋夫人拨棉衣，赠发金门战士》，《"中央"日报》1951 年 12 月 4 日。

⑦ 参见《斯巴克门等参观妇联，蒋夫人引导说明工作》，《"中央"日报》1951 年 12 月 9 日。

⑧ 参见《夫人寄致魏德迈将军函》，《对美外交（八）》，台北"国史馆"藏。

⑨ 参见《蒋夫人昨曾飞金门慰劳荣军》，《联合报》1951 年 12 月 29 日。

然而，到了 1952 年 11 月 3 日，台风"贝丝"侵袭台湾南部地区，造成台湾南部地区惨重损失，民怨沸腾。台湾新闻媒体将台风预报延误的责任，指向"中央"气象局局长兼台湾省气象所所长郑子政，以致郑子政被"监察院"调查后，依渎职罪告到台北地方法院。[①] 台湾左营海军基地损失极为惨重，"军区大马路两旁高大成林的大叶油加利全数折断倒在马路上，电力系统全毁，眷村损失更惨，新建的克难眷舍如复兴新村无一间幸免。当时军眷甫抵台对台风认识不深，结果第二天晚上大家谈风色变，一起躲在水深及膝的防空洞里"[②]。此时的宋美龄尚在美养病，"妇联会"也并未第一时间开展赈灾救济工作。直到宋美龄"12 月，听得台风吹毁海军基地左营，陆军校区凤山，和附近高雄屏东等地民房眷舍，关怀万分，立电妇联总会，拨款新台币十万元救济，各常务委员组织慰劳团"[③]。据钱用和回忆，慰劳团一行七人，携带六批衣服及奶粉，分赠"妇联会"海军空军分会与高雄屏东遭难眷属。22 日，慰劳团分两组，第一组至"海军总医院"、省立高雄医院、高雄市立医院、联勤医院、四海一家，慰问受伤战士与眷属；第二组赴士校、官校、海军子弟学校、复兴新村、左营国校、旧城国校等地，慰问受灾军眷。23 日上午，慰劳团仍分二组，第一组先至市立医院慰问受伤民众，再至金马新村军眷住宅及大东国校与协合路收容所；第二组至屏东万丹等村落，慰问灾民难童。23 日下午，赶赴台南东区关生里，慰问死亡遗族后，再赴台南九六新村及装甲兵军眷宿舍，巡视他们的生活情况。24 日上午，全体慰问团成员由高雄驶往岗山空军训练基地，慰问空军受灾战士及眷属。[④] 由此种种可知，彼时的"妇联会"并没有把赈灾救济工作当作一个重要的工作。当听闻军眷遭到重大损失后，才姗姗

---

① 参见冀家琳：《气象旧闻与趣闻》，见 http://www.aeromet.org.tw/chinese/aeromet/aw014/aw14_05.pdf。
② 钟坚：《惊涛骇浪中战备航行：海军舰艇志》，台北麦田出版股份有限公司 2003 年版。
③ 钱用和：《钱用和回忆录》，东方出版社 2011 年版，第 111 页。
④ 钱用和：《钱用和回忆录》，东方出版社 2011 年版，第 111—112 页。

来迟。就算是赈灾救济、安抚慰问，也把军眷放在第一位，民众的苦难只是附带关心。

与此形成鲜明反差的是，1953 年 7 月 3 日强烈台风"克蒂"在花莲登陆，降雨量创下五十年来最大纪录，台湾全省均传灾情。台风造成死亡、失踪 35 人，轻重受伤 186 人，房屋全倒 2339 间，房屋半倒 2481 间。此时"妇联会"的动作则迅速得多，据钱用和回忆："强烈台风'克蒂'在花莲登陆时，继以地震……'妇联会'当即展开救济工作。"① 10 月 19 日，皮以书、钱用和等"妇联会"干部携带棉被、寒衣、食品，搭乘民航飞机前往花莲，代表宋美龄慰问灾民。钱用和回忆，"各界妇女陆续来叙，我们请她们为安排分发救济衣物行程，商量结果交由救济委员会处理，因为他们已经调查过，知道最贫次贫各户，及需要用物品情形……去'中央'社，县党部，县妇女会各单位慰问"②。

皮以书在"妇联会"八周年的工作报告中，针对该会救济军眷与贫户两个分类的人数进行了统计。1951 年救济军眷 4000 人，救济贫户 2000 人；1952 年救济军眷 8000 人，救济贫户 2000 人；1953 年救济军眷 25000 人，救济贫户 15000 人；1954 年救济军眷 72000 人，救济贫户 500 人；1955 年救济军眷 25000 人，救济贫户 9500 人；1956 年救济军眷 52244 人，救济贫户 6155 人；1957 年救济军眷 54197 人，救济贫户 8687 人。③ 两者逐年比较都可发现"妇联会"救济的军眷人数远远高于贫户人数。

第四，残而不废装义肢。

宋美龄在慰问过程中，见到伤残军人不便，即发起残而不废运动。1953 年，指示拨款 30 万元交由"妇联会"为其装配义

---

① 钱用和：《钱用和回忆录》，东方出版社 2011 年版，第 109 页。
② 钱用和：《钱用和回忆录》，东方出版社 2011 年版，第 109 页。
③ 参见皮以书：《八年工作的回顾与展望——"中华妇女反共抗俄联合会"八周年工作报告》，《妇联八年》，台北"中华妇女反共抗俄联合会"1958 年编印，第 59 页。

肢。① 到 1956 年，"妇联会"为伤残军人装配义肢 584 付。② 在"妇联会"成立十周年纪念会上，宋美龄提到："我们替伤残官兵装配义肢，人数有四百二十三人，义肢数量有四百四十四具。"③

除此以外，妇联会还特地定制手杖、定购手摇车、制作特殊皮鞋等。④

2. 组训工作

"妇联会"的组训工作除成立分支会及工作队、吸收会员、督导分支会业务外，还举办各种训练，改善眷村生活、协助军眷就业等。⑤

据王亚权《妇联三十年的工作概况及其成果》中所述"历年来本会组训工作实施概况"如下：

成立分会 51 个，工作队 128 队

吸收会员 256555 人

分支会业务检查 5597 次

出席分支会各种会议 9331 次

扩大联席会议 7 次

访问眷村，举行工作队座谈会慰问眷户 175792 次

手工艺品展览 21 次，参观者约 10 余万人

编印母职讲习专辑 10000 册，母职讲习手册 11000 册

救护讲习班 25 期，学员 2376 人

---

① 参见刘守庄：《残而不废话义肢》，《妇联三十年》，台北"中华妇女反共联合会"1980 年版，第 742—743 页。

② 《"中华妇女反共抗俄联欢会"成立六周年纪念大会致词》（1956 年 5 月 17 日），载《蒋夫人言论汇编》编辑委员会编：《蒋夫人言论汇编》（第二卷·演讲），台北正中书局 1956 年版，第 153 页。

③ 《"中华妇女反共抗俄联合会"成立十周年纪念大会致词》（1960 年 8 月 12 日），《妇联三十年》，台北"中华妇女反共联合会"1980 年版，第 20 页。

④ 参见刘守庄：《残而不废话义肢》，《妇联三十年》，台北"中华妇女反共联合会"1980 年版，第 745 页。

⑤ 王亚权：《妇联三十年的工作概况及其成果》，《妇联三十年》，台北"中华妇女反共联合会"1980 年版，第 82 页。

其中，辅导各种训练班有 57 种，以家事类训练班最多，达 23 种，其他依次是文史书画类训练班 8 种、商业类训练班 7 种、艺术类训练班 6 种、工业技术类训练班 5 种、体育及其他类训练班 5 种、医护类训练班 3 种。整体受辅训练的人数有 395692 人。①

"本会为提高妇女知识，培养妇女技能，动员妇女参加'反共抗俄'工作起见，故将训练工作列为中心工作之一。"为此，"妇联会"先后举办了救护训练班、国语训练班、洋裁训练班②及烹饪训练班③，另外还组织了妇女国语识字班④。

"妇联会"成立后，宋美龄与"妇联会"的委员们常常到各医院去慰问伤患官兵，"'妇联会'觉得在妇女能力所能及的工作中，护理是比较容易又最重要的一页，为了解决各医院中护士不够的一个难题，'妇联会'决定办一个妇女救护训练班"⑤。

1950 年 8 月，"妇联会"开始举办救护训练班，分敷料、急救、护理三组进行训练，讲授各种战时及紧急救护常识，训练时间为一个月，目的在于"训练知识妇女具有普通卫生常识与救护技能，俾能协助医务机关，平时可以改善家庭与环境卫生，战时可以担任救护伤者的工作"⑥，"其内容有简易护理、简易急救、卫生教育等"⑦。1950 年 11 月 8 日，宋美龄主持"妇联会"第一期

①　王亚权：《妇联三十年的工作概况及其成果》，《妇联三十年》，台北"中华妇女反共联合会"1980 年版，第 85 页。

②　在《中华妇女》第三卷第 8 期第 21 页《三年来的"总政治部"分会》中，略有报道："五、洋裁训练：聘请专家以教授洋裁制作，开班后，凡参加学习同仁均满意，大多都能担任家用衣物之缝制，式样精美，如此节省开支……"

③　在《中华妇女》第三卷第 8 期第 33—34 页《妇联会工作纪要》（1950 年 3 月—1952 年 12 月）中，提到："1952 年 6 月 2 日，烹饪训练班第一期开课。6 月 25 日，第一期结束。1952 年 7 月 8 日至 8 月 23 日，第二期烹饪训练班。"

④　钱用和：《钱用和回忆录》，东方出版社 2011 年版，第 167 页。

⑤　《妇女"反共抗俄"的新工作——学做护士救护伤兵》，《妇联三十年》，台北"中华妇女反共联合会"1980 年版，第 222 页。

⑥　国秀：《妇女"反共抗俄"的洪流——妇联会工作剪影》，《妇联三十年》，台北"中华妇女反共联合会"1980 年版，第 192 页。

⑦　王亚权：《四十年的回顾与前瞻》，《妇联四十年》，台北"中华妇女反共联合会"1990 年版，第 33 页。

救护训练班结业典礼，并致词称"做事不可敷衍马虎，我们要专门把心血献给我们的神圣工作，唯有用热血染出来的光辉才是永远不褪色的"，"希望学员结业后到伤病医院学习、工作，给予伤员家人般的爱护"。① 到"妇联会"成立三周年时，救护训练班"受训学员一千一百二十余人，都已派在医院和社会卫生机构服务"②。救护训练班前后举办33期，结业的学员有三千多人，"接受训练者，可供战时需要，对于家庭卫生，提高生活品质，均有最大助力。此外，护训班也负责眷村卫生工作，家庭计划推行及眷村卫生工程改善等"③，总之，救护训练班的举办对于推广家庭卫生教育，协助改善眷村卫生，以及灌输妇女卫教知识方面颇有贡献。

50年代末，台湾海峡再度出现危机。而1960年白宫换了新主人后，美国的对华政策开始有了一些不同。在此形势下，"妇联会""为配合革新、动员、战斗之号召，奉主任委员蒋夫人指示，特举办救护训练班"④。1963年7月1日，在宋美龄的亲自主持下，"妇联会"举办的救护干部训练班正式开学，学员由各分会、各支会遴选保送，主持救护干部训练的班主任和副主任均经宋美龄指派由"妇联会"聘请，班主任是"国防"医学院护理学系主任周美玉少将，副主任是台湾省立护理专科学校校长徐蔼诸女士。至1968年9月，救护干部训练班第14期结业时，"妇联会"救护干部训练班结业的干部一共有一千两百多人，各分会所举办的训练班结业学员有六千九百多人。⑤ 救护干部训练班总共举办了37期，

---

① 《妇联救护班结业,蒋夫人殷切勉励》,《"中央"日报》1950年11月9日。
② 《"中华妇女反共抗俄联合会"成立三周年纪念大会致词》(1953年4月17日)，载《蒋夫人言论汇编》编辑委员会编：《蒋夫人言论汇编》(第二卷·演讲)，台北正中书局1956年版，第96页。
③ 王亚权：《四十年的回顾与前瞻》,《妇联四十年》,台北"中华妇女反共联合会"1990年版,第33页。
④ 《本会救护训练班专辑》,《中华妇女》1963年第十三卷第12期，第5页。
⑤ 《"中华妇女反共抗俄联合会"救护干部训练班第十四期结业典礼训词》(1968年9月12日)，《妇联三十年》，台北"中华妇女反共联合会"1980年版，第34、36页。

结业学员达三千多人，她们分散到台湾各地，成为早期推动眷村与乡村社区公共卫生的尖兵。①

1950 年 3 月至 1952 年 12 月的"妇联会工作纪要"，较为详细地介绍了"妇联会"举办国语训练班的情况。

1951 年 2 月 8 日，为举办国语训练班，特草拟教育计划与经费预算。7 月 3 日，本会成立国语师资训练班，登报招收学生。4 日，各分会保送国语训练班学生，办理报名手续。9 日，国语训练班学生进行入学考试。11 日，录取学生发榜。7 月 29 日，举行第 17 次电影欣赏会，招待国语训练班学员。8 月 1 日，举办国语讲座，敦请何子祥先生讲演"台湾不应该用日文日语"。8 月 15 日，举行专题讨论会，题为"陈瑞瑗案的分析"。8 月 29 日，敦请常委钱用和先生专题讲演，题为"研究国文的途径"。讲演后并进行国文测验。9 月 10 日，国语训练班全体学生赴国语实验小学参观直接教学法。9 月 19 日，敦请吴石山先生讲"教育问题与妇女的关系"。9 月 26 日，敦请本会委员张岫岚先生讲"妇女与婚姻问题"。10 月 18 日，国语训练班第一期学生举行结业考试。11 月 26 日，敦请女作家谢冰莹先生讲"漫谈妇女写作"。

另外，为培育意大利侨胞儿童国语及常识，"妇联会"筹办语言训练班，专门讲授启蒙国语。1952 年 4 月 19 日，正式开课。②

3. 宣传工作

"妇联会"的宣传工作围绕蒋介石及其政权治台政策和工作重心的转移而发生相应的变化。退台初期，"反共、保卫台湾"是蒋介石溃败至台湾考虑的首要大事，因此"妇联会"的成立及开展的宣传工作以"反共"为主。而后，随着台湾岛内统治的巩固及国际形势、地区间关系的变化，该会的宣传工作也"以推行社会教育、树立良好风气、加强心战工作、展开'国民'外交、联系

---

① 参见严倬云：《蒋夫人与近代妇女工作》，《近代中国》1999 年第 130 期，第 38 页。
② 参见《中华妇女》1953 年第三卷第 8 期，第 30—33 页。

国际妇女'反共'力量为主"①。

80 年代以后，"妇联会"旨在宣传自身，介绍该会工作成果、工作动态和宋美龄的功绩。并适应时代的发展，逐渐向一般的妇女团体从事的社会、慈善工作方面努力。其宣传工作重心为：一是围绕时政出现的不良现象，提出并邀请专家学者阐述民主自由的真谛、正义思想和法治精神的可贵；二是举办学术的、艺文的研习班、研讨会，增进妇女新知与认识；三是在欧美增设分会，团结华侨社会；四是编辑出版英文版《蒋夫人言论集》《蒋夫人国画册》《妇联画刊》《妇联三十五年》等，举办"女青年时代认知研讨会"，接待华侨外宾等诸多工作。②

"妇联会"的宣传手段多种多样，形式和内容极其丰富。

首先是其主办的《中华妇女》月刊。它是"妇联会"进行"反共抗俄"的宣传阵地，一方面"配合'反共抗俄'的'国策'，与本会的工作方针"，另一方面"还要设法，尽量适合于各阶层妇女同胞的需要，启发她们的爱国情操，'反共抗俄'的意识，自强自立的精神，和宣扬妇女对于'反共抗俄'的贡献"以及"负起妇女社会教育的责任，和技能的训练"。③《中华妇女》被看成是台湾妇女的喉舌和精神食粮。④

《中华妇女》从创刊之日起至 2001 年，长期刊载宋美龄的言论和照片，包括致词、训词、演讲、函电等，充当了宋美龄向大众妇女发声的通道。

《中华妇女》虽然是一个定期出版的对外公开出版物，但不同于一般的杂志，实际是一份对内公报。因为它不以营利为目的，有固定的预算，也有固定的出版数量，发行的对象主要是各界妇

---

① 王亚权：《妇联三十年的工作概况及其成果》，《妇联三十年》，台北"中华妇女反共联合会"1980 年版，第 82 页。

② 参见李蕚：《本会宣传工作的里程》，《妇联四十年》，台北"中华妇女反共联合会"1990 年版，第 48—51 页。

③ 李青来：《中华妇女月刊概况》，《妇联三十年》，台北"中华妇女反共联合会"1980 年版，第 347 页。

④ 皮以书：《中国妇女运动》，台北妇联画刊社 1973 年版，第 123 页。

女、海外侨胞和分赠军中阅读。《中华妇女》1950 年 7 月 15 日发行第一卷，以后按月出版。① 在发行四十年时，曾做过发行量的统计。自第一卷至第二十卷，每月发行 3500 册，后改成双月刊，随着索阅人数的增加，改为每期发行 4000 册，如有必要再增加册数，至 1979 年止总数 127.9 万册。自 1980 年至 1985 年年底止，发行了 12.4 万册；自 1986 年至 1989 年年底止，发行 10.1 万册等，总计 143.8 万册。每期赠阅海内外有关人员及机构。获赠的单位及个人包括："妇联会" 常务委员、委员，"妇联会" 所属分会，"妇联会" 所属支会，"妇联会" 所属工作队、民众服务站、学校图书馆、一般阅览室、军事单位学校医院、有关机构团体、同业交换、"妇联会" 同仁，此外还向 "大使馆" "领事馆" "驻外办事处"、本会海外分会、公立图书馆、海外机关团体等赠送。②

《中华妇女》于 1951 年 8 月 9 日，成立编辑委员会。③ 自第二卷第 4 期开始出现主编者名单为王国秀、李秀芬、李青来、武月卿、徐钟珮④、陈香梅、莫希平、张岫岚、张明、傅岩、钱剑秋。⑤ 后来，在 1955 年 9 月第六卷第 1 期主编者名单调整为李秀芬、李青来、包德明、姚令娴、徐钟珮、陈香梅、徐瑾、张岫岚、张明、赵筱梅、钱剑秋、谢宝珠。到了第六卷第 5 期，不再出现编委会名单。

《中华妇女》的栏目编排和内容包括：关于各项妇女问题及时事论文、本会工作报导、国内外妇女伟人介绍、妇婴卫生、烹饪缝翻、文艺创作、诗歌、漫画连环图等。其中最主要的内容是当月夫人的训词、言论及函电。自 1986 年至 1989 年年底，历期刊出夫人言论训词 12 篇、其他论著 45 篇。其他栏目有："妇联动态"

① 参见《"中华妇女反共抗俄联合会" 工作纪要》（自三十九年三月起至四十一年十二月止），《中华妇女》1953 年第三卷第 8 期，第 24 页。

② 参见许志致：《〈中华妇女〉四十年一日》，《妇联四十年》，台北 "中华妇女反共联合会" 1990 年版，第 63—64 页。

③ 参见《"中华妇女反共抗俄联合会" 工作纪要》（自三十九年三月起至四十一年十二月止），《中华妇女》1953 年第三卷第 8 期，第 30 页。

④ 时任 "行政院新闻局" 顾问。《中华妇女》1956 年第六卷第 7 期，第 5 页。

⑤ 参见《中华妇女》1951 年第二卷第 4 期封三。

主要是报道分会通讯、缝征衣琐闻及慰劳、组训及宣传的各组活动，共有 78 篇。"妇女与家庭"版共 100 篇，都是关于妇女儿童的各种常识。"医药卫生"栏文章都是选用当时最新、最有用的资料发表，共刊出 51 篇。"海外之音"共刊出 58 篇。还会在特别的节日增加专栏篇幅，如妇女节、母亲节、"国庆"劳军、妇女专题研究等都会有特别时间性专辑，此间有 51 篇。文艺及其他类作品 73 篇。①

"妇联会"除了《中华妇女》这个宣传工具外，还有其他多种宣传形式。根据"妇联会"出版的《妇联三十年》《妇联四十年》，可以具体看到：

（1）出版书刊画册，总会为 1655700 本，分会及工作队为 3715 期；

（2）举办座谈会专题讲座，总会为 274 次；举办座谈会，分会及工作队为 5842 次；举办专题演讲，分会及工作队为 8442 次；

（3）家庭访问，总会为 4 次，分会及工作队为 168576 次；

（4）举办展览会，总会为 43 次，分会及工作队为 5403 次；

（5）接待外宾华侨，总会为 27601 次，分会及工作队为 505722 次；

（6）选拔好人好事，总会为 138 人，分会及工作队为 2279 人；

（7）举办或参加各种社会活动，总会为 14 种，分会及工作队为 9226 次；

（8）参加国际性会议，总会为 75 次；

（9）访问友邦妇女机构社团，总会为 2 次；

（10）对大陆广播，总会为 480 次；

（11）康乐晚会，总会为 240 次；

---

① 参见许志玫：《〈中华妇女〉四十年一日》，《妇联四十年》，台北"中华妇女反共联合会"1990 年版，第 64 页。

（12）电影宣慰工作，总会为 3377 次，共 2267529 人观赏。①

四、宋美龄对"妇联会"平台作用的拓展

"妇联会"在宋美龄的领导下展开一系列慰劳、组训、宣传工作，使得其地位远远超出了一个民间团体。宋美龄也把"妇联会"作为展示她在台湾领导妇女工作、社会事业及对外交往的一个窗口和平台。因此，宋美龄会在"妇联会"总部、"妇联会"发起成立的缝衣工场、托儿所，甚至华兴育幼院、振兴复健中心等地接待相关宾客。

根据《"中央"日报》对宋美龄在"妇联会"的活动报道的统计，20 世纪 50 年代，宋美龄在"妇联会"完成接待工作五十余次，20 世纪 60 年代为四十多次，七八十年代因其退居幕后，离开台湾赴美，在"妇联会"的接待次数已经很少了。② 实际的接待次数远远超过这个数据，因为仅就"妇联会"1956 年工作报告记载，接待美参谋长联席会议主席雷德福夫妇等已达 42 人次。③

从"妇联会"接待的参观访问人员来看，大致分为：台湾本地人士，华侨（菲律宾、日本、泰国、香港等地），与台湾保持"外交关系"的国家，如美国、韩国、日本、菲律宾、泰国、越南、伊朗、土耳其、西班牙、澳大利亚、匈牙利、南美国家（秘鲁、哥伦比亚、乌拉圭、哥斯达黎加）、尼日利亚以及一些组织机构，如妇女组织、宗教组织、"反共"组织等。

具体地说，宋美龄在"妇联会"等地方接见的台湾本土人员，大都是妇女代表，如"妇联会"分会、全省女性警员、女"国大

---

① 参见《工作统计表——"中华妇女反共联欢会"工作概况之图 20》，《妇联四十年》，台北"中华妇女反共联合会"1990 年版，第 72—74 页。

② 笔者根据北京图书馆提供的《"中央"日报》数据库，以"宋美龄"和"妇联会"为关键词检索了 1950 年至 2006 年的新闻报道，得出了相关数据。

③ 参见《妇联三十年》，台北"中华妇女反共联合会"1980 年版，第 324、375 页。

代表"、好人妇女、金马奖代表团的女代表、参加世盟女代表等；还有属于其管辖范围的遗族学校、战时儿童保育院、各期培训班（救护干部培训班）学员，劳军人员；另外，接见诸如大陈岛民及孤儿、金马三军代表，参加世界道德重整会的台湾青年、张群、朱明等，体现了她对社会工作、军政工作都有涉及。

宋美龄接见妇女干部、岛内受训专职人员、分管领域（遗族学校、保育院）的学生代表和台湾参加世界性会议的团体人员等，多有安抚、褒奖作用。由于"妇联会"在妇女界乃至台湾所处的地位，使得在这样的场合接见更具象征意义。

台湾地区与多国交往的保持与亲疏关系，也反映在宋美龄于"妇联会"接待外宾的名单里。美国、韩国、日本、菲律宾、泰国、越南都是"反共"国家，长期和台湾频繁互动。美国是台湾主要依靠国家，宋美龄每次访美上下走动，左右周全，对其用心程度非同一般。事实上，在五六十年代，美国各方也对台湾投桃报李，来台的人员层次高，涵盖政治、经济、文化教育、妇女、宗教等多个层面，人次繁多。例如，1951 年 4 月 23 日，宋美龄在"妇联会"接见美国民主党参议员麦纽逊。① 1951 年 5 月 19 日，宋美龄接见美联社董事，并陪同参观"妇联会"各部门工作。② 1951 年 7 月 25 日，宋美龄会见美国维兰大学校长马尔绍博士一行，并陪同参观"妇联会"各部门工作。③ 1951 年 10 月 13 日，宋美龄接见《纽约时报》主笔史密斯及特派员李博文夫妇，并引导参观"妇联会"各工作部门。④ 1951 年 12 月 8 日，宋美龄陪同美国参议员斯巴克门、史密斯夫人、经合署中国分署署长施翰克夫人参观"妇联会"。⑤ 1952 年 1 月 7 日，宋美龄在"妇联会"接见美国纽

① 参见《麦纽逊昨飞抵港，行前祝我获最后胜利并赴妇联会谒蒋夫人》，《"中央"日报》1951 年 4 月 24 日。
② 参见《四外国记者谒蒋夫人参观妇联》，《"中央"日报》1951 年 5 月 12 日。
③ 参见《马尔绍博士等昨晋谒蒋夫人》，《"中央"日报》1951 年 7 月 26 日。
④ 参见《两记者访妇联，蒋夫人亲接待》，《"中央"日报》1951 年 11 月 14 日。
⑤ 参见《斯巴克门等参观妇联，蒋夫人引导说明工作》，《"中央"日报》1951 年 12 月 9 日。

约枢机主教史培尔曼，并亲自引导参观各部门及复兴幼稚园。①
1953 年 11 月 10 日上午，与蒋介石陪同尼克松夫妇出席台北区
"国军"机关、部队之阅兵典礼，中午在圆山饭店宴请尼克松夫
人，继而同赴联勤总部医院慰问伤患，并至"妇联会"参观。②
1953 年 11 月 16 日，宋美龄在"妇联会"接待美国会众议员邱吉
夫人。③ 1955 年 2 月 10 日，宋美龄在"妇联会"接见纽约大学副
校长赫莱及美国共同广播公司记者卜特，表示后方妇女参加"妇
联会"的目的是"替我们的军人服务，并且使军民之间获得了解；
许多妇女愿意担任'妇联会'工作，是完全为了争取世界的自
由"。④ 1955 年 2 月 16 日，陪同劳得夫人参观"妇联会"，并至机
场送别。⑤ 1955 年 5 月 31 日，在"妇联会"主持茶会，欢迎美国
交响乐团团员。⑥ 1956 年 1 月 6 日上午，至机场为美国参谋长联席
会议主席雷德福夫妇送行；继至"妇联会"会见美空军部长邝尔
斯夫人、美国国防部助理部长麦克奈尔夫人，并偕二人至妇工会
及妇女之家参观。⑦ 1956 年 1 月 18 日，在"妇联会"会见美国密
歇根大学校长海契尔一行，并陪同参观各工作部门及华兴育幼
院。⑧ 1956 年 3 月 15 日上午，偕美国赫斯特系报纸总编辑兼美国
国际通讯社社长小赫斯特夫人至"妇联会"、华兴育幼院参观。⑨
1956 年 11 月 5 日，在"妇联会"会见美国胜家缝衣机公司总经理
莱特夫妇，并陪同参观"中央"妇女工作会、妇女之家、军眷手

————————

　　① 参见《史培尔曼昨抵菲，行前蒋夫人招待参观妇联会》，《"中央"日报》1952
年 1 月 8 日。

　　② 参见《"总统"昨邀美副总统校阅国军参观演习》《蒋夫人陪同尼夫人参观妇
联慰问伤患》，《"中央"日报》1953 年 11 月 11 日。

　　③ 参见《美国会女议员昨访妇联会》，《"中央"日报》1953 年 11 月 17 日。

　　④ 《蒋夫人接见外宾》，《"中央"日报》1955 年 2 月 11 日。

　　⑤ 参见《劳得夫人昨参观妇联》，《"中央"日报》1955 年 2 月 17 日。

　　⑥ 参见《美交响乐团昨抵台，蒋夫人特举行茶会欢迎》，《"中央"日报》1955
年 6 月 1 日。

　　⑦ 参见《邝尔斯夫人等昨参观妇联会》，《"中央"日报》1956 年 1 月 7 日。

　　⑧ 参见《海契尔博士参观妇联会》，《"中央"日报》1956 年 1 月 19 日。

　　⑨ 参见《"总统"伉俪设宴款待赫斯特等》，《"中央"日报》1956 年 3 月 16 日。

工艺展、征衣缝制场、嘉幼托儿所、华兴育幼院等处。① 1957 年 3 月 3 日上午，在"妇联会"接见美国环球旅行团团员、伦敦"自由中国之友协会"秘书柯玲舞女士、美国威斯里安女子学院教授鲍尔女士和美国霍华德报系代表史丹先生。② 1957 年 7 月 23 日，在"妇联会"接见美国丝蒂曼女士及曾任职于国际劳工局之旅居瑞士华侨朱家让。③ 1958 年 1 月 4 日下午，在"妇联会"接见美国哥伦比亚大学教授魏佛吉夫妇和艾伟德女士。④ 1958 年 4 月 29 日，在"妇联会"分别接见美国妇女界名流远东观光旅行团全体团员及美国报业工作者迭可斯夫妇。⑤ 1960 年 2 月 7 日中午，在"妇联会"宴请准备为"妇联会"募捐而义演的美国茱碧丽歌舞团团员。下午，在官邸与蒋介石同美太平洋空军总司令欧丹奈尔上将、美国十三舰队司令摩曼少将等人茶叙。⑥ 1960 年 4 月 6 日，在"妇联会"接见夏威夷凤梨公司董事长怀特夫妇。⑦ 1960 年 4 月 20 日，在"妇联会"分别接见美国俄亥俄报系负责人迪克斯夫妇。⑧ 1960 年 5 月 18 日下午，在"妇联会"接见即将返美休假的基督教拿撒勒人会监督梅瑞义夫妇。⑨ 1960 年 5 月 25 日下午，为在"妇联会"举办的"驻台美军眷属画展"剪彩，并与参加展览的美军军眷茶叙。⑩ 1960 年 10 月 12 日，在"妇联会"接见美国安息日会的传教士米尔顿夫妇。⑪ 1961 年 5 月 14 日下午，在"妇联会"会见随美国副总统约翰逊来台访问的约翰逊夫人、史密斯夫人琼·肯尼迪

---

① 参见《蒋夫人参观军眷工艺展》，《"中央"日报》1956 年 11 月 6 日。
② 参见《蒋夫人昨接见美环球旅行团》，《"中央"日报》1957 年 3 月 3 日。
③ 参见《蒋夫人接见丝蒂曼女士》，《"中央"日报》1957 年 7 月 24 日。
④ 参见《蒋夫人昨召见五女英雄政士》，《"中央"日报》1958 年 1 月 5 日。
⑤ 参见《蒋夫人昨接见美国女观光团》，《"中央"日报》1958 年 4 月 30 日。
⑥ 参见《蒋夫人昨欢宴茱碧丽歌舞团》《"总统"伉俪昨设茶会款待欧丹奈尔》，《"中央"日报》1960 年 2 月 8 日。
⑦ 参见《怀特夫人即将返美，蒋夫人昨接见》，《"中央"日报》1960 年 4 月 7 日。
⑧ 参见《蒋夫人接见迪克斯夫妇》，《"中央"日报》1960 年 4 月 21 日。
⑨ 参见《蒋夫人接见梅瑞义夫妇》《"总统"伉俪昨设晚宴款待西军事访华团》，《"中央"日报》1960 年 5 月 19 日。
⑩ 参见《美军眷属画展，蒋夫人昨主持揭幕》，《"中央"日报》1960 年 5 月 26 日。
⑪ 参见《蒋夫人昨接见女侨领刘兴成》，《"中央"日报》1960 年 10 月 13 日。

（肯尼迪总统的妹妹）及秘书克丽丝夫人等人。① 1961 年 11 月 23 日，在"妇联会"接见美国纽约国际学校环游世界旅行团全体团员，并赠予《蒋夫人言论选集》。② 1962 年 2 月 14 日下午，在"妇联会"接见台湾家政推广工作美籍顾问毕玲丝。③ 1964 年 4 月 16 日上午，在官邸接见美国国务卿鲁斯克夫人。晚与蒋介石设宴招待鲁斯克夫妇。④ 同时，美国方面也礼尚往来。1956 年，美得克萨斯州妇女访问团赠送宋美龄得州州旗及国际关系协会名誉会员证书各一件。⑤ 1957 年 1 月 23 日上午，宋美龄代表"妇联会"接受美国胜家公司赠送该会的百台缝纫机。⑥ 此外，美方还积极响应宋美龄发出的建造军眷住宅的号召，美军顾问团本部军官夫人捐赠军眷住宅十幢。南美国家如秘鲁、哥伦比亚、乌拉圭、哥斯达黎加，非洲国家如尼日利亚等也因受到台湾财力、人力上的帮助，因此彼此间的往来较多。

华侨也是"妇联会"的常客。例如，1950 年 8 月 16 日，宋美龄在"妇联会"接见来台参观的菲律宾华侨考察团，并陪同参观缝纫工厂。⑦ 1951 年 4 月 30 日，与"妇联会"菲律宾分会主任及绿蓉、群生、开明、群声等华侨篮球队队员共进晚餐。⑧ 1955 年 4 月 2 日，在孺慕堂举行茶会招待近年来对"妇联会"慰劳工作有帮助的各界妇女代表、外宾及日本"归国"妇女侨团等。⑨ 1956 年 5 月 19 日上午，宋美龄主持"妇联会"成立六周年纪念会暨工作检讨会开幕典礼，下午在孺慕堂主持旅日大阪华侨观光团及菲

---

① 参见《詹森夫人一行昨拜会蒋夫人》《蒋"总统"暨夫人昨晚接见詹森》，《"中央"日报》1961 年 5 月 15 日。

② 参见《蒋夫人昨接见美学生旅行团》，《"中央"日报》1961 年 11 月 23 日。

③ 参见《蒋夫人昨接见毕玲丝、朱明》，《"中央"日报》1962 年 2 月 15 日。

④ 参见《蒋夫人接见鲁斯克夫人》《"总统"伉俪昨晚设宴款待鲁氏》，《"中央"日报》1964 年 4 月 17 日。

⑤ 参见《妇联三十年》，台北"中华妇女反共联合会"1980 年版，第 375 页。

⑥ 参见《美商赠妇联会缝机，蒋夫人昨代表接受》，《"中央"日报》1957 年 1 月 24 日。

⑦ 参见《考察团昨访妇联会》，《"中央"日报》1950 年 8 月 17 日。

⑧ 参见《妇联会昨自烹佳肴，款待菲华侨球队》，《"中央"日报》1951 年 5 月 1 日。

⑨ 参见《蒋夫人昨茶会招待中外妇女》，《"中央"日报》1955 年 4 月 3 日。

律宾中国童子军团友会观光团、港九自由农民观光团及"妇联会"纪念会参会人员茶会。① 1957 年 7 月 26 日，在"妇联会"接见菲律宾华侨佛教居士访问团，并接受该团赠送的"任重致远"锦旗。② 1957 年 10 月 30 日下午六时，至"妇联会"接见菲律宾华侨祝寿团。③ 1958 年 2 月 12 日，在"妇联会"接见东京华侨妇女"回国"劳军团全体团员。④ 1960 年 6 月 1 日，在"妇联会"接见至台湾参加"总统"就职典礼的泰国海南华侨。⑤ 1961 年 5 月 3 日，在"妇联会"分别接见回台参加郑成功收复台湾三百年纪念的旅菲华侨郑氏宗亲会代表团、旅菲华侨幼稚教师观光队，并接受团队献赠的布料、用于军眷住宅建设的捐款及锦旗等钱物。⑥ 1963 年 6 月 4 日，在"妇联会"接见菲律宾华侨血干团，并接受该团赠献锦旗与捐款。⑦

其他往来"妇联会"的还有一些国际性组织。例如，1954 年 10 月 26 日上午，宋美龄至"妇联会"陪同世界女青年会副主席、美国援助中国知识人士协会副会长摩尔夫人等参观该会各工作部门。⑧ 1955 年 11 月 15 日，在"妇联会"举办茶会，招待国际妇女会全体会员暨各国"使节"夫人。⑨ 1957 年 4 月 9 日上午，在"妇联会"会见出席"亚盟三届大会"的各国代表。⑩ 1957 年 7 月 2 日，在"妇联会"接待美国旧金山教育界访问团。⑪ 1962 年 6 月 14 日，主持由"妇联会"与国民党中央妇女工作会联合举办的欢

① 参见《"总统"伉俪分别接见旅日菲港归国侨团》《妇联会筹款六百万决为军眷建屋千幢》，《"中央"日报》1956 年 5 月 20 日。

② 参见《"总统"暨夫人接见史密斯》《"总统"伉俪款宴回国祝寿侨胞》《蒋夫人昨接见归国侨领》，《"中央"日报》1957 年 10 月 31 日。

③ 参见《蒋夫人接见菲华居士团》，《"中央"日报》1957 年 7 月 27 日。

④ 参见《蒋夫人昨日接见东京华侨妇女团》，《"中央"日报》1958 年 2 月 12 日。

⑤ 参见《蒋夫人昨接见自泰回国侨团》，《"中央"日报》1960 年 6 月 2 日。

⑥ 参见《蒋夫人接见旅菲两侨团》，《"中央"日报》1961 年 5 月 4 日。

⑦ 参见《蒋夫人接见菲华侨血干团》，《"中央"日报》1963 年 6 月 4 日。

⑧ 参见《蒋夫人莅临妇联会》，《"中央"日报》1954 年 10 月 27 日。

⑨ 参见《国际妇女会员昨访问妇联会》，《"中央"日报》1955 年 11 月 16 日。

⑩ 参见《外宾参观妇联会，蒋夫人亲临接待》《"总统"伉俪昨晚接见伊朗经济访问团员》，《"中央"日报》1957 年 4 月 10 日。

⑪ 参见《蒋夫人昨接待旧金山访问团》，《"中央"日报》1957 年 7 月 3 日。

迎世界道德重整运动亚洲工作团茶会。① 1962 年 12 月 26 日，在
"妇联会"接见至台访问的国际女医师学会第九届大会美国女医师
代表。② 1964 年 4 月 15 日，在"妇联会"与参加"国防"医学院
"麦范德博士大楼"落成典礼的美国全国职业妇女协会前任会长麦
范德博士、现任会长艾伦小姐及该会女代表等人茶叙。③

　　总之，宋美龄一直把"妇联会"作为与世界接触交往的平台，
在这个平台上展示了自己在台湾妇女工作上的成绩，她努力通过
这个平台来实践她多方交往尤其是"国民外交"的指导思想。她
甚至把自己的荣誉也放在"妇联会"与之分享。1989 年 6 月 12
日，她接受美国波士顿大学校长史约翰颁赠的法学荣誉博士学
位。④ 她把接受地选在了"妇联会"。

---

① 参见《美女医师访华，谒蒋夫人致敬》，《"中央"日报》1962 年 12 月 27 日。
② 参见《蒋夫人茶会招待道德重整工作团》，《"中央"日报》1962 年 6 月 15 日。
③ 参见《蒋夫人昨设茶会款待麦范德博士》，《"中央"日报》1964 年 4 月 16 日。
④ 参见《蒋夫人获颁荣誉博士学位》，《"中央"日报》1989 年 6 月 13 日。

第四章　社会事业：以基督的名义

　　宋美龄是一个基督教徒，这源于她的家庭教育。幼年时，母亲长时间虔诚祈祷，对她产生了深刻的影响。遇到难题去问母亲，总是得到这样的答案："让我去叩问上帝。"① 同样，作为一个出身富贵家庭的基督教徒，在母亲的影响下，宋美龄束装返国之后即投身社会服务事业。1917 年 9 月 15 日，宋美龄给埃玛的信中写道："明天我要以一个主日学校教师的身份开始我的职业生涯了。母亲见我同意接受此职务时，简直是高兴得无法用语言来形容。由于我能为她做的事实在太少，因而我热切地要尽我所能做点事。今冬我很可能与某些慈善团体建立联系，这大概每星期要占去我两三个下午的时间。"② 随后，她加入了上海基督教女青年会和童工问题委员会。婚后，宋美龄服务国家的热情更加高涨，她在蒋介石的支持下，筹办国民革命军遗族学校，推动"新生活运动"，领导"中国妇女慰劳自卫抗战将士总会"和"战时儿童保育会"。宋美龄在大陆期间开展的这些社会服务事业，既是她基于基督的信念而奉献给社会的爱心，也是她辅佐蒋介石执政所必需的举措。败退台湾之后，宋美龄从"一个名义上的基督徒"③ 转变成为一名虔诚的基督徒，她意识到不应"在上帝的帮助下按蒋宋美龄的意

---

　　① 《蒋夫人言论汇编》编辑委员会编：《蒋夫人言论汇编》（第一卷·论著），台北正中书局 1956 年版，第 2 页。
　　② 美国韦尔斯利学院档案馆馆藏的宋美龄大学同学埃玛·德隆·米尔斯的档案中宋美龄与埃玛的往来通信。
　　③ 宋美龄：《祈祷的力量》，张心漪译，《中华妇女》1955 年第六卷第 1 期。

志行事"，而应"由蒋宋美龄按上帝的意志做事"，要"将上帝作为我的动力"。社会事业不仅成为她救赎自身的需要，也是"为上帝作工，促进他的旨意"① 的需要，当然还是维系、巩固蒋介石对台湾统治的需要。

第一节　信仰与政治的融合

1949 年，对宋美龄而言是黯淡的，身边的人都劝她不要回国，因为台湾很快会被攻陷。在那段痛苦的日子里，宋美龄常常失眠，只得不断地寻求宗教的帮助，不断地寻求姐姐宋霭龄的慰藉。她不断地祷告，哪怕"祷告变得有点呆板和重复"。她不断地问宋霭龄："上帝怎么会让这么邪恶的事情发生呢？他怎么会让共产党迅速占领大陆呢？难道他不知道共产党是他的敌人吗？"② 有一天拂晓时分，宋美龄觉得自己听到了上帝的声音"完全正确（英文稿中为 All's right）"③，于是告诉姐姐她要回国与蒋介石共赴时艰。在前往台湾的飞机上，宋美龄问自己："我到底哪儿做得不好，害得大陆失守呢？"她找到的答案是："虽然我的的确确想做一名基督徒……但是我没有直接为上帝效劳过……我没有摒弃自我直接为他效劳。显然，我一直都是在上帝的帮助下按蒋宋美龄的意志行事，而不是由蒋宋美龄按上帝的意志做事。""我一直都在利用上帝，却从来没有纯粹地只为他做过事情单独工作过。"④

---

① 宋美龄：《祈祷的力量》，张心漪译，《中华妇女》1955 年第六卷第 1 期。

② 斯坦福大学胡佛研究所藏乔治·索科尔斯基（George E. Sokolsky）档案，Box NO. 0035，宋美龄英文稿 *Main Attack*（中文译名《主攻》）。

③ All's right 在这里可能不是"一切都好""平安无事"或者"天下太平""不用担心"等意思。在英文稿 *Main Attack* 前文中，宋美龄一直在说自己要回国，回到丈夫身边，于是上帝告诉她，这个想法或者决定"完全正确"，所以后来宋美龄说有了这句话，她心里有了把握，确定可以回国。

④ 斯坦福大学胡佛研究所藏乔治·索科尔斯基（George E. Sokolsky）档案，Box NO. 0035，宋美龄英文稿 *Main Attack*（中文译名《主攻》）。

一、成立"中华基督教妇女祈祷会"

按宋美龄的说法，"中华基督教妇女祈祷会"（简称"祈祷会"）成立的缘由是：1950年，在黯然离开美国前往台湾的飞机上，宋美龄灵光一现，想要成立一个祈祷团，要"将上帝作为我的动力"①。因为，宋美龄觉得："只有不断重申我们的忠诚，我们才能永葆对上帝的爱，使之成为我们的精神支柱。"②然而，在飞机上，宋美龄又"害怕起来，自觉地退缩了"，担心"朋友们会觉得我过于虔诚了，就像我以前觉得我母亲太过虔诚了一样"。③

也许是回到台湾后，宋美龄亲身感受了蒋介石的悲观愁闷，耳闻目睹了台湾军民的绝望彷徨。作为大难临头之时蒋介石心灵寄托的"枕边人"，宋美龄在给予蒋介石慰藉的同时，自己也需要一个排遣苦闷的通道。1950年2月1日，宋美龄邀请了五位虔诚的基督教徒朋友到"士林官邸"，告诉她们"想从即日起成立一个祈祷团体的愿望"，"如果大家赞同我的想法，我们将一起为中国的命运祈祷，为世界祈祷"。④"中华基督教妇女祈祷会"由此成立。

此后，每周三下午，宋美龄主办的祈祷会都会举行，从不间断。祈祷会的程序是：（1）默祷两分钟；（2）唱几首大家喜欢的赞美诗；（3）聚会主持读一些经文；（4）聚会主持结合经文内容与大家分享感悟；（5）公开讨论；（6）大家为具体的人或事做祷告，一般有三到四个祈望。最后，"按上帝的意志为中国的未来而

① 斯坦福大学胡佛研究所藏乔治·索科尔斯基（George E. Sokolsky）档案，Box NO. 0035，宋美龄英文稿 *Main Attack*（中文译名《主攻》）。
② 斯坦福大学胡佛研究所藏乔治·索科尔斯基（George E. Sokolsky）档案，Box NO. 0035，宋美龄英文稿 *Main Attack*（中文译名《主攻》）。
③ 斯坦福大学胡佛研究所藏乔治·索科尔斯基（George E. Sokolsky）档案，Box NO. 0035，宋美龄英文稿 *Main Attack*（中文译名《主攻》）。
④ 斯坦福大学胡佛研究所藏乔治·索科尔斯基（George E. Sokolsky）档案，Box NO. 0035，宋美龄英文稿 *Main Attack*（中文译名《主攻》）。

祈祷，为世界的和平而祈祷"①。宋美龄要求，"除非是患了重病，
或者出门在外等无法避免的情况，不然必须出席祈祷会"。祈祷会
的成员"要确保其它事情不会跟祈祷会在时间上发生冲突"。②

　　显然，不管宋美龄本意如何，在台北的那些官太太们眼中，
祈祷会是宋美龄身边的小圈子。因此，"愿意加入我们的人很多，
回绝他们并非易事"③。随着时间的推移，祈祷会的成员还是不断
增多，很快就有了"四十个成员，远远超过了原计划的人数"，聚
会地点只好改到台北市长沙街"妇联会"的小房间。④

　　也许是宋美龄害怕祈祷会成员太多以致鱼龙混杂，也许是祈
祷会成员希望这真正是一个宋美龄的"小圈子"，于是祈祷会成员
带头在台北建立了许多分支，"每三个月我们开一次联合大会"⑤。
宋美龄回忆道："不用我们督促，成员们就和他们自己的朋友建立
起新的祈祷团，有些是好几对夫妇一起参加的。有一个成员搬出
了台北，就在自己的村子里组织了一个祈祷团。还有一个成员，
在进一步接受专业培训的同时，在同学中也建立了一个祈祷团。"⑥

　　当然，宋美龄也是有意识地筛选控制祈祷会成员的来源。她
需要挑选"有能力有影响的人来传播基督教"，因为"祈祷会主持
在一次聚会上讲了共产党和基督教在宣传方面的不同。她说共产
党一旦发现一个具有杰出领导才能的人，就会一直对那个人做工
作，直到那个人成为共产党中的一员为止。知人善任是共产党成
功的原因。但是基督徒似乎并不热衷于争取改信基督的人来壮大

---

① 斯坦福大学胡佛研究所藏乔治·索科尔斯基（George E. Sokolsky）档案，Box
NO. 0035，宋美龄英文稿 *Main Attack*（中文译名《主攻》）。
② 斯坦福大学胡佛研究所藏乔治·索科尔斯基（George E. Sokolsky）档案，Box
NO. 0035，宋美龄英文稿 *Main Attack*（中文译名《主攻》）。
③ 斯坦福大学胡佛研究所藏乔治·索科尔斯基（George E. Sokolsky）档案，Box
NO. 0035，宋美龄英文稿 *Main Attack*（中文译名《主攻》）。
④ 参见辜严倬云：《大爱至真——蒋夫人的宗教观》，载《蒋夫人宋美龄女士与近
代中国学术论文集》，台北财团法人中正文教基金会 2000 年版，第 86 页。
⑤ 宋美龄：《祈祷的力量》，张心漪译，《中华妇女》1955 年第六卷第 1 期。
⑥ 斯坦福大学胡佛研究所藏乔治·索科尔斯基（George E. Sokolsky）档案，Box
NO. 0035，宋美龄英文稿 *Main Attack*（中文译名《主攻》）。

自己的队伍"①。

到了 1960 年 11 月 9 日，"中华基督教妇女祈祷会"有了第一届董事，她们是：

陈纪彝（"国大"代表，卫理女中校长）

刘我英（第一届"立委"，华兴中学校长）

张陈秀德（张静恩先生夫人）

曾宝荪（"立委"、大学教授）

戴费玛利（归化为中国安徽的美国人）

瞿许地钦（台银董事长瞿荆洲夫人）

胡叶霞翟（胡宗南将军夫人）

董赵荫芗（董显光博士夫人）

张马育英（张群将军夫人）②

1961 年 3 月 14 日，"中华基督教妇女祈祷会"进行财团法人登记，此时的会员有：

1. 蒋宋美龄（"总统"夫人）

2. 陈谭祥（陈诚夫人）

3. 王朱学勤（王宠惠夫人）

4. 王尤祥云（王叔铭夫人）

5. 尹程湛英（尹仲容夫人）

6. 何王文湘（何应钦夫人）

7. 余上官德贤（余汉谋夫人）

8. 余欧授真（余伯泉夫人）

① 斯坦福大学胡佛研究所藏乔治·索科尔斯基（George E. Sokolsky）档案，Box NO. 0035，宋美龄英文稿 Main Attack（中文译名《主攻》）。

② 林国铭牧师提供的"财团法人台湾省台北市中华基督教中华妇女祈祷会"董事会文件，转引自李靖波：《蒋夫人（宋美龄女士）与"中华基督教妇女祈祷会"之研究》，中华福音神学院神学 2004 年硕士论文，第 27 页。

9. 杜姚香谷（杜月笙夫人）

10. 李陶湘文（李骏保夫人）

11. 李青来

12. 林盛关颐（板桥林家夫人）

13. 马沈慧莲（马超俊夫人）

14. 俞梁就光（俞鸿钧夫人）

15. 胡叶霞翟（胡宗南夫人，曾任台北师专校长）

16. 洪李兰（洪兰友夫人）

17. 浦陆佩玉（蒲薛凤夫人）

18. 陈纯廉（陈玉麟夫人）

19. 曾宝荪（"国大"代表）

20. 黄侯叔芳（黄少谷夫人）

21. 黄郭佩云（黄朝琴夫人）

22. 彭郑碧云（彭孟缉夫人）

23. 蔡黄卓云

24. 刘我英（卫理堂，未婚）

25. 钱蔡镇华（钱昌祚夫人）

26. 徐陆寒波（徐柏园夫人）

27. 陈纪彝（卫理女中校长，"国大"代表）

28. 钮黄梅仙（钮永建夫人）

29. 黄金文华（黄仁霖夫人）

30. 郭张美德（郭克悌夫人）

31. 张陈秀德（张静愚夫人）

32. 叶吴晴湘（叶秀峰夫人）

33. 刘胡秀莹（刘耀汉夫人）

34. 刘蘅静（"立法委员"，未婚）

35. 戴费马里（戴籍三夫人，美国人归化中国籍）

36. 瞿许地钦（瞿荆洲夫人）

37. 萧刘钦盂（萧勃夫人）

38. 沈叶德馨（沈慈辉夫人）

39. 陈逸云

40. 萧孝徽

41. 董赵荫芗（董显光夫人）

42. 萧王如琳（萧鼎华夫人）①

上帝给了宋美龄精神寄托，让她觉得："我们对人性基本向善缺乏信心，总喜欢把人类的堕落归咎于他们的动机。这些失败主义者有大量所谓科学的证据来证明人性之恶无可救药。然而我们仍然相信会有一个崇尚精神价值的世界，坚决反对失败主义者的观点。如果我们认为人性本恶，我们还怎么希冀建设一个美好的世界呢？我认为人是向善的，是会与内心的恶作斗争的，做错了事也会感到难过的。所有曾经信奉共产主义的人都说就连共产党人也相信他们的事业是为了造福人类……但是我们这一代的基督教徒却对人性感到困惑，对建设一个更加美好的世界也缺乏激情与信心。第二次世界大战用鲜血和苦痛的经验告诉我们，一个麻木不仁的民族最易招致极权主义逞祸。我们必定能够拥有一个更加美好的世界，只要我们足够用心。"②

祈祷会则让宋美龄有了抱团取暖的地方。宋美龄认为："共产主义者和基督徒之间最大的区别在于共产主义者狂热地相信他们的教条，并且不停地工作，坚持不懈地推广共产主义。而我们一些基督徒却名不副实，软弱无力。一个组织只要有少数几个共产主义者，就会被他们主导。许多社会运动的初衷都是好的，可到头来却全是共产党人在操纵，实在是一件憾事！"③

---

① 参见李靖波：《蒋夫人（宋美龄女士）与"中华基督教妇女祈祷会"之研究》，中华福音神学院神学 2004 年硕士论文，第 31 页。

② 斯坦福大学胡佛研究所藏乔治·索科尔斯基（George E. Sokolsky）档案，Box NO. 0035，宋美龄英文稿 *Main Attack*（中文译名《主攻》）。

③ 斯坦福大学胡佛研究所藏乔治·索科尔斯基（George E. Sokolsky）档案，Box NO. 0035，宋美龄英文稿 *Main Attack*（中文译名《主攻》）。

二、从宗教到政治

"中华基督教妇女祈祷会"并不是一个纯粹的宗教社团。当宋美龄沉浸于祈祷之后，她觉得自己感受到了圣灵的启示："信而不为，这种信仰是没有活力的"①，于是她把信仰转化成了行动。祈祷会成立不久，宋美龄就利用祈祷会"开始在军队里展开传播福音的工作。一开始我们在军队医院里面安排了随军牧师，后来军队里也有了牧师。中国历史上首次有了随军牧师一职"②。

最初（1950 年），祈祷会有 11 名全职随军牧师，祈祷会的成员们每周都会访问军队医院。那个时节正是国民党残军溃逃台湾、军心崩坏之际，宋美龄在 Main Attack（《主攻》）一文中曾描述过军心涣散的情形："大多数士兵都不晓得家人在哪儿，过得怎么样……这些士兵在内遭到背叛，在外遭到昔日盟友的背弃，已是身心俱疲。一开始的时候，军官和士兵们常常一到医院就集体自杀。"③ 因此，宋美龄的首要任务是帮助蒋介石稳定军心，首要活动是"慰劳"军队将士。然而，两手空空的宋美龄能靠什么凝聚军心？宗教正是一剂良方。借助上帝的问候给予士兵们精神安慰，"定期举行基督教礼拜仪式"帮助官兵稳定情绪、重拾生活的信心，宋美龄"终于取得了振奋人心的成果"。这种成果是，"自从1950 年我们的随军牧师展开活动以来，军队医院里连一起自杀事件也没再发生过"④。"我们不仅收到了士兵们的感谢信，也收到了医院方面写给我们的感谢信。"⑤

---

① 斯坦福大学胡佛研究所藏乔治·索科尔斯基（George E. Sokolsky）档案，Box NO. 0035，宋美龄英文稿 Main Attack（中文译名《主攻》）。

② 斯坦福大学胡佛研究所藏乔治·索科尔斯基（George E. Sokolsky）档案，Box NO. 0035，宋美龄英文稿 Main Attack（中文译名《主攻》）。

③ 斯坦福大学胡佛研究所藏乔治·索科尔斯基（George E. Sokolsky）档案，Box NO. 0035，宋美龄英文稿 Main Attack（中文译名《主攻》）。

④ 斯坦福大学胡佛研究所藏乔治·索科尔斯基（George E. Sokolsky）档案，Box NO. 0035，宋美龄英文稿 Main Attack（中文译名《主攻》）。

⑤ 斯坦福大学胡佛研究所藏乔治·索科尔斯基（George E. Sokolsky）档案，Box NO. 0035，宋美龄英文稿 Main Attack（中文译名《主攻》）。

宋美龄发现利用祈祷会传播福音、安慰军心的效果之后，强化了对军队的渗透。"中华基督教妇女祈祷会"董事会宗旨即称："发扬耶稣基督救世真理并在各军事医院派有牧师或传道人及慰劳住院伤员官兵。"① 董事会任务是："1. 军事医院布道事宜。2. 布道人员调派事项。3. 本会财产财务之管理事宜。4. 对外业务之交涉，对内一切会务之处理事宜。"②

1988 年 3 月 23 日，宋美龄在"中华基督教妇女祈祷会"赠送《圣经》给原住民神职人员

蒋介石本人在复职前后，对祈祷会在军队传教是纵容的，那时的他正面对着新败之余的国民党军队"政治工作制度"崩溃，筹划着在军队中恢复"政工制度"，力图通过统一官兵思想、监督官兵言行，实现控制军队、整肃军纪。宋美龄利用祈祷会在军队

① 李靖波：《蒋夫人（宋美龄女士）与"中华基督教妇女祈祷会"之研究》，中华福音神学院神学 2004 年硕士论文，第 29 页。
② 李靖波：《蒋夫人（宋美龄女士）与"中华基督教妇女祈祷会"之研究》，中华福音神学院神学 2004 年硕士论文，第 29 页。

传教之时，也正是国民党军队"政工制度"尚未恢复之时。因此，在祈祷会成立之初，她们得以在军中自由传教。可以说，宋美龄的工作帮助蒋介石赢得了重整"政工制度"的时间。看一下蒋介石"政工改制"的时间进程，当可理解祈祷会在当时的作用。

1950 年 1 月，蒋介石在"革命实践研究院"与他人"研讨政工制度"。2 月，国民党中常会决定恢复在军队中的党务，以建立国民党在军队中的领导核心。3 月 1 日，"国防部政治干部训练班"以下简称"政干班"在台北开学，"政干班"学员毕业后成为"政治、经济、军事性的反共堡垒"①。4 月 1 日，蒋介石批准的《国军政治工作纲领》公布实施。1951 年 2 月，蒋经国成立"政工干校"建校委员会，并于 1952 年 11 月正式招生，实现政工干部培养的系统化、正规化和制度化。1952 年，蒋介石在国民党军队中建立了特别党部，"实已奠定建军之基础大业矣"②。

1952 年 8 月，祈祷会在军队传教工作被情治单位禁止了。此前一年，"在'总统府'前之三军球场，八千个座位，座无虚席"③。董显光在《基督教在台湾的发展》一书中回忆道："在一九五二年八月以前，各方面的传道人员，不论事前获得授权与否，都可和军人接触。后因安全当局，感到过去似乎太自由了，曾有一段时间暂时加以禁止，但自一九五三年四月六日即取消禁令，之后去医院及军营传道，必须经过军事当局之许可才可进入军事单位传道。"④

尽管祈祷会在军队传教工作被暂时禁止了，但宋美龄没有放弃对军队高层的拉拢。当时的"国防部部长"俞大维、"副部长"马纪壮、"副参谋总长"余伯泉（他的夫人余欧授真为归主协会的五个委员之一）、"陆军总司令"黄杰、"空军总司令"王叔铭、

① 陈红民等：《蒋介石的后半生》，浙江大学出版社 2010 年版，第 57 页。

② 陈红民等：《蒋介石的后半生》，浙江大学出版社 2010 年版，第 57 页。

③ 李靖波：《蒋夫人（宋美龄女士）与"中华基督教妇女祈祷会"之研究》，中华福音神学院神学 2004 年硕士论文，第 31 页。

④ Hollington K, *Christianity in Taiwan*: *A History*, Taipei: China Post, 1961.（中译本董显光：《基督教在台湾的发展》，台北大地出版社 1962 年版，第 124—130 页。）

"联勤总司令"黄仁霖等都是基督教徒，他们的夫人皆是祈祷会的成员。① 此外，陈诚的夫人谭祥、洪兰友的夫人李兰、王叔铭的夫人尤祥云、马骏超夫人沈慧莲等都被拉进了基督教的队伍。②

重获许可的祈祷会不仅继续在军中传教，还把触角伸到了朝鲜战争中的志愿军战俘，通过开设"归主协会举办的函授课程"③对志愿军战俘进行蛊惑和甄别。宋美龄认为："若有人在基督里，他就是新造的人。旧事已过，都变成新的了。"④

到了1955年，祈祷会的成效进一步显现，"光是在医院里就有四千三百二十个人接受了洗礼"⑤，"圣诞节前夕，四千名基督徒在我们祈祷团的带领下在台北市政厅聚会，一同为我主耶稣庆生。上千人在市政厅外面听广播，很快，许多人要求进来加入我们"⑥。

正是在1955年，蒋介石也意识到利用基督教给大家洗脑的好处。他对台湾的官员说："我为你们感到担心。我不管你们有没有宗教信仰，也不管你们的宗教信仰是什么，但是你们一定要承认上帝的存在，他是万物的主宰，活在我们每个人的心中。这也契合了我们中国人'天人合一'的哲学思想。"⑦

1957年，祈祷会派到军中的牧师，在医院、军营、军管学校和军人监狱为六千七百零三人洗礼，1960年则超过一万人。⑧

① 参见陆以正主编：《四十五年台湾手册》，台北"中华日报社"，第98页。

② 参见李靖波：《蒋夫人（宋美龄女士）与"中华基督教妇女祈祷会"之研究》，中华福音神学院神学2004年硕士论文，第28页。

③ 李靖波：《蒋夫人（宋美龄女士）与"中华基督教妇女祈祷会"之研究》，中华福音神学院神学2004年硕士论文，第32页。

④ 斯坦福大学胡佛研究所藏乔治·索科尔斯基（George E. Sokolsky）档案，Box NO. 0035，宋美龄英文稿 *Main Attack*（中文译名《主攻》）。

⑤ 斯坦福大学胡佛研究所藏乔治·索科尔斯基（George E. Sokolsky）档案，Box NO. 0035，宋美龄英文稿 *Main Attack*（中文译名《主攻》）。

⑥ 斯坦福大学胡佛研究所藏乔治·索科尔斯基（George E. Sokolsky）档案，Box NO. 0035，宋美龄英文稿 *Main Attack*（中文译名《主攻》）。

⑦ 斯坦福大学胡佛研究所藏乔治·索科尔斯基（George E. Sokolsky）档案，Box NO. 0035，宋美龄英文稿 *Main Attack*（中文译名《主攻》）。

⑧ 参见 Hollington K, *Christianity in Taiwan：A History*, Taipei：China Post, 1961.（中译本董显光：《基督教在台湾的发展》，台北大地出版社1962年版，第101页。）

第二节　宋美龄与台湾医疗事业

在基督教看来，治病救人的医院最能诠释宗教的教义。基督教把设立医院作为传教手段之一，以向人们行医治病来表达基督的仁慈和爱心，以"医教合一"的方式将慈善事业与传教活动紧密地结合在一起。在中国，早期医院基本上由教会开办，传教士在教会附近设立医院，甚至教堂与医院同一名称。许多病人受到传教士虔诚敬业的影响，从经常参加礼拜到逐渐皈依教会。作为一名虔诚的基督教徒，宋美龄对救死扶伤也有极大的热情，她在"妇联会"开办救护训练班，与"美国医药援华会"合作在台湾开展肺结核防治①，甚至试图筹划成立"全国医药和卫生委员会"②，当然兴办振兴复健医学中心（以下简称振兴医院）更是宋美龄着力颇深之处。③

一、创建振兴复健医学中心

20 世纪五六十年代，小儿麻痹症肆虐台湾，造成许多病童肢体残障。有一种说法，1964 年年初，宋美龄到台湾各地和眷村巡视，看到许多小儿麻痹患童。他们大半是低收入家庭，无力医治，又因伤残休学在家，环境艰苦，宋美龄看了很难过。当时全台湾 4—14 岁的小儿麻痹患童 48000 多人，其中军眷患者 3200 人，可是台湾却没有一家专司小儿麻痹症治疗的复健医院。④ 还有种说法是，某将军夫人调查军眷时，发现有一万四千多个小孩罹患小儿

---

① 1950 年 4 月 11 日，宋美龄致信埃玛谈及此事。美国韦尔斯利学院档案馆馆藏的宋美龄大学同学埃玛·德隆·米尔斯的档案中宋美龄与埃玛的往来通信。

② 1950 年 7 月 25 日，宋美龄致信埃玛谈及此事。美国韦尔斯利学院档案馆馆藏的宋美龄大学同学埃玛·德隆·米尔斯的档案中宋美龄与埃玛的往来通信。

③ 参见林荫庭：《寻找世纪宋美龄：一个纪录片工作者的旅程》，台北天下远见出版股份有限公司 2004 年版，第 219 页。

④ 参见亓乐义：《蒋夫人与华兴》，台北商讯文化事业股份有限公司 2011 年版，第 180 页。

麻痹症，为了安抚军中困苦，建议宋美龄安置这些孩童。① 亦有游鉴明的研究表明，鉴于当时小儿麻痹后遗症患者重建工作的重要性，已经有医疗机构和有识之士开始从事救助医疗的工作了。② 1959 年屏东基督教医院首开其端，在医师毕嘉士（Olav Bjorgaas）的筹划下，该院不仅聘请外籍医师为小儿麻痹患者进行免费矫正和物理治疗等工作，且设置支架工厂，自制支架、拐杖供患者使用，甚至协助教友举办麻痹儿童之家，作为出院患童住宿和教养的场所。③ 屏东基督教医院的治疗工作引起基督教徒宋美龄的重视，她于 1964 年 3 月到该院视察。④ 且蒋经国视察眷村时也有同样的感受，遂建议宋美龄在华兴育幼院设置专设班加以收容。⑤ 宋美龄考虑到华兴育幼院的设备条件不适合病童，且台湾尚无设备齐全的专司小儿麻痹治疗与复健的医院，便想办一所医院帮助这些孩子。创建这样的医院，不仅彰显自己的教义，还能安抚在台的民众和官兵家眷，更能为蒋介石政权在国际上树立"以民生为本"的政权形象。

1964 年，宋美龄派人赴香港、菲律宾及日本等地考察。⑥ 是年秋，宋美龄在"妇联会"常务会议上提出成立筹备委员会，创设复健机构，由陆寒波（常务委员）、周美玉（护士干部训练班主任）负责筹备，开始计划研究，并搜集专家意见。⑦ 12 月 17 日成

① 参见严守珍：《蒋夫人和她的孩子们：打开华兴的时光胶囊》，台北商周出版社 2011 年版，第 141 页。

② 参见游鉴明：《蒋宋美龄创办振兴复健医学中心：小儿麻痹患者的福音天使》，载秦孝仪主编：《蒋夫人宋美龄女士与近代中国学术讨论集》，台北财团法人中正文教基金会 2003 年版，第 464—492 页。

③ 参见罗剑青：《肢架工厂源起与展望》，载屏东基督教医院编：《财团法人屏东基督教医院四十周年纪念特刊》，1993 年版，第 87 页。

④ 参见《屏东基督教医院大事年表》，载屏东基督教医院编：《财团法人屏东基督教医院四十周年纪念特刊》，1993 年版，第 152—153 页。

⑤ 参见振兴育幼院筹备委员会编：《振兴育幼院筹备工作概述》（1967 年 2 月），档案号：五三-○一三，振兴复健医学中心藏。

⑥ 参见侯桢祥、黄光远：《振兴复健医学中心的创立与现况》，载振兴复健医学中心编印：《振兴医学专辑》，1965 年，第 5 页。

⑦ 参见钱用和：《钱用和回忆录》，东方出版社 2011 年版，第 145 页。

立振兴育幼院筹备委员会（简称"筹备会"）①，并召开首次会议，会议决定：（1）由陆寒波出任主任委员，皮以书、周美玉、徐蔼诸、黄若瑛、许世璇等担任筹备委员②；（2）选定院址在台北近郊石牌麒麟岸；（3）筹备委员会设置期限暂定半年，每两星期召开会议一次；（4）拟收治50至100名4至10岁的患童；（5）请荣民总医院院长及其他专家协助院舍内部设计，并向美国纽约复健中心及国际小儿麻痹基金会索取有关资料。③

接下来的筹备工作，主要围绕人、财、物展开。人员方面主要是培养各类医护复健专业人士。1965年，由于台湾培养力量薄弱，宋美龄邀请世界伤残重建基金会鲁斯克（Howard A. Rusk）等五位专家来台研究建院计划。④ 鲁斯克返美后，通过信函向宋美龄提出了训练复健人员的建议。同年，筹备会开始商请世界卫生组织提供技术协助。世界卫生组织每年派两位专家，前来振兴协助指导，并全额给付两名物理治疗师留学一年之费用，期限为1968年至1973年。⑤

1966年2月，振兴医院开始"设班训练物理治疗及作业治疗"⑥，聘请"国防"医学院、台大医学院、台湾师大、工专、荣民总医院和"陆军"801总医院等单位的专家学者以及美国国务院派来的物理治疗师伊登（Eaton）、世界卫生组织所派的英国物理治疗师杰克斯（Jacques）担当教职。⑦ 第一期训练班培养了物理治疗员10人、作业治疗员5人，1967年的第二期培养了物理治疗助

① 参见振兴复健医学中心编：《振兴大事记》，《荣誉传承 振兴四十——振兴复健医学中心四十周年特刊》，台北振兴复健医学中心2007年版，第243页。

② 参见《本会之组织》，载陆寒波：《振兴育幼院建院工作报告书》，振兴复健医学中心藏，第2、8、56页。

③ 参见振兴复健医学中心编：《残废军人子弟教养院筹备委员会第一次会议记录》，1964年12月14日。

④ 参见《设院计划各方意见案（英文卷）》，振兴复健医学中心藏。

⑤ 参见陆寒波：《振兴育幼院建院工作报告书》，振兴复健医学中心藏，第6页。

⑥ 钱用和：《钱用和回忆录》，东方出版社2011年版，第145页。

⑦ 参见游鉴明：《蒋宋美龄创办振兴复健医学中心：小儿麻痹患者的福音天使》，载秦孝仪主编：《蒋夫人宋美龄女士与近代中国学术讨论集》，台北财团法人中正文教基金会2003年版，第464—492页。

理员 17 人。① 1969 年，又招训两年制的物理治疗员 30 人、作业治疗员 6 人。训练班所培养出来的学员，后来都成为振兴医院的骨干。

财务方面，1965 年 8 月，筹备会增设了基金保管委员会，宋美龄任命陈纪彝、关张静霞和陆寒波为基金保管委员。由于未获相关史料，我们尚不清楚振兴医院筹建费用的来源细节，但"妇联会"应是重要的来源。因为，振兴医院成立后，1968 年至 1972 年间，"妇联会"曾拨助 2400 万元。当然国内外的捐助也是一个来源，宋美龄利用在国外访问的机会，向外国人说明筹建医院的目的，令海外侨胞与慈善人士纷纷解囊相助。②

1965 年 4 月，筹备会函美国医药援华会，争取设立台湾肢障者中心。

物资方面，1965 年 8 月，筹备会增设了工务组，专司工程之设计监造。③

除此之外，筹备工作还需要摸排病人的具体人数和人员情况。于是，筹备会开始对小儿麻痹病童人数进行调查。初期工作设调查、总务两组，组员均为临时聘请兼借调。④ 调查对象是岛内军人的伤残儿童、贫苦人家的伤残儿童、四肢残缺疾障而智力正常者，年龄在 14 岁以下者。⑤ 调查方式分为三种：（1）调查组实地调查登记，鉴别检查台北、桃园、基隆、阳明山等五县市局，资料交筹备会备查；（2）其余各县市由各级政府自行调查，资料送筹备

---

① 参见钱用和：《钱用和回忆录》，东方出版社 2011 年版，第 145 页。
② 参见振兴育幼院筹备委员会编：《振兴育幼院筹备工作概述》，振兴复健医学中心藏。
③ 参见喻蓉蓉：《宋美龄与振兴复健医学中心》，载胡春惠、陈红民主编：《宋美龄及其时代国际学术研讨会论文集》，香港珠海书院亚洲研究中心 2009 年版，第 403—420 页。
④ 参见《伤残儿童调查工作报告·绪言》，振兴育幼院筹备委员会调查组 1966 年，第 1—2 页。
⑤ 参见《伤残儿童调查专用》，载《振兴育幼院筹备委员会通知》，1966 年 2 月 16 日振筹字第 66 号。

会参考；（3）"国防部"调查鉴定军方伤残儿童，资料交由筹备会
参考。①

1966 年 8 月，筹备会协同"国防部"项目小组调查台湾北部
14 岁以下的军眷患童，经鉴定登记的有 2202 人；翌年 2 月续向一
般民众做调查，结果台湾北部五县市的 14 岁以下患童有 3236 人，
其中待理疗或装配义肢支架的计 1977 人，需接受手术矫治者 437
人。② 其他地区患童的调查工作则分由各县市和"国防部"自行调
查，合计患童为 11201 人。③ 调查结束后，筹备会担心患童肢体继
续萎缩变形而致无法医治，遂于 1967 年 5 月至 9 月间开始收治患
童，以台北县为试行区，共分 8 次接纳，收容 100 名患童即
停收。④

1967 年 5 月，振兴医院正式落成。是年秋，医院正式运作，
是当时亚洲唯一为伤残儿童设立的医院。医院收治的患童不限于
军眷子弟，而向全社会开放。⑤ 为配合医院的落成，筹备会将医院
定名为"振兴复健医学中心"，筹备会也随之改组为振兴复健医学
中心董事会，宋美龄任董事长，陈谭祥、陆寒波、严家淦、黄杰、
蒋经国、徐柏园、许世璇、张先林八人任董事，并聘张先林为医
院院长，彭达谋为副院长。⑥ 根据董事会组织章程，振兴医院的宗
旨是："先以收容十四岁以下残缺儿童为主，期使得有适当治疗，
恢复体能，并施以学科教育及职业技能训练，俾能自立谋生，达

---

① 参见《伤残儿童调查工作报告·绪言》，振兴育幼院筹备委员会调查组 1966
年，第 1—2 页。

② 参见陆寒波：《振兴育幼院建院工作报告书》（1967 年 8 月），振兴复健医学中
心藏。

③ 参见陆寒波：《振兴育幼院建院工作报告书》（1967 年 8 月），振兴复健医学中
心藏。另根据《振兴医学复健中心大事纪要》，全岛患童计 11872 人。

④ 参见振兴育幼院筹备委员会编：《振兴育幼院筹备工作概述》，振兴复健医学中
心藏；《振兴伤残儿童复健院：五十六年工作原则、工作进度》手稿。

⑤ 参见亓乐义：《蒋夫人与华兴》，台北商讯文化事业股份有限公司 2011 年版，
第 180 页。

⑥ 参见游鉴明：《蒋宋美龄创办振兴复健医学中心：小儿麻痹患者的福音天使》，
载秦孝仪主编：《蒋夫人宋美龄女士与近代中国学术讨论集》，台北财团法人中正文教
基金会 2003 年版，第 464—492 页。

到残而不废为宗旨。"①

二、振兴复健医学中心的特色

按宋美龄的要求，振兴医院是一间慈善医院。因此，除经济
状况较好家庭的患童，酌缴手术矫治及装配支架等材料费外，所
有食宿、交通、教育及各种理疗与门诊等，完全免费，患童家庭
在台北附近的，有交通车每日接送到中心治疗后回家，远道患童
可以在中心住宿。② 为让台北市的通勤患童到院治疗，宋美龄让
"国防部"支援交通车，"车上装配以人体工学设计的椅子和升降
梯，方便患童上下车，进入振兴的那刻起，患童就完全身处在一
个无障碍环境和空间里"③。

振兴医院的条件很好，按钱用和的描述："创立时建有办公
室，教室，医务室，活动室，及病房二栋，有二百二十六床位，
供远道患童住宿。我见建筑规模及设备都合于医疗标准，尤其是
物理治疗，有支架供练习走路，床铺，爬杆，及游泳池，以便活
动四肢，唱游室，运动场，增加患童娱乐机会。"④

由于振兴医院初期以收治4—14岁小儿麻痹患童为主，治疗时
间少则半年，多则一年半。为防止治疗影响学业，振兴医院在创
办时就设立教育组。宋美龄从她所创办的华兴小学调派小学教师
12人常驻振兴医院，成立振兴分班。随着华兴老师的加入，振兴
医院先后成立幼稚园和小学一至六年级七个年班，采取半天治疗、
半天上课的方式，使患童兼顾治疗和学业，能安心就医。每收治
一名患童入院，即按其教育程度予以编班，当治疗告一段落出院
时，向华兴小学申请成绩单，转回原籍学校衔接上学。⑤ 1976年，

① 《振兴复健医学中心董事会组织章程》，振兴复健医学中心藏。
② 参见钱用和：《钱用和回忆录》，东方出版社2011年版，第145页。
③ 亓乐义：《蒋夫人与华兴》，台北商讯文化事业股份有限公司2011年版，
第180页。
④ 钱用和：《钱用和回忆录》，东方出版社2011年版，第145页。
⑤ 参见黄光远：《患童的教育》，载振兴复健医学中心：《振兴医学中心》，《振兴
三十年大事况》，第36页。

振兴成立少年部医院，开始收治 15—19 岁的患者，因而增设青少年甲、乙、丙三个班，作为补习教育，没有固定课程，设有国文、作文、音乐、名人演讲等。[1] 在教育之余，振兴医院会让孩子们学习在生活上如何自立，包括技能教育，教他们做皮鞋、工艺，训练他们日后谋生的能力。[2]

在宋美龄的关照下，振兴医院获得了大批国际资助。例如，1967 年，振兴医院获美国医药援华会（ABMAC）、世界复健基金会等单位赞助，派员赴菲律宾接受义肢支架制作训练。1975 年，美国国际开发总署（AID）透过美国医药援华会捐建少年部医院，设 140 个床位。1979 年，又捐建"儿童部通少年部走廊"及"义肢支架工厂"一栋。1983 年，振兴医院又与美国弗吉尼亚州亚历山大市保健服务专家组织合作物理治疗员教育交流计划，同年与韩国贺尔德儿童福祉会结盟姊妹院。[3]

振兴医院发展迅速。1967 年成立时仅收治 4—14 岁小儿麻痹后遗症患童。1968 年，设立义肢支架工厂，开始为患童配制支架。1969 年，又设立外科手术室，由荣总及三总骨科医师施行矫治手术。1976 年，振兴医院成立少年部医院，开始收治 15—19 岁患者。1977 年，又开始收治 20—22 岁患者，并扩大收治范围，除小儿麻痹患者外，并合并收治其他先天性残障、脑性麻痹及意外伤害成残患者。1981 年，则开始收治 23—25 岁患者。

宋美龄对振兴医院的关注十分细致，经常到振兴医院视察，或者指派孔令伟前去。"孔二小姐似乎把蒋夫人的事当作自己的事看待，由于华兴和振兴这两所学校和圆山饭店都在北区，因着地缘之便，孔二小姐常上了车，便要司机先开到华兴，到了华兴

---

[1]　参见喻蓉蓉：《宋美龄与振兴复健医学中心》，载胡春惠、陈红民主编：《宋美龄及其时代国际学术研讨会论文集》，香港珠海书院亚洲研究中心 2009 年版，第 403—420 页。

[2]　参见严守珍：《蒋夫人和她的孩子们：打开华兴的时光胶囊》，台北商周出版社 2011 年版，第 141 页。

[3]　参见振兴复健医学中心编：《振兴大事记》，载《荣誉传承振兴四十年特刊》，第 243 页。

巡视完校园后，接着便换到振兴巡视，待这两所学校都巡视过了，她这才转往圆山饭店。"① 振兴医院的双十字建筑就是孔令伟监工施造的，钱义芳回忆道："孔二小姐到台湾的话，主要的任务就是处理振兴事务，这是一个大任务。总经理很聪明，在工程方面的计算很精，房子要怎么造，里面东西怎么摆设，大多都是出自她的规划。虽然她并非专长于此，但却能每样都通，才干很好，连买个病床之类的，她都要买最好的，所以振兴原来还有亏损，之所以能慢慢打平，并建立复健、心脏等方面的医疗名声，都是多亏了孔二小姐。"② 宋美龄还关照振兴医院的医护人员生活起居需求，特别为医护人员建造"职务官舍九十户及工友宿舍一栋"③。

　　1982 年，振兴医院又开始筹建骨科专科医院，身在美国的宋美龄十分关心。10 月 4 日，宋美龄电谕蒋经国："振兴复健中心诊疗方向当应时需转变医治车祸折骨者，余当注意及饬告邓院长。"④ 1985 年，振兴医院为因应未来医院发展趋势，实行分科制，并拟扩建。为此，1 月 23 日蒋经国电陈宋美龄："报 1 月 10 日为振兴扩建计划用地一事之批示，敬已奉读。顷经面交有关部门，就都市计划医院学校特定区等相关问题，与市政负责同志切实研究办理，尚祈母亲释念。"⑤ 1 月 29 日，宋美龄电谕："密经国览，二十二日、二十三日、二十六日三电先后收到一。关于振兴用地，既为公益事业，市政府亦当鉴及原不拟劳，及陡增汝挂注。今悉已与市政府负责同志

　　① 严守珍：《蒋夫人和她的孩子们：打开华兴的时光胶囊》，台北商周出版社 2011 年版，第 141 页。

　　② 《钱义芳先生访问纪录》，载黄克武等访问，周维朋等记录：《蒋中正"总统"侍从人员访问纪录》（上），台北"中央研究院"近代史研究所 2012 年版，第 391 页。

　　③ 喻蓉蓉：《宋美龄与振兴复健医学中心》，载胡春惠、陈红民主编：《宋美龄及其时代国际学术研讨会论文集》，香港珠海书院亚洲研究中心 2009 年版，第 403—420 页。

　　④ 周美华、萧李居编：《蒋经国书信集——与宋美龄往来函电》（下），台北"国史馆"2009 年版，第 312 页。

　　⑤ 周美华、萧李居编：《蒋经国书信集——与宋美龄往来函电》（下），台北"国史馆"2009 年版，第 480 页。

研办，甚慰。"①

宗教也是振兴医院的一大特色。按照辜严倬云的说法，宋美龄成立振兴医院是因为"灵性的提升"，因为宋美龄后来描述她看到那些小儿麻痹患童时说道："当我望着那些孩子，他们脸上的表情，全是一种令人心怀不忍，使人想逃避的迟钝与麻木，在他们环绕着我时，我望着他们，心中只想逃避。就在这时候，突然有一个思想，而使

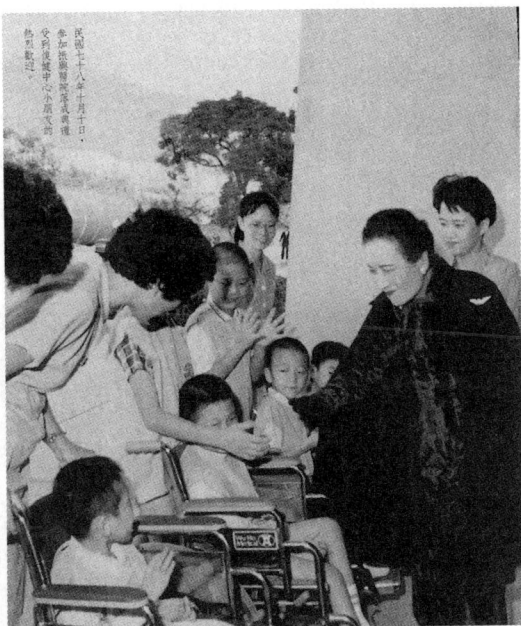

1989 年 10 月 10 日，宋美龄参加振兴医院落成典礼受到复健中心小朋友的热烈欢迎

我立即拥抱住他们：假如我，即便是暂时的，对于肉体的盲目抱着如此的反应，而上帝对于我灵性的盲目却是如何的以恩慈相待？"② 在宋美龄的影响下，振兴医院有圣经课，周日有灵粮堂的主日学教师，引导患童读《圣经》和祷告。

宋美龄对开设振兴医院十分得意，医院运营后，"参观的人特别多，蒋夫人经常陪伴而来"③。医院的第一次圣诞同乐会就是由

① 周美华、萧李居编：《蒋经国书信集——与宋美龄往来函电》（下），台北"国史馆" 2009 年版，第 483 页。

② 辜严倬云：《大爱至真——蒋夫人的宗教观》，《蒋夫人宋美龄女士与近代中国学术论文集》，台北财团法人中正文教基金会 2000 年版，第 79—80 页。

③ 亓乐义：《蒋夫人与华兴》，台北商讯文化事业股份有限公司 2011 年版，第 180 页。

宋美龄主持的，此后每年的圣诞欢聚，宋美龄都会参加。① 1969 年
5 月 12 日，宋美龄与埃玛通信时写道："振兴复健医学中心（Chen
Hsing Rehabilitation Center for Crippled Children），即两年前我所启
动的一个项目，也进展顺利。我们刚建成了一个手术室和一个辅
助治疗室，而且时下我们已收容了四百二十名儿童，其中半数入
住中心，另一半则每天到我们这里来接受治疗和读书。我希望你
再来这里时能参观一下这个中心。"②

1972 年 12 月 22 日，宋美龄由蒋经国夫妇陪同与振兴院童欢度圣诞

从 1967 年至 1993 年，振兴为小儿麻痹及其他残障儿童提供医
疗服务的人数年均达千余人次，二十多年来近三万人受惠。直到
1994 年因小儿麻痹病毒获得有效控制，患者日渐减少，振兴才转
型为综合医院。③

---

① 参见喻蓉蓉：《宋美龄与振兴复健医学中心》，载胡春惠、陈红民主编：《宋美
龄及其时代国际学术研讨会论文集》，香港珠海书院亚洲研究中心 2009 年版，第 403—
420 页。

② 美国韦尔斯利学院档案馆馆藏的宋美龄大学同学埃玛·德隆·米尔斯的档案中
宋美龄与埃玛的往来通信。

③ 参见黄天才：《世纪蒋宋美龄：走过三个世纪的传奇》，台北"妇联会"2004
年版，第 77 页。

第三节　信仰在教育事业延伸

作为虔诚的基督教徒，宋美龄对扶助孤残幼童、开办教育事业有着极大的热情。然而，这种热情不仅仅来源于世俗的慈悲情怀和慈善情节，还带着一个虔诚的基督教徒传播福音、救赎自身的信仰，更深深地烙着基督教会在华发展教育事业时一以贯之的特质印记，即传教布道、改变人心。这种热情与宋美龄的政治需要结合在一起，便成为宋美龄从事社会慈善事业的重心。

一、华兴学校与宋美龄的儿童保育事业

宋美龄的儿童保育事业发端于南京"国民革命军遗族学校"，辉煌于抗战时期的"战时儿童保育会"，延续以台湾华兴学校。宋美龄并没有将儿童保育事业仅仅看作一种以悲天悯人为基础的慈善，而是立足于宏观视野，把儿童保育事业当作社会动员和国家治理的一个重要组成部分。宋美龄在《谨为难童请命》一文中曾这样说道："妇女问题与儿童，原是极度相关的；儿童离开妇女，便不易得到慈爱和详的爱护，以安慰他们幼小的心灵。妇女不能从家庭劳动中解放出来，便不能参加社会工作；所以为要使国民半数的妇女参加救亡工作，就必须使她们从家庭的羁绊中解放出来。妇女们能够独立组织起来；男人们减少家庭之累，也可以全心全力的去参加各种救亡活动。"宋美龄在发起组织"战时儿童保育会"时是这样想、这样做的，在台湾筹建华兴学校进而推动台湾儿童保育事业发展时亦是如此。

1. 华兴学校缘起

华兴学校缘起于 1955 年创立的华兴育幼院。华兴的建校与其他学校最大的不同点在于：先有学生，然后才建学校。外界把它看成是"蒋夫人办的学校"，印象是"专收大陈难胞子女和国军先烈子弟"。华兴创校之初，的确如此。[①]

---

① 参见严守珍：《蒋夫人和她的孩子们：打开华兴的时光胶囊》，台北商周出版社 2011 年版，第 13 页。

1955 年年初，国民党军完败于一江山岛，岛上国民党守军被全歼，国民党一江山岛守备司令王生明被击毙，蒋介石被迫执行撤退大陈的"金刚计划"：大陈岛上一万四千多民众随国民党军撤退至台湾，当然随之而来的还有数百名一江山岛遗孤和大陈难童。为救助这些遗孤和难童，1955 年 1 月 21 日，宋美龄交代"妇联会"总干事皮以书，召开第一次筹运大陈岛军民子弟及孤童来台会议。[1] 1 月 24 日，宋美龄又亲自主持第二次筹运大陈岛军民子弟及孤童会议，邀请严家淦（台湾省政府主席）、谷正纲（"大陆灾胞救济会"理事长）、黄季陆（"政务委员"）、徐柏园（"财政部部长"）、王德溥（"内政部部长"）、高玉树（台北市市长）等人会商这些遗孤和难童教养事宜，决议：（1）组织理事会为领导机构，推请宋美龄为理事长，另聘请王德溥、徐柏园、谷正纲、严家淦、黄季陆、黄朝琴、张彝鼎、傅云、江东海、刘修如、高玉树、皮以书等为理事；（2）收容人数暂以 500 人为限；（3）开办费暂定新台币 300 万元，必要时得由国库先垫拨；（4）永久育儿院址，以台北市郊为原则，由省政府指拨工地或洽借私地；（5）临时收容，以三个月为期，由理事会拨 30 万备用，收容地点及办法，由皮以书、严家淦、高玉树三理事负责办理。[2] "华兴育幼院"就这样成立了，最初的名称是"中华妇女反共抗俄联合会光华育儿院"，1955 年 2 月 28 日改为"中华妇女反共抗俄联合会华兴育儿院"，未几又改称"中华妇女反共抗俄联合会华兴育幼院"，到1962 年才删去"中华妇女反共抗俄联合会"字样，改为"私立华兴育幼院"。

在华兴学校的组织中，董事会为最高行政单位。创院时，宋美龄与陈诚夫人谭祥女士分任正、副董事长，宋美龄指定"妇联会"总干事皮以书兼任院长，"妇联会"惠托幼儿所主任刘桂真兼副院长。如此人事安排，显示了宋美龄对安置大陈遗孤难童的重

---

[1] 参见朱承杰主编：《华兴三十年》，台北华兴校友会 1988 年版，第 41 页。
[2] 参见蔡哲琛：《大陈儿童接送来台始末记》，《中华妇女》1955 年第五卷第 7 期，第 11 页。

视。学校草创之后，华兴董事会于 1955 年 6 月 29 日聘请黄若瑛女士接掌华兴。①

华兴学校建院初期仅设有幼稚园和小学部，学生不仅有遗孤和难童，还有早年"妇联会"在大陈岛所设育幼院的院童。在大陈岛撤退时，黄百器向"妇联会"建议把院童全接来台湾，于是这所育幼院的院童和由一江山、大陈岛撤退的孩子全都进了华兴。② 1958 年宋美龄因华兴学校孩童就学之需，以"私立华兴中学"名称登记创办华兴中学初中部，以解决院童由小学衔接初中的升学问题，1969 年又增设高中部，从此形成了华兴学校从幼儿园到高中的完整教育体系。华兴招收学生不多，整个学校里，小学部每年级只有一班，共计六班；初中部每年级有两班，共计六班；高中部只有三班。③

初期华兴学校的入园规则是，收容孤儿难童以年龄 4 足岁至 12 足岁为限，合以下规定之一者，可申请入院：（1）国民党军人遗孤；（2）大陈来台孤儿；（3）一江山战役遗孤；（4）尉级以下官兵子女超过五人者，得收容一人；（5）出征军人子女，无父又无亲人代为抚养者。④ 除此之外，华兴学校还遵照宋美龄的指示，陆陆续续地招收了一些社会上的孤儿，例如，1959 年，台湾中部发生"八七"水灾，宋美龄指示华兴派人前往灾区收容亟须协助教养的灾户儿女。自此以后，每遇重大灾变，华兴都会尽力协助灾区难童的教养工作。"八七"水灾过后，华兴收容学生政策作出调整，当时台湾人民生活清苦，经济尚未发展，申请入院的案件数以千计。院方依其性质分为 A、B、C、D 四类，"只问资格，不问成绩"。其中，A 类是父母双亡，只要有缺额全数照收；B 类是父亡母存儿女多，母亲未再婚

① 参见严守珍：《蒋夫人和她的孩子们：打开华兴的时光胶囊》，台北商周出版社 2011 年版，第 26 页。

② 参见严守珍：《蒋夫人和她的孩子们：打开华兴的时光胶囊》，台北商周出版社 2011 年版，第 18 页。

③ 参见严守珍：《蒋夫人和她的孩子们：打开华兴的时光胶囊》，台北商周出版社 2011 年版，第 97 页。

④ 参见柳丝：《简介本会附设华兴育幼院》，《中华妇女》1961 年第十二卷第 3 期，第 2 页。

者酌收一二以减轻负担；C 类是父存母亡若在前线无人照料者收容之；D 类是双亲健在如在敌后或在前线担任重要职务收容之。① 1999 年，台湾发生"九二一"大地震，身在美国的宋美龄不仅立即指示"妇联会"捐款赈灾，并指示华兴中小学收留 50 名大地震后的孤儿，免费帮助他们完成至高中的学业。②

华兴育幼院创建之初借住于台北市大理街台糖幼稚园的房子，随后又借用了龙山国小的教室。由于地方狭小，宋美龄又经常带着外国客人来参观，于是决定找地建校。1955 年，几经周折后寻得士林仰德大道现址，开始兴建第一期院舍，并于 1956 年 10 月落成迁入。第一期建筑包括：介寿堂（大礼堂），智、仁、勇斋（分别为学生的三栋寝室，院童一律住校），史培曼堂③、小操场（包括升旗台）、小学部教室、感恩堂等，彼此之间以"红廊"相连接。④

华兴早期的经费来源于多个方面：一是"台湾政府"按月拨发的补助款项；二是基督教儿童福利基金会（CFC）的补助款项；三是"大陆救灾总会"发的米，行政单位发的煤油、盐、米等实物；四是宋美龄和华兴董事会所筹措的善款，包括华侨捐款、海外友人捐款和认养华兴儿童的国外认养人汇款。在善款中，澳洲华侨富商雷欢好对华兴的资助最多也最持久。而海外友人捐款，则在宋美龄给她大学同学埃玛的信中被多次谈及。1959 年 9 月 22 日，宋美龄写道："谢谢你转寄过来吉姆·霍斯金斯⑤的支票。这

---

① 参见亓乐义：《蒋夫人与华兴》，台北商讯文化事业股份有限公司 2011 年版，第 96 页。

② 参见《胡浩炳先生访问纪录》，载黄克武等访问，周维朋等记录：《蒋中正"总统"侍从人员访问纪录》（下），台北"中央研究院"近代史研究所 2012 年版，第 477 页。

③ 该堂为学校的饭厅。由美国纽约枢机史培曼主教捐助，1959 年宋美龄题名"史培曼堂"。堂前的一对大理石狮，是当时"参谋总长"彭孟缉的夫人郑碧霞女士捐赠。2009 年 4 月 25 日，该堂被拆。

④ 参见严守珍：《蒋夫人和她的孩子们：打开华兴的时光胶囊》，台北商周出版社 2011 年版，第 28 页。

⑤ 美国韦尔斯利学院档案馆馆藏的宋美龄大学同学埃玛·德隆·米尔斯的档案中宋美龄与埃玛的往来通信。原信中 Jimmy 后面还有一个姓氏名字，但字迹模糊，难以辨认。据该信上下文推断，Jimmy 与 Jim Hoskins 为同一人，译为吉姆·霍斯金斯。

笔款项已经用于华兴儿童之家。"① 1960 年 5 月 16 日的信中也写道："谢谢你 5 月 2 日的来信，转寄了吉姆·霍斯金斯的支票。请帮我谢谢她……你还记得吗？收据在前些日子，我已经通过你寄给她了。"② 5 月 30 日的信中还说道："卡玛·吉尔琪（Calma Gilkey）给我寄来了一张给华兴儿童之家的孤儿们的支票。"③ 后期，华兴的经费还包括台湾当局自香蕉出口中所获得的税捐。

2. 华兴学校的教育方针和内容

宋美龄极为重视华兴学校，把华兴看作家业，方方面面都给予华兴以照拂。每次带外宾参观华兴，她通常第一句会说："这是我的家，我的孩子。"④ 不仅如此，宋美龄还把华兴作为展示其儿童教育理念的平台和开展"国民外交"的前哨。

华兴的办校方针是"五育并重"，不仅把学校作为一个难童们学习文化知识的场所，而且要使华兴成为他们生活的家、精神的家。华兴的院歌中写道："在日月光辉下，院是温暖的家。在春风化雨中，开放智慧的花。学海无涯，光阴无价。努力啊！努力啊！我们要一天天壮大，一天天壮大。作栋梁，支大厦，复兴我中华，复兴我中华。"为了这一目标，自华兴创校起，宋美龄便命华兴学校将教育和保育工作分开，华兴全体学生一律住校，并由保育老师照顾小学生的起居生活，保育老师均为女性。华兴的课程体系也与一般学校不同，除了一般学科，华兴另设"技艺教育"，这是当时其他学校所没有的。从 1957 年起，华兴先后成立制鞋、编织、刺绣、缝纫、木工、电信、电工、簿记等班，聘请专门老师任教，在不影响正常教学的情况下分别施教。从这一点上看，华兴的教

---

① 美国韦尔斯利学院档案馆馆藏的宋美龄大学同学埃玛·德隆·米尔斯的档案中宋美龄与埃玛的往来通信。

② 美国韦尔斯利学院档案馆馆藏的宋美龄大学同学埃玛·德隆·米尔斯的档案中宋美龄与埃玛的往来通信。

③ 美国韦尔斯利学院档案馆馆藏的宋美龄大学同学埃玛·德隆·米尔斯的档案中宋美龄与埃玛的往来通信。

④ 亓乐义：《蒋夫人与华兴》，台北商讯文化事业股份有限公司 2011 年版，第 54 页。

育思路与南京时期的国民革命军遗族学校一脉相承。

20 世纪 50 年代，台湾物质匮乏，然而华兴的孩子却无衣食之忧，甚至能获得一些特供品。严守珍曾回忆道："民国四五十年，金针菜在台湾是高档货，即使有钱，在菜市场也很难买到，而在华兴的餐桌上，三天两头便能吃到。这些金针，全是海关没收后送到华兴的走私品。还有一种叫'Slender'的奶块、大桶的奶油。"① 为了增加孩子们的营养，华兴学校兴建了养鸡场和养猪场。鸡舍由农复会出钱盖，学校专门派老师负责养鸡事宜。当时，饲养了两千只肉鸡和火鸡，肉鸡每天可收五六百只鸡蛋，不仅足够供应学生，还有不少剩余。宋美龄便要圆山饭店帮助处理。卖蛋得到的钱一可给孩子们加菜，二来给鸡买饲料。② 宋美龄甚至关注到华兴学校运作中的一些细节。华兴的师生都知道宋美龄来华兴时手上戴着的白手套的用途。宋美龄是用她那双白手套作为侦测华兴校园环境的标准，宋美龄来华兴时会"偶尔伸出手沿着窗边一抹，然后低头瞧瞧白手套，什么话也不说。若是白手套沾了灰成了黑色的，那么一旁跟着她的院长和老师可就难堪了"③。

由于外界将华兴学校看作宋美龄的学校，因此经常对华兴学校多加关爱。例如，由于宋美龄的关系，华兴学校与附近的两个单位的关系极好，一个是芝山岩的情报局医院，一个便是圆山饭店。当年，华兴的学生都是到情报局医院就诊，情报局医院也会每周来学校一次，为院童看病、开药。每逢学校的春季、秋季远足，情报局医院还会出动军用卡车载学生出游。④ 与情报局医院的关照相比，圆山饭店也不遑多让。每年圣诞节时，圆山饭店都会招待华兴全体师生到饭店欢度圣诞。除此之外，圆山饭店也以实

---

① 严守珍：《蒋夫人和她的孩子们：打开华兴的时光胶囊》，台北商周出版社 2011 年版，第 35 页。

② 参见严守珍：《蒋夫人和她的孩子们：打开华兴的时光胶囊》，台北商周出版社 2011 年版，第 43—45 页。

③ 严守珍：《蒋夫人和她的孩子们：打开华兴的时光胶囊》，台北商周出版社 2011 年版，第 67 页。

④ 参见严守珍：《蒋夫人和她的孩子们：打开华兴的时光胶囊》，台北商周出版社 2011 年版，第 131 页。

际行动协助该校学生。某些学生因无法继续学业，小学或初中毕业后，便到圆山饭店做学徒。[①] 再如，进驻林口的美军第十四航空队与外界互动不多，却对华兴特别有感情，不时提供糖果和玩具供院童享用，还邀请华兴全体师生参加圣诞晚会，在 1956 年华兴第一届学生毕业之际，甚至愿意认养并资助这些学生学费。[②]

由于宋美龄的照拂，华兴的学生经常有机会接触到一些平常学童无法触及的人和事。例如，华兴经常有外宾到校参观，1960 年 2 月是希腊王妃，5 月是菲律宾总统贾亚夫人；1961 年 1 月是玻利维亚副总统雷钦夫人，5 月是美国副总统约翰逊夫人；等等。1962 年，美国纽约枢机主教史培曼来台访问，宋美龄带他到华兴过圣诞节，小朋友为他们表演了精彩的节目。后

1961 年 5 月 23 日，宋美龄陪同来访的秘鲁总统蒲乐多夫人参观华兴育幼院学生美术习作

来宋美龄还把小朋友接到士林官邸，不无炫耀地向蒋介石和史培曼说："这些刚才在台上表演的孩子，全是我的孩子。"[③] 维也纳儿

---

① 参见严守珍：《蒋夫人和她的孩子们：打开华兴的时光胶囊》，台北商周出版社 2011 年版，第 133 页。

② 参见亓乐义：《蒋夫人与华兴》，台北商讯文化事业股份有限公司 2011 年版，第 64 页。

③ 严守珍：《蒋夫人和她的孩子们：打开华兴的时光胶囊》，台北商周出版社 2011 年版，第 50 页。

童合唱团也曾来校演唱，而那时平常的学童要想聆听国际性的演出，机会是微乎其微的。如此，华兴成了宋美龄开展"国民外交"的前哨站。又如，宋美龄把华兴看作一个有特殊意义的地方，带人来参观，在华兴举办一些活动。1972 年，宋美龄召见曾获世界冠军的北市少年棒球队、美和青少年棒球队和成绩优异的国泰女篮队，均将地点设在华兴。① 使得华兴的孩子能见到自己的"偶像"，而这些都是别的学校不能办到的，完全是宋美龄为自己创设的学校给予的优待。再如，在许多场合下，常有一堆官夫人和宋美龄一起出现，这种画面也常出现在华兴校园里，尤其是在该校过圣诞节时。圣诞节前，"妇联总会"的官夫人们都会到医院劳军，每回劳军前，官夫人们便先聚集在一处，或在"妇联总会"，或在华兴。而且，华兴的唱诗班每年都会随同"妇联总会"的劳军团一起劳军，通常一位官夫人会带两三个华兴唱诗班的学生，组成一队到一家医院劳军。② 宋美龄在华兴设宴，招待各县市妇女会委员和巡视护训班学员。此外，为了彰显华兴学校的优异，1969 年当金龙少棒队夺得世界少年棒球赛冠军之后，该队 14 名球员奉宋美龄之命，全体进入华兴就读。从此开始，华兴有了校棒球队。

宋美龄经常来华兴学校巡视，也经常带着外国好友一起来校参观。视察及参观者来的次数多了，以至于华兴上下都知道从学校铃声的次数来区分来校者的身份。"五声"铃响代表着宋美龄来校；"八声"代表蒋介石来了；而"四声"经常听到，表示有外宾来学校参观。③

3. 华兴学校的宗教活动

在中国，基督教会学校通常都会有礼拜及各种宗教活动，在

---

① 参见严守珍：《蒋夫人和她的孩子们：打开华兴的时光胶囊》，台北商周出版社 2011 年版，第 51 页。

② 参见严守珍：《蒋夫人和她的孩子们：打开华兴的时光胶囊》，台北商周出版社 2011 年版，第 67 页。

③ 参见严守珍：《蒋夫人和她的孩子们：打开华兴的时光胶囊》，台北商周出版社 2011 年版，第 47 页。

这些学校里学生要读圣经，要参加弥撒，这是因为传教士们希望学生在浓重的宗教气氛中受到感化，最终受洗入教。从这个角度观察，华兴学校就是宋美龄创办的教会学校。宋美龄曾写过不少信件给华兴的学生们，其中有一封信曾提到，她无法照顾每个院童，所以她把信仰留给他们。而基督教就是宋美龄要留给院童们的信仰。她希望人人都能认识并接受基督，这是她念兹在兹的大事。宋美龄百岁华诞时，在纽约会见华兴师生祝寿团，仍不忘叮咛："你们要记得做礼拜。"①

在华兴学校，三餐前，学生都要唱不同的歌。学校一周有两次圣经课，一次是周五下午，每班在自己的教室上，有自己的圣经老师；另一次则是在星期天上午，全校学生在大礼堂一起上，这是主日崇拜。② 在华兴学校，没有任何事情比信仰重要，学校的任何活动可以更改，唯独做礼拜和圣经课不能改变。即使遇上联考，应考生也要起早，提前做完礼拜才能赴试。③ 负责圣经课的是宋美龄的密友戴师母，她是一位美国传教士，抗战之前在中国传教，到了台湾后进入华兴传教。戴师母也是宋美龄到台湾后成立的"中华基督教妇女祈祷会"的成员之一，在凯歌堂负责司琴。华兴学校还有唱诗班，这个唱诗班从1959年4月中旬起担任士林凯歌堂的周末唱诗工作。除此之外，唱诗班在每年耶稣受难节、复活节和圣诞节这三大节日，还要分别献唱。④ 在华兴学校，舞台上的节目像是有传承使命似的，圣剧永远是圣经故事里"耶稣诞生""东方三博士寻找小耶稣""牧羊人在旷野牧羊""天使报佳音"等，至于台上台下的大合唱也是《平安夜》《普世欢腾》之

---

① 亓乐义：《蒋夫人与华兴》，台北商讯文化事业股份有限公司2011年版，第51页。

② 参见严守珍：《蒋夫人和她的孩子们：打开华兴的时光胶囊》，台北商周出版社2011年版，第57页。

③ 参见亓乐义：《蒋夫人与华兴》，台北商讯文化事业股份有限公司2011年版，第124页。

④ 参见亓乐义：《蒋夫人与华兴》，台北商讯文化事业股份有限公司2011年版，第136页。

类的圣诞诗歌。①

也正是因为华兴学校在本质上是宋美龄用于开展基础教育的教会学校，因此和一般的学校重视学生学业不同的是，华兴更看重院童的人格教育。宋美龄认为："受教育不单单读书。教育是除书本外，训诲你们懂得忠、孝、仁、爱、礼、义、廉、耻的真谛，也就是教导你们做人与处事接物、对国家、对社会、对尊长，要忠贞孝悌。"② 宋美龄给华兴的每封书信都强调做人之道，要像耶稣基督般"爱人如己"，做个好"国民"，成为社会有用之才，谈到学业的部分并不多。愈到后期，她对华兴的训勉愈集中在宗教信仰上。她说，要做有用之才，必须懂得修身，修身之道必从灵性上求进步，而这必须从宗教信念着手。她勉励学生，牢牢记住，将来如她一样年纪，才会完全体会她所说的话。③

作为宋美龄的教会学校，华兴不仅仅承担着传播基督教信仰的功能，还期望学生们"饮水思源""吃饭不要忘记种田"。④ 宋美龄曾经这样告诫院童们："你们到华兴虽然来自不同的家庭，但入院时都是因为家庭情况窘困，才能入院受得教养。我竭尽心力，自幼儿园、小学、初中抚养教育你们，而目前仍然供给你们在高中或大专就读，所耗费的心血，以及筹划基金及经费，裔每年能供你们膳、宿、服装、抚养、学杂诸费，为数可观，实非易事。你们都是高中甚至大专学生，这些年在院中所受的恩惠，应当自知。反之，如果你们没有进华兴，是否有今日？目前就以台北一地而言，像你们同样家庭的儿童们，不计其数……你们能够进入华兴是幸运者，切望你们能把握机遇好自为之。"⑤

① 参见严守珍：《蒋夫人和她的孩子们：打开华兴的时光胶囊》，台北商周出版社2011年版，第62页。

② 宋美龄：《对华兴中学毕业就读高中大专学生训词》，转引自朱承杰主编：《华兴三十年》，台北华兴校友会1988年版，第9—21页。

③ 参见朱承杰主编：《华兴三十年》，台北华兴校友会1988年版，第9—21页。

④ 参见宋美龄：《对华兴中学毕业就读高中大专学生训词》，转引自朱承杰主编：《华兴三十年》，台北华兴校友会1988年版，第9—21页。

⑤ 宋美龄：《对华兴中学毕业就读高中大专学生训词》，转引自朱承杰主编：《华兴三十年》，台北华兴校友会1988年版，第9—21页。

二、辅仁大学与宋美龄的高等教育事业

正如首任中华教育会会长美国传教士狄考文（Calvin W. Mateer）所说："真正的基督教学校，其作用并不在单纯地传授宗教，从而使学生受洗入教。他们看得更远，他们要进一步给学生们训练……成为社会上及在教会中有势力的人物，成为一般人民之导师和领袖。"① "无论哪个社会，凡是受过高等教育的人都是有势力的人，他们会控制社会的情感和意见。作为传教士来说，如果我们彻底地训练出一个人，使他能在一生中发生一个受过高等教育的人的巨大影响，就可以胜过半打以上受过一般教育不能在社会上有崇高地位的人……作为儒家思想支柱的是受过高等教育的士大夫阶层，如果我们要对儒家的地位取而代之，我们就要训练好自己的人，用基督教和科学教育他们，使他们能胜过中国的旧式士大夫，从而能取得旧式士大夫所占的统治地位。"② 宋美龄主掌辅仁大学的目的也正是基于此。

辅仁大学是一所天主教大学，与教廷的关系密切。1925 年，在教宗庇护十一世捐助下，经罗马教宗谕令，由本笃会在北京建校，1951 年关闭。1956 年，辅仁大学台湾校友会成立，筹备复校，胡适、台静农等任复校顾问，校友会经罗马圣言会秘书长向教廷转呈复校陈情书。罗马教廷将辅大复校看作"重建中国教会思想的堡垒"，教廷、"教育部"下令"圣言会""耶稣会"和"天主教中国主教团"共同主持在台复校计划。1959 年，教宗若望二十三世捐助美金十万元，并任命于斌为复校后的校长。复校之初，学校董事会决定"圣言会""耶稣会"和"天主教中国主教团"分别负责各个学院的建设，第一任董事长为田耕莘枢机主教。圣言会会士柯博识（JacKuepers，SVD）曾指出："辅仁大学不是一

---

① Records of the General Conference of Protestant Missionaries of China, Held in Shanghai, 1890, pp. 457-459.

② Records of the General Conference of Protestant Missionaries of China, Held in Shanghai, 1890, pp. 457-459.

般的私立大学"，"……辅仁大学的成立有别于其他大学，是一个由三个不同行政单位组织成的联邦大学体制。教区圣职人员与不同修会的合作，在天主教以及全世界是一个非常独特的现象"。①

辅仁大学是一所天主教大学，而宋美龄则是一名基督教徒（新教徒）。天主教的教义与基督教并不相同，天主教认为教会是绝对权威，教宗是耶稣（天主）在世间的代表，是教会的最高教长，教宗在其职务上永无谬误。基督教（新教）则强调因信称义，信徒人人都可以为祭司，《圣经》具有最高权威。历史上，天主教和基督教曾经有过激烈的斗争。1967 年 6 月 29 日，作为一名基督徒的宋美龄，接受辅仁大学授予的名誉董事长之衔，其中的政治含义值得玩味。

辅仁大学聘宋美龄为校名誉董事长

对台湾而言，梵蒂冈罗马教廷的支持意义重大。宋美龄需要通过这个行为向罗马教廷表达善意，以获得教廷在"国际政治""国际外交"上的支持。宋美龄需要通过这个行为向台湾的天主教

① 柯博识：《圣言会士蒋百炼神父与辅仁大学在台复校的关系》，见 http：//www.fuho.fju.edu.tw/sketch/writing/20111118-2-2.pdf。

信徒传达善意，以收取人心。宋美龄也需要通过这个行为获得青年大学生的长期支持。因此，就任名誉董事长之初，宋美龄十分注意辅仁大学的信仰与自身信仰的差异。在出席辅仁大学在台第一届毕业典礼并致辞时，她只是说："辅仁大学四十年一贯的学风，都是虔诚的，笃实的，坚持上帝真理的。"① 宋美龄把重点放在了勉励毕业生不可自满，仍要继续努力、接受历练。② 当然，宋美龄还要强调"一切为了明天！一切为了我们'复国建国'的大业！也一切为了上帝的意旨！"③ 要把"反共复国"与"上帝意旨"联系起来。

起初，宋美龄并没有对辅仁大学自身投以更多的关注，这当然是因为教义的差别，让她不能够对辅仁大学的事务指手画脚。在担任半年名誉董事长之后，1967 年 12 月 19 日，宋美龄当选为董事长。即使如此，宋美龄与辅仁大学仍拉开了距离，不仅没有指导辅仁大学的校务，连董事会也不大出席。经常是由教廷驻台湾"公使"主持董事会，会议结束后报告宋美龄。1968 年，辅仁大学在台第二届学生毕业典礼，宋美龄也没有出席，甚至连书面致辞都没有。

然而，1969 年前后，台湾面对的国际形势极度恶化，美国反战示威此起彼伏，美国国内要求改变对台政策的呼声日益高涨。岛内局势也不稳定，言论自由问题日益突出。为了提振人心，1969 年 3 月，国民党召开的"第十次全国代表大会"通过了"积极策进反攻大陆案"。宋美龄重新想起了辅仁大学，她需要把辅仁大学作为一条直接影响青年大学生的路径，试图以春风化雨细无声的方式，影响他们的价值观。

辅仁大学是一所以学术独立、学生言论自由闻名的学校，宋美龄很担忧这种状况。1969 年 6 月 20 日，宋美龄"因事不能参加"辅

---

① 《辅仁大学董事长蒋宋为历届毕业同学赠言》，天主教辅仁大学 1988 年印行。

② 参见《辅大学生毕业典礼，蒋夫人莅临致训》，《"中央"日报》1967 年 6 月 30 日。

③ 《辅仁大学董事长蒋宋为历届毕业同学赠言》，天主教辅仁大学 1988 年印行。

仁大学毕业典礼，特向辅仁大学第三届毕业生发表书面致辞称："现在世界上就有好些青年，由于智虑的不平衡，思想的被蛊惑，不是误解了自由民主的真谛，而虚无放任，堕落逃避，就是否定一切知识、精神、真理的价值，而孤立怯懦，自卑自虐；抑且还无视于理性道德的正义，不自觉的对姑息妥协，随声附和，甚且掀起连年累岁，此起彼落的学潮，和所谓反战示威的盲动！"试图把"反战示威"的原因归结为"无视于理性道德的正义"，是共产主义瓦解自由国家的诡计。宋美龄声称："今天环顾整个自由世界，就只有我们'中华民国'自由基地，由于历史文化之深远，道德精神之坚确。青年们对自由正义认识之清明，虽一世横流，惟独我们能不惑不惧，但大家并不当以此独善自足，而更当以勇气和智慧与毅力，对自己、对时代、对文明负责"，号召毕业生"以三民主义革命者的智勇与毅力，贯注于一切学术德业，此亦即所以开拓自己的学术德业。愿大家奉行主的慈爱来为社会服务，为人群服务，求更拔俗的'圣'，更纯洁的'美'，更忘我的'善'，更丰富的'真'"。①

1970 年，宋美龄参加辅仁大学第四届毕业典礼

① 《辅仁大学董事长蒋宋为历届毕业同学赠言》，天主教辅仁大学 1988 年印行。

从这一年开始，宋美龄加大了对辅仁大学学生思想灌输的力度，基本上每一年都要对毕业生发表长篇赠言，试图影响学生们对"自由""民主"的看法。1970年，宋美龄参加该校第四届毕业典礼，由他人代其宣读赠言。在赠言中，宋美龄大谈儒家人文主义教育，甚至引用孔子的"夫仁者，己欲立而立人，己欲达而达人"，谈什么"格致诚正修齐治平之道"。宋美龄在一所天主教大学向毕业生宣传儒教思想，实在有违常理。其这么做的原因在于"当今世界各地若干青年图倾覆固有体制，摧毁伦常，乌合纠众，顽抗法制，多方滋事"。因此，宋美龄才会鼓励毕业生"凡遇挫折切忌气馁，以朝气与毅力寻求克服困难之途径。为人处世谦恭礼让，勿'独善自足'，应'兼善天下'，本赤子之心，尽一己德行、知能、慧心及学术，忠诚为'国家'民族奋力，裨益社会人群，庶不负'国家'、父母、师长多年苦心培育与期望"①。

1971年，台湾的外部环境进一步恶化，宋美龄感到"姑息主义弥漫和时局晦暝动荡"②。这一年她对辅仁大学毕业生说："今天我们的'国家'，正遭遇着梗阻和艰苦交织的困境，然而这正是时代和环境考验我们的传统民族精神和'国民'的毅力心智，特别是衡量我们青年的智慧力能、胆识骨气，并考验对'国家'、对历史、对文化、对国脉民命延续的职责"，号召青年"发挥其强力的'国家'意识和炽热的民族爱心，以血拯救民族，以智力救'国家'，为'中国'文化写下光荣复兴、可歌可颂的史页"，最后她希望青年"为民族雪耻，为'国家'争光"。③

1972年2月21日，美国总统尼克松正式访华。2月28日，《中美联合公报》发表，美国声明对只有一个中国，台湾是中国的一部分这一立场不提出异议，并确定最终从台湾撤出全部美国武装力量和军事设施。蒋介石和宋美龄万分惶恐，6月21日，宋美

---

① 《辅仁大学董事长蒋宋为历届毕业同学赠言》，天主教辅仁大学1988年印行。
② 《蒋夫人勉妇女同志宏扬伦理道德》《妇工会工作会议昨揭幕蒋夫人主持并致训》，《"中央"日报》1971年4月3日。
③ 《辅仁大学董事长蒋宋为历届毕业同学赠言》，天主教辅仁大学1988年印行。

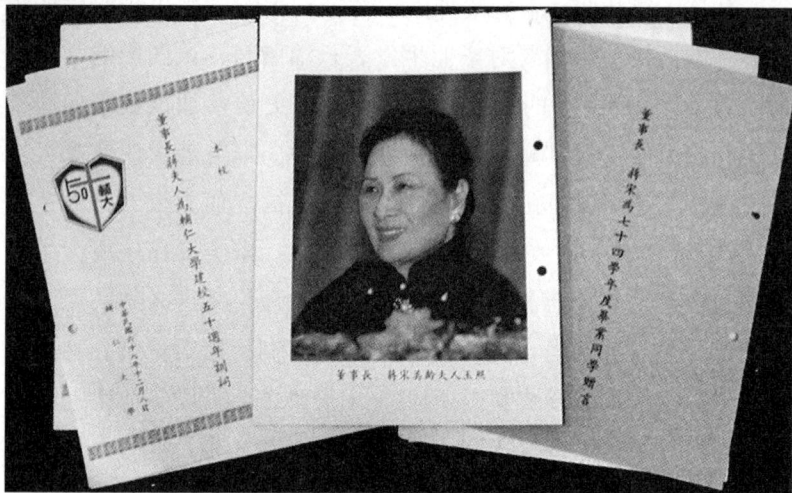

宋美龄为辅仁大学历届毕业生同学赠言

龄出席辅仁大学第六届毕业典礼，在致辞中宋美龄不断地给大家打气，说"吾人不幸处于今日世界之如此动乱时代，但亦不妨说吾人何幸而处此非常时代"，因为"穷则变，变则通，通则达"，"若仍能激发战战兢兢之心，进而图自救之道，心有所主，行无所惧，则亦不难克服环境"。宋美龄更把当时的台湾处境看作"殷忧启圣，多难兴邦"。① 6月29日，宋美龄主持辅仁大学董事会，称"宗教所需要的是'真'，而不是'假'；真正的宗教精神是'实在'和讲'道义'"，希望作为教会学校辅大的教师在教导和训练学生时，发挥"真"的精神。②

蒋介石去世之后，辅佐蒋经国"上位"是宋美龄的第一要务，时局的艰险、政治的需要让宋美龄重新捡起了攻击共产主义、渲染共产主义危险的伎俩。

1978年6月17日，宋美龄向辅仁大学毕业生发去一篇非常长的书面致辞，这篇文章对毕业生的祝贺与赠语只有寥寥几句，全

---

① 《辅仁大学董事长蒋宋为历届毕业同学赠言》，天主教辅仁大学1988年印行。

② 《辅仁大学董事长蒋宋为历届毕业同学赠言》，天主教辅仁大学1988年印行；《主持辅仁大学董事会，蒋夫人望师长发挥"真"的精神》，《"中央"日报》1972年6月30日。

篇都是对时局的评论。宋美龄称："……今天这个时代里，各位该注意到许多社会的、政治的、经济的现象，所指出的自由世界的总退却……局势虽然不容乐观，但切记今天美国和自由世界其他各地，由于不断地思考再思考，已经开始觉醒"，劝告毕业生"勿沉迷于浮浅的诱惑，必须警惕的严防所谓自由主义者，和更多放任人们所玩的游戏的污染，才能确保自由心灵的生存"，并应坚守传统文化与三民主义所包含的传统价值，"完成'国家'复兴的大业"。① 9 月 11 日，她致信辅仁大学校长罗光总主教，对前校长于斌枢机主教的逝世表示悼念，希望辅仁大学应负起责任，使西方堕落的倾向不在台湾社会中发生；并希望台湾的天主教会尽最大的力量抵抗无神主义、不可知论和共产主义。②

　　此后，随着台湾民间社会追求政治民主化要求的逐渐增强，宋美龄也不断地警示学生注意正确理解所谓"自由""民主"。1979 年，宋美龄的赠言用了很大篇幅讨论美国教育问题，并把其归结为"美国人对自由的误解"，认为美国人"对自由的看法太广了，简直到了包罗万象的地步"，提醒毕业生要真正理解自由的含义，小心防范因误解自由而导致的灾祸，并指称这些灾祸已发生在美国、英国的年轻人身上，即"把粗俗平等观念放在学术工作前面，造成整个国家的颓废，又没有使教育目标的实现获益，最后还造成经过尝试而又经过时间考验的教学方法的破坏"③。1980 年的赠言，宋美龄通过分析近年来的世界局势，认为"以学术和宗教为根基的西方国家和社会，已发觉到宗教信仰的逐渐丧失。因此，无神论已穿上了马克思主义的外衣，并取代了西方的宗教"，导致了"自由世界的没落"，这种"没落"导致"自由世界里社会的放纵"，造成"文明的败坏。这种败坏的

①　《辅仁大学董事长蒋宋为历届毕业同学赠言》，天主教辅仁大学 1988 年印行。

②　参见《辅仁大学董事长蒋宋为历届毕业同学赠言》，天主教辅仁大学 1988 年印行；《蒋夫人致函辅大校长罗光》，《"中央"日报》1978 年 11 月 5 日。

③　《辅仁大学董事长蒋宋为历届毕业同学赠言》，天主教辅仁大学 1988 年印行；《蒋夫人书面赠言勉励辅大毕业生》《蒋夫人对辅大应届毕业生赠言》，《"中央"日报》1979 年 6 月 16 日。

文明，不论是在共党国家也好，第三世界也好，均无法获得尊重与同情。败坏只招来公开的或私下的轻蔑、嘲笑，被人视为自我麻醉的愚行"，希望作为教会大学毕业的学生们"应该体验到一种极为深刻的荣耀感"，"坚守原则，一生不渝"。① 1981 年，宋美龄则称"在世界各国许多的学校中，并没有把客观的研究本身当作教育的最后目标。它们反而变成了一知半解、混淆是非、曲解真理，甚至散布彻头彻尾谎言的温床和中心"，指斥英国部分青年学生受苏联利用，向苏联出卖情报；美国学校借反对越战之机，"在广面（爱国和信神）及狭面（家庭关系和道德的崩溃与放纵）放弃悠久历史考验的传统价值"，致使国家的道德品质不断衰落。

1983 年 12 月 24 日，宋美龄参加辅仁大学圣诞活动接受学生献花

　　总而言之，看似有名无实的辅仁大学董事长宋美龄，事实上是基于多种考量来担任辅仁大学董事长，并处理该校的相关事务。对于辅仁大学师生，宋美龄主要以毕业赠言作为平台对其加以影响，她期望通过这个平台实现她的一些想法，这些想法因时而变。
　　1992 年，隐居美国的宋美龄卸任辅仁大学董事长。

---

① 《蒋夫人书勉辅大应届毕业生》，《"中央"日报》1980 年 6 月 21 日。

第五章　家国利益：从小家到大家

宋美龄一直把"中华民国"看作自己的家，她曾经说过："我就是中华民国!"①的确，在宋美龄那儿，国就是家，家也是国，家国不可分。但这个家是"蒋家"，这个国是"蒋家"的"中华民国"。如果我们细细追究"家"在宋美龄那儿的含义，可以发现"家"有多重意境。第一重是宋美龄和蒋介石两个人的"小家"，这是宋美龄的核心利益。她在这个"小家"中扮演着"贤妻"的角色，更扮演着政治盟友的角色，她的所有活动都是为了维护这起政治联姻的长期利益。在宋美龄的内心深处，"中华民国"首先是她和蒋介石的。维护"中华民国"的利益就是维护"小家"的利益，同理，维护她和蒋介石的利益就是维护"中华民国"的利益。第二重是蒋氏家族，也就是我们常说的"蒋家"。宋美龄在"蒋家"扮演着"慈母"的角色，在蒋介石在世时协助蒋介石维护家族伦常，在蒋介石离世时守护"蒋家"的荣光。宋美龄把"蒋家"看作"小家"利益的传承者，她在政治上的进退都是为了让"蒋家"更好地继承"小家"的遗泽。第三重是蒋宋家族，"宋家"是宋美龄的娘家，也是她在"小家"和"蒋家"立足的奥援。在宋美龄眼里，蒋宋一体，互为奥援。只有壮大"蒋家"才能更好地维护"宋家"；只有维护好"宋家"才能最大化"蒋家"的利益。因此，维护"宋家"的利益是宋美龄一以贯之的行为，

----

① 林博文：《她曾说过："我就是中华民国!"——蒋中正的太太蒋宋美龄》，《新新闻》1990年第196期，第28—34页。

只要这种维护不伤及"小家"的利益，哪怕其可能伤及"蒋家"。但当"小家"和"蒋家"的利益需要牺牲"宋家"时，她也毫不犹豫。第四重是"蒋家"的"中华民国"。在宋美龄看来，只有蒋介石统治的"中华民国"才是她的家，只有"蒋家"统治的"中华民国"才是她的家，只有追随蒋介石道路的"中华民国"才是她的家。

第一节　传统家族中的长者

尽管宋美龄接受的是全面的美式教育，但家族的影响以及蒋介石的熏陶，使得宋美龄骨子里仍然是一个传统的中国人。或者，更确切地说是新派的传统中国人，融入近代西方资本主义的一些生活习惯和精神文明的传统中国人。

一、蒋宋夫妻间的关系

宋美龄在美国留学多年，回国后，宋美龄早已对中文生疏，以至于习惯性地用英语跟仆人说话，不能用中文表达意思时，还要男管家充当翻译。甚至有时因为心情不好，中文都不会说了。[①] 不过，她很快就开始积极学习中国传统文化。1917 年回国之初，跟着她童年受教的老先生学习中文。[②] 1920 年，宋美龄有了位新的老师，他是宋子文的中文秘书。宋美龄评价他是"一个优秀的旧式文人"。老师严格要求宋美龄每天都要背诵大段的文章，学习四书五经和中国古典文史知识，打好汉语基础。[③] 在蒋宋联姻之后，夫唱妇随，宋美龄进一步地强化了自己身上的中国传统色彩，"新

[①] 据美国韦尔斯利学院档案馆馆藏埃玛·德隆·米尔斯档案（Papers of Emma De-Long Mills）中宋美龄 1917 年 8 月 7 日给埃玛的信。

[②] 据美国韦尔斯利学院档案馆馆藏埃玛·德隆·米尔斯档案中 1917 年 12 月 15 日宋美龄给埃玛的信。

[③] 据美国韦尔斯利学院档案馆馆藏埃玛·德隆·米尔斯档案中 1920 年 3 月 21 日宋美龄给埃玛的信。

生活运动"中宋美龄的言行可见一斑。[①] 此后，宋美龄身上的中国传统色彩愈发浓重，也愈发自觉或不自觉地向国人向世界展示她的中国典范。晚年的她更热衷学习中国国画，认为："在全世界的艺术中，中国画是独一无二的，因为画与诗融为一体，两者使中国文化更为丰富。对中国画有素养的人们，都能涵泳于画中所传达的一种幽美沉静的音韵，与蕴藏着的无比的智慧。中国画的特色由于深涵诗意与灵感，更含有高度的文学性，并具有深刻的和谐性，且又能使人们感受宁静的吸引力，此即中国画之能超国界的特质。"[②]

　　以服饰为例，负笈美国的宋美龄是全面西化的，美国的十年让她看起来就像一个"香蕉人"（黄皮肤的美国人）。回国初期虽然也穿中式服装，但着装仍以洋装为主。这时的宋美龄爱穿合适的短外衣和裁剪讲究的便裤，甚至马裤也是宋美龄在上海滩开的先河。这时的宋美龄就算是穿中式服装也不自觉地保留着许多西方的格调，例如总戴着别具一格的宽沿女帽。[③] 然而，婚后的宋美龄着装风格有了巨大的变化，旗袍这种中式服装成为她向外界展示的符号。最初，宋美龄的这种着装风格切换可能是基于政治的

---

　　① "礼义廉耻"是新生活运动的理论基础，主要是从中国的传统道德中找出一些维护阶级统治秩序、教化人民的儒家经学理论。宋美龄在《我的新生活》一文中说道："我国固有的礼义廉耻四种美德，是复兴民族的良药——因为从前中国实行这美德的时候，确确实实是个伟大的国家呢。得到了这个结论之后，就以礼义廉耻四维为基础，创导新生活运动，重复发扬那湮没已久的强国因素。"在 1936 年新生活运动二周年纪念时，宋美龄应某西报之请而作《新生活运动》，再次指出："新生活运动的提倡四种旧道德，并不像一般谬误的传闻，以为竭力在恢复一切旧式生活。这四项原则实是我国最可宝贵的美德，也就是中国立国的精神基础。从前我国人民的生活都能以此为准则，所以中国至今仍不失为东方文明古国。我们现在要复兴这四种美德，恢复我们昔日的光荣，挽救我们的国难。"宋美龄当时作为妇女委员会指导长，也成为新生活运动的实际推动者和倡导人。新生活运动提倡"改造全民生活"。宋美龄大力鼓吹妇女为改造家庭生活的原动力，强调"相夫教子"，她向全国女性呼吁："知识较高的妇女，应当去指导她们的邻舍，如何管教儿女，如何处理家务，并教导四周的妇女读书识字。"

　　② 《中国书与诗融为一体使中国文化更为丰富》（1970 年 6 月 18 日），载王亚权编：《蒋夫人言论集》（下），台北"中华妇女反共联合会"1977 年版，第 936 页；《蒋"总统"夫人在古画讨论会致词全文》，《中华妇女》1970 年第二十卷第 10 期。

　　③ 参见寿韶峰：《宋美龄全纪录：1897—2003》，华文出版社 2009 年版，第 133、135 页。

考量，希望向国民传达一个信号，即她是中国人而不是黄皮肤的美国人，她和蒋介石是一对有着中国传统价值观的夫妻，是值得国民信任并接纳的政治领袖。随着宋美龄日益向一个传统中国人转变，宋美龄日益依赖旗袍，以至于人们始终想到的是一个穿旗袍的宋美龄，而不是其他。曾出任台湾"驻纽约新闻处主任"的陆以正对宋美龄的旗袍装印象就极为深刻，他甚至说："我从没见到她穿过洋服或套装"，"总是穿深色低衩的旗袍"，"戴一只飞行军官的胸针"。①

宋美龄的这种转变，也许是因为她对蒋介石有"英雄"般的崇拜，二姐宋庆龄与孙中山的婚姻，似乎也给足了她追求非比寻常的理想，她在给友人哈特小姐的信中谈道："我丈夫经常对我说，真正的领袖不能过于在意自己的性命。如果过于重视自己的安危，则会降低军队的士气，因为我们是为国家而战的。上天会保佑我们。即便我们被杀，还有什么比战死更荣耀之事呢？""他（指蒋介石——笔者注）最喜欢的一句名言是汉代骁将马援所说的——自己最幸福的事，是'马革裹尸'。"② 而"我已差不多被他的理想所感染"，"重要的应该是民族振兴，不是依靠无情的暴力，而是诉诸真理、正义和人道"。③ 事实上，除了蒋介石这些"豪言壮语"打动了宋美龄，在行动上也让其折服，她告诉哈特："其实我丈夫从不给自己设很多警卫"，只有"我在他身边时他才会稍微小心点"。④ 蒋介石在细节上也"俘虏了芳心"，这封信提到一个细节："我丈夫很细心地折了几枝，等我们回家，晚上点燃蜡烛后，他把梅花放在一个小竹篮里送给我。这可真是一份漂亮的新年礼物！"宋美龄感受到蒋介石"既有军人的胆略，又有诗人

---

① 陆以正：《微臣无力可回天：陆以正的"外交"生涯》，台北天下远见出版股份有限公司2002年版，第150页。

② 美国韦尔斯利学院档案馆馆藏的宋美龄档案中宋美龄于1934年1月17日在福建建瓯给哈特小姐的信。

③ 美国韦尔斯利学院档案馆馆藏的宋美龄档案中宋美龄于1934年1月17日在福建建瓯给哈特小姐的信。

④ 美国韦尔斯利学院档案馆馆藏的宋美龄档案中宋美龄于1934年1月17日在福建建瓯给哈特小姐的信。

的柔情"，"心甘情愿地和他同甘共苦"。① 蒋介石的所作所为让宋美龄认定他就是能够帮助自己施展才干，实现政治抱负的合作者。因此，她也乐意为了这种合作自觉地作出自身的改变。宋美龄觉得，"我现在比以往任何时候都更加快乐，我想这是因为我没有徒有虚表地活着，我已经达到一个超越自我的境界"，甚至"把个人命运置之度外了"，所以"我感谢上帝给了我所有妇女中最大的福报，我为献身于一个伟大的理想并得到与我志同道合的丈夫而感到十分幸运"。②

由于蒋介石是一个有着儒家色彩的传统中国人，一生都极为推崇传统儒家文化，始终遵循《大学》中所言"格物、致知、诚意、正心、修身、齐家、治国、平天下"的要求，因此宋美龄也就努力扮演一个传统的中国"贤内助"。

20 世纪 30 年代，蒋介石发动以"礼义廉耻"为内容的"新生活运动"，宋美龄积极响应、亲力亲为，甚至对于礼义廉耻四种旧道德的意义，她也作了一番新解释。她说："一、礼，最浅显的解释，礼就是仪节。然仪节定要自衷心流露，而不是虚伪的形式。二、义，义可以略释为对人对己的尽责和服务。三、廉，廉就是

宋美龄与蒋介石的老照片

① 美国韦尔斯利学院档案馆馆藏的宋美龄档案中宋美龄于 1934 年 1 月 17 日在福建建瓯给哈特小姐的信。

② 美国韦尔斯利学院档案馆馆藏的宋美龄档案中宋美龄于 1934 年 1 月 17 日在福建建瓯给哈特小姐的信。

能辨别权力界限，不侵犯别人，换言之，就是一种公私及人己权利的辨别。四、耻，耻就是觉悟与自尊。"① 尽管这种解释带着浓厚的西方色彩和若隐若现的基督精神，但这也体现出宋美龄正在努力地向自己身上涂抹中国传统文化。

蒋介石始终注意维护家族伦常，宋美龄就始终向家人、向社会展现出相濡以沫、相敬如宾的恩爱。20 世纪 60 年代末期，宋美龄曾因为对美国媒体关于蒋介石婚姻报道的不满，找当时驻美"大使"周书楷去投书报社，要对方更正，周书楷没照办，双方甚至发生争执。据周书楷回忆，他认为他是为"中华民国"做事，不是为宋美龄做事。宋美龄则很生气地回应："我就是中华民国！"② 1974 年发生的皮尔逊（Drew Pearson）日记案更让宋美龄大光其火。德鲁·皮尔逊是美国 20 世纪四五十年代毁誉参半的专栏作家，专门挖人隐私，贩卖小道新闻。《皮尔逊日记》（*Drew Pearson Diaries*，1949—1959）是皮尔逊的儿子艾贝尔为了纪念亡父，整理出版的皮尔逊最后十年日记。《皮尔逊日记》上册先出版，其中说到 1942 年威尔基（Wendell L. Willkie）以罗斯福总统特使名义访问重庆时，与宋美龄有染。蒋介石盛怒之下，带宪兵到南岸官邸去捉奸，并无所获；威尔基临行去向宋美龄辞行，闭门二十分钟出来等等。宋美龄闻知此书出版后大发雷霆，为此蒋经国急召陆以正回台湾。陆以正面见宋美龄之后，宋美龄要陆以正赶回美国，在《纽约时报》《华盛顿邮报》《洛杉矶时报》《波士顿地球报》《芝加哥论坛报》《旧金山纪事报》《丹佛邮报》《迈阿密前锋报》《圣路易快邮报》等美国十大报纸刊登全页广告，驳斥皮尔逊造谣生事。陆以正询问广告稿如何措词，宋美龄说她会亲自起稿，要陆以正拿到全文后立即返美照办，不得迟延。③ 宋美

---

① 《中国的新生活》（1935 年 6 月），本文发表于美国论坛杂志 1935 年 6 月号。后收入《蒋夫人言论集》，国民出版社 1939 年发行，第 387—400 页。

② 林博文：《她曾说过："我就是中华民国！"——蒋中正的太太蒋宋美龄》，《新新闻》1990 年第 196 期，第 28—34 页。

③ 陆以正：《微臣无力可回天：陆以正的"外交"生涯》，台北天下远见出版股份有限公司 2002 年版，第 246 页。

龄的这些反应，映衬出她在婚姻上对外界观感极度敏感。

在日常生活中，宋美龄对蒋介石的关心也无处不在。1949 年，宋美龄赴美求援陷入困境，有意愿结束行程返回中国，此时的她仍然记得要给蒋介石备好"食用所需之奶粉与酒"①。蒋介石也把宋美龄看作不可或缺、同甘共苦、休戚相关的伴侣。1930 年 12 月 9 日，蒋介石在日记中写道："此次全会以后，益感人心险诈恶劣，畏我者固为我敌，爱我者亦为我敌，必欲我皆为其利用而后快心，稍拂其意则妒忌交至，怨恨并来。政治社会之卑污毒狠如此，岂我所能堪哉。遁世既不可能，则惟有另辟途径，独善其身，而使若辈自争以还我清白之体。诚意爱辅我者，惟妻一人。"② 可见，在蒋介石的内心，宋美龄是唯一能够全心全意辅佐他的。1943 年，宋美龄在美国度过了她的生日，6 月 3 日，蒋介石致电，称其在衬衫袋中发现 3 月 15 日未寄出的生日贺电，表示抱歉。③

二、与蒋家后代的关系

在中国人传统的观念中，家族伦常有序是一个大家族兴旺的表现，"德"与"孝"则是一个大家族能够世代传承下去的根本。这是因为，传统中国是一个儒家社会，儒家认为存在于家族中的亲疏、尊卑、长幼的分异是维护家族秩序不可或缺的基础，《孟子》中就说过："父子有亲，君臣有义，夫妇有别，长幼有序，朋友有信。"礼是维系这种秩序的工具，而孝不仅是规范家庭成员之间关系的伦理道德，也是主宰臣民关系的政治原则。因此，家族中的长辈要有"德"，晚辈要有"孝"，强调"人之行莫大于孝，孝莫大于严父"④，强调"纳诲于严父慈母"。

蒋介石自幼研习的宋明理学，对他一生的哲学观、家族观影响极大。他经常阅读《孝经》，儒家的孝道观念是蒋介石克己、省

① 《蒋中正"总统"文物》档案，台北"国史馆"藏。
② 《蒋介石日记》，1926 年 1 月 17 日，美国斯坦福大学胡佛研究所藏。
③ 《蒋中正"总统"文物：革命文献——对美外交：蒋夫人访美》，台北"国史馆"藏。
④ 《孝经·圣治》。

过、治家、平天下的哲学基础。在 1934 年 2 月 19 日的日记中，他在"雪耻"一栏中写道："不能尽孝于亲，为一生最大之耻辱。"① 在 1934 年 5 月 13 日的日记中他又写道："晚诵《孝经》立身行道，扬名于后世，以显父母，孝之终也。"② 可见"孝"是蒋介石思想中的一个核心观念，甚至临终前也不忘叮嘱蒋经国："孝顺汝母，则余可安心于地下矣！""要以字父之心而孝母。"蒋经国则回答道："儿当谨遵父命。过去如此，今日如此，日后亦永远如此。"③

为了迎合蒋介石的孝道观念，维持好家族伦常，宋美龄始终扮演着"慈母"的角色。蒋经国、蒋纬国等蒋家儿孙也是规行矩步，努力扮演着"孝儿""贤孙"的角色。他们一起向蒋介石，也向外界展示着"拳拳慈母心，浓浓敬老情"的人伦道理。

1. 宋美龄与蒋经国

宋美龄与蒋经国之间，并没有真挚的母子之情，甚至在相当长时间里两人关系并不和谐。④ 但是，宋美龄与蒋经国两人的修养都很好，见面时还是客客气气、有说有笑，一直维持表面关系。蒋介石一直也知道这个情况，始终设法化解两人的恩怨。⑤ 在处理与蒋经国的关系上，由于宋美龄是后母，蒋介石始终注意强化宋美龄的母亲角色。在蒋介石与蒋经国的书信函电往来中，大多数情况下都是以蒋介石和宋美龄共同署名的。特别是涉及家庭生活和个人事务时，蒋介石始终以"父母"签署，甚至在宋美龄和蒋

---

① 黄自进、潘光哲编：《蒋中正"总统"五记·学记》，台北"国史馆"2011 年版，第 67 页。

② 《蒋介石日记》，1934 年 5 月 13 日，美国斯坦福大学胡佛研究所藏。

③ 《蒋夫人在美与经国先生来往电报录底影印》，1976 年 11 月 3 日、1978 年 3 月 21 日、1978 年 3 月 27 日"经国先生上蒋夫人电"及 1978 年 3 月 24 日"蒋夫人致经国先生电"，台北"国史馆"藏，转引自朱重圣：《亲情、国情、天下情——蒋夫人宋美龄女士与经国先生》，《近代中国》1999 年第 134 期，第 64 页。

④ 蒋孝严在《蒋家门外的孩子》一书中提到，王升曾对他说起，蒋夫人和蒋经国先生之间长期存在一些芥蒂。

⑤ 参见周宏涛口述，汪士淳著：《蒋公与我：见证"中华民国"关键变局》，台北天下远见出版股份有限公司 2003 年版，第 475—476 页。

介石不处一地时，蒋介石也不忘提及宋美龄。

宋美龄的表面工作做得很好。1949年，在赴美求援陷入困境之际，宋美龄还记得蒋经国的生日。4月13日，宋美龄电贺蒋经国生日，电文中写道："经国鉴真：电悉，删（十五）日为汝生辰，余未克赶回，殊为挂念，但不久即可家人团聚，惟望珍重为国努力，特电祝福。方良及诸孙同此。母阮（十三日）。"① 蒋经国则回复道："惟有为国努力，以报大人之恩，并望大人早日返国，同聚天伦，敬祝福体康健。"② 可谓"母慈子孝"。

蒋经国生病的时候，宋美龄无论在哪儿，都会以多种方式进行慰问，表达一个"慈母"对"孝儿"的关切。1954年9月，蒋经国被任命为台湾"国防会议"副秘书长，9月6日特电告宋美龄："儿被任命为'国防'会议副秘书长已经正式发表，谨闻。中秋在即，恭贺佳节，并祝福体康泰。"③ 9月11日，宋美龄电嘱蒋经国："就职后更宜注意健康，务勿使旧疾复发。"④ 1970年，蒋经国在美国受枪击虚惊，蒋介石宋美龄急电慰问，电文如此："闻受虚惊无恙为慰，一切皆赖上帝保佑，应照常进行，并祝平安，父母二十五日。"⑤

宋美龄还不断地向蒋经国展示一个"慈母"对"父执"蒋介石的关心，特别是宋美龄在美国期间，宋美龄把蒋经国当作她与蒋介石之间沟通的渠道之一。从往来函电看，这个沟通渠道所传达的主要是宋美龄对蒋介石身体的关切。而蒋经国也顺势而为，谨遵孝子之实。

例如，1954年4月29日，宋美龄再度赴美治病。5月25日，

① 《蒋中正"总统"文物》，台北"国史馆"藏。
② 周美华、萧李居编：《蒋经国书信集——与宋美龄往来函电》（上），台北"国史馆"2009年版，第109页。
③ 周美华、萧李居编：《蒋经国书信集——与宋美龄往来函电》（上），台北"国史馆"2009年版，第177页。
④ 《蒋中正"总统"文物：特交档案——宋美龄致蒋经国文电数据》，台北"国史馆"藏。
⑤ 《蒋中正、宋美龄电慰蒋经国在美枪击虚惊》（1970年4月25日），《筹笔——戡乱时期》（三十六），《蒋中正"总统"文物》，台北"国史馆"藏。

蒋经国致电宋美龄，告知台北炎热，蒋介石将迁居草山。① 6 月 23 日，宋美龄闻知蒋介石拟去南方考察，致电蒋经国："闻台湾酷热异常，南部更甚，父亲此时南巡，影响康健极大，务须竭力设法避免。"② 8 月，金门炮战进入白热化，8 月 26 日，宋美龄电嘱蒋经国："金马局势紧张，至为忧念，尚希善侍父亲并随时告知情况。"③

1958 年 5 月，宋美龄开始了长达十四个月的美国之行。10 月 8 日，宋美龄电谕蒋经国："知再度赴金门前线慰问官兵，鼓励士气，至慰，局势艰危，惟赖勇毅克之，父亲烦累，务希善侍，并注意其健康。"④ 10 月 31 日，宋美龄电嘱："希善侍父亲左右。"⑤ 1959 年 2 月 2 日，宋美龄电谕蒋经国："除夕余不在家中，望多陪伴父亲，加意侍奉，并祝合家欢乐。"⑥ 2 月 6 日，宋美龄又电："知父亲已返台北，身体康健，至慰。"⑦

再如，1965 年 8 月，宋美龄最后一次访美进行"夫人外交"。8 月 31 日，宋美龄电告蒋经国："此次来美，如能对'国家'尽忠以报，为父亲能稍分忧劳，乃皆上帝意旨所赐。望儿在侧侍父亲时，能随时请其为'国'节劳。"⑧ 10 月 8 日，宋美龄又电："欣悉父亲手术后经过良好，盼时来电告父亲康健情况，以慰远念。"⑨

① 《蒋经国致宋美龄电文资料》，台北"国史馆"藏。
② 《蒋中正"总统"文物：特交档案——宋美龄致蒋经国文电数据》，台北"国史馆"藏。
③ 《蒋中正"总统"文物：特交档案——宋美龄致蒋经国文电数据》，台北"国史馆"藏。
④ 《蒋中正"总统"文物：特交档案——宋美龄致蒋经国文电数据》，台北"国史馆"藏。
⑤ 《蒋中正"总统"文物：特交档案——宋美龄致蒋经国文电数据》，台北"国史馆"藏。
⑥ 《蒋中正"总统"文物：特交档案——宋美龄致蒋经国文电数据》，台北"国史馆"藏。
⑦ 《蒋中正"总统"文物：特交档案——宋美龄致蒋经国文电数据》，台北"国史馆"藏。
⑧ 《蒋中正"总统"文物：特交档案——宋美龄致蒋经国文电数据》，台北"国史馆"藏。
⑨ 《蒋中正"总统"文物：特交档案——宋美龄致蒋经国文电数据》，台北"国史馆"藏。

10 月 20 日，宋美龄再电："闻父亲由蒋孝武作陪，甚佳。盼常注意其身体安康问题，并请其节力。"①

宋美龄与蒋经国

宋美龄还利用蒋经国作为特殊时期她与蒋介石联络的桥梁。1952 年，宋美龄以治病名义赴美，不顾蒋介石的百般催促滞留不归。特别是 10 月份之后，蒋介石多次强调自己身体有恙，力图以"不忍之心"召回宋美龄。然而，宋美龄迟迟不归，蒋介石和宋美龄之间难免为此有了隔阂。宋美龄则以蒋经国作为迂回沟通的渠道。12 月 24 日，宋美龄电询蒋经国："闻蒋中正已赴高雄检阅，不知近日健康如何，甚念，希随时电告。"② 1953 年 1 月 6 日，宋美龄又电告蒋经国："病状日来，又见进步，惟尚未复原，切盼早日返台"③，力图通过蒋经国之口，舒缓蒋介石的愤怒与无奈。

宋美龄对蒋经国的夫人蒋方良的态度也很客气，但是按照侍从的回忆，这种客气仅仅是一种婆媳之间的礼貌，并没有内心亲近的

---

① 《蒋中正"总统"文物：特交档案——宋美龄致蒋经国文电数据》，台北"国史馆"藏。

② 《蒋中正"总统"文物：特交档案——宋美龄致蒋经国文电数据》，台北"国史馆"藏。

③ 《蒋中正"总统"文物：特交档案——宋美龄致蒋经国文电数据》，台北"国史馆"藏。

含义。蒋介石官邸侍从何占斌曾这样说道："蒋方良女士很少到士林官邸来，先生没有请他们，她不会来，有事情才会来，譬如先生、夫人生日啦！晚上要家庭宴会啦！告诉她，她就会来。或是王太夫人忌日啦！正月初一来拜年啦！或是大年夜先生那一天选一天请他们吃饭，这个时候才会来，平常不会随随便便到官邸来。"①

蒋经国在日常生活中，是以宁波老话喊蒋介石为"阿爹"，喊宋美龄为"姆妈"，宋美龄则直接喊"经国"。② 蒋经国在给宋美龄的电文中，也总是以"儿"落款。每逢宋美龄生日，蒋经国都会向宋美龄拜寿，或单独或与蒋纬国一道，不能亲自前往也会发电文祝寿。例如，1946 年 3 月 13 日，蒋经国致电宋美龄，报告在溪口扫墓情况，并恭祝生日快乐。③ 3 月 14 日，蒋经国和蒋纬国再致贺电："因公在外，不及赶回庆贺母亲寿辰敬请原谅，并恭祝福寿健康。"④ 每逢中秋、春节等中国佳节，以及西方的新年、圣诞，蒋经国也不忘问安。1953 年，宋美龄在美国，1 月 5 日，蒋经国致电宋美龄，电文的用语是"如常敬祝新年康泰"⑤。一个"如常"道尽了蒋经国是如何摆正位置，细致处理与宋美龄的表面关系。

同时，蒋经国和宋美龄有一样共同爱好：画中国画。这当然不能说是蒋经国投宋美龄之所好，但至少两人之间有了交流沟通的话题。据蒋孝文在 20 世纪 60 年代初披露，其父亲和祖母经常在一起谈论绘画，而父亲的墨竹画（如图 5-1）被祖母所称赞。宋美龄热爱绘画，她喜欢画山水画和花鸟画，花鸟画又以兰、竹居多。蒋经国也喜画松树、竹子、梅花、兰花等⑥，其中有的画是自

---

① 《何占斌先生访问纪录》，载黄克武等访问，周维朋等记录：《蒋中正"总统"侍从人员访问纪录》（上），台北"中央研究院"近代史研究所 2012 年版，第 336 页。

② 参见《何占斌先生访问纪录》，载黄克武等访问，周维朋等记录：《蒋中正"总统"侍从人员访问纪录》（上），台北"中央研究院"近代史研究所 2012 年版，第 335 页。

③ 参见《蒋经国致宋美龄电文资料》，台北"国史馆"藏。

④ 《蒋中正"总统"文物：特交档案——宋美龄致蒋经国文电数据》，台北"国史馆"藏。

⑤ 《蒋经国致宋美龄电文资料》，台北"国史馆"藏。

⑥ 从《往来函电》中插有蒋经国 1962 年的十幅画作亦可说明。

 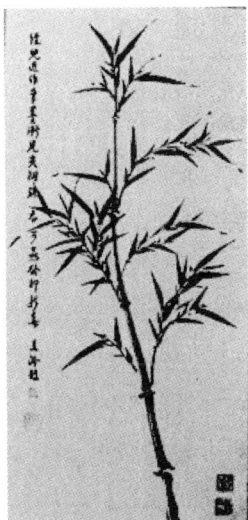

图 5-1　　　　　　　　　　　　图 5-2

（图 5-1：一丈二尺高六尺宽的玉版宣纸画的大墨竹，落款为蒋经国绘
画老师高逸鸿写的："经国兴到之处，笔墨苍劲，饶有古趣，至可嘉
也。壬寅新春高逸鸿题。"）

图 5-3　松风涛声图

己绘，宋美龄为其题字，落款为"美龄"，甚为亲密。如 1962 年
蒋经国所画竹子，宋美龄题字："经儿近作笔墨渐见爽朗殊为可燕
癸卯新春 美龄题。"（如图 5-2）。而 1954 年 4 月 19 日蒋经国 45
岁生日之前，宋美龄特意作《松风涛声图》（如图 5-3），写有

"为经儿四十晋五生辰，松风涛声 母画父题"几个字。① 寥寥数字，尽显三人的关系。

2. 宋美龄与蒋纬国

宋美龄与蒋纬国之间，由于双方无利益冲突，关系极为融洽。蒋纬国敢对宋美龄提出一些旁人不敢言及之事。例如，蒋介石的侍从钱如标由于给蒋介石灌肠时戳破蒋的肛门，被关了四年多。旁人不敢擅自放他出狱，又不敢去向蒋介石或宋美龄求情，只得央求到蒋纬国处。蒋纬国直接找了宋美龄，直话直说："钱如标关了好几年了，可以给他出去了，他太太身体不好，小孩子也需要照顾。"结果宋美龄的脸孔拉了下来说："为啥要侬管？让他关，你的阿爹是他害的。"意思是要蒋纬国不要管这档事，蒋纬国后来说："这种事我不敢再讲了，因为被姆妈训了一顿。"② 这虽然是一件小事，蒋纬国最后也没有办成，但宋美龄和蒋纬国的互动方式显见双方关系非同一般，没有那种后妈与继子的生分，也没有宋美龄与蒋经国之间那种表面上的客气。

宋美龄把蒋纬国看作一个亲近的后辈。一个小细节似乎能够映衬他们之间的关系。1952 年宋美龄赴美治病，到了 1953 年仍然滞留不归以图就近展开对美政治游说。蒋介石不希望宋美龄于此时介入美国事务，而宋美龄给蒋介石的理由是尚未病愈。1953 年 2 月底，宋美龄开始运作访问华盛顿并会晤艾森豪威尔总统事宜，此时的蒋纬国正在美国访问并专程拜见了宋美龄。蒋纬国应该十分清楚宋美龄的身体状况，然而在 3 月 1 日蒋纬国给蒋介石的电报中却说道："已见母亲，尚未痊愈，拟留美，待康复后返台。"③

作为一个母亲，宋美龄当然十分关心蒋纬国的身体。1961 年，

---

① 周美华、萧李居编：《蒋经国书信集——与宋美龄往来函电》（上），台北"国史馆"2009 年版，第 166 页。

② 《应舜仁先生访问纪录》，载黄克武等访问，周维朋等记录：《蒋中正"总统"侍从人员访问纪录》（上），台北"中央研究院"近代史研究所 2012 年版，第 455 页。

③ 《蒋纬国电蒋中正》（1953 年 3 月 1 日），《对美关系》（六），《蒋中正"总统"文物》，台北"国史馆"藏。

宋美龄赠送蒋纬国礼物

蒋纬国在冲绳美军医院手术，蒋介石宋美龄致电蒋纬国夫人邱爱伦慰问："闻纬儿已用手术，经过良好，甚慰，望你适心为调护期早痊愈康复为顺，父母五日。"① 1986 年 9 月 15 日，蒋经国电陈："纬国自七月以来，已第四次进入荣总治疗，大致为脏腑疾病，应无大碍。儿媳再三叮嘱医护人员悉心诊治，至祈母亲释念。"② 10 月 2 日，蒋经国电陈："纬国前日在荣总开刀，病因为总胆管即肝内结石，手术尚属顺利。现已进食流汁，约两星期左右，可望恢复出院。尚请大人释念。"③

在政治上，宋美龄也不断提携蒋纬国。蒋纬国长期任职军队，并于 1946 年起进入装甲部队。自 1964 年湖口兵变事件后，蒋纬国便未被授予军权，转任军事辅助部门职位。由于军队是蒋介石的禁脔，也是蒋介石交权蒋经国的关键领域，因此，在蒋介

①　《蒋纬国电蒋中正》（1953 年 3 月 1 日），《对美关系》（六），《蒋中正"总统"文物》，台北"国史馆"藏。

②　周美华、萧李居编：《蒋经国书信集——与宋美龄往来函电》（下），台北"国史馆"2009 年版，第 718 页。

③　周美华、萧李居编：《蒋经国书信集——与宋美龄往来函电》（下），台北"国史馆"2009 年版，第 722 页。

石当政以及蒋经国尚未站稳脚跟之时，宋美龄极少涉足军队事务。蒋经国上台后，宋美龄极力向蒋经国游说推荐蒋纬国。1984年6月19日，宋美龄电谕蒋经国，要求蒋经国"追怀西安事变父亲之嘱托期对纬国以提掖幼弟心情，罔顾瑕疵"。此电全文如下：

> 密经国览：六月十六日来电所示，大部分此间中文报章已有披露，闻大陆正有修葺孔庙之举，再次提倡尊孔运动。（一）自季陶先生之后，无一人长考试，可与孔德成伦比。彼为党外知名之士，书法国学造诣均湛实戡善之也；（二）纬国秉性，偶有恝置处，但经四十余年来之磨练，父亲之善诱教诲，已令其如可丰收之畬田。自父亲升遐后，导引之责可归功于汝。论其军事学识练达，进度远在某些将领之上，用其长，舍其短，乃曾涤生敉平太平天国之时，将将法为后世所称颂。四十八年前，西安事变，父亲困于危城，视同书一遗嘱，其要点：（甲）已决定为国牺牲；（乙）着余切勿可来西安与其共生死；（丙）并告决不愧为总理信徒，决不愧对余，个人又凛然，令余感愧者对家事只字不提，显见其一生奉献国家，无暇及私产之署理，但令余满眶盈泪者，临危所书遗嘱，尚谆谆嘱余，对汝反纬国望视之如己出，若当时父亲不幸殉难，全部遗嘱中必须余谨守者，乃尔兄弟二人也。四十八年前，汝二人仅在青年时代，当时父亲若遭不幸，余誓必遵其遗言，负起责任，幸上帝佑我邦国家庭，父亲得见到汝蔚成大器。今汝二人各有不同程度之春秋，余唯希尔为长兄者，仍以提掖幼弟之心情，罔顾瑕疵，始终成全为厚盼。母，六月十九日。①

蒋经国顺势而为，1984年6月21日，蒋经国函电宋美龄：

---

① 周美华、萧李居编：《蒋经国书信集——与宋美龄往来函电》（下），台北"国史馆"2009年版，第439—441页。

"必始终推父母慈爱之心，以相扶持，亦必深念友于之义相规，以善母亲谕示。"① 1986 年，蒋纬国自军中退役，担任"国家安全会议"秘书长。6 月 24 日，宋美龄函电蒋经国："纬国新职，当允其继续有所贡献。"②

蒋纬国也对宋美龄极为尊敬。蒋介石的侍从胡浩炳回忆道："像夫人生日的时候，友梅、蒋纬国夫妇还给她行跪拜大礼，现在好像不太有这种镜头了。还有 1976 年 8 月 20 日，蒋纬国的儿子蒋孝刚结婚的时候，两夫妇也是向夫人跪拜、奉茶。"③

3. 宋美龄与孙辈

在蒋家第三代面前，宋美龄毫无心理压力地扮演着慈祥祖母的角色。宋美龄和蒋介石一道关心着孙辈的身体，督促着孙辈的学业，也和孙辈们共同游戏，享受着天伦之乐。宋美龄时刻关心着孙儿们的成长，甚至是在 1949 年那个危难时刻。1949 年 3 月，在赴美求援陷入困境之际，宋美龄还发电报给蒋经国说道："望转蒋方良、蒋纬国、石静宜，希望不久即返家能与孙辈同乐。"④

蒋家的孙辈也对宋美龄十分亲近，宋家的孙辈亦是如此。蒋介石的侍从钱义芳曾这样描述他们之间的关系："在蒋公与夫人身边，孝文、孝武、孝勇等孙子，以及夫人幺弟宋子安先生的小孩宋伯熊、宋仲虎，都是少年，先生跟夫人都很喜欢他们，他们也会撒娇。"⑤ 蒋介石的侍从胡浩炳也说道："宋伯熊跟宋仲虎也常来台湾度假，夫人带他们去看白雪溜冰团，有一次下午在阳明山花

---

①　周美华、萧李居编：《蒋经国书信集——与宋美龄往来函电》（下），台北"国史馆" 2009 年版，第 442 页。

②　周美华、萧李居编：《蒋经国书信集——与宋美龄往来函电》（下），台北"国史馆" 2009 年版，第 697 页。

③　《胡浩炳先生访问纪录》，载黄克武等访问，周维朋等记录：《蒋中正"总统"侍从人员访问纪录》（下），台北"中央研究院"近代史研究所 2012 年版，第 490 页。

④　《蒋中正"总统"文物》档案，台北"国史馆"藏。

⑤　《钱义芳先生访问纪录》，载黄克武等访问，周维朋等记录：《蒋中正"总统"侍从人员访问纪录》（上），台北"中央研究院"近代史研究所 2012 年版，第 387 页。

园，夫人还跳舞，陪他们玩，开心啊！"① 蒋介石的侍从何占斌也说道："这些孙子辈小时候都很喜欢阿爷，因为阿爷很疼孙子，等到后来比较大了之后，他们开始回避阿爷，因为阿爷见到要问'你现在看什么书？读的是什么？'他们就尽量避开。"②

　　蒋孝文，蒋经国长子，蒋介石长孙。1935 年 12 月 14 日生于苏联，出生时蒋经国给他取了一个俄罗斯名字——爱伦。1937 年，蒋孝文随父母与妹妹一同回到中国。归国后，蒋介石给爱伦赐名蒋孝文。蒋经国对他的管教非常严格，但由于是长子长孙，蒋介石和宋美龄对他十分溺爱，故此蒋孝文年幼时在被父亲责打后经常向祖父申诉，导致蒋经国后来难以对其进行管教。蒋孝文的学习成绩不好，蒋介石和宋美龄也听之任之。一个细节可以揭示宋美龄的溺爱，1958 年宋美龄访美期间，电询蒋经国："知陪父亲在马公小住，甚慰。蒋孝文身体消瘦，最好不必对其学业逼之过甚。"③

1961 年，宋美龄与蒋介石抱着蒋经国的孙女蒋友梅

---

① 《胡浩炳先生访问纪录》，载黄克武等访问，周维朋等记录：《蒋中正"总统"侍从人员访问纪录》（下），台北"中央研究院"近代史研究所 2012 年版，第 490 页。
② 《何占斌先生访问纪录》，载黄克武等访问，周维朋等记录：《蒋中正"总统"侍从人员访问纪录》（上），台北"中央研究院"近代史研究所 2012 年版，第 335 页。
③ 台北"国史馆"藏档案。

　　蒋孝武是蒋家第三代次子，1945 年 4 月 25 日生于重庆。从出生时起，蒋孝武就生活在十分优越的政治世家里，那时蒋经国已被世人看作"太子"。由于大哥蒋孝文学业太差，又遗传糖尿病外加酗酒，蒋孝武一度成为蒋家重点栽培对象。1967 年，蒋孝武赴德国慕尼黑政治学院念书，宋美龄和蒋介石极为关心蒋孝武学业，时常去信叮嘱。蒋孝武初到德国，写信给蒋介石宋美龄请安，蒋宋甚至连信中的错别字都极为关注，回信道："已将来信错字改正，托戴安国带回，裨益国文修养，又望专心学术，毕业早回。"[①]此后的信中不断叮嘱蒋孝武："望自立自强，早日学成'回国'"（1967 年 12 月 21 日）[②]、"望勤学自强，早日学成'回国'，常在家相聚"（1968 年 2 月 11 日）[③]、"盼早日学成'回国'，共同'复国'，享天伦幸福"（1968 年 4 月 20 日）[④]、"在外国，应注重外国语言文字之学习"（1969 年 4 月 26 日）[⑤]。

宋美龄与孙辈

① 《蒋中正"总统"文物——家书：蒋中正致蒋孝武函》，台北"国史馆"藏。
② 《蒋中正"总统"文物——家书：蒋中正致蒋孝武函》，台北"国史馆"藏。
③ 《蒋中正"总统"文物——家书：蒋中正致蒋孝武函》，台北"国史馆"藏。
④ 《蒋中正"总统"文物——家书：蒋中正致蒋孝武函》，台北"国史馆"藏。
⑤ 《蒋中正"总统"文物——家书：蒋中正致蒋孝武函》，台北"国史馆"藏。

作为蒋家重点栽培对象，宋美龄和蒋介石不断地指点蒋孝武，为他规划未来的方向。1968 年 10 月 24 日，宋美龄和蒋介石在给蒋孝武的信中曾这样写道："武孙：十月二日来函欣悉，你能学习政治，我很高兴，我以为你的性能近于政治与外交方面，将来当有所成也，近来家中皆好，只因前二星期你父病症突然，余甚忧惶，幸近已渐痊，每日上午祇许半日工作，期能早日复原以其操心劳力过度故也，我劝你不要太想家事，在学时应专心学业为要。祖父母望。'中华民国'五十七年十月二十四日。"① 1969 年 2 月 11 日，又写道："虽春节将届，惟望再有两年强勉忍耐，不要回家，待学成'回国'，才是人生最有意义，亦是事业开始之时。"② 殷殷舐犊情，跃然纸上。

1969 年 12 月，蒋孝武与汪长诗在美国结婚，宋美龄和蒋介石未能亲临主持婚礼，还特意写信表示遗憾，信文如下："武孙：你来信与修改英文信，皆已接到，甚为欣喜，祖母病后，右手尚不能握笔写信，未能作覆，但近来日有进步，勿念。你们在外国结婚，未能亲临主持为念，惟望你们能早日成婚'回国'相见，为盼，特趁你母来美主持婚礼，故嘱期带此一函作贺，甚盼一切欢乐为祝。祖父母示。'中华民国'五十八年十二月九日。"③

也正是因为宋美龄喜爱蒋孝武，1986 年蒋孝武因"江南案"被外放日本和新加坡时，1 月 27 日蒋经国还特意函电宋美龄："武孙在中国广播公司日久，拟派其为驻新加坡代表，此举虽未必有裨于对新关系，但武孙可从胡炘同志学习国际事务，亦得便照顾友兰、友松在新加坡就读，大人关怀曾孙就学无微不至，谨报母亲慈鉴。肃叩福安，儿经国跪禀，元月二十七日。"④ 2 月 11 日，蒋经国又电禀宋美龄有关蒋孝武再婚一事："武孙接奉祖母复示尤为欢欣鼓舞，姻事将在其行前简定文定，然后可能于四五月间在

---

① 《蒋中正"总统"文物——家书：蒋中正致蒋孝武函》，台北"国史馆"藏。
② 《蒋中正"总统"文物——家书：蒋中正致蒋孝武函》，台北"国史馆"藏。
③ 《蒋中正"总统"文物——家书：蒋中正致蒋孝武函》，台北"国史馆"藏。
④ 周美华、萧李居编：《蒋经国书信集——与宋美龄往来函电》（下），台北"国史馆"2009 年版，第 651 页。

新加坡成婚，以避免无谓之酬酢……寒尽春回，唯祷母亲特加珍护。肃叩福安，儿经国、媳方良跪禀，二月十一日。"①4月7日，蒋经国致电宋美龄："武孙将于十一日在新加坡注册结婚，但愿友兰友松此后获得较温暖之家庭生活，了却儿媳一桩心事。"②

　　蒋孝勇是蒋经国幼子，1948年10月27日出生于上海，自小深得蒋介石、宋美龄夫妇疼爱。蒋介石赴日月潭游玩时，喜欢将陪同的孝勇抱在怀中。中学毕业后，蒋孝勇进入台湾陆军军官学校就读。1968年，蒋孝勇在一次训练中跌伤了脚踝，休养了好几个月。蒋孝勇生病期间，蒋介石宋美龄极其挂念，甚至连电话沟通亦不足以平复两位长辈的担忧。1969年2月24日，蒋介石、宋美龄在给蒋孝勇的信中写道："勇孙：昨午电话未尽，或怀以你足疾延久不愈，恐难成为健全的军人，实为我半年以来最大之忧虑，乃改言语或可形容也。现在病既如此，祇有一切听从医生之言，凡使你足疾能愈之办法都可照办，再不可有强勉'自充好汉'之行动，手携拐架，无论上课或上餐厅，亦祇有提用，勿以为羞是要。石膏未为医生许可，亦不应拆除，虽不方便，亦只有忍之，若非为此，持久自制与强勉行之，创恐难望痊愈了，务希切实遵办，'再不可自充好汉'，切见毋忘。祖父母示。"③十多天后，见蒋孝勇病情未能痊愈，宋美龄和蒋介石还准备亲赴南部看望照拂。3月14日的信中，此种担忧可见一斑，信文如下："勇孙：你上次来信，我已接到了，祖母亦甚高兴，昨闻你已病入医院，不胜系念，今特写信交武孙带来慰问，如你下周仍未痊愈，我与祖母就要南来看你，想与你同住几日，在西子湾养病，或比医院为佳易愈也，余不多言，望早痊愈。祖父母。三月十四日晨。"④到了11

①　周美华、萧李居编：《蒋经国书信集——与宋美龄往来函电》（下），台北"国史馆"2009年版，第654页。

②　周美华、萧李居编：《蒋经国书信集——与宋美龄往来函电》（下），台北"国史馆"2009年版，第660页。

③　《蒋中正"总统"文物档案——家书：蒋中正致蒋孝勇函》，台北"国史馆"藏。

④　《蒋中正"总统"文物档案——家书：蒋中正致蒋孝勇函》，台北"国史馆"藏。

月9日，蒋介石和宋美龄还想去看望蒋孝勇，写信道："或在下月初旬南来相见。"①

三、与孔家后代的关系

在宋美龄眼中，娘家人是最亲近的人，特别是娘家晚辈。侍从钱义芳曾这样描述："夫人待所有的外甥都很好，他们对夫人也都是'阿娘'、'阿娘'的叫，非常亲近，宋霭龄女士在'民国'六十二年过世，由于两家都没有高一辈的长辈了，所以夫人以慈母的心态对每个外甥、外甥女，互相照顾。尤其孔夫人从小就非常爱护夫人，两人感情很好。"② 值得注意的是，宋家是广东文昌（今属海南）人，宋母倪桂珍则出身上海本地的富裕家庭，在上海话里没有"阿娘"这种称呼，这些外甥按照上海话应该称宋美龄"娘娘"。只有在宁波老话中"阿娘"才指代姑母。可见，宋家的外甥们使用了蒋家的宁波老话去称呼宋美龄。

孔令仪和宋美龄这个小姨很有缘分。蒋介石与宋美龄结婚时，她是婚礼中的小伴娘。后来孔令仪在南京念中学，则长住蒋家数年，深得蒋宋夫妇宠爱。孔令仪可以不敲门即进入蒋氏卧室。而蒋介石在戎马军旅中，给宋美龄写信，信函文字虽短，却多次提及孔令仪，不仅以乳名"Baby"称呼，还关心询问其病情，惦记其生日，视如己出。此类信函共有十一封之多，关系之亲密非同一般。1952年宋美龄去美国治疗皮肤病，孔令仪随时侍奉左右，11月3日蒋介石还去电"感慰在美调护宋美龄病中并代办祝寿"③。1981年，宋美龄移居美国纽约，先后居住的长岛蝗虫谷庄园和曼哈顿上东城公寓两处寓所，均由孔令仪提供，并由孔令仪悉心照料，直到22年后的2003年去世。

---

① 《蒋中正"总统"文物档案——家书：蒋中正致蒋孝勇函》，台北"国史馆"藏。

② 《钱义芳先生访问纪录》，载黄克武等访问，周维朋等记录：《蒋中正"总统"侍从人员访问纪录》（上），台北"中央研究院"近代史研究所2012年版，第387页。

③ 《蒋中正"总统"文物档案——家书：蒋中正致亲友函（三）》，台北"国史馆"藏。

孔令伟，原名孔令俊，1919 年出生，是孔祥熙与宋霭龄的次女，因此被称为"孔二小姐"。在孔氏姐妹中，孔令伟尤其受到宋美龄的厚爱。大陆时期，孔令伟专横跋扈，到了台湾之后，孔令伟变得循规蹈矩。在宋美龄的后半生，孔令伟如影随形地陪伴在姨妈的身边，帮助宋美龄操持一切，姨甥二人的亲情历经了时代风雨的考验。台湾的《中国时报》1994 年 9 月 12 日在一篇报道中写道："以宋美龄 97 高龄的风烛残年，冒着搭乘长途飞机的辛劳和危险，不辞万里跋涉，来到台湾探视孔令伟，她们之间的感情，绝对不是用一般的甥姨之情可以轻易诠释的。"①

宋美龄、宋庆龄、孔祥熙、孔令伟

孔令伟在台湾的正式职责有两个：一是担当士林官邸的管家；二是主持圆山大饭店的日常工作。圆山大饭店是台湾最早的国际观光饭店，在国民党"外交"迎宾史上扮演过重要的角色。蒋介石建造圆山饭店的动机主要有两个原因：一是由于当时台湾有很多美国人，为了善待这些长住的美国人，让他们在台湾能够住得好，吃得好，玩得高兴，以示"美台"关系的密切程度；二是当时国民党撤退到台湾后，经朝鲜战争，台湾局势日趋稳定，当局

---

① 《中国时报》1994 年 9 月 12 日。

为了打开台湾"外交"局面，也需要建造一个像样的饭店，接待外国宾客。① 修建圆山饭店之初，遇到了无钱无地、缺乏营建计划的尴尬境地，宋美龄不知从何着手。这种状况下，蒋介石指明让孔令伟负责处理这件事情。做过该饭店董事长的熊丸回忆道："二小姐在接到'总统'命令后，几乎全部时间都全心投入……所以圆山兴建的蓝图，等于二小姐做最后决定……圆山整个建设构想、发包、建筑监工等，二小姐都事必躬亲……"② 除此之外，孔令伟还帮助宋美龄处理外界相关事务。

第二节　与蒋经国的关系

正如历史上所有的帝王家族一般，内斗与妥协是历久弥新的大戏，蒋家王朝也不例外。宋美龄嫁给蒋介石之后，她和蒋经国的关系并不如表面上那么融洽。这一方面是因为宋美龄嫁给蒋介石之时，蒋经国的年龄已经比较大了，两人年龄只相差 13 岁。在蒋经国内心深处，"姆妈"是生母毛福梅，宋美龄仅仅是顺应蒋介石要求的、口头上的"姆妈"。另外一方面，宋美龄与蒋经国也有着利益冲突，特别是 1948 年蒋经国到上海整顿金融秩序时，查办了孔令侃的扬子公司，这伤及了宋家的利益，也被宋美龄视为以下犯上，进而触动了宋美龄的逆鳞。但是，大陆期间的宋（美龄）蒋（经国）关系还谈不上斗争，毕竟那时两人在政治权力谱系中的地位相差极大。一个是"第一夫人"，是蒋介石的政治后援；另一个则空有"太子"之名，手上的政治力量匮乏。台湾期间的宋蒋关系才是真正意义上的宫廷权斗。

一、与蒋经国的斗争

来到台湾之后，宋美龄与蒋经国开始了真正意义上的权力斗

---

① 参见佟静：《晚年宋美龄》，安徽人民出版社 1998 年版，第 159 页。
② 陈三井访问，李郁青记录：《熊丸先生访问纪录》，台北"中央研究院"近代史研究所 1998 年版，第 159—162 页。

争。此时，宋美龄仍然是"第一夫人"，但蒋经国已经晋级为"储君"，从政治体量而言两人旗鼓相当。初到台湾，宋美龄与蒋经国竞争的是势力范围。宋美龄利用自己"第一夫人"的天然优势，牢牢把控住了妇女工作，同时利用自己的国际声望和美国人脉，将"外交"事务特别是对美交往事宜视为禁脔。

蒋介石、宋美龄与蒋经国三人合影

蒋经国在这场斗争中使用的策略则是，紧跟蒋介石的脚步，亦步亦趋。将青年工作视为自己的根据地，同时通过掌控军事和情治机构拓展自己的政治势力。来到台湾之后，蒋介石总结失败原因时曾强调"教育上的失败"，他在凤山陆军军官学校预备军官训练班开学典礼上发表演说："历史清楚的说明，国家需要革命的青年，青年更需要革命的教育；没有革命的青年，国家就没有充沛的生机和进步的动力，但是国家如不给青年以正确的革命教育，青年亦必迷失革命的方向，减少进步的力量，甚至要为时代的逆流所湮没，造成国家失去了青年，青年也失去了国家的悲局。"[1]他还在 1951 年 8 月 26 日主持夏令讲习会结业典礼时再次重申：

---

[1]　《国家需要革命青年青年需要革命教育》，载秦孝仪主编，中国国民党中央委员会党史委员会编印：《先"总统"蒋公思想言论总集》（第二十五卷·演讲），台北"中央文物供应社"1984 年版，第 99 页。

"青年是时代的基础，时代的重心，在任何一个时代的革新与复兴，是无不以男女青年的团结与奋斗，为其主力，为其核心的。民族盛衰国家存亡的责任，根本就在于知识青年的双肩上……"①蒋经国牢牢把握住蒋介石的这个精神，抓住青年学生这个"反共复国"的主力军、急先锋。他利用自己掌管的"国防部总政治部"开始筹建"中国青年反共抗俄救国团"，强制性地要求高中以上学生一律参加"救国团"，在16岁以上25岁以下的社会青年，凡合于规定者也必须加入。就这样，台湾高中以上学生全部被纳入蒋经国的势力范围。

在这场政治斗争中，宋美龄与蒋经国似乎有所默契，宋美龄从来没有介入过青年工作，基本对军事工作和情治工作不闻不问。而蒋经国也谨守分寸，对妇女工作不置一词，在"外交"事务上基本遵循宋美龄的安排。

1952年年底，美国海军上将雷德福访问台湾时，向蒋介石当面转达了美国对蒋经国的批评，建议蒋经国访美，以"对美国的民主方式产生兴趣"②。正在美国大肆活动的宋美龄不希望蒋经国此时来美国，担心冲淡她的风采。1953年2月15日，她电告蒋经国："待蒋纬国返台后再来访较为妥善，待'返国'后一切面谈。"③9月，时任"总政治部主任"的蒋经国以私人名义赴美考察。在此次访美过程中，蒋经国恪守本分，不断向宋美龄报告行程。9月29日，蒋经国电陈："今晨抵华盛顿下午晋谒艾总统，彼托儿向大人致意，详情面禀。儿经国。"10月3日，蒋经国再电："尼克森副总统对大人之邀请表示谢意，并告儿，彼与其夫人预定

① 《时代考验青年青年创造时代并说明四维八德为"反共抗俄"斗争中的主要武器》，载秦孝仪主编，中国国民党中央委员会党史委员会编印：《先"总统"蒋公思想言论总集》（第二十四卷·演讲），台北"中央文物供应社"1984年版，第198页。

② 顾维钧：《顾维钧回忆录》第十卷，中国社会科学院近代史研究所本书编写组译，中华书局1993年版，第389页。

③ 《蒋中正"总统"文物——特交档案：宋美龄致蒋经国文电数据》，台北"国史馆"藏。

十一月五日抵台。儿经国。"①

　　在两人势力范围重叠的区域，斗争无处不在。对大陆的游击战是双方争夺的一个重要领域。1950 年，蒋经国出任"国防部总政治部主任"，主要负责军队运作、政治工作、情报搜集以及指挥在中国大陆的游击战②，这其中涉及美方对游击战的支持事务。1950 年 11 月，美国中央情报局（CIA）派在远东工作的庄士敦（Johnston，C. S.）到台北商议游击战支援事宜③，并决定由双方合组一个机构择定大陆沿海一个岛屿，作为联络补给根据地。这就是以后 CIA 在台机构"西方企业公司"（Western Enterprise）的由来。④ 在蒋经国看来，对大陆的游击战是他的势力范围，应该由他就具体事宜和美方衔接。按照鲍静安、孙连仲的说法，蒋经国是"纯从其政治角度出发，而决心欲控制美方对于游击工作之一切活动"⑤。然而，"台美"之间对游击队事务方面的联系，美方却邀请宋美龄担任美方驻台人员会议主席，理由是宋美龄可以直接担任蒋介石的代表。按照周宏涛的回忆，王世杰曾告诉他，美方这项邀请惹得军方高层甚为不快，周宏涛曾向蒋介石报告此事。⑥ 事后看来，真正不快的人是蒋经国。因为 1952 年 5 月 5 日蒋介石在"总统府"约见叶公超，询问他于几天前与蓝钦"公使"的谈话，因为蓝钦提及由宋美龄担任游击队的委员会主席，以及蒋经国在政治部工作方式两件事。当时，蒋介石坚决表示，宋美龄担任游击队方面的职务，是美方在台政策；至于蒋经国所领导的国军政

---

　　① 《蒋中正"总统"文物——对美关系（六）：蒋经国致宋美龄电》，台北"国史馆"藏。

　　② 茅家琦：《蒋经国的一生和他的思想演变》，台北商务印书馆 2003 年版，第 225 页。

　　③ 庄士敦就是中情局台北站第一任站长。

　　④ 参见周宏涛口述，汪士淳著：《蒋公与我：见证"中华民国"关键变局》，台北天下远见出版股份有限公司 2003 年版，第 252 页。

　　⑤ 《白瑞德函蔡斯与鲍静安孙连仲所谈有关援助大陆游击工作内情，蓝钦函蔡斯提出拟答华府征询扶持台湾自力更生所需时间与金钱并请该团协助中国拟订一九五二年军事预算薪给兵役等工作》，台北"国史馆"藏。

　　⑥ 参见周宏涛口述，汪士淳著：《蒋公与我：见证"中华民国"关键变局》，台北天下远见出版股份有限公司 2003 年版，第 252 页。

治部工作一事，则属内政问题。①

在蒋经国抵达台湾不久，便成立政治行动委员会，负责统筹与协调情报及秘密警察的活动②，这些情侦工作有时会涉及宋美龄的人，宋美龄对此高度警惕，竭尽全力地保护着"后党"。

吴国桢是宋美龄属意的人物，也是蒋经国早期的政治对手。吴国桢在回忆录中曾这样描述他和宋美龄的关系："蒋夫人对我和内人很好。但是我认为她支持我的真正原因……是因为她晓得我在政治政策上不认同经国。"在台湾火柴公司的案件中，吴国桢试图保住王哲甫，为此向宋美龄谈了王哲甫案。吴国桢回忆道："当我讲到王哲甫案时，她（宋美龄）怒不可遏。我记得当时我们正要同蒋夫人和委员长共进午餐，只有我们夫妇和蒋氏夫妇，当蒋进来时，她怒气冲冲地说：'瞧！你儿子干了些什么？'"③

毛人凤也是宋美龄维护的人。"蒋经国久欲排去毛人凤，但碍于蒋夫人之支持无法遂行，蒋夫人之所以偏袒毛氏，仅因其进行若干海盗氏之走私行为而对蒋夫人有利，此利当非私人之利也。"④

此外，保护孔宋家族的利益也是宋美龄关心的重点。1948年蒋经国到上海整顿金融秩序，此事让宋美龄和蒋经国彼此心怀芥蒂，一直延续来台。与此同时，孔祥熙及宋子文在大陆期间的许多行为则让蒋经国十分愤怒，包括在国家危难之际囤积居奇，借机大发国难财等等，并认为宋美龄包庇孔宋家族。如此种种使得来台之后，一遇到孔宋之事，宋美龄就怀疑与蒋经国有关。清理孔祥熙、宋子文党籍之事，宋美龄就怀疑是蒋经国将此二人列入

---

① 参见周宏涛口述，汪士淳著：《蒋公与我：见证"中华民国"关键变局》，台北天下远见出版股份有限公司2003年版，第252页。

② 参见陶涵：《台湾现代化的推手：蒋经国传》，台湾万华时报文化2000年版，第207页。

③ ［美］裴斐、韦慕庭访问整理：《从上海市长到"台湾省主席"（1946—1953）——吴国桢口述回忆》，吴修垣译，上海人民出版社1999年版，第180页。

④ 《白瑞德函蔡斯与鲍静安孙连仲所谈有关援助大陆游击工作内情，蓝钦函蔡斯提出拟答华府征询扶持台湾自力更生所需时间与金钱并请该团协助中国拟订一九五二年军事预算薪给兵役等工作》，台北"国史馆"藏。

了清除名单。①

二、从斗争到妥协

在台时期，蒋介石正逐渐地让蒋经国参与更多的政务、拥有更多的权力。到了 20 世纪 60 年代，蒋介石已经将蒋经国视为"储君"，开始把权力向他过渡。为了让这种过渡顺畅，蒋介石逼走老臣、遏制内戚。

在蒋经国由"储君"迈向权力高峰之际，宋（美龄）蒋（经国）关系由斗争转向妥协。从这个意义上讲，在蒋家内部的权力斗争中，宋美龄败给了父子间的血统关系。

分析蒋经国与宋美龄的往来函电，可以发现电报的称衔与署名透露了双方关系变化的玄机。《蒋经国书信集——与宋美龄往来函电》（以下简称《往来函电》）收录蒋经国与宋美龄往来函电994 件，时间为 1937—1967 年和 1975—1986 年。《往来函电》全部搜自台北"国史馆"典藏的《蒋中正"总统"文物档案》及《蒋经国"总统"文物档案》。这些函电虽然多半只是录底、副张，或来电纸、去电纸的复印件，而且必须依循程序由收发报员、译电员、审查员或相关随侍人员过手，除非当事人有指示，谁也不敢擅自更改只字词组，所以可信度极高。在蒋经国致宋美龄的电报中，蒋经国的署名都是"儿经国"或"经儿"。蒋经国对宋美龄的称谓则有明显变化，1958 年以前对宋称"母亲大人""蒋夫人"或无称谓直述其事，1958 年以后则多为"母亲大人"。在宋美龄致蒋经国的电报中，对蒋经国的称衔多为"经国"。署名则有变化，1958 年以前主要署"美龄"、"蒋宋美龄"或"美"，只有 6 件署"母"，1958 年以后则全部署"母"。②

蒋经国在登大统前，不断地舒缓与宋美龄的关系。1967 年 4

---

① 参见周宏涛口述，汪士淳著：《蒋公与我：见证"中华民国"关键变局》，台北天下远见出版股份有限公司 2003 年版，第 475—476 页。

② 《待序》，载周美华、萧李居编：《蒋经国书信集——与宋美龄往来函电》（上下），台北"国史馆"2009 年版，第 2、4 页。

月 15 日，蒋经国电宋子安："信中所提之事，已报告母亲处理，并将经常报告情况。"① 1974 年 8 月 8 日，尼克松因"水门事件"被迫辞去总统职务，成为美国历史上第一个为了躲避国会对其滥用职权进行弹劾而辞职的总统。8 月 9 日，宋美龄针对此事写了一篇英文评论，并让其办公室游建昭秘书送交钱复翻译。由于文中用了相当的篇幅批评美国新闻从业者，钱复认为此文一经刊布传播势必影响当时的"台美"关系，于是将原稿与译文面呈蒋经国裁示。蒋经国读完后亦觉不妥，立即找来叶公超、黄少谷、沈昌焕、周书楷等会商，讨论结果是需要修改删除部分段落。但是蒋经国并没有直接决断，也没有亲自出面劝说宋美龄，而是让钱复面见宋美龄剀切陈词。钱复深知此事之不好办，但涉及"国家"利益，只好勉力而行。宋美龄从钱复处获知原委之后，接受了钱复的修改意见，或者更确切地说是蒋经国的意见。

蒋介石在宋（美龄）蒋（经国）关系的转变中也起到了积极的作用。蒋介石一方面敦促蒋经国尊重宋美龄，另一方面也不断地安抚宋美龄。1965 年，蒋经国接替俞大维成为"国防部部长"，顺利掌握台湾军权。9 月又以"国防部部长"的身份前往美国访问，会见美国总统林登·詹森和美国国防部部长罗伯特·麦克纳马拉，这次出访至美国，便蒋经国正式登上"外交"舞台。蒋介石特地电告蒋经国："时常与汝母晤面及请教为要。"②

三、从妥协到同舟共济

1975 年 4 月 5 日，蒋介石突发心脏病在台北市市郊士林官邸逝世。1975 年 4 月 29 日，蒋经国 66 岁生日，这一天宋美龄给蒋经国写了一封信，信中写道：

> 今天又届你的生辰，往年我都为你设席与家人共聚，一

① 《蒋中正"总统"文物档案——特交档案：蒋经国致各界文电数据》，台北"国史馆"藏。
② 台北"国史馆"藏档案。

享天伦之乐，此次自（你）父亲撒手离我你之后，我们再也无此兴致作任何设宴之举。今晨我特别起得早，为你祷告，祈求上帝给你智慧、健康和毅力，并特别赐福予你，这是我今年以此为你寿。母字①

宋美龄的信让蒋经国"感动无已，泣涕甚久"，"此为有生以来第一年失去父亲过生日，回首往事，悲痛无已"，"余今已六十有六岁，在过去的岁月中，有负父亲期望之处多矣。从今以后，自己要对自己负责，不可再有错失，因误个人之事小，误'国家'和大众之事大"。②自此，失去家族主心骨的宋美龄和蒋经国，彻底地从相互妥协走到了同舟共济。

彼此同舟共济之时，宋美龄主动地离开了台湾。1975年9月17日，宋美龄启程赴美，行前发表书面讲话，解释其赴美的原因：一是因为"近年来其屡遭家人丧故，自己却无从诀别，遗憾良深"；二是因为"三年来为侍蒋介石之疾，身心俱乏，渐染疾病，亟需医理"。号召大家"坚守民主阵容，自强以求自立，自助以求合作，坚强信心，勇往直前"。③但是，从政治斗争的角度解读宋美龄的这个行为，可以发现几重含义：其一，为蒋经国腾出政治空间。"第一夫人"远走美国，"后党"或"夫人帮"在台湾也就群龙无首，从而能够推动"后党"群臣倒向蒋经国。其二，威慑台湾岛内不安定分子。蒋介石死的时候，尽管蒋经国已经大权在握，但毕竟子承父业会让外界观感恶劣，"三年孝期"或可抵消外界的种种非议。如何让没有正式成为"总统"的蒋经国顺利地渡过三年孝期，防止兵变等极端情况将蒋宋母子一网打尽，宋美龄远离是非之地当是上上之策。宋美龄挟"第一夫人"之余威，于美国关注台湾，当可让台湾岛内不安定分子不敢再有非分之想。

---

① 蒋经国：《守父灵一月记》（1975年4月29日），台北三民书局1976年印行。

② 蒋经国：《守父灵一月记》（1975年4月29日、5月2日），台北三民书局1976年印行。

③ 《蒋夫人书勉全体国人》，《"中央"日报》1975年9月17日。

其三，为蒋经国在美国奔走，利用"院外援华集团"的游说，使美国接受蒋经国接班。

彼此同舟共济之时，在美国的宋美龄不断地为蒋经国出谋划策，把握方向。"台美"关系是蒋经国当时最担忧的事情，1975 年 12 月 1 日蒋经国电陈："福特访问中共必对'国家'不利，儿自将密切注意，妥为处理；美'大使'将于本月中旬返国，不知是否一去不返，难以预料。"① 12 月 21 日，宋美龄电告蒋经国："汝虑'国是'，亦即余针对时局及我'国家'前途人民精神之枵实'国策'，有无差误之忧恫焦虑所困扰也，云天相阂，缓暇当函告此间趋势，临电神驰。"② 1976 年 3 月 1 日，宋美龄"今趁夏功权下星期返国吉便，请其带台家书一通"③，以密信为蒋经国指点迷津。3 月 6 日，蒋经国报告："功权抵台，手谕与资料皆拜悉，儿对大人在谕中所提有关'国事'之意见，甚有同感。今年对'国家'而言，乃为关键之年儿决定遵示谨慎处事。"④ 3 月 10 日，宋美龄再叮嘱道："汝对'立法院'提出报告，对揭穿新闻媒介幸灾乐祸之阴谋言词，不惧不馁，余甚以为然。六日来电中谓今年为'国家'关键年，余有此同感，且揭晓则在明年，凡政策之得失，在乎政策之正确性，及执行诸君能力干才之进度深浅，以检讨成败，采葑采菲，取舍在乎甄别人事之得当"，并提醒蒋经国"因诸多执行者，或欠能力，或不忠国家主义，致有大陆之变动，而徒增不知几许"。⑤

彼此同舟共济之时，宋美龄不断帮助蒋经国拾遗补缺。1975 年 10 月 15 日，宋美龄致电蒋经国，对 10 月 14 日《纽约时报》

① 周美华、萧李居编：《蒋经国书信集——与宋美龄往来函电》（上），台北"国史馆" 2009 年版，第 354 页。

② 周美华、萧李居编：《蒋经国书信集——与宋美龄往来函电》（上），台北"国史馆" 2009 年版，第 359—360 页。

③ 周美华、萧李居编：《蒋经国书信集——与宋美龄往来函电》（上），台北"国史馆" 2009 年版，第 389 页。

④ 周美华、萧李居编：《蒋经国书信集——与宋美龄往来函电》（上），台北"国史馆" 2009 年版，第 392 页。

⑤ 周美华、萧李居编：《蒋经国书信集——与宋美龄往来函电》（上），台北"国史馆" 2009 年版，第 393—394 页。

所载文章中所言士林官邸奢华的报道表示不满，认为此类"偏差堪能造成及影响日后大局及'国家'前途"，望其注意。① 10 月 16 日，蒋经国电陈："今后儿自应遵谕，注意敌人之中伤并加防备。"1976 年 1 月 6 日，宋美龄致电蒋经国，告之"台独"在美国活动加强，嘱其对此问题应"探察处理之，免细小贻大，一如大陆后期"②。

彼此同舟共济之时，宋美龄也不断地约束自己，不让自己的行为让蒋经国徒增困扰。1976 年 3 月，宋美龄拟赴台主持蒋介石忌辰，蒋经国派专机赴纽约迎接，并"谨遣王师揆与孝勇赴美随侍'回国'，并即日准备士林之医务事宜"③。由于台湾方面获知有"台独"势力拟危害蒋孝勇，要求美方派人保护蒋孝勇。3 月 25 日，宋美龄电告蒋经国："为勇孙安全计自不宜派其来美"，且"近日美两党竞选人虽依国会通过法案合格者，均有政府派专人保护，但目前在报中及专栏作家批评为太浪费'国币'，母认为在此艰难时期，我须特别谨慎，以避免不必要之抨击"。④

彼此同舟共济之时，宋美龄不断地为蒋经国鼓气加油。1978 年 1 月 7 日，中国国民党第十二届二中全会第三次大会一致通过推举蒋经国担任第六任"中华民国总统"候选人。3 月 24 日，宋美龄致电蒋经国，鼓励他"既被征召，不必惶恐愧汗"，提醒他"照'宪法'规定'行政院长'对'立法院'负责，乃真正施政者。而'总统'惟形式上之'国家'元首耳，汝在'行政院'可多为人民'国家'做些事，借手于人终不如理想"。称"近数月来多次梦及父亲，三年驶逝至今思之有为心酸。余为人有一原则，即永不强人以难，或尽可能不令人有此设想或假想，常以平易待人接

① 参见周美华、萧李居编：《蒋经国书信集——与宋美龄往来函电》（上），台北"国史馆"2009 年版，第 334—335 页。

② 周美华、萧李居编：《蒋经国书信集——与宋美龄往来函电》（上），台北"国史馆"2009 年版，第 374—375 页。

③ 周美华、萧李居编：《蒋经国书信集——与宋美龄往来函电》（上），台北"国史馆"2009 年版，第 402 页。

④ 周美华、萧李居编：《蒋经国书信集——与宋美龄往来函电》（上），台北"国史馆"2009 年版，第 405 页。

物为宗，与家人共处
和蔼善慈为旨。希诸
孙对我有此种想则已
足矣。今年届古稀，
时以长江后浪前浪之
至理，以怡身心"，
并表示"此次得悉
汝应召，亟盼在此段
时期内，涓滴成就，
皆映及汝，不便稍有
分色之感，以树立簇
新政府之箴信。他日
汝偶有确切须要时，
余当襄助也"①。

宋美龄由蒋经国搀扶与大家挥手示意

宋美龄还极度关心蒋经国的身体。1976 年 2 月，蒋经国因病住进了"荣民总医院"，宋美龄十分紧张，连发数份电报叮嘱。2 月 1 日的电文中说："顷接九日来电，谓汝身体不支，不得不入荣总接受治疗，且温度竟升至 39 度。此定因业务压力所致，无疑世情倏变无状。余隔重洋虽卧病榻，亦不断以'国家'前途，汝身体健康为忧盼节力珍摄耐心调养俾方良能悉心展其维护之衷以释余远注。"② 2 月 28 日，又致电蒋经国，强调"须牢记谚云养病如养虎之要谛"，勿在病中操劳。③ 3 月 10 日又电嘱："余大夫在台期间之便，汝应作极仔细之心脏检查，并请其介绍其他专家，查出病源，对症发药。我台湾诸医生，虽有第一流者，但囿于某种

① 周美华、萧李居编：《蒋经国书信集——与宋美龄往来函电》（上），台北"国史馆"2009 年版，第 582—584 页。
② 周美华、萧李居编：《蒋经国书信集——与宋美龄往来函电》（上），台北"国史馆"2009 年版，第 385 页。
③ 周美华、萧李居编：《蒋经国书信集——与宋美龄往来函电》（上），台北"国史馆"2009 年版，第 389 页。

先时诊断，而拘泥其看法务必勿稍大意。"①

　　彼此同舟共济之时，蒋经国事母至孝。1976 年 3 月 12 日（农历二月十二日），宋美龄生日。以往，每逢宋美龄生日，蒋经国总会亲自祝贺或电贺，但这一次蒋经国做了一件从没有做过的事，为不在台湾的宋美龄设寿堂祝寿。宋美龄极为感动，3 月 15 日电告蒋经国："虽千里迢迢，余生辰汝为我设寿堂及预备签名簿，孝思纯笃弥欣且慰，请向诸友好来宾陆续见面时，代为申谢。"②

　　蒋经国经常致电宋美龄问安，而宋美龄也投桃送李，对蒋经国表示谢意并有问必答、有商有量。笔者根据《往来函电》中 1950—1986 年宋美龄致电蒋经国的函电次数做了统计（如表 5-1）。

表 5-1　1950—1986 年宋美龄致电蒋经国函电次数统计表

第一个十年		第二个十年		第三个十年		第四个十年	
时间	函电次数	时间	函电次数	时间	函电次数	时间	函电次数
1952 年	3 封	1965 年	3 封	1975 年	13 封	1980 年	17 封
1953 年	2 封			1976 年	21 封	1981 年	22 封
1954 年	2 封			1977 年	36 封	1982 年	20 封
1958 年	5 封			1978 年	29 封	1983 年	12 封
1959 年	4 封			1979 年	10 封	1984 年	17 封
						1985 年	28 封
						1986 年	19 封

　　如表 5-1 所示，可以从函电次数多寡这个侧面来印证两人从较对立、疏远的关系渐渐趋于缓和、密切。

　　蒋经国经常关注宋美龄生活的点点滴滴。1975 年 12 月 21 日，宋美龄致电蒋经国时说道："侍卫室带来乌木手杖，高度适宜，尤其手柄悦目合手。邓院长带来之佐餐之物及来禀均收到，昨日又

① 周美华、萧李居编：《蒋经国书信集——与宋美龄往来函电》（上），台北"国史馆" 2009 年版，第 395 页。
② 周美华、萧李居编：《蒋经国书信集——与宋美龄往来函电》（上），台北"国史馆" 2009 年版，第 400 页。

收到十三日所发来电，汝在政务繁忙中，仍能体及铢细，殊堪欣慰。"① 不仅如此，蒋经国还不断地让人给宋美龄捎去家乡物产，以解宋美龄思乡之苦，柿子、柚子、冬笋都是电报中提及的物品。

彼此同舟共济之时，蒋经国把宋美龄视为良师。1975 年 11 月 3 日，蒋经国电陈："三十日手谕拜悉，读之再三，此乃为儿在苦难中所能得到之最大安慰。手谕总会所提格言两句，儿必将此自勉自励。"② 1976 年 12 月 25 日，蒋经国电陈："在'国家'未来岁月中，潜伏而不能见者之艰危，远较可见者为多，国际反动逆流不但未退，而且将变成更为复杂险境。儿虽有一片耿耿忠心，但自知才能有限，遇事常与老成同志商量，以免今后如有重大问题，自将请示大人后再做决定。"③

事实也是如此，蒋经国不断地向宋美龄请示各种问题。1977 年 1 月 12 日，蒋经国电陈："有要事托俞国华面呈，希赐予召见。"④ 1 月 27 日，宋美龄电谕蒋经国："已于二十四日面见俞国华，其余由其'返国'面报。"⑤ 2 月 11 日，蒋经国电陈："国华兄'返国'面谈后，拜读大人手谕……谕示各节，儿必将谨慎以对。惟感慨万千，'国内外'敌人似非致'我国'于死地不可，吾人只有以死里求生之精神，努力向上，以待时机，得挽今日之危局。"⑥

彼此同舟共济之时，每遇关键时刻，蒋经国总希望宋美龄在其左右，为其保驾护航。1978 年 5 月 20 日，蒋经国就任台湾第六任"总统"前夕，心情十分忐忑不安。在这非常时期，蒋经国在 3

---

① 周美华、萧李居编：《蒋经国书信集——与宋美龄往来函电》（上），台北"国史馆" 2009 年版，第 359 页。

② 周美华、萧李居编：《蒋经国书信集——与宋美龄往来函电》（上），台北"国史馆" 2009 年版，第 342 页。

③ 周美华、萧李居编：《蒋经国书信集——与宋美龄往来函电》（上），台北"国史馆" 2009 年版，第 451 页。

④ 周美华、萧李居编：《蒋经国书信集——与宋美龄往来函电》（上），台北"国史馆" 2009 年版，第 460 页。

⑤ 周美华、萧李居编：《蒋经国书信集——与宋美龄往来函电》（上），台北"国史馆" 2009 年版，第 462 页。

⑥ 周美华、萧李居编：《蒋经国书信集——与宋美龄往来函电》（上），台北"国史馆" 2009 年版，第 467 页。

月 21 日给宋美龄发去函电：

> 密，母亲大人膝下，今日"国民大会"投票结果，被征召出任艰巨，不胜惶恐愧汗，儿之所以不敢置身事外者，既以"国家"忧患不容卸责，亦以父亲母亲革命奋斗不容毁伤中绝，乃不得不毅然接受征召。①

接到蒋经国函电后，宋美龄即回电一封，一边回应蒋经国，"汝电中提及父亲病中拉余及汝之手，虽未再向汝提及，此景此情焉能或忘"，一边勉励他"赓续艰巨之秋，汝既被征召，不必惶恐"，更是表示"今年届古稀时，以长江后浪前浪之至理，以怡身心。此次得悉，汝应召亟盼。在此段时期内，涓滴成就，皆映及汝不便，稍有分色之感，以树立簇新'政府'之箴信，他日汝偶有确切须要时，余当襄助也"②，以宽蒋经国之心。

1978 年 3 月 28 日，蒋经国再次电陈宋美龄，感谢"大人电谕"，"再四捧读广慈盛德"，并对宋美龄推崇备至，赞誉"大人一生爱国相父无论江西'剿匪'，西安事变，以至印缅之行，无不出以大智大仁大勇，尤其抗战期间，大人踏着轰炸后之血迹，亲为军民裹伤救患，并在美国发表谠论，使全球认识我中国艰苦抗战之实情，特别是'戡乱'时期对中美关系之挽回与加强，乃得此一片干净土以为'反共复国'之基地，此皆父亲母亲惨淡经营之结果。大人对党国之伟大贡献，固为世人所共知共见，更为一家所引为伟大贡献，更为一家所引为永恒之光荣与自信"。同时，在二人此一往返通信中第三次说道："犹记父亲在士林病榻中，多次紧抱儿子之手，叮咛嘱咐儿曰孝顺汝母，则余可安心于地下矣。儿敬对曰儿当谨遵父命。过去如此，今日如此，日后永远如此。

---

① 周美华、萧李居编：《蒋经国书信集——与宋美龄往来函电》（上），台北"国史馆"2009 年版，第 580—581 页。

② 该电于 1978 年 3 月 26 日从纽约发出。周美华、萧李居编：《蒋经国书信集——与宋美龄往来函电》（上），台北"国史馆"2009 年版，第 582—584 页。

当时，父子相对而泣。此情此景实长萦心神梦寐，终儿一生，不但孝顺，大人一如父亲在日，并当始终以孝顺父亲者孝顺大人。"最后，以"苟利国家生死以之"为信条，再次表示"此后，儿既以责无旁贷，至恳大人随时训诲督勉，一如儿随时侍膝前"。①

1978 年 12 月 16 日，美国总统吉米·卡特宣布即将与台湾"断交"。当此危难之时，1978 年 12 月 19 日，蒋经国函电宋美龄："鉴于美'匪'关系既成事实，必将有大批'匪类'赴美，势将严重影响大人之行动与安全，儿经一夜不眠之深思极虑，特驰电请示，不知大人健康情形是否能考虑'回国'，并候赐示。儿。"②尽管是以安全的名义，但寻求千里驰援之意跃然纸上。

1988 年 1 月 13 日，蒋经国猝然去世。台湾《联合报》1 月 17 日刊载的一篇文章《宋美龄无心饮食料理丧事》中，这样写道："一位和官邸有亲密关系的人士说，蒋夫人在 1 月 13 日听到经国先生病逝的消息，立刻驱车到官邸看望，悲伤不能言语。这位人士说，自蒋夫人前年从美国'返回'后，经国先生经常到士林官邸向她请安，互话家常。蒋夫人也时常留他吃饭，希望多陪她一些时候。最近几个月，经国先生为'国事'特别操心。有时候心情郁闷，胃口不好，蒋夫人还特别交代厨师，做几样家乡小菜，好让蒋经国开胃。经国先生逝世以后，宋美龄连续四天无心饮食。但是，身为一家之长辈，她仍然强忍悲伤，指示子孙们料理蒋经国的后事。包括移灵到忠烈祠，以及奉厝于桃园头寮等，众人都是请示她以后再做决定的。"③

第三节　蒋宋两家利益的平衡

对于宋美龄而言，娘家和蒋家不仅是手心和手背的肉，也是

---

① 周美华、萧李居编：《蒋经国书信集——与宋美龄往来函电》（上），台北"国史馆"2009 年版，第 586—588 页。

② 周美华、萧李居编：《蒋经国书信集——与宋美龄往来函电》（上），台北"国史馆"2009 年版，第 658 页。

③ 《宋美龄无心饮食料理丧事》，《联合报》1988 年 1 月 17 日。

天平两侧的眷恋。如何拿捏娘家和蒋家的关系，如何平衡娘家和蒋家的利益，一直是宋美龄反复纠结的问题。但在宋美龄内心深处，她和蒋介石两个人的"小家"才是核心利益。从宋美龄晚年如何处理娘家和蒋家的关系，可以看出宋美龄是如何维护"小家"的利益。

一、保护孔祥熙、宋子文党籍

蒋介石败守台湾之后，决心改造及巩固国民党，力图把意志不坚、向心力不够、明显已有二心的党员，自国民党党内排除。蒋介石首先进行的是"党员归队"，要求到台党员向各地组织报到，以便重新编组。然而，登记归队工作进展得却不尽如人意。当时，许多国民党军政官员并没有追随蒋介石逃亡台湾，而是滞留海外，孔祥熙、宋子文就是其中的指标性人物。1947 年，孔祥熙以"忽接家人自美来电，谓夫人染患恶病，情况严重"为由避居美国纽约，这次党员归队登记他置之不理。1949 年，蒋介石下野后，宋子文辞去官职，从香港辗转飞赴法国，又从欧洲转往美国定居。国民党败退台湾后，党内出现各种追究导致政权崩溃祸首的声音，孔宋家族由于财富巨大，在大陆最危急时候，"不与军民坚持到最后"，本就为报章所批评，孔、宋两人继续滞留美国，"不与军民共患难"，再次成为众矢之的。

1952 年，国民党"七全大会"召开，此时国民党内大陆时期的各个山头派系基本被蒋介石削平，孙中山公子孙科、元老派居正、桂系白崇禧、CC 系陈氏兄弟以及孔宋家族的掌门人孔祥熙、宋子文，都被清除出国民党的权力核心"中央"执行委员会。宋美龄对于蒋介石的这种做法未置一词，她知道牺牲娘家是不得已而为之，因为这是巩固蒋介石政权的需要，是关系到她和蒋介石两个人"小家"政治生命的举措。

1953 年，国民党党内整顿工作继续进行。在"中央"委员党籍总检查中，蒋介石指示始终未归的"中央"委员应予开除党籍。蒋介石此举主要针对的是李宗仁、胡适等一批滞留在美国的"党国"大佬，应该不是有意识地针对孔祥熙和宋子文。然而，在"中央"检查小组递送给蒋介石的名单中，孔祥熙和宋子文排列13人之首。作为蒋介石的机要秘书，周宏涛是将此份名单呈报蒋介石核定的经手人。然而，就

宋美龄与宋子文

在周宏涛转呈名单的次日，他接到宋美龄的指示："令周宏涛即刻到官邸。"① 宋美龄询问：何以孔祥熙及宋子文会被列入撤销党籍的名单之内？宋美龄对周宏涛说："如此做是抹煞孔、宋过去对党国的功勋，也恰好等于中了共产党的挑拨离间之计，对党而言不单不智，也对孔宋两人不公平。""当年西安事变，我不是为丈夫而奋斗，而是为国家的前途计算啊！今日又到公平奋斗之时了！"② 宋美龄这时的反应显示出，当娘家要被蒋家卸磨杀驴时，她要坚定地保卫娘家的利益。她认为，为了蒋介石政权的需要，可以暂时将娘家人逐出权力核心，但是当蒋家要将娘家人从政治上斩尽杀绝时，就不公平了。当天下午，蒋介石召见周宏涛，听闻宋美龄的反应，蒋介石命令周宏涛："以后不要把尚未决定之事告知夫人，以免增加她的忧心。"③ 其实，蒋介石之前已经核准此案，同意开除孔祥熙和宋子文党籍。在宋美龄的激烈言辞下，蒋介石退却了。第二天，蒋介石决定暂缓发出撤销党籍通知，并召见周宏

---

① 周宏涛口述，汪士淳著：《蒋公与我：见证"中华民国"关键变局》，台北天下远见出版股份有限公司2003年版，第478页。

② 周宏涛口述，汪士淳著：《蒋公与我：见证"中华民国"关键变局》，台北天下远见出版股份有限公司2003年版，第478页。

③ 周宏涛口述，汪士淳著：《蒋公与我：见证"中华民国"关键变局》，台北天下远见出版股份有限公司2003年版，第478页。

涛询问蒋经国是否也是"中央"检查小组成员。可见，宋美龄怀疑是蒋经国把孔祥熙和宋子文列入除名名单。在得知蒋经国不是"中央"检查小组成员后，蒋介石让周宏涛将此事与海外中委撤销党籍已经缓办一并告知宋美龄。傍晚，蒋介石再度召见周宏涛，说孔宋两人功过尚未定论，海外党员中另有类似者，类同办理，不可以受中共宣传影响，可以发党证。随后，周宏涛告诉蒋经国，蒋介石改变了原来批示。蒋经国认为这事应尽速决定，不宜拖延。周宏涛即请蒋经国向蒋介石请示，半个小时后蒋经国带来了蒋介石的手谕，手谕是这么写的："张秘书长，凡'中央'委员已经归队与登记者，如无附'匪'及不法言行者，准予补发新党证可也。"孔祥熙、宋子文的党籍至此确定。

宋美龄对孔祥熙、宋子文等娘家同辈的帮助也仅此而已，但处理亲戚关系的态度却截然不同，这似乎跟孔祥熙、宋子文的政治热情密切相关。国民党当局退据台湾后，孔祥熙避居美国，对台湾政治不置一词。宋美龄很满意孔祥熙的这种态度，还邀请孔祥熙到台湾游玩。1967 年 8 月 16 日，孔祥熙因突发心脏病在美国病逝，终年 88 岁。[①] 8 月 17 日，宋美龄由蒋纬国陪同，乘专机赴美，参加孔祥熙葬礼。[②] 8 月 20 日，下午两度前往停放孔祥熙灵柩的坎培尔殡仪馆吊祭。[③] 8 月 29 日，蒋经国致电，报告"党政军"各界将于 9 月 2 日追悼孔祥熙。[④]

反观宋子文。国民党当局退据台湾后，宋子文对政治仍未忘情，甚至想东山再起，到台湾襄助蒋介石推动政务，但遭蒋介石拒绝。1971 年 4 月 24 日，宋子文在旧金山钟斯大道一二五〇号公寓 1601 室余经铠（Edward Eu，亦为宋子文之二女婿余经鹏之长兄）家中吃饭时，因误吞鸡骨哽住气管而呛死，终年 77 岁。4 月

---

① 参见郭荣生编著：《民国孔庸之先生祥熙年谱》，台北商务印书馆 1981 年版，第 239 页。

② 参见郭荣生编著：《民国孔庸之先生祥熙年谱》，台北商务印书馆 1981 年版，第 239 页。

③ 参见《蒋夫人在纽约吊祭孔故资政》，《"中央"日报》1967 年 8 月 22 日。

④ 参见《蒋经国致宋美龄电文资料》，台北"国史馆"藏。

30 日，台湾当局发言人宣布宋美龄临时决定不赴美国参加宋子文的葬礼。宋美龄原定于 4 月 30 日上午飞往纽约，参加翌日举行的殡仪，后因获悉大陆拟派宋庆龄赴美吊唁，决定取消行程。[①] 5 月 1 日，宋子文追思礼拜在纽约一座教堂举行，宋子文的遗孀张乐怡和女儿宋琼颐（Laurette，婿冯彦达）、宋曼颐（Mary Jane，婿余经鹏）、宋瑞颐（Katherine，婿杨成竹），以及宋子良、顾维钧、刘锴等数百人参加。当时在纽约宋霭龄及其子女皆未参加宋子文的葬礼和追思礼拜，蒋介石仅颁了一块"勋猷永念"的挽额。

二、为孔令侃争官

孔令侃是宋美龄最喜欢的一个侄子，她极力想把孔令侃培养成与蒋经国、蒋纬国相抗衡的一股势力。

1943 年宋美龄访美期间，孔令侃就担任宋美龄私人秘书。孔令侃利用这个政治上的机遇，同美国各大家族建立了经济上的联系，并聘请了一些和美国大垄断公司有联系的人为孔氏家族服务。孔令侃受宋美龄嘱托，在美国负责联络美国政要、国会议员，并向宋美龄随时汇报美国朝野动态。

由于蒋经国上海"打虎"事件，使蒋氏父子对孔令侃心结难解。蒋氏父子心知，1949 年，要不是舆论攻讦孔宋家族贪腐，国民党政权的威望不会坠落谷底。基于此，到台湾后，蒋介石绝不晋用孔宋家族成员进入政府高层。蒋介石在世时期，孔令侃鲜少主动造访台湾，除非是接到宋美龄指示，才到台北。

1966 年，蒋介石第三任"总统"届满，即将出任第四任"总统"，"行政院"也将重新改组。这次选举对蒋介石而言意义重大。其一，蒋介石年事已高，是以八十高龄出任第四任"总统"，一旦任期中去世，将由"副总统"自然升任"总统"。其二，蒋经国年资尚浅，暂时不能接班。因此，蒋介石要选一个能够为蒋经国接班保驾护航的人担任"副总统"。宋美龄也希望在这场变局中为娘

---

① 参见《宋子文葬礼今在美举行，蒋夫人决定不参加》，《"中央"日报》1971年 5 月 1 日。

家分得一杯羹，为自己站稳一片地盘。于是，这年3月，孔令侃在台湾政坛最敏感的时刻来到台湾，寻求在"内阁"中的位置，他所依赖的后盾就是宋美龄，宋美龄也是力荐孔令侃。宋美龄认为，孔令侃为了"中华民国"的地位，在美国长期与国会议员周旋，极力争取台湾的利益，为台湾作过重大贡献，凭此贡献为其谋取一部长之职也是合情合理的举措。纵使外界对孔宋家族有一些负面认识，但也不能因此而抹杀孔令侃对台湾当局的功绩。然而，蒋介石非常清楚，不能让宋美龄打乱他多年的接班布局，"内阁"官衔万万不可。最后，蒋介石想了一个两全之策，特聘孔令侃为"总统府国策顾问"，归"总统府"直接领导，位列部长之上。以顾问的头衔参与政治也可以尽量避免与日后主政的蒋经国产生正面的冲突。

1972年，孔令侃再次返台，宋美龄亲自出面，希望在蒋介石"总统"任期届满之前，再次为孔令侃谋求"行政院院长"一职。宋美龄屡次三番推荐孔令侃担任"行政院院长"是出于两方面的考虑：一是为自己未来的政治生命着想。宋美龄担心在蒋介石去世之后，她"第一夫人"的政治地位将受到动摇，再加上她与蒋经国之间貌合神离，因此她必须培植自己的政治势力以维护她的政治资本。二是因为宋美龄长期受到美式观念的影响，认为任何职务都可以遵循公平竞争的原则，依靠自身能力，通过努力的方式得到。宋美龄觉得，有着海外留学经历、长期周旋于美国政商两界的孔令侃具备了担任"行政院院长"的能力与条件，况且孔令侃对政治也表现出了强烈的兴趣。宋美龄主观上认为，假如孔家最能干的孔令侃在这次角逐中缺席，孔宋家族势必在台湾政治舞台上被彻底边缘化，尔后在政治上将毫无着力点，再也不可能和权力沾上边。① 蒋介石对此极为不满，他的打算是自己连任第五任"总统"，让蒋经国任"行政院院长"。这是蒋经国正式走上政治前台的关键一步，是蒋介石的传子大业，是构筑蒋家王朝"家

---

① 王丰：《蒋介石死亡之谜》，团结出版社2009年版，第49页。

天下"的基础。蒋介石决不容许此事有任何闪失，甚至大造舆论，以形成"顺应民意"、"出于公心"而"内举不避亲"。最终，在蒋介石的运作下，国民党中常委通过决议，一致吁请蒋介石"不以内举之微嫌，废'国家'兴衰之至计，允即征召蒋经国出任'行政院院长'"。

在这个过程中，宋美龄不断地游说要挟蒋介石，甚至以"冷战"的方式力图迫使蒋介石就范，蒋介石极为痛苦。他在1972年5月17日的日记中写道："晚见令侃，心神厌恶，'国家'生命几乎为他所送。妻既爱我，为何要加重我精神负担？"[1] 为了摆脱宋美龄的纠缠，5月27日蒋介石躲避至中兴宾馆，当天的日记如是记道："近日精神苦痛，以女子小人为难养也，故拟独居自修。上午入府监视'行政院院长'及其各部会长就职典礼，并致训词。下午独自迁移中兴宾馆。晚经儿来谈并伴膳。"[2]

6月1日，蒋经国就任"行政院院长"，孔令侃谋职一事彻底落空。但宋美龄和孔令侃仍不甘心，宋美龄继续"冷战"，不去和蒋介石同住，蒋介石在6月12日的日记中写道："惟小人与女子难养也。'近之则不逊，远之则怨。'女子更为难养，切勿近之。午膳、夜膳，勇孙皆来侍膳，不觉寂寞。"[3]

孔令侃则随大家探望姨夫。6月7日，蒋介石听到孔令侃要来的消息痛苦不堪，他在日记中写道："晚闻令伟言令侃要来见我，心神为之痛苦不堪，但只好听其来见，夜间未能安眠。"[4] 次日见过孔令侃后，蒋介石在日记中感慨道："上午与令侃谈话，时任其美国对他开玩笑，而往自以为得意，殊为可叹。"[5] 过了一个多月，蒋介石想起孔令侃来还愤愤不已。7月11日日记云："耻辱仇愤，没有一时能忘。我的病源起于令侃，我的'国耻'亦发于令侃，

① 《蒋介石日记》，1972年5月17日，美国斯坦福大学胡佛研究所藏。
② 《蒋介石日记》，1972年5月27日，美国斯坦福大学胡佛研究所藏。
③ 《蒋介石日记》，1972年6月12日，美国斯坦福大学胡佛研究所藏。
④ 《蒋介石日记》，1972年6月7日，美国斯坦福大学胡佛研究所藏。
⑤ 《蒋介石日记》，1972年6月8日，美国斯坦福大学胡佛研究所藏。

用人不可不谨慎也。"①

　　最终，宋美龄妥协了。6 月 19 日，蒋介石独自在中兴宾馆住了二十天后，宋美龄搬来同住。7 月 21 日，蒋介石日记云："近日体力疲倦，心神时觉不支。"② 7 月 22 日中午，蒋介石突发高烧，确诊为肺炎，从这一天开始，无法再写日记。宋美龄也再没有在蒋介石面前为孔令侃争取官位。

　　直至美国与台湾"断绝外交"、台湾探寻另开"外交"路线之方向及办法时，宋美龄才重新让孔令侃在"台美"秘密"外交"中担当重任。1980 年 6 月 16 日，宋美龄电谕蒋经国："自美与我'断交'后，当时美国务院即取不与我正面接触之光怪陆离姿态、自欺自矇之种种措施，令功权处处向壁所闻所报，均令人气愤气闷，因每下愈况，余即与令侃究讨开路办法。"③ AMERICAN EN-TERPRISE INSTITUTE（简称 AEI）就是宋美龄交给孔令侃捐助收买的对象。

　　在宋美龄的影响下，蒋经国作了友善的回应。1982 年 8 月 30 日，蒋经国电陈："令侃、令杰两弟无论过去现在对'党国'皆有贡献，此则儿所深知者。今后尤望其加强联络在美友人，协助政府以增进中美间之关系。"④ 1984 年 11 月 22 日，蒋经国电陈："令侃弟已于昨日见面（许久未见），相谈甚欢。大人交代各节，已逐一与令侃讨论，俟其回美时面报。"⑤

---

①《蒋介石日记》，1972 年 7 月 11 日，美国斯坦福大学胡佛研究所藏。

②《蒋介石日记》，1972 年 7 月 21 日，美国斯坦福大学胡佛研究所藏。

③ 周美华、萧李居编：《蒋经国书信集——与宋美龄往来函电》（下），台北"国史馆" 2009 年版，第 92 页。

④ 周美华、萧李居编：《蒋经国书信集——与宋美龄往来函电》（下），台北"国史馆" 2009 年版，第 474 页。

⑤ 周美华、萧李居编：《蒋经国书信集——与宋美龄往来函电》（下），台北"国史馆" 2009 年版，第 294—295 页。

结　语

宋美龄，1987 年 3 月 5 日（农历二月十二日）生于上海，2003 年 10 月 23 日在美国纽约逝世，享年 106 岁。

宋美龄比同时代的政治人物都要长寿，她的一生横跨中国历史上最为动荡、变化最快速的 20 世纪。她的人生就是 20 世纪中国剧变的写照。

她出生的那个年代，外强入侵，内乱纷起，内忧外患，民不聊生。清王朝的统治摇摇欲坠，这个社会动荡不安。她在一个宗教家庭里成长，受家族影响，笃信基督教，幼年时期，与姐姐庆龄同赴美国求学，后转入韦尔斯利学院深造，直至 1917 年学成归国。漫长的留学经历，使得宋美龄深受西方文化观念的熏陶，也使得她具备了同时代妇女所不可企及的教育训练。

作为近现代中国重要的历史人物，宋美龄亲历了各个时期的重大历史事件，也在中国的历史舞台上留下了自己的印记。宋美龄的一生可以以 1950 年为界，划分成截然不同的两部分。从 1917 年学成归国到 1950 年退守台湾，这一段时间可以看作是宋美龄的前半生，或者大陆时期。宋美龄最具风采，影响力最大的事件发生在前半生。

1927 年，宋美龄与蒋介石成婚，由此走上中国政治舞台，并逐步显示了她的政治才能。婚后宋美龄的第一项工作是改变蒋介石的信仰，她不断地向蒋介石灌输基督教卫理工会的信仰，并促使蒋介石受洗成为基督教徒，这一事件震惊了当时的中国。随后，宋美龄以"第一夫人"的身份，投身于中国的妇女运动，领导创办国民革命军遗族学校，安抚遗孤，培养教育为国捐躯壮士的后代。在蒋介石发动的"新生活运动"中，宋美龄也是运动的重要推手和蒋介石的关键臂助。1936 年西安事变发生，宋美龄亲赴西安，力劝蒋介石转变态度，为事变的和平解决出力甚多。1937 年卢沟桥事变爆发后，日本开始了全面的侵华战争，中国人民的抗日救亡运动风起云涌。这一时期，宋美龄积极辅佐蒋介石，在政治、外交、社会、妇女运动等领域发挥了重要的作用，展现了她一生最光彩的篇章。她擘划战时妇女政策，训练妇女干部，推动儿童保育工作。她不惧敌机，奔赴前线，引导妇女投入救护工作。她着力建设中国空军，陪同蒋介石出访印度，拓展中国对东南亚的影响。她在抗日运动的艰苦时期，远赴美国，争取援助，在国会的讲演，轰动了美国朝野，显示了她的外交才能和智慧。在陪同蒋介石出席具有重大历史意义的开罗会议时，更加表现了她的外交风范。宋美龄前半生的这些活动与贡献，为大家所熟知，史学界的研究成果也颇丰富。

抗战胜利后，国共内战爆发，国民党战败退守台湾。1948 年 12 月 1 日，在国民政府已然奔溃之时，宋美龄仓促赴美求援，直至 1950 年两手空空回到台湾，由此进入了宋美龄人生的下半场、她的后半生。在 20 世纪 50 年代以后，宋美龄所处舞台变小了，加之政治立场、意识形态的影响，学术界需要对她的后半生做一部真正意义上的、以严谨史料支撑的史学著述。

宋美龄的后半生肇始于内外交困的台湾孤岛。当此时期，台湾岛内局势混乱，工业生产线几乎瘫痪，人民赖以生存的粮食和日用品紧缺，通货膨胀严重。国际环境亦十分险峻，美国人不断筹划"弃台""弃蒋"，中外人士无不认为国民政府在台湾苟延残喘的时日已屈指可数。为了帮助蒋介石维护在台湾的统治地位，她努力扮演"第一夫人"的角色，把它作为一个政治符号持续传给公众。为了扮演好"第一夫人"的角色，她帮助蒋介石在妇女、卫生、文教、体育等多方布局，巩固台湾地位，维护社会稳定。

为了帮助蒋介石稳定政局，劳军、接见、茶会、宴请，这些都属于"第一夫人"的举措。为了彰显蒋介石政权的正统性，她频频在各种"外交"场合露面。因此，对外交往、妇女儿童、医药卫生、文化教育、宗教活动等多方面的社会工作所表现出来的社会角色，都是"第一夫人"这一政治符号的体现和开展。

"外交工作"，尤其是对美"外交"工作，是宋美龄生命力后半生工作的重心，也是她所扮演的主要社会角色之一。1952年，韩战处于僵持阶段，麦卡锡主义横行全美，宋美龄抓住了美国政治环境的变化，从幕后走到台前，以多种名义赴美访问。而后的"外交"工作始终是在错综复杂的内外环境下进行的。1949年至1952年时期的对美"外交"工作，是宋美龄自1948年赴美求援的延伸。1948年离开大陆赴美后，她较长时期滞留美国，寻求美方支援。随着形势变化，她的求援任务，从原先争取美国军经援助，演变为游说美国议会，利用新闻界的宣传，改善美国公众舆论对台湾的观感和态度，从而达到美国延缓承认中共政权的目标。20世纪五六十年代，宋美龄的"外交"目的为不断打造"中华民国"是美国的盟友，双方有着共同的敌人——共产主义阵营，美国对台的支持是符合美国自身利益的。从20世纪60年代后期开始，随着蒋介石逐步将权力向蒋经国过渡，宋美龄为了给蒋经国让路，或主动或被动地淡化了在对美"外交"上的角色。到蒋经国登上大统，她退出对美"外交"的前台，但仍然不断地为蒋经国筹谋划策，把握方向。

妇女工作是宋美龄后半生工作的又一重心，"妇女领袖"是她展现给公众的代表性"社会角色"。大陆时期，宋美龄不仅是中国妇女运动名誉上的领导者，也是实质上的推动者。凭借这一政治资本，宋美龄到台湾后立即着手开展妇女组织动员工作，通过组织"中华妇女反共抗俄联合会"，设立"中央"妇女工作会，在民间和党内分别构建了两个妇女运动组织体系，各有专责，同负推进台湾"动员"型妇女运动的使命。民间机构"妇联会"是宋美龄推动台湾妇女运动的最重要凭借，其依附军政、学校等发展组织，领导干部以官员夫人为主，主办组训"中央"地方妇女分支会，及女校、军眷工作队，并慰劳将士，救济贫苦军眷。党方机构"妇工会"，负责领导台湾妇女机构，组织妇女党员，推进党务，工作重心放在农村、家庭和一般群众中，其干部队伍则为党务系统中的青年骨干力量。宋美龄所领导的台湾妇女工作，是以"反共"为旗帜，以"动员"为特征，带有浓厚的政治意味。在"反共"的这面旗帜下，宋美龄因应国际国内形式变化，不断调整妇女会政策重心，开展各项妇女运动，动员全社会妇女贯彻实施。妇女工作的重心就是配合落实不同时期的国民党政策，塑造"良母贤妻救国保种良好公民"的妇女角色。在开展台湾妇女运动的过程中，宋美龄搭建了一个属于自己的妇女干部班底，获取了丰富的政治资本。

　　推动台湾的社会事业是宋美龄后半生工作中不可或缺的组成部分，也是宋美龄"社会角色"的第三个着力点。"蒋妈妈"是受益于她的民众对其亲昵的称谓，事实上，宋美龄在创建振兴复健医学中心、建立华兴育幼院、主掌医疗卫生、儿童福利、文化教育等多方面都作出来贡献。她基于基督的信念而奉献给社会的爱心，以"大我之爱"的宗教情怀，秉承"尽我心、我力、我意，以实行上帝的意志"的宗教理念，积极投入抚养孤儿、救济贫民、抚恤幼童、赈济救灾。大陆时期，1928 年建立国民革命军遗族学校，抗战时救助伤兵，设立儿童保育院、教养院；来台后，她开办救护训练班，与美国医药援华会合作在台湾开展肺结核防治。为救助许多小儿麻痹症病童，兴办振兴复健医学中心，并将振兴医院打造成慈善医院，提供免费的食宿、交通、教育及各种理疗与门诊等，在今天看来也是不容易做到的。宋美龄做社会工作，也是她辅佐蒋介石执政所必需的举措，具有相当的政治意义。1955 年，国民党军队在一江山岛战役的失利，大批遗孤和大陈难童需要照顾，为稳定社会民心，创建华兴育幼院，打造儿童教育的榜样。

　　宋美龄在其后半生中，对外作为一个维系蒋介石统治的政治符号，扮演着多重社会角色，对内则扮演着传统家族的长者。蒋介石在世时，维护家族伦常，蒋介石离世后，守护"蒋家"在家族中扮演的"贤妻""慈母"和"长者"角色。宋美龄和蒋经国之间的关系演变，也清楚地展示出了宋美龄的家国观念。大陆期间，尽管蒋经国在上海整顿金融秩序时伤及宋家的利益，被宋美龄视之为"以下犯上"，但那时两人关系还谈不上争斗，毕竟那时两人在政治权力中的地位相差极大。来到台湾之后，尽管宋美龄与蒋经国之间扮演着"母慈子孝"的表面戏码，却开始了真正的权力斗争。此时宋美龄是"第一夫人"，蒋经国已经晋级为"储君"，从政治影响力而言，两人旗鼓相当，他们之间竞争的是权力范围和势力范围。1975 年 4 月 5 日，蒋介石的离世，使两人从权力争斗走向同舟共济。此时宋美龄视蒋经国为蒋介石政治遗产的忠实继承者。为了给蒋经国腾出政治空间，她主动避居美国，还为蒋经国在美国奔走，利用"院外援华集团"的游说，为蒋经国争取外援。

晚年，宋美龄逐步脱离台湾政坛，赴美隐居。在写给蒋经国的信函中，披露其辅佐蒋经国治理台岛，心力交瘁。兄长宋子文突然离世，耽于政治放弃吊唁，令人唏嘘。二姐宋庆龄病重直至去世，亦未前去探望，手足之情淹没于政治阴影。晚年不留功名，"一切交给上帝"，映射出宗教对其一生的影响。

美国东部时间 2003 年 10 月 23 日晚上 11 时 17 分，宋美龄在纽约曼哈顿家中去世，享年 106 岁。彼时孔令仪夫妇、蒋友常在旁陪伴。终宋美龄一生，她为提升中国妇女的社会地位、推动中华民族的复兴事业，贡献了智慧和力量。

回顾宋美龄的后半生，笔者认为她是一个极为聪明的人，她知道自己缺乏什么、需要什么。她在对美"外交"中，隐忍负重，抓住"院外援华集团"为其奔走。但在时代潮流变化之时，跋前顾后、转型艰难。高举"反共"大旗，重视象征性、指标性的胜利，以至于在国际潮流变化之时、美国国内舆论转变之际，难以适应。

　　回顾宋美龄的后半生，笔者认为她"爱娘家更忠蒋家"。如何拿捏娘家和蒋家的关系，如何平衡两家的利益，一直是宋美龄反复纠结的问题。在宋美龄眼中，娘家人是最亲近的人。为了保护孔宋家族的利益，逼迫蒋介石下令放弃上海"打虎"。为了酬答孔令侃对美游说之功，为其争官，不惜与蒋介石"冷战"，竟使蒋介石说出"唯女子与小人难养也"。然而在她内心深处，"蒋家"才是她的核心利益。

　　宋美龄的一生伴随着西化、近代化、战争与革命等巨大社会变迁，始终抱持"中国必须改造"的信念，她留给后世的，是一个威权政治下的操弄者，还是一个民主社会的宣导人？尚需假以时日，给予一个公正的回答。

参考文献及征引书目

一、档案

台北中国国民党党史馆藏档案。

《蒋中正"总统"文物》，台北"国史馆"藏。

《蒋经国"总统"文物》，台北"国史馆"藏。

振兴复健医学中心藏档案。

Chiang Kai-shek Papers, Hoover Institution library and Archives, Stanford University.

Emma Delong Mills Papers, Library & Technology, Wellesley College.

George E. Sokolsky Papers, Hoover Institution library and Archives, Stanford University.

May-ling Soong Chiang Papers, Library & Technology, Wellesley College.

The Peter H. L. Chang and Edith Chao Chang Papers and Oral History Collection, Rare Book and Manuscript Library, Columbia University.

United States Department of State Foreign relations of the United States diplomatic papers, China (1861—1960), http: //digicoll. library. wisc. edu/FRUS/Browse, FRUS, University of Wisconsin.

二、出版史料、年鉴与工具书

屏东基督教医院编：《财团法人屏东基督教医院四十周年纪念特刊》，1993 年版。

陈布雷等编：《蒋介石先生年表》，台北传记文学出版社 1978年版。

陈诚著，何智霖、高明芳、周美华编：《陈诚先生书信集——家书》（上下），台北"国史馆"2006 年版。

陈芳明编：《台湾战后史资料选——二二八事件专辑》，台北自立晚报社文化出版部 1991 年版。

陈鹏仁编：《蒋夫人宋美龄女士言论选集》，台北近代中国出版社 1998 年版。

丁蕙原编著：《蒋夫人与中国》，台北历史文化 1981 年版。

《辅仁大学董事长蒋宋为历届毕业同学赠言》，天主教辅仁大学 1988 年印行。

《妇联四年》，台北"中华妇女反共抗俄联合会"1954 年版。

《妇联五年》，台北"中华妇女反共抗俄联合会"1955 年版。

《妇联八年》，台北"中华妇女反共抗俄联合会"1958 年编印。

《妇联三十年》，台北"中华妇女反共联合会"1980 年版。

《妇联三十五年》，台北"中华妇女反共联合会"1985 年版。

《妇联四十年》，台北"中华妇女反共联合会"1990 年版。

黄伯平编著：《蒋夫人与中国》，台北东南出版社 1962 年版。

黄自进、潘光哲编：《蒋中正"总统"五记·爱记》，台北"国史馆"2011 年版。

江敦彬编著：《蒋夫人与中国》，台北中华史记编译出版社1978 年版。

《蒋夫人旅美演讲集》编辑委员会编：《蒋夫人旅美演讲集》，台北中国出版公司 1968 年版。

《蒋夫人言论汇编》编辑委员会编：《蒋夫人言论汇编》，台北中正书局 1956 年版。

《蒋夫人思想言论集》编辑委员会编：《蒋夫人思想言论集》，台北"中央文物供应社"1966年版。

李云汉、林养志编：《中国国民党党务发展史料——中央常务委员会党务报告》，中国国民党中央委员会党史委员会1995年版。

林养志编：《中国国民党党务发展史料——妇女工作》，中国国民党中央委员会党史委员会1996年版。

骆香林主修，苗允丰纂修：《中国方志丛书》之《花莲县志》（第一卷），台北成文出版社1983年版。

南京大学台湾研究所编：《海峡两岸关系日志（1949—1998)》，九州出版社1999年版。

秦孝仪编：《"中华民国"重要史料初编——对日抗战时期》（第1—7编），台北中国国民党中央委员会党史委员会1981年版。

秦孝仪编：《革命文献》第七十九辑，《中国国民党历届历次中全会重要决议案汇编（一)》，台北中国国民党中央委员会党史委员会1979年版。

秦孝仪编：《"总统"蒋公大事长编初稿》，中国国民党中央委员会党史委员会1978年版。

秦孝仪主编，中国国民党中央委员会党史委员会编印：《先"总统"蒋公思想言论总集》，台北"中央文物供应社"1984年版。

上海宋庆龄故居纪念馆编译：《宋庆龄来往书信选集》，上海人民出版社1995年版。

陶文钊：《美国对华政策档集》（第一卷）（上），世界知识出版社2003年版。

王世杰：《王世杰日记》（手稿本），台北"中研院"近代史研究所1990年版。

王亚权编：《蒋夫人言论集》（上下），台北"中华妇女反共联合会"1977年版。

王正华编辑：《事略稿本》（60）（1945年3月至5月），台北"国史馆"2011年10月印行。

王正华编辑：《事略稿本》（61）（1945 年 6 月至 7 月），台北"国史馆"2011 年 10 月印行。

王正华编辑：《事略稿本》（62）（1945 年 8 月至 9 月），台北"国史馆"2011 年 12 月印行。

伍野春等编：《中华民国史研究综述》，天津教育出版社 1991 年版。

萧继宗主编：《革命文献》第六十九辑《中国国民党宣言集》，中国国民党中央委员会党史委员会 1976 年版。

新生活运动促进总会编：《新生活运动汇编》（第一集），南昌新生活运动促进总会 1934 年版。

振兴复健医学中心编：《荣誉传承 振兴四十——振兴复健医学中心四十周年特刊》，台北振兴复健医学中心 2007 年版。

郑仰恩主编：《信仰的记忆与传承——台湾教会人物档案》（一），台南人光出版社 2001 年版。

中国第二历史档案馆编：《中国国民党中央执行委员会常务委员会会议录》（十），广西师范大学出版社 2000 年版。

中华全国妇女联合会妇女研究所、中国第二历史档案馆编：《中国妇女运动历史资料（民国政府卷)》，中国妇女出版社 2011 年版。

钟坚：《惊涛骇浪中战备航行：海军舰艇志》，台北麦田出版股份有限公司 2003 年版。

周美华、萧李居编：《蒋经国书信集——与宋美龄往来函电》（上下），台北"国史馆"2009 年版。

朱信泉主编：《民国著名人物传》（一），中国青年出版社 1997 年版。

三、专著

（一）中文著作类：

布洛克：《历史学家的技艺》，上海社会科学出版社 1992 年版。

陈三井访问，李郁青记录：《熊丸先生访问纪录》，台北"中央研究院"近代史研究所1998年版。

陈布雷等编著：《蒋介石先生年表》，台北传记文学出版社1978年版。

陈诚：《陈诚回忆录——建设台湾》，东方出版社2011年版。

陈红民：《函电里的人际关系与政治》，生活·读书·新知三联书店2003年版。

陈红民等：《蒋介石的后半生》，浙江大学出版社2010年版。

陈鸣钟、陈兴唐：《台湾光复和光复后五年省情》（上卷），南京出版社1989年版。

陈鹏仁、刘维开编：《蒋夫人宋美龄女士画传》，台北近代中国出版社1998年版。

陈启文：《宋美龄》，中国文联出版公司1988年版。

陈廷一编著：《宋美龄全传》，青岛出版社2001年版。

陈晓林等编著：《蒋夫人写真》，台北联丰书报社1985年版。

陈永祥：《宋子文与美援外交》，世界知识出版社2004年版。

迟景德、林秋敏访问记录整理：《郑玉丽女士访谈录》，台北"国史馆"2000年版。

崔之清：《从传统到现代：近代中国史节点考察》，生活·读书·新知三联书店2014年版。

达利编：《中国第一夫人》，山西高校联合出版社1994年版。

董显光：《董显光自传——一个中国农夫的自述》，曾虚白译，台北新生报社1981年版。

董显光：《基督教在台湾的发展》，台北大地出版社1962年版。

窦应泰：《宋美龄身后重大事件揭秘》，团结出版社2008年版。

窦应泰：《宋美龄最后的日子》，华文出版社2003年版。

段承璞：《战后台湾经济》，中国社会科学出版社1989年版。

符致兴编译：《端纳与民国政坛秘闻》，湖南出版社1991

年版。

龚宜君：《"外来政权"与本土社会——改造后国民党政权社会基础的形成（1950—1969)》，台北稻乡出版社 1998 年版。

郭荣生编著：《民国孔庸之先生祥熙年谱》，台北商务印书馆 1981 年版。

郭廷以：《近代中国史纲》，香港中文大学出版社 1979 年版。

顾维钧：《顾维钧回忆录》，中国社会科学院近代史研究所本书编写组译，中华书局 1988 年版。

何虎生：《宋美龄传》，中国工人出版社 2012 年版。

何虎生：《蒋介石宋美龄在台湾的日子》，华文出版社 2007 年版。

何虎生、于泽俊编：《宋美龄大传》，华文出版社 2002 年版。

何应钦：《西安事变的处理与善后》，台北"国防部"史政编译局 1984 年版。

洪朝辉编：《桑海集——熊式辉回忆录》，香港星克尔出版有限公司 2010 年版。

洪亮、姚岚：《宋美龄在美国》，团结出版社 2008 年版。

胡春惠、陈红民主编：《宋美龄及其时代国际学术研讨会论文集》，香港珠海书院亚洲研究中心 2009 年版。

胡颂平编：《胡适之先生年谱长编初稿》校订版（十册），台北联经出版事业股份有限公司 1990 年版。

胡兆才：《"民国"第一夫人》，上海人民出版社 2001 年版。

黄安余：《新中国外交史》，人民出版社 2005 年版。

黄俊杰：《台湾意识与台湾文化》，台大出版中心 2009 年版。

黄克武等访问，周维朋等记录：《蒋中正"总统"侍从人员访问纪录》（上下），台北"中央研究院"近代史研究所 2012 年版。

黄仁霖：《黄仁霖回忆录》，台北传记文学出版社 1984 年版。

黄仁宇：《从大历史的角度读蒋介石日记》，九州出版社 2008 年版。

黄天才：《世纪蒋宋美龄：走过三个世纪的传奇》，台北"妇联会" 2004 年版。

简洁、孟忻编著：《蒋介石和宋美龄》，吉林文史出版社 1989 年版。

江南：《蒋经国传》，美国论坛出版社 1984 年版。

姜智芹：《美国的中国形象》，人民出版社 2010 年版。

蒋经国：《守父灵一月记》，台北三民书局 1976 年印行。

蒋纬国口述，刘凤翰整理：《蒋纬国口述自传》，中国大百科全书出版社 2008 年版。

蒋孝严：《蒋家门外的孩子》，九州出版社 2011 年版。

蒋永敬：《国民党兴衰史》（增订本），台北商务印书馆股份有限公司 2009 年版。

蒋永敬：《蒋介石、毛泽东的谈打与决战》，台北商务印书馆 2014 年版。

蒋永敬、刘维开：《蒋介石与国共和战（1945—1949）》，台北商务印书馆 2011 年版。

蒋中正：《苏俄在中国》，台北"中央文物供应社"1992 年版。

金冲及：《二十世纪中国史纲》（上下），社会科学文献出版社 2009 年版。

孔令晟口述，迟景德、林敏秋访问，林敏秋记录整理：《孔令晟先生访谈录——永不停止永不放弃·为革新而持续奋斗》，台北"国史馆"2002 年版。

吕芳上主编：《蒋中正日记与民国史研究》（上下），台北世界大同出版有限公司 2011 年版。

李恒编译：《宋美龄传》，台北天元图书有限公司 1989 年版。

李松林：《蒋介石的台湾时代》，台北风云时代出版股份有限公司 1993 年版。

李新等主编：《中华民国史人物传》第五卷，中华书局 2011 年版。

李筱峰：《解读二二八》，台北玉山社出版事业股份有限公司 1998 年版。

李亦园：《文化的图像》，台北允晨文化 1992 年版。

李勇、张仲田编：《蒋介石年谱》，中共党史出版社 1995年版。

厉谢纬鹏：《天涯忆往——一位大使夫人的自传》，台北商务印书馆股份有限公司 1981 年版。

梁敬錞：《史迪威事件》，台北商务印书馆 1973 年版。

林博文：《时代的投影——近代人物品评》，台北远流出版事业股份有限公司 1999 年版。

林博文：《跨世纪第一夫人——宋美龄》，台北时报文化出版企业股份有限公司 2000 年版。

林家有、李吉奎：《宋美龄传》，河南人民出版社 1995 年版。

林清国：《悲痛的台湾——蒋家治台秘史》，台北宇宙图书有限公司 1987 年版。

林荫庭：《寻找世纪宋美龄：一个纪录片工作者的旅程》，台北天下远见出版股份有限公司 2004 年版。

林桶法：《1949 大撤退》，台北联经出版事业股份有限公司 2009 年版。

林正义：《一九五八年台海危机期间美国对华政策》，台北商务印书馆 1985 年版。

林钟雄：《台湾经济发展四十年》，台北自立晚报社文化出版部 1991 年版。

刘凤翰访问，李郁青整理：《温哈熊先生访问纪录》，台北"中央研究院"近代史研究所 1997 年版。

刘红、郑庆勇：《国民党在台 50 年》，九州出版社 2001 年版。

刘巨才：《政治女强人：一代风流宋美龄》，台北风云时代出版股份有限公司 1994 年版。

刘梦溪主编：《中国现代学术经典·傅斯年卷》，河北教育出版社 1996 年版。

刘维开：《蒋中正的 1949：从下野到复行视事》，台北时英出版社 2009 年版。

刘毅政：《宋美龄评传》，华文出版社 2000 年版。

陆以正：《微臣无力可回天：陆以正的"外交"生涯》，台北天下远见出版股份有限公司 2002 年版。

罗浩等编：《蒋夫人与元老派》，台北风云出版社。

茅家琦：《蒋经国的一生和他的思想演变》，台北商务印书馆 2003 年版。

宓熙、汪日章等：《在蒋介石宋美龄身边的日子：侍卫官回忆录》，团结出版社 2005 年版。

尼洛：《王升——险夷原不滞胸中》，台北世界文物 1995 年版。

皮以书：《中国妇女运动》，台北妇联画刊社 1973 年版。

亓乐义：《蒋夫人与华兴》，台北商讯文化事业股份有限公司 2011 年版。

钱剑秋：《三十年来中国妇女运动》，中国国民党中央委员会妇女工作会 1976 年版。

钱用和：《钱用和回忆录》，东方出版社 2011 年版。

秦孝仪主编：《蒋夫人宋美龄女士与近代中国学术讨论集》，台北财团法人中正文教基金会 2003 年版。

秦风、宛萱编著：《宋美龄图传》，浙江大学出版社 2012 年版。

秦风、宛萱编著：《宋美龄》，大地出版社 2003 年版。

尚明轩主编：《宋庆龄年谱长编（1893—1981）》（上下），社会科学文献出版社 2009 年版。

沈剑虹：《使美八年纪要——沈剑虹回忆录》，台北联经出版事业股份公司 1982 年版。

盛永华主编：《宋庆龄年谱（1893-1981）》（上下），广东人民出版社 2006 年版。

师永刚、林博文编著：《宋美龄画传》，作家出版社 2008 年版。

时殷弘：《敌对与冲突的由来——美国对新中国的政策与中美

关系（1949—1950）》，南京大学出版社 1995 年版。

石之瑜：《宋美龄与中国》，台北商智文化事业股份有限公司 1998 年版。

寿韶峰：《宋美龄全纪录：1897—2003》，华文出版社 2009 年版。

宋美龄：《不要说它，但我们不得不说》，台南莒光图书数据中心 1975 年版。

宋美龄：《我将再起：蒋夫人专文集》，台北中国国民党黄复兴党部 1987 年版。

宋美龄：《与鲍罗廷谈话的回忆》，台北源成文化事业公司 1976 年版。

宋美龄：《阅读魏德迈将军〈论战争与和平〉一书的感言》，台北光华出版社 1988 年版。

苏格：《美国对华政策与台湾问题》，世界知识出版社 1998 年版。

苏墱基编著：《张学良生平年表：东北少帅荣枯沉浮实录》，台北远流出版事业股份有限公司 1996 年版。

孙宅巍：《蒋介石的宠将陈诚》，河南人民出版社 2005 年版。

谭光：《我所知道的孔祥熙》，安徽人民出版社 2000 年版。

唐纵著，公安部档案馆编注：《在蒋介石身边八年：侍从室高级幕僚唐纵日记》，群众出版社 1991 年版。

陶文钊主编：《中美关系史（1949—1972）》，上海人民出版社 1999 年版。

佟静：《宋美龄大传》（上下），团结出版社 2006 年版。

佟静：《宋美龄的晚年岁月》，团结出版社 2014 年版。

佟静：《晚年宋美龄》，安徽人民出版社 1998 年版。

涂照彦等：《日本帝国主义下的台湾》，台北人间出版社 1993 年版。

万仁元、方庆秋编：《蒋介石年谱》，九州出版社 2012 年版。

王朝柱：《宋美龄与蒋介石》，中国青年出版社 1991 年版。

王朝柱：《宋美龄与蒋介石》，河南文艺出版社 2007 年版。

王丰：《宋美龄台湾生活私密录：1949—1975》，作家出版社 2013 年版。

王丰：《美丽与哀愁：一个真实的宋美龄》，团结出版社 1998 年版。

王丰：《蒋介石死亡之谜》，团结出版社 2009 年版。

王冀：《从北京到华盛顿：我的中美历史回忆》，华文出版社 2012 年版。

王美玉：《凄美荣耀异乡路——蒋方良传》，台北时报文化出版企业股份有限公司 1997 年版。

王萍访问，官曼莉记录：《杭立武先生访问纪录》，台北“中央研究院”近代史研究所 1990 年版。

王松：《宋子文传》，湖北人民出版社 2006 年版。

王晓波：《走出台湾历史的阴影》，台北帕米尔书店 1986 年版。

王芸生：《六十年来的中国与日本》第八卷，生活·读书·新知三联书店 1982 年版。

王章陵：《蒋经国上海打虎记》，台北正中书局 1999 年版。

王作荣：《我们如何创造经济奇迹》，台北时报文化出版企业股份有限公司 1978 年版。

吴浊流：《台湾连翘》，台北前卫出版社 1989 年版。

辛慕轩等：《宋美龄写真》，档案出版社 1988 年版。

许汉：《宋美龄：中国第一夫人传》，台北开今文化 1994 年版。

许倬云：《从历史看人物》，台北洪建全教育文化基金会 2005 年版。

严守珍：《蒋夫人和她的孩子们：打开华兴的时光胶囊》，台北商周出版社 2011 年版。

杨生茂、陆镜生：《美国史新编》，中国人民大学出版社 1990 年版。

杨生茂主编：《美国外交政策史（1775—1989）》，人民出版社

1991 年版。

杨树标、杨菁：《宋美龄传》，江西人民出版社 1995 年版。

杨树标、杨菁：《蒋介石传（1887—1949）》，浙江大学出版社 2008 年版。

杨天石：《找寻真实的蒋介石——蒋介石日记解读》，山西人民出版社 2008 年版。

杨天石：《蒋氏密档与蒋介石真相》，社会科学文献出版社 2002 年版。

杨耀健：《宋氏姐妹在重庆》，人民日报出版社 1986 年版。

阳雨、张小舟：《抗战时期的第一夫人：宋美龄的"外交"生涯》，团结出版社 2007 年版。

游鉴明访问，吴美慧、张茂霖、黄铭明、蔡说丽记录：《走过两个时代的台湾妇女访问纪录》，台北"中央研究院"近代史研究所 1998 年版。

于衡：《烽火十五年》，台北皇冠出版社 1984 年版。

袁伟、王丽平选编：《宋美龄自述》，团结出版社 2007 年版。

岳渭仁等编：《外国人眼中的蒋介石和宋美龄》，三秦出版社 1994 年版。

曾景忠、梁之彦选编：《蒋经国自述》，团结出版社 2005 年版。

张道藩：《酸甜苦辣的回味》，台北传记文学出版社 1981 年版。

张慧英：《李登辉：1988—2000 执政十二年》，台北天下远见出版股份有限公司 2000 年版。

张闾衡、张闾芝、陈海滨：《张学良、赵一荻私人相册：温泉幽禁岁月一九四六——一九六○》，生活·读书·新知三联书店 2006 年版。

张宪文：《中国现代史史料学》，山东人民出版社 1985 年版。

张宪文、方庆秋主编：《蒋介石全传》（上下），河南人民出版社 1996 年版。

张宪文等：《中华民国史》（四卷本），南京大学出版社 2005 年版。

张宪文、姜良芹等编著：《宋美龄、严倬云与中华妇女》，台北黎明文化事业股份有限公司 2012 年版。

张玉法：《中国现代史》，台北东华书局股份有限公司 2001 年版。

张玉法、陈存恭访问，黄铭明记录：《刘安祺先生访问纪录》，台北"中央研究院"近代史研究所 1991 年版。

张紫葛：《尘封的记忆：在宋美龄身边的日子》，团结出版社 2003 年版。

章文灿、玉英编：《百年风流宋美龄照片》，团结出版社 2008 年版。

赵学功：《巨大的转变：战后美国对东亚的政策》，天津人民出版社 2002 年版。

周宏涛口述，汪士淳著：《蒋公与我：见证"中华民国"关键变局》，台北天下远见出版股份有限公司 2003 年版。

周敏：《周阿姨的故事》，台北商周文化事业股份有限公司 2011 年版。

朱承杰主编：《华兴三十年》，台北华兴校友会 1988 年版。

卓遵宏、陈进金访问，陈进金记录整理：《刘修如先生访谈纪录》，台北"国史馆" 1996 年版。

资中筠：《美国对华政策的缘起和发展（1945—1950）》，重庆出版社 1987 年版。

资中筠、何迪编：《美台关系四十年（1949—1989）》，人民出版社 1991 年版。

（二）国外译著类：

［美］艾德华：《我为中国而生：周以德的一生及其时代》，马凯南等译，台北"中央"日报出版部 1991 年版。

［美］艾伦·布尔克利：《出版人：亨利·卢斯和他的美国世纪》，朱向阳、丁建昌译，法律出版社 2011 年版。

［美］埃米莉·哈恩：《宋氏家族——父女·婚姻·家庭》，李豫生、靳建国、王秋海译，新华出版社 1985 年版。

［美］巴巴拉·塔奇曼：《史迪威与美国在华经验（1911—1945)》，陆增平、王祖通译，商务印书馆 1985 年版。

［美］陈纳德：《陈纳德将军与中国》，陈香梅译，台北传记文学出版社 1978 年版。

［美］陈香梅、陈虹选编：《华府春秋：陈香梅回忆录》，浙江文艺出版社 1999 年版。

［美］费正清：《美国与中国》，张理京译，世界知识出版社 1999 年版。

［美］哈里·杜鲁门：《杜鲁门回忆录》，李石译，世界知识出版社 1965 年版。

［美］汉娜·帕库拉：《宋美龄新传——风华绝代一夫人》，林添贵译，台北远流出版事业股份有限公司 2011 年版。

［美］汉娜·帕库拉：《宋美龄传》，林添贵译，东方出版社 2012 年版。

［美］亨利·基辛格：《白宫岁月：基辛格回忆录》，陈瑶华等译，世界知识出版社 1980 年版。

［美］杰克·贝尔登：《中国震撼世界》，纽约哈普兄弟出版社 1949 年版。

［美］克里斯多夫·莱恩：《和平的幻想：1940 年以来的美国大战略》，孙建中译，上海人民出版社 2009 年版。

［美］李台珊：《宋美龄：一个世纪女人的梦想、辉煌和悲剧》，齐仲里、郭骅译，华文出版社 2012 年版。

［美］李台珊：《宋美龄：走在蒋介石前头的女人》，黄宗宪译，台北五南出版社 2010 年版。

［美］罗比·尤恩森：《宋氏三姐妹——宋霭龄、宋庆龄、宋美龄》，赵云侠译，世界知识出版社 1984 年版。

［美］罗斯·Y．凯恩：《美国政治中的"院外援华集团"》，张晓贝等译，商务印书馆 1984 年版。

［美］罗赛蒂：《美国对外政策的政治学》，周启明等译，世界知识出版社1996年版。

［美］迈克尔·沙勒：《二十世纪的美国与中国》，徐泽荣译，生活·读书·新知三联书店1985年版。

［美］尼克松：《改变亚洲历史的人物》，刘宏谋译，台北洞察出版社1988年版。

［美］裴斐、韦慕庭访问整理：《从上海市长到"台湾省主席"（1946—1953）——吴国桢口述回忆》，吴修垣译，上海人民出版社1999年版。

［美］斯特林·西格雷夫：《宋家王朝》，丁中青等译，中国文联出版公司1986年版。

［美］唐德刚访问，王书君著述：《张学良世纪传奇（口述实录）》，山东友谊出版社2002年版。

［美］T. 克里斯多夫·杰斯普森：《美国的中国形象（1931—1949)》，姜智芹译，江苏人民出版社2010年版。

［美］谢伟思：《美亚文件：美中关系史上若干问题》，王益、王昭明译，中国社会科学出版社1989年版。

［美］薛光前：《八年对日抗战中之国民政府（1937—1945年)》，中山学术文化基金董事会译，台北商务印书馆1978年版。

［美］约瑟夫·史迪威：《史迪威日记》，黄加林等译，世界知识出版社1992年版。

［美］泽勒：《神秘顾问——端纳在中国》，林木倩、陈普译，南京译林出版社2001年版。

［美］邹谠：《美国在中国的失败：1941—1950年》，王宁、周先进译，上海人民出版社1997年版。

［美］兹比格涅夫·布热津斯基：《实力与原则》，丘应觉等译，世界知识出版社1985年版。

［日］古屋奎二：《蒋"总统"秘录：中日关系八十年之证言》，台北"中央"日报社1975年版。

［日］山极晃：《中美关系的历史性展开（1941—1979)》，鹿

锡俊译，社会科学文献出版社 2001 年版。

（三）英文著作类：

Bachrack, Stanley D, *The Committee of One Million：The "China Lobby" and U.S. Policy*, 1953 −1971, New York：Columbia University Press, 1976.

David M. Finkelstein, *Washington's taiwan dilemma*, 1949−1950：*From abandonment to salvation*, George Mason University Press, 1993.

George Kerr, *Formosa Betrayed*, London：Eyre and spottishiwoo − de, 1966.

Gordon H. Chang, *Friends and Enemies：The United States, China, and the Soviet Union*, 1948 − 1972, Stanford, CA.：Stanford University Press, 1990.

Hahn Emily, *The Soong Sisters*, New York：Doubleday, 1941.

Hannah Pakula, *The Last Empress Madame Chiang Kai−shek and the Birth of Modern China*, Simon & Schuster, 2010.

Harry J. Thomas, *The First Lady of China：the Historic Wartime Visit of Mme, Chiang Kai − shek to the United States in* 1943, International Business Machines Corp., 1943.

Hollington K, *Christianity in Taiwan：A History*, Taipei：China Post, 1961.

Jack Belden, *China Shakes the World*, New York：Harper & Brothers Publishers, 1949.

John F. Kennedy, *A Democratic Look at Foreign Policy*, Foreign Affairs, Summer, 1957.

Karen J. Leong, *The China Mystique：Pearl S. Buck, Anna May Wong, Mayling Soong, and the Transformation of American Orientalism*, University of Illinois at Chicago Circle, 2007.

Kissinger Henry, *The White House Years*, Boston：Little, Brown, 1979.

Koen Ross Y, *The China Lobby in American Politics*, New York：

Macmillan, 1960.

Laura Tyson Li, *Madame Chiang Kai-shek：China's Eternal First Lady*, Atlantic Monthly Press, 2006.

Laura Tyson Li, *Madame Chiang Kai-shek：China's Eternal First Lady*, Oversea Publishing House, 2007.

Madame Chiang Kai-shek, *The Sure Victory*, New York：Fleming H. Revell Company, 1955.

Paul K. T. Sih, *Nationalist China During the Sino-Japanese War*, 1937-1945, Exposition Pr of Florida, 1st edition, 1977.

Robert Accinelli, *Crisis and commitment：United States policy toward Taiwan*, 1950-1955, North Carolina University, 1996.

Samuel C. Chu& Thomas L. Kennedy, *Madame Chiang Kai-shek and her China*, East Bridge, 2005.

Sandy Donovan, *Madame Chiang Kai-shek ：face of modern China*, Capstone, 2006.

Seagrave Sterling, *The Soong Dynasty*, New York：Harper & Row, 1985.

Stanley D.Bachrack, *The Committee of One Million" China Lobby" Politics*, 1953-1971, New York：Columbia University Press, 1976.

Thomas A. DeLong, *Madame Chiang Kai-shek and Miss Emma Mills：China's First Lady and Her American Friend*, McFarland, 2007.

Tsou, Tang, *America's Failure in China*, 1941-1950, Chicago：University of Chicago Press, 1963.

U.S Department of State, *American Foreign Policy*, 1950-1955, Basic Department, 1957 .

四、论文

蔡玉真：《马英九细谈宋美龄——她为台湾回归写下历史记录》，《新闻周刊》2003 年第 40 期。

陈逢申：《妇女"反共"——宋美龄来台初期的妇女工作》，

载胡春惠、陈红民主编：《宋美龄及其时代国际学术研讨会论文集》，香港珠海书院亚洲研究中心 2009 年版。

陈红民、傅敏：《败退台湾前后蒋介石的父子情——〈蒋介石日记〉解读之六》，《世纪》2010 年第 4 期。

陈红民、何扬鸣：《蒋介石研究：六十年学术史的梳理与前瞻》，《学术月刊》2011 年第 5 期。

陈红民、夏思：《蒋介石缘何与鲍罗廷决裂——〈蒋介石日记〉解读之十三》，《世纪》2013 年第 2 期。

陈红民：《解读蒋介石写日记之缘由》，《"总统府"展览研究》2013 年第 1 期。

陈进金：《劳燕不分飞：烽火下的蒋、宋情》，《近代中国》2004 年第 158、159 期。

陈立文：《为台湾发声——从蒋夫人几次访美谈起》，《近代中国》2004 年第 158、159 期。

陈友民：《走过三个世纪，见证百年历史：蒋宋美龄著述及研究目录》，《全国新书信息月刊》2003 年第 59 期。

林秋敏：《谢娥与台湾省妇女会的成立及初期工作（1946—1949)》，《台湾文献》（季刊）第六十三卷第 1 期暨《别册》40 号。

林荫庭：《宋美龄书目举隅》，《妇研纵横》2004 年第 69 期。

刘维开：《从〈蒋中正"总统"档案〉看蒋夫人 1948 年访美之行》，《近代中国》2004 年第 158、159 期。

刘维开：《从南京到台北——1949 年"国府"迁台经过》，《晋阳学刊》2012 年第 2 期。

刘维开：《作为基督徒的蒋中正》，《晋阳学刊》2011 年第 1 期。

潘佐夫、高念甫：《俄罗斯档案馆中的宋美龄女士文件》，载秦孝仪主编：《蒋夫人宋美龄女士与近代中国学术讨论集》，台北财团法人中正文教基金会 2003 年版。

石之瑜：《从蒋夫人宋美龄女士对美外交论中国的地位》，《近代中国》1996 年第 113 期。

石之瑜：《蒋夫人与中国的国家性质——后殖民父权文化的建

构》，《近代中国妇女史研究》1996 年第 4 期。

石之瑜：《蒋宋美龄女士的战略思路——西方对 1943 年蒋夫人赴美演说的回响》，《中华战略学刊》1997 年春季刊。

石之瑜：《美国媒体如何报导蒋夫人访美行——一九四三年二月二十日》，《近代中国》1996 年第 116 期。

苏格：《中美关系与台湾问题》，《世界知识 》2000 年第 5 期。

苏格：《中美接触的历史探索》，《外交学院学报》1998 年第 3 期。

苏格：《60 年代后期美国对华政策的“解冻”》，《美国研究》1997 年第 2 期。

苏格：《美国对外战略走向与中美关系》，《世界经济与政治》1997 年第 1 期。

吴景平：《胡佛研究所所藏宋子文档案概况及其学术价值》，《复旦学报》（社科版）2008 年第 6 期。

夏蓉：《宋美龄与抗战初期庐山妇女谈话会》，《民国档案》2004 年第 1 期。

严倬云：《蒋夫人与近代妇女工作》，《近代中国》1999 年第 130 期。

杨天石：《蒋介石晚年曾对宋美龄不满》，《南方都市报》2011 年 7 月 1 日。

姚隼：《人与人之间及其他》，《台湾月刊》1946 年 11 月第 2 期。

叶淑贞：《日治时代台湾经济的发展》，台湾银行季刊第六十卷第 4 期。

叶霞翟：《蒋夫人对妇女工作的提示》，《台北师专学报》1978 年第 7 期。

游鉴明：《是为党国抑或是妇女？1950 年代的〈妇友〉月刊》，《近代中国妇女史研究》2011 年第 19 期。

游鉴明：《蒋宋美龄创办振兴复健医学中心：小儿麻痹患者的福音天使》，载秦孝仪主编：《蒋夫人宋美龄女士与近代中国学术讨论集》，台北财团法人中正文教基金会 2003 年版。

喻蓉蓉：《宋美龄与振兴复健医学中心》，载胡春惠、陈红民主编：《宋美龄及其时代国际学术研讨会论文集》，香港珠海书院亚洲研究中心 2009 年版。

张敦智：《从大陈岛到五和新村的地方意识与移民经验》，见http：//www.docin.com/p-490888459.html。

张斐怡：《宋美龄相关出版目录》，《妇研纵横》2004 年第69 期。

张望：《我们都是中国人》，《新生报》1946 年 6 月 26 日。

五、报刊

《大公报》（台湾）
《中央日报》（台湾）
《中国时报》（台湾）
《中华妇女》（台湾）
《民报》（台湾）
《自立晚报》（台湾）
《近代中国》（台湾）
《近代中国妇女史研究》（台湾）
《妇友》（台湾）
《传记文学》（台湾）
《联合报》（台湾）